U0652025

复旦大学“985工程”二期、三期整体推进人文学科研究项目资助（项目批准号：2011RWXKZD007）

杜威中期著作

1899—1924

复旦大学杜威与美国哲学研究中心　组译

杜威全集

Collected works of John Dewey

《德国的哲学与政治》
《明天的学校》
1915年间的论文及杂记

第八卷

1915

何克勇　译　欧阳谦　校

华东师范大学出版社

The Middle Works of John Dewey, 1899 – 1924
Volume Eight: Essays and Miscellany in the 1915 Period and *German Philosophy and Politics* and *Schools of To-Morrow*
By John Dewey
Edited by Jo Ann Boydston

Published by agreement with Southern Illinois University Press, 1915 University Press Drive, SIUC Mail Code 6806, Carbondale, IL 62901, USA

上海市版权局著作权合同登记　图字:09－2004－377 号

《杜威全集》中文版编辑委员会

目　录

中文版序

《杜威全集》中文版终于由华东师范大学出版社出版了。作为这一项目的发起人，我当然为此高兴，但更关心它能否得到我国学界和广大读者的认可，并在相关的学术研究中起到预期作用。后者直接关涉到对杜威思想及其重要性的合理认识，这有赖专家们的研究。我愿借此机会对杜威其人、其思想的基本倾向和影响以及研究杜威哲学的意义等问题谈些看法，以期抛砖引玉。考虑到中国学界以往对杜威思想的消极方面谈论得很多，在这方面大家已非常熟悉。我在此主要谈其积极方面，但这并非认为可以忽视其消极方面。

一、杜威其人

约翰·杜威(John Dewey，1859—1952)是美国哲学发展中最有代表性的人物。他不仅进一步阐释并发展了由皮尔士创立、由詹姆斯系统化的实用主义哲学的基本理论，而且将其运用于社会、政治、文化、教育、伦理、心理、逻辑、科学技术、艺术、宗教等众多人文和社会科学领域的研究，并在这些领域提出了重要创见。他在这些领域的不少论著，被西方各该领域的专家视为经典之作。它们不仅对促进这些领域的理论研究起过重要的作用，在这些领域的实践中也产生过深刻的影响。杜威由此被认为是美国思想史上最具影响的学者，甚至被认为是美国的精神象征；在整个西方世界，他也被公认是 20 世纪少数几个最伟大的思想家之一。

杜威出生于佛蒙特州伯灵顿市一个杂货店商人家庭。他于 1875 年进佛蒙特大学，开始受到进化论的影响。1879 年，他毕业后先后在一所中学和一所乡村学校教书。这时他阅读了大量哲学著作，深受当时美国圣路易黑格尔学派刊物《思辨哲学杂志》的影响，1882 年在该刊发表了《唯物主义的形而上学假定》和《斯宾诺莎的泛神论》二文，很受鼓舞，从此决定以哲学为业。同年，他成了约翰·霍普金斯大学的哲学研究生，在此听了皮尔士的逻辑讲座，不过当时对他影响最大的是黑格尔派哲学家莫里斯(George Sylvester Morris)和实验心理学家霍尔(G. Stanley Hall)。两年后，他以《康德的心理学》论文取得哲学博士学位。

1884 年，杜威到密歇根大学教哲学，在此任职 10 年(其间 1888 年在明尼苏达大学)。初期，他的哲学观点大体上接近黑格尔主义。他对心理学研究很感兴趣，并使之融化于其哲学研究中。这种研究，促使他由黑格尔主义转向实用主义。在这方面，当时已出版并享有盛誉的詹姆斯的《心理学原理》对他产生了强烈的影响。杜威对心理学的研究，又促使他进一步去研究教育学。他主张用心理学观点去进行教学，并认为应当把教育实验当作哲学在实际生活中的运用的重要内容。

1894 年，杜威应聘到芝加哥大学，后曾任该校哲学系主任。他在此任教也是 10 年。1896 年，他在此创办了有名的实验学校。这个学校抛弃传统的教学法，不片面注重书本，而更为强调接触实际生活；不片面注重理论知识的传授，而更为强调实际技能的训练。杜威后来所一再倡导的"教育就是生活，而不是生活的准备"、"从做中学"等口号，就是对这种教学法的概括。杜威在芝加哥时期，已是美国思想界一位引人注目的人物。他团聚了一批志同道合者(包括在密歇根大学就与他共事的塔夫茨、米德)，形成了美国实用主义运动中著名的芝加哥学派。杜威称他们共同撰写的《逻辑理论研究》(1903 年)一书是工具主义学派的"第一个宣言"，它标志着杜威已从整体上由黑格尔主义转向了实用主义。

从 1905 年起，杜威转到纽约哥伦比亚大学任教，直到 1930 年以荣誉教授退休。他以后的活动也仍以此为中心。这一时期不仅是他的学术活动的鼎盛期(他的大部分有代表性的论著都是在这一时期问世的)，也是他参与各种社会和政治活动最频繁且声望最卓著的时期。他把两者有机地结合在一起。他对各种社会现实问题的评论和讲演，往往成为他的学术活动的重要组成部分。从 1919 年起，杜威开始了一系列国外讲学旅行，到过日本、墨西哥、俄罗斯、土耳其等国。"五四"前夕，他到了中国，在北京、南京、上海、广州等十多个城市作过系列讲演，1921 年 7 月返美。

杜威一生出版了40种著作,发表了700多篇论文,内容涉及哲学、社会、政治、教育、伦理、心理、逻辑、文化、艺术、宗教等各个方面。其主要论著有:《学校与社会》(1899年)、《伦理学》(1908年与塔夫茨合著,1932年修订)、《达尔文主义对哲学的影响》(1910年)、《我们如何思维》(1910年)、《实验逻辑论文集》(1910年)、《哲学的改造》(1920年)、《人性与行为》(1922年)、《经验与自然》(1925年)、《公众及其问题》(1927年)、《确定性的寻求》(1929年)、《新旧个人主义》(1930年)、《作为经验的艺术》(1934年)、《共同的信仰》(1934年)、《逻辑:探究的理论》(1938年)、《经验与教育》(1938年)、《自由与文化》(1939年)、《评价理论》(1939年)、《人的问题》(1946年)、《认知与所知》(1949年与本特雷合著)等等。

二、杜威哲学的基本倾向

杜威在各个领域的思想都与他的哲学密切相关。它们不只是他的哲学的具体运用,有时甚至就是他的哲学的直接体现。我们在此不拟具体介绍他的思想的各个方面和他的哲学的各个部分,仅概略地揭示他的哲学的基本倾向。杜威哲学的各个部分,以及他的思想的各个方面,大体上都可从他的哲学的基本倾向中得到解释。这种基本倾向从其积极意义上说,主要表现为如下三点:

第一,杜威把对现实生活和实践的关注当作哲学的根本意义所在。

在现代西方各派哲学中,杜威哲学最为反对以抽象、独断、脱离实际等为特征的传统形而上学,最为肯定哲学应当面向人的现实生活和实践。如何通过人本身的行为、行动、实践(即他所谓以生活和历史为双重内容的经验)来妥善处理人与其所面对的现实世界(自然和社会环境),以及人与人之间的关系,是杜威哲学最为关注的根本问题。杜威哲学从不同的角度说有不同的名称,例如,当他强调实验和探究的方法在其哲学中的重要意义时,称其哲学为实验主义(Experimentalism);当他谈到思想、观念的真理性在于它们能充当引起人们的行动的工具时,称其哲学为工具主义(Instrumentalism);当他谈到经验的存在论意义,而经验就是作为有机体的人与其自然环境的相互作用时,称其哲学为经验自然主义(Empirical Naturalism)。贯彻于所有这些称呼的概念是行动、行为、实践。杜威哲学的各个方面,都在于从实践出发并引向实践。这并不意味着实践就是一切。实践的目的是改善经验,即改善人与其自然和社会环境的关系,一句话,改善人的生活和生存条件。

杜威对实践的解释当然有片面性。例如，他没有看到人类的物质生产活动在人的实践中的基础作用，更没有科学地说明实践的社会性；但他把实践看作是全部哲学研究的核心，认为存在论、认识论、方法论等问题的研究都不能脱离实践，都具有实践的意义，则在一定意义上是合理的。

值得一提的是：与胡塞尔、海德格尔等人通过曲折的道路返回生活世界不同，与只关注逻辑和语言的意义分析的分析哲学家也不同，杜威的哲学直接面向现实生活和实践。杜威一生在哲学上所关注的，不是去建构庞大的体系，而是满腔热情地从哲学上去探究人在现实生活和实践的各个领域所面临的各种问题及其解决办法。在杜威的全部论著中，关于政治、社会、文化、教育、心理、道德、价值、科学技术、审美和宗教等各个领域的具体问题的论述占了绝大部分。他的哲学的精粹和生命力，大多是在这些论述中表现出来的。

第二，杜威的哲学改造适应和引领了西方哲学由近代到现代转向的潮流。

19世纪中期以来，西方哲学发展出现了根本性的变更，以建构无所不包的体系为特征的近代哲学受到了广泛的批判，以超越传统的实体性形而上学和二元论为特征的现代哲学开始出现，并越来越占主导地位。多数哲学流派各以特有的方式，力图使哲学研究在不同程度上从抽象化的自在的自然界或绝对化的观念世界返回到人的现实生活世界，企图以此摆脱近代哲学所陷入的种种困境，为哲学的发展开辟新道路。西方哲学由近代到现代的这种转折，不能简单归结为由唯物主义转向唯心主义、由进步转向反动，而包含了哲学思维方式上一次具有划时代意义的转型。它标志着西方哲学发展到了一个新的、更高的阶段。杜威在哲学上的改造，不仅适应了而且在一定意义上引领了这一转型的潮流。

杜威曾像康德那样，把他在哲学上的改造称为“哥白尼革命”(Copernican revolution)。但他认为康德对人的理智的能动性过分强调，以致使它脱离了作为其存在背景的自然。而在他看来，人只有在其与自然的相互作用中才有能动作用，甚至才能存在。哲学上的真正的哥白尼革命，正在于肯定这种交互作用。如果说康德的中心是心灵，那么杜威的新的中心是自然进程中所发生的人与自然的交互作用。正如地球或太阳并不是绝对的中心一样，自我或世界、心灵或自然都不是这样的中心。一切中心都存在于交互作用之中，都只具有相对的意义。可见，杜威所谓哲学中的哥白尼革命，就是以他所主张的心物、主客、经验自然等的交互作用、或者说人的现实生活和实践来既取代客体中心论，也取代主体中心论。他也是在这种意义上，既反对忽视主体的能动性的旧的唯物主义，也反对忽视自然作为存在的根据和作用的旧的唯心主义。

不是把先验的主体或自在的客体、而是把主客的相互作用当作哲学的出发点；不是局限于建构实体性的、无所不包的体系，而是通过行动、实践来超越这样的体系；不是转向纯粹的意识世界或脱离了人的纯粹的自然界，而是转向与人和自然界、精神和物质、理性和非理性等等都有着无限牵涉的生活世界，这大体上就是杜威哲学改造的主要意义；而这在一定程度上，也正是多数西方哲学由近代到现代转向的主要意义。杜威由此体现和引领了这种转向。

第三，杜威的哲学改造与马克思在哲学上的革命变更存在某些相通之处。

西方哲学从近代到现代的转向与马克思在哲学上的革命变更的政治背景大不相同，二者必然存在原则性区别；但二者发生于大致相同的历史时代，具有共同的历史和文化背景，因而又必然存在相通之处。如果我们能够肯定杜威的哲学改造适应并引领了西方哲学从近代到现代转向的潮流，那就必须肯定杜威的哲学改造与马克思在哲学上的革命变更必然同样既有原则区别，又有相通之处。后者突出地表现在，二者都把实践当作哲学的根本意义而加以强调。马克思正是通过这种强调而得以超越旧唯物主义和唯心主义辩证法的界限，把唯物主义和辩证法有机地统一起来，建立了唯物辩证法。杜威在这些方面与马克思相距甚远。但是，他毕竟用实践来解释经验而使他的经验自然主义超越了纯粹自然主义和思辨唯心主义的界限，并由此提出了一系列超越近代哲学范围的思想。

杜威的经验自然主义并不否定自然界在人类经验以外自在地存在，不否定在人类出现以前地球和宇宙早已存在，而只是认为人的对象世界只能是人所遭遇到（经验到）的世界，这在一定程度上类似于马克思所指的与纯粹自然主义的自在世界不同的人化世界，即现实生活世界。杜威否定唯物主义，但他只是在把唯物主义归结为纯粹自然主义的唯物主义的意义上去否定唯物主义。杜威强调经验的能动性，但他不把经验看作可以离开自然（环境）而独立存在的精神实体或精神力量，而强调经验总是处于与自然、环境的统一之中，并与自然、环境发生相互作用。这与传统的唯心主义经验论也是不同的，倒是与马克思关于主客观的统一和相互作用的观点虽有原则区别，却又有相通之处。

杜威是在黑格尔影响下开始哲学活动的。他在转向实用主义以后，虽然抛弃了黑格尔的绝对唯心主义，甚至也拒绝了黑格尔的辩证法，但是在他的理论中又保留着某些辩证法的要素。例如，他把经验、自然和社会等都看作是统一整体，其间都存在着多种多样的联系；他在达尔文进化论的影响下，明确肯定世界（人类社会和自然界）处于不断进化和发展的过程之中。他所强调的连续性（如经验与自然的连续、人与世界的连续、身心的连续、个人与社会的连续等等）概念，在一定程度上就是统一整体的概念、进化和发展的概念。这种概念虽与马克思的辩证法不能相提并论，但毕竟也有相通之处。

三、杜威哲学的积极影响

杜威实用主义哲学对现实生活和实践的强调，对西方哲学从近代到现代转向的潮流的适应和引领，特别是它在一些重要方面与马克思哲学的相通，说明它在一定程度上体现了时代精神发展的要求。正因为如此，它必然是一种在一定范围内能发生积极影响的哲学。

实用主义在美国的积极影响，可以用美国人民在不长的历史时期里几乎从空地上把美国建设成为世界的超级大国来说明。实用主义当然不是美国唯一的哲学，但它却是美国最有代表性的哲学。实用主义产生以前的许多美国思想家（特别是富兰克林、杰斐逊等启蒙思想家），大多已具有实用主义的某些特征，在一定意义上为实用主义的正式形成作了思想准备。实用主义产生以后，传入美国的欧洲各国哲学虽然能在美国哲学中占有一席之地，其中分析哲学在较长时期甚至能在哲学讲坛上占有支配地位；但是，它们几乎都毫无例外地迟早被实用主义同化，成为整个实用主义运动的组成部分。当代美国实用主义者莫利斯说：逻辑经验主义、英国语言分析哲学、现象学、存在主义同实用主义"在性质上是协同一致的"，它们"每一种所强调的，实际上是实用主义运动作为一个整体范围之内的中心问题之一"①。就实际影响来说，实用主义在美国哲学中始终占有优势地位。桑塔亚那等一些美国思想家也承认，美国人不管其口头上拥护的是什么样的哲学，但是从他们的内心和生活来说都是实用主义者。只有实用主义，才是美国建国以来长期形成的一种民族精神的象征。而实用主义的最大特色，就是把哲学从玄虚的抽象王国转向人所面对的现实生活世界。实用主义的主旨就在

---

① Morris, Charles W. *The Pragmatic Movement in American Philosophy*. New York: George Braziller, 1970, p. 148.

指引人们如何去面对现实生活世界，解决他们所面临的各种疑虑和困扰。实用主义当然具有各种局限性，人们也可以而且应当从各种角度去批判它，马克思主义者更应当划清与实用主义的界限；但从思想理论根源上说，正是实用主义促使美国能够在许多方面取得成功，这大概是一个不争的事实。

在美国以外，实用主义同样能发生重要的影响。与杜威等人的哲学同时代的欧洲哲学尽管不称为实用主义，但正如莫利斯说的那样，它们同实用主义"在性质上是协同一致的"。如果说它们各自在某些特定方面、在一定程度上体现了现代西方社会的时代特征，实用主义则较为综合地体现了这些特征。换言之，就体现时代特征来说，被欧洲各个哲学流派特殊地体现的，为实用主义所一般地体现了。正因为如此，实用主义能较其他现代西方哲学流派发生更为广泛的影响。

杜威的实用主义在中国也发生过重要的影响。早在"五四"时期，杜威就成了在中国最具影响的西方思想家。从外在原因上说，这是由于胡适、蒋梦麟、陶行知等他在中国的著名弟子对他作了广泛的宣扬；杜威本人在"五四"时期也来华讲学，遍访了中国东西南北十多个城市。这使他的思想为中国广大知识界所熟知。然而，更重要的原因是：他在理论中所包含的科学和民主精神，正好与"五四"时期中国先进知识分子倡导科学和民主的潮流相一致。另外，他的讲演不局限于纯哲学的思辨而尤其关注现实问题，这也与中国先进分子的社会改革的现实要求相一致。正是这种一致，使杜威的理论受到了投入"五四"新文化运动和社会改革的各阶层人士的普遍欢迎，从而使他在中国各地的讲演往往引起某种程度的轰动效应。杜威本人也由此受到很大鼓舞，原本只是一次短期的顺道访华也因此被延长到两年多。胡适在杜威起程回国时写的《杜威先生与中国》一文中曾谈到："我们可以说，自从中国与西方文化接触以来，没有一个外国学者在中国思想界的影响有杜威先生这样大的。我们还可以说，在最近的将来几十年中，也未必有别个西洋学者在中国的影响可以比杜威先生还大的。"①作为杜威的信徒，胡适所作的评价可能偏高。但就其对中国社会的现实层面的影响来说，除了马克思主义者以外，也许的确没有其他现代西方思想家可以与杜威相比。

尽管杜威的实用主义与马克思主义有原则区别，但"五四"时期中国马克思主义者对杜威及其实用主义并未简单否定。陈独秀那时就肯定了实用主义的某

---

① 引自《胡适哲学思想资料选》(上)，华东师范大学出版社 1981 年版，第 181 页。

些观点，甚至还成为杜威在广州讲学活动的主持人。1919 年，李大钊和胡适关于"问题与主义"的著名论战，固然表现了马克思主义与实用主义的原则分歧，但李大钊既批评了胡适的片面性，又指出自己的观点有的和胡适"完全相同"，有的"稍有差异"。他们当时的争论并未越出新文化运动统一战线这个总的范围，在倡导科学和民主精神上毋宁说大体一致。毛泽东在其青年时代也推崇胡适和杜威。

"五四"以后，随着国内形势的重大变化，上述统一战线趋向分裂。20 世纪 30 年代后期，由于受到苏联对杜威态度骤变的影响，中国马克思主义者对杜威也近乎于全盘否定了。20 世纪 50 年代中期，为了确立马克思主义在思想文化领域的主导地位，从上而下发动了一场对实用主义全盘否定的大规模批判运动。它在一定程度上达到了预期的政治目的，但在理论上却存在着很大的片面性。当时多数批判论著脱离了杜威等人的理论实际，形成了一种对西方思潮"左"的批判模式，并在中国学术界起着支配作用。从此以后，人们在对杜威等现代西方思想家、对实用主义等现代西方思潮的评判中，往往是政治标准取代了学术标准，简单否定取代了具体分析。杜威等西方学者及其理论的真实面貌就因此而被扭曲了。

对杜威等西方思想家及其理论的简单否定，势必造成多方面的消极后果。其中最突出的有两点：一是使马克思主义及其指导下的思想理论领域在一定程度上与当代世界及其思想文化的发展脱节，使前者处于封闭状态，从而妨碍其得到更大的丰富和发展；二是由于扭曲了马克思主义哲学和现代西方哲学的关系，忽视了二者在某些方面存在的共通之处，在批判杜威哲学等现代西方哲学的名义下扭曲了马克思主义哲学一些最重要的学说，例如关于真理的实践检验、关于主客观统一、关于个人与社会的关系等学说都存在这种情况。这种理论上的混乱导致实践方向上的混乱，甚至在一定程度上导致实践上的挫折。

需要说明的是：肯定杜威实用主义的积极作用并不意味着否定其消极作用，也不意味着简单否定中国学界以往对实用主义的批判。以往被作为市侩哲学、庸人哲学、极端个人主义哲学的实用主义不仅是存在的，而且在一些人群中一直发生着重要的影响。资产阶级庸人、投机商、政客以及各种形式的机会主义者所奉行的哲学，正是这样的实用主义。对这样的实用主义进行坚定的批判，是完全正当的。但是，如果对杜威的哲学作具体研究，就会发觉他的理论与这样的实用主义毕竟有着重大的区别。杜威自己就一再批判了这类庸俗习气和极端个人主义。如果简单地把杜威哲学归结为这样的实用主义,那在很大程度上就是把杜威所批判的哲学当作是他自己的哲学。

四、杜威哲学研究在当代中国的积极意义

改革开放以来,中国政治和思想文化上的"左"的路线得到纠正,哲学研究出现了求真务实的新气象,包括杜威实用主义在内的现代西方哲学研究得到了恢复和发展。以 1988 年全国实用主义学术讨论会为转折点,对杜威等人的实用主义的全盘否定倾向得到了克服,如何重新评价其在中国思想文化建设中的作用的问题也越来越受到学界的关注,对杜威等人的实用主义的研究由此进入了一个新阶段。"五四"时期,由于杜威的学说正好与当时中国的新文化运动相契合,起过重要的积极作用;今天的中国学界,由于对马克思主义哲学和现代西方哲学都已有了更为全面和深刻的理解,对杜威的思想的研究也会更加深入和具体,更能区别其中的精华和糟粕,这对促进中国的思想文化建设会产生更为积极的作用。

对杜威哲学的重新研究在当代中国的积极意义,至少包括如下三个方面:

第一,有利于对马克思主义哲学有更为全面和深刻的理解。

这是因为,杜威哲学和马克思的哲学虽有原则性区别,但二者在一些重要方面有相通之处。这主要表现在二者都批判和超越了以抽象、思辨、脱离实际等为特征的传统形而上学;都强调对现实生活和实践的关注在哲学中的决定性作用;都肯定任何观念和理论的真理性的标准是它们是否经得起实践的检验;都认为科学真理的获得是一个不断提出假设、又不断进行实验的发展过程;都认为社会历史同样是一个不断发展的过程,社会应当不断地进行改造,使之越来越能符合满足人的需要和人的全面发展的目标;都认为每一个人的自由是一切人取得自由的条件,同时个人又应当对社会负责,私利应当服从公益;都提出了使所有人共同幸福的社会理想,等等。在这些方面将马克思主义与杜威的实用主义作比较研究,既能更好地揭示它们作为不同阶级的哲学的差异,又能更好地发现二者作为同时代的哲学的共性,从而使人们既能更好地划清马克思主义和实用主义的界限,又能通过批判地借鉴后者可能包含的积极成果来丰富和发展马克思主义。

第二，有利于对中国传统文化的批判继承。

杜威哲学和中国传统文化有着两种不同的联系。以儒家为代表的中国传统文化是一种前资本主义文化，没有西方资本主义文化的理性主义特质，不会具有因把理性绝对化而导致的绝对理性主义和思辨形而上学等弊端；但未充分经理性思维的熏陶又是中国传统文化的缺陷，不利于自然科学的发展，更不利于人的个性的发展和自由民主等意识的形成。正因为如此，以儒家为代表的中国传统文化往往被历代封建统治阶级神圣化和神秘化，成为他们的意识形态，后者阻碍了中国科学技术的发展、人民的觉醒和社会历史的进步。"五四"新文化运动的主要矛头就是针对儒家文化作为封建意识形态的方面，以此来为以民主和科学精神为特征的新文化开辟道路。杜威哲学正是以倡导民主和科学为重要特征的。杜威来到中国时，正好碰上"五四"新文化运动，他成了这一运动的支持者。他的学说对于批判作为封建意识形态的儒学，自然也起了促进作用。

但是，儒家文化并不等于封建文化；孔子提出的以"仁"为核心的儒学本身并不是统治阶级的意识形态。直到汉武帝实行"罢黜百家，独尊儒术"的政策以后，儒学才取得了独特的官方地位，由此被历代封建帝王当作维护其统治的精神工具。即使如此，也不能否定儒学在学理上的意义。它既可以被封建统治阶级所利用，又能为广大民众所接受，成为他们的生活信念和道德准则。历代学者对儒学的发挥，也都具有这种二重性。正因为如此，儒学除了被封建统治阶级利用外，还能不断发扬光大，成为中华民族宝贵的思想文化遗产。儒学所强调的"以人为本"、"经世致用"、"公而忘私"、"以和为贵"、"己所不欲，勿施于人"等观念，具有超越时代和阶级的普世意义。新文化运动的代表人物并不反对这些观念，而这些观念与杜威哲学的某些观念在一定程度上是相通的。杜威哲学在"五四"时期之所以能为中国广大知识分子接受，在一定程度上正是因为中国文化传统中已有与杜威哲学相通的成分。正因为如此，研究杜威的实用主义思想，对于更清晰地理解儒家思想，特别是分清其中具有普世价值的成分与被神圣化和神秘化的成分，发扬前者，拒斥后者，能起到促进作用。

第三，有利于促进对各门社会人文学科的研究。

杜威的哲学活动的一个突出特点，是他非常自觉地超越纯粹哲学思辨的范围而扩及各门社会人文学科。我们上面曾谈到，在杜威的全部论著中，关于政治、社会、文化、教育、道德、心理、逻辑、科学技术、审美和宗教等各个领域的具体问题的论述占了绝大部分。他不只是把他的哲学观点运用于这些学科的研究，而且是通过对这些学科的研究更明确和更透彻地把他的哲学观点阐释出来。反过来说，他对这些学科的研究都不是孤立地进行的，而是通过其基本哲学观点的具体运用而与其他相关学科联系起来，从而把对这些学科的研究形成为一个有机整体，并由此使他对这些学科的研究可能具有某些独创意义。

例如，杜威极其关注教育问题并在这方面作了大量论述，除了贯彻他对现实生活和实践的重视这个基本哲学倾向、由此强调在实践中学习在整个教学过程中的决定作用以外，他还把教育与心理、道德、社会、政治等因素紧密地结合在一起，从而使教育的内容更加丰富、全面。他的教育思想也由此得到了更为广泛的认同，被公认为是当代西方最具影响的教育学家。值得一提的是：无论在中国还是在苏联，杜威在教育上的影响几乎经久不衰。即使是在政治和意识形态影响极为深刻的年代，杜威提出的许多教育思想依然能不同程度地被人肯定。陶行知的教育思想在中国就一直得到肯定，而陶行知的教育思想被公认为主要来源于杜威。

我们这样说，并不是全盘肯定杜威。无论是在哲学和教育或其他方面，杜威都有很大的局限性，需要我们通过具体研究加以识别。但与其他现代西方哲学家相比，杜威是最善于把哲学的一般理论与其他人文社会学科密切结合起来、使之相互渗透和相互促进的哲学家，这大概是不可否认的事实。在这方面，很是值得我们借鉴。

五、关于《杜威全集》中文版的翻译和出版

要在中国开展对杜威思想的研究，一个重要的条件是有完备的和翻译准确的杜威论著。中国学者早在“五四”时期就开始从事这方面的工作。当时杜威在华的讲演，为许多报刊广泛译载并汇集成册出版。“五四”以后，杜威的新著的翻译出版仍在继续。即使是杜威在中国受到严厉批判的年代，他的一些主要论著也作为供批判的材料公开或内部出版。杜威部分重要著作的英文原版，在中国一些大的图书馆里也可以找到。从对杜威哲学的一般性研究来说，材料问题不是主要障碍。但是，如果想要对杜威作全面研究或某些专题研究，特别是对他所涉及的人文和社会广泛领域的研究，这些材料就显得不足了。加上杜威论著的原有中译本出现于不同的历史年代，标准不一，有的译本存在不准确或疏漏之

处，难以为据。更为重要的是，在杜威的论著中，论文（包括书评、杂录、教学大纲等）占大部分，它们极少译成中文，原文也很难找到。为了进一步开展对杜威的研究，就需要进一步解决材料问题。

2003 年，在复旦大学举行的一次大型实用主义国际学术讨论会上，我建议在复旦大学建立杜威研究中心并由该中心来主持翻译《杜威全集》，得到与会专家的赞许，复旦大学的有关领导也明确表示支持。2004 年初，复旦大学正式批准以哲学学院外国哲学学科为基础，建立杜威与美国哲学研究中心，挂靠哲学学院。研究中心立即策划《杜威全集》的翻译。华东师范大学出版社朱杰人社长对出版《杜威全集》中文版表示了极大的兴趣，希望由该社出版。经过多次协商，我们与华东师范大学出版社达成了翻译出版协议，由此开始了我们后来的合作。

《杜威全集》（*Collected works of John Dewey*）由美国杜威研究中心（设在南伊利诺伊大学）组织全美研究杜威最著名的专家，经 30 年（1961—1991）的努力，集体编辑而成，乔·安·博伊兹顿（Jo Ann Boydston）任主编。全集分早、中、晚三期，共 37 卷。早期 5 卷，为 1882—1898 年的论著；中期 15 卷，为 1899—1924 年的论著；晚期 17 卷，为 1925—1953 年的论著。各卷前面都有一篇导言，分别由在这方面最有声望的美国学者撰写。另外，还出了一卷索引。这样共为 38 卷。尽管杜威的思想清晰明确，但文字表达相当晦涩古奥，又涉及人文、社会等众多学科；要将其准确流畅地翻译出来，是一项极其庞大和困难的任务，必须争取国内同行专家来共同完成。我们旋即与中国社会科学院哲学研究所、北京大学、清华大学、中国人民大学、北京师范大学、南京大学、浙江大学、武汉大学、北京外国语大学，以及华东师范大学和上海社会科学院哲学研究所等兄弟单位的专家联系，得到了他们参与翻译的承诺，这给了我们很大的鼓舞。

《杜威全集》英文版分精装和平装两种版本，两者的正文（包括页码）完全相同。平装本略去了精装本中的“文本的校勘原则和程序”等部分编辑技术性内容。为了力求全面，我们按照精装本翻译。由于《杜威全集》篇幅浩繁，有一千多万字，参加翻译的专家有几十人。尽管我们向大家提出在译名等各方面尽可能统一，但各人见解不一，很难做到完全统一。为了便于读者查阅，我们在索引卷中把同一词不同的译名都列出，读者通过查阅边码即原文页码不难找到原词。为了确保译文质量，特别是不出明显的差错，我们一般要求每一卷都由两人以上参与，互校译文。译者译完以后，由复旦大学杜威与美国哲学研究中心初审。如无明显的差错，交由出版社聘请译校人员逐字逐句校对，并请较有经验的专家抽查，提出意见，退回译者复核。经出版社按照编辑流程加工处理后，再由研究中心终审定稿。尽管采取了一系列较为严密的措施，但很难完全避免缺点和错误，我们衷心地希望专家和读者提出意见。

复旦大学杜威与美国哲学研究中心的工作是在哲学学院和国外马克思主义与国外思潮创新基地的支持下进行的，学院和基地的不少成员参与了《杜威全集》的翻译。为了使研究中心更好地开展工作，校领导还确定研究中心与美国研究创新基地挂钩，由该基地给予必要的支持。《杜威全集》中文版编委会由参与翻译的复旦大学和各个兄弟单位的专家共同组成，他们都一直关心着研究中心的工作。俞吾金教授和童世骏教授作为编委会副主编，对《杜威全集》的翻译工作作出了重要的贡献。汪堂家教授作为常务副主编，更是为《杜威全集》的翻译工作尽心尽力，承担了大量具体的组织和审校工作。华东师范大学出版社的编辑人员一直与我们有着良好的合作，她们默默无闻地在组织与审校等方面做了大量的工作，在此一并表示衷心的感谢。

刘放桐

2010 年 6 月 11 日

导 言

悉尼·胡克(Sidney Hook)

本卷中收录的文章所涵盖的阶段,显示了约翰·杜威哲学思辨能力的一个 ix
巅峰时期。尽管此时他最伟大的著作——比如《民主与教育》(*Democracy and Education*)、《经验与自然》(*Experience and Nature*)、《确定性的寻求》(*The Quest for Certainty*)、《逻辑:探究的理论》(*Logic: The Theory of Inquiry*)——尚未诞生,但是,这些著作所详尽阐述的主题,却在是年他发表的文章和出版的著作中得到了简洁而深刻的表达与阐发。这一年是杜威的硕果之年。

为了便于介绍,我们考虑将杜威的观点放在五个类目下面,即形而上学、逻辑、认识论[①]、观念史(尤指哲学对政治以及政治对哲学的影响)、教育的理论与实践。本卷的重要文章有《形而上学探究的主题》(The Subject-Matter of Metaphysical Inquiry)、《实践判断的逻辑》(The Logic of Judgments of Practice)、《作为一个逻辑问题的世界存在》(The Existence of the World as a Logical Problem)。然而,《德国的哲学与政治》(*German Philosophy and Politics*)和《明天的学校》(*Schools of To-Morrow*)这两部著作却构成本卷的主体。这些文章和著作均体现了这些主题。

I

什么是形而上学?实用主义是不是一种形而上学?要回答这两个问题,就

① 哲学界一般把"theory of knowledge"译为"认识论"或者"知识论",但不译为"认知理论"(cognitive theory)。——译者

像回答哲学中所有重要的问题一样，要看我们如何界定形而上学这个术语。记得我为我的博士论文《实用主义的形而上学》(*The Metaphysics of Pragmatism*)(后来由杜威作序正式出版)进行答辩时，温德尔·T·布什(Wendell T. Bush)教授——杜威所欣赏的哥伦比亚大学的同事之一——就断言，这个标题从术语本身讲就是一对矛盾。他认为，实用主义方法是一种消解形而上学问题的途径，而不是另辟蹊径，让各种哲学体系围绕形而上学问题继续争吵。正是这些争吵不休的哲学体系，构成了哲学史的大部分内容。某些参与实用主义运动的哲学
x 家，总是认同这个立场。在那些同情或者反对实用主义的批评者看来，实用主义的领军人物都是坚守这一立场的。

皮尔士[①]的实用主义原则表明，杜威似乎常常也持有这种立场。关于任何的具体事物或者事件，如果我们要问它为什么和怎么样会变成现在这个样子并且到现在这个地步，如果说一定要去寻找的话，答案就潜藏在某些科学学科之中。如果说问题涉及作为一个整体的世界或者宇宙，或者涉及"全部现存的事物"，那么，这个问题对于杜威而言，是毫无意义的。对本原(first cause)[②]的探究，不是一种科学的探究。一切科学探究关心的都是直接原因(proximate causes)。一切带有科学化倾向的哲学体系，大体都具有这样的共同基础，即致力于形而上学的和宗教的思想体系，以求确立万事万物的普遍必然真理。实用主义排除了那些传统的形而上学观念，那些观念试图从基本原理(first principles)或者自明原理(self-evident axioms)之中演绎出万物的结构，演绎出必定存在的任何的特定东西——比如上帝、人类或者是野兽。

杜威在某种程度上受到伍德布里奇[③]的影响，因此，他显然坚持另外一种形而上学观。这种观点更具经验主义色彩，完全接受了最广泛意义上的几门科学的主张，要求对任何事件的发生或者形成都辨明真伪。由于没有什么东西可以名正言顺地对抗科学，也没有什么可以替代科学，因此，无论科学为我们描述的

---

① 查尔斯·桑德斯·皮尔士(Charles Sanders Peirce, 1839—1914)，美国实用主义创始人、美国第一个现代心理学家，其研究遍及各种科学、数学、逻辑学、哲学。著有《皮尔士文集》(8卷)。——译者

② fisrt cause，又译初因、第一原因。——译者

③ 伍德布里奇(F. J. E. Woodbridge, 1876—1940)，美国20世纪早期哲学家，美国自然主义哲学运动的发起人之一，在美国复兴亚里士多德的思潮，创立《哲学杂志》。美国哥伦比亚大学哲学系的伍德布里奇讲座，即以他的名字命名。——译者

这个世界是什么样子的，世界总是具有我们已经发现的那些特征(characters)、特点(features)或者特性(traits)，这是一个终极的、不可简约的事实。这里所说的“终极”，指的是永恒的意思；而“不可简约”这个词用于事物的特性时，则是说每做一次分析，事物的基本特性或者类似特性就会显现出来。杜威在撰写《形而上学探究的主题》一文并发表《经验与自然》一书时，他按照自己对“形而上学”这一术语的理解，描述并分析了存在之终极的和不可简约的基本属性。在他看来，尽管“形而上学”这个术语的用法很多，但他对形而上学主题的理解与其他的形而上学观毫无关系，其他的形而上学观旨在描述世界或者经验必定是什么样子的。“关于世界就是这样的陈述，不能被曲解为世界是如何以及为何必然如此的 xi
陈述。”

按照《形而上学探究的主题》一文的观点，形而上学的主题包含了存在的基本属性，即“任何一门学科的科学探究所发现”的特性。但是，杜威撰写这篇文章时，与其说他关心的是把形而上学划分为一门向前发展的学科，倒不如说他是要批判某些关于生物进化的观念。这些观念强调，尽管通过物理-化学的方法最终可以对生命的属性作出令人满意的分析，但我们仍然可以合乎逻辑地说，作为整体的宇宙过程(cosmic process)，具有潜在的或者隐含的生命特性。同理，我们可以说，宇宙具有潜在的或者隐含的意识。按照这一观点，生命和精神及其发生的规律，都是构成世界的最原始的部分，因此，进化的进程必然且不可避免地变成了后来的样子。据此得出的结论，与一些现代形式的宗教和神学不谋而合。

杜威认为，任何科学的探究都不可能得出这一结论，因为该结论依赖于一种令人无法接受的形而上学观，这种形而上学观把世界当作一个整体，或者从总体上把世界作为一个合乎逻辑的探究主题。杜威描述了一种截然相反的形而上学观，他认为形而上学研究的应该是基本属性的变化，如特殊性、相互作用和存在的变化。他把自己的观点比作亚里士多德式的观念，也就是说，把存在作为存在来研究；但与此同时，他又拒绝使用诸如“神圣的”这种赞誉性的形容词来形容存在的基本属性，拒绝把“第一哲学”[①]与神学等同起来。

35 年之后，杜威拒绝把他的形而上学观与亚里士多德的形而上学观作任何

① 形而上学又称第一哲学(first philosophy)。如笛卡尔的《第一哲学沉思集》(*Meditations on First Philosophy*)，也称为《形而上学的沉思》。——译者

类比。“在我使用**形而上学**这个术语的时候，如果它的意思带有以亚里士多德为基础的古典传统的意思，那么，没有什么比这个更离谱的了。”他发誓，“绝不再让
xii 形而上学这个术语与自己的任何立场发生关联”[《哲学与现象研究》(1949 年)，第 9 卷，第 712 页]。

杜威之所以放弃使用**形而上学**这个术语及其同源的词，是因为批评家们倾向于从他所使用的这个术语中读出种种关于世界的本质的本体论意味，即世界的本质是超越并凌驾于科学认识之上的。只要杜威还在写作，他能否信守这个誓言，避免在任何情况下使用这个术语，确实值得怀疑。如果说因为批评家们从他使用的那些基本术语之中读到了其他意思，便足以成为他放弃这些术语的理由，那么，他绝不会坚持使用“经验”这个术语。

真正的问题，或者说重要的问题，在于杜威在使用“形而上学”这个术语的时候，他究竟指的是什么意思？如果像杜威常说的那样，唯有各种科学才能带给我们关于这个世界的认识，那么，形而上学就不是其他科学那样的科学。作为存在之存在的科学这样的东西，并不存在。那么，杜威关于形而上学探究的主题就是存在的基本属性这个观点，我们应该在何种意义上去理解呢？当然不是在字面意义上，因为除逻辑术语之外，从概念上说，没有任何特性可以通属各种存在，没有任何特征可以在所有的论域(universe of discouse)中出现，不论这个特征是“空间”、“时间”、“偶然性”、“因果律”、“心灵”、“生命”，或者“能量”。而且就连那些具有某种普遍意义的特征，比如“个性”与“连续性”、“同一性”与“差别”等，最后也经常是一些模棱两可的表述，其意思会随着领域的改变而发生变化。形而上学关于世界的本质的观点可谓林林总总，大家在关于何谓存在的问题上无法达成一致的看法；就连如何消除意见的分歧，人们也找不到一个共同的办法。这表明，要把形而上学变为一门有别于其他科学的科学是不可能的。最多我们只能承认，历史上被视为形而上学的那些观念，对于自然科学和社会科学的发展，充当过一种重要的启发性作用。

在我看来，杜威赋予形而上学的中心意义在《经验与自然》一书中得到了清
xiii 楚的表达。形而上学研究那些与人类世俗生活经历特别有关联的经验与自然的特性。从最广泛的意义说，形而上学就是哲学人类学。如果对杜威的各种文章进行一番总体思考，我们就会发现，他在讨论这个主题时用词前后不一；但是，我认为，这是一把钥匙，对于除晦祛浊、彰显真意，对于揭示他关于人在世界中的地

位的观点，将是很有帮助的。

在杜威学术生涯的后期，形而上学，特别是各种声称可以通过理性来推演自然本质的形而上学，已无人问津。究其原因，并不是由于杜威哲学的影响，而是由于逻辑经验主义和日常语言的取向所带来的冲击，这种冲击是紧随维特根斯坦①论著的发表而出现的。近些年来，人们对形而上学的兴趣出现一种复苏；但仔细分析起来，充其量不过是尝试从概念上来修正一些认识上的基本范畴，相当于重新绘制思想版图或者知识版图。现在人们对于形而上学的理解与杜威对形而上学的理解并无二致，因为杜威承认，由于出现了新的需求、新的利益、新的希望，人类原本认为至关重要的东西可能发生变化；结果，世界的样子也可能发生改变，我们对世界的描述也可能不同。

与修正科学领域中的范畴不同的是，重绘思想版图并不会导致新的知识的发现。形而上学家并不带着自己的思想版图去四处考察，去解决问题，或者去发现世界上未被发现的每一个角落，但所有未来的绘图者，无论使用何种标记法和比例尺，都会把这样的角落囊括到版图中去。这个版图表达了绘图者关于世界万物如何紧密联系的看法，因此必然会打上绘图者的烙印。

II

与对形而上学性质的看法一样，杜威对于逻辑的性质的看法也有一个发展
过程。这些看法在其《逻辑：探究的理论》一书中得到了非常系统的阐述，但其主 xiv
要思想出现在他的一些早期论著之中。最有名的是他论述“实践判断的逻辑”的那些文章，1915 年发表在《哲学、心理学与科学方法杂志》(*Journal of Philosophy*, *Psychology and Scientific Methods*)上，后来进行了修订，作了很大的扩充，并于翌年重印，辑入其《实验逻辑论文集》(*Essays in Experimental Logic*)里。我在拙著《探究存在》(*The Quest for Being*)(纽约：圣·马丁出版社，1961 年)的第 9 章“探究‘存在’”里对这个观点进行了详尽的阐述。

关于逻辑的性质，有些人抱着传统的观点去认识杜威思想。对于他们而言，杜威的逻辑观大概是其思想中最为费解的东西。这些观点基本上把逻辑特性要

---

① 路德维希·维特根斯坦(Ludwig Wittgenstein, 1889—1951)，20 世纪英语世界中哲学界的主要人物，奥地利人，一生大部分时间住在英国，著有《哲学研究》、《逻辑哲学论》等。——译者

么看作是精神的形式，看作一种非物质的或者是心理的存在；要么看作是世界本体论结构中固有的东西，即在任何事物存在或者被创造之前就有了。杜威所采取的方法论立场认为，思维，而且是逻辑思维，创造了一个不同的世界。对此，传统的逻辑观根本不能提出一个貌似有理的解释。逻辑特性是存在的客观特征，是在人类探究的过程中出现的。如果我们在最广泛的意义上看待思维的推论能力，并且把与它相关的多种行为形式联系起来看，那么，逻辑特征可以被看作是人类思维推论能力的形式。这是一种自然主义的逻辑观，承认人与自然之间的连续性，用行为主义的观点去看待观念、思想、意识。在大多数观点冲突的逻辑理论看来，杜威的方法难以理解，因为这些逻辑理论试图用自己的思想方法来解释言说的东西，体现了一种对事实视而不见的立场；这个事实就是思维或者理性的行为，或者非理性的行为，会对世界发生的事情造成一些不同的具体后果。要不，他们就像罗素[1]一样，拒绝接受杜威的逻辑理论，把它看作是非常靠不住的心理学，认为它与真正的逻辑问题毫无关系。这样一来，他们不仅回避了问题的实质，而且扩展了先前所抨击过的心理学的范围。

不过，即便站在杜威的立场，他的逻辑理论中也有许多问题和费解之处，还
xiv 有一些似是而非的推论，但迄今为止，即便是同情他观点的人，也还没有对他关于这个领域的立场作出任何的推进。他的著作至今仍然像一座纪念碑，孤零零地耸立在那里，却没有变成一座灯塔去照亮这个领域里的其他理论。

杜威阐述自己的逻辑观点时，首先关心的是“实践判断”。由于其特定的内容，例如“他最好去找医生咨询”，这种判断有别于其他的判断。为此，他列举了实践判断所包含的六种蕴涵(implications)——首先呈现的是一种客观的“不完全的情境”，其次是作为“将情境补充完整的一种因素”的命题，再就是“作出区分以限定已知的事实”。在其阐述中，杜威把实践判断和不会引起内容变化的“描述性判断”区别开来。这种区分会引起不必要的混乱，因为在揭示了实践判断与其他判断相区别的方式之后，杜威提出，所有对事实的科学陈述和描述性陈述都应该或者可以解释为实践判断，而且这一切都“关系到如何确定即将采取的行动，关系到如何发现达到这个目标的手段”。在随后的文章中，杜威明确表示，他

---

① 伯特兰·罗素(Bertrand A. W. Russell, 1872—1970)，英国哲学家、数学家和逻辑学家、政治活动家，致力于哲学的大众化、普及化，著有《西方哲学史》、《逻辑原子论》等。——译者

相信所有关于事态的观点都是行动计划，都直接或间接地关系到为确立其正确性而采取的行动。因此，关于探究中的各类命题的所谓内容差异，我如果在这里进行详尽的阐述，似乎就没有必要了。另外一个令人费解之处，是杜威在论证中提出的一个论点。他的论证是：价值判断主要是实践判断。有些批评者读到这里，认为这句话的含意是说所有的实践判断都是价值判断。杜威也承认，尽管遇到任何一种有待处理的具体情况时，眼前据称有效的解决办法就比别的办法更好，但"更好"不一定就是道德上的更好，除非探究的主题是一个道德问题。

杜威在阐述实践判断的过程中，另外一个令人费解之处似乎是他使用的"情境"这个词。他说，实践判断包含一种"不完全的情境"。"情境"这个术语的含意 xvi
是什么呢？它仅仅指目前的情境吗？还是指从古通今的历史？它包括地平线上的一切，还是仅仅指与有机体相提并论的事物、事件和人物？我相信，对于这些疑问，杜威会回答说，那要看**问题**是什么。有**问题**的情境是一种不完全的情境，因此，关键要看必须采取什么行动或者必须关注什么，才能把它变成没有问题的情境或者解决了问题的情境。杜威主张，要成功地解决问题，就必须采取一些有导向的活动。正是在探究的过程中，我们会更好地发现情境究竟包涵了什么。

人们之所以反对杜威的实践判断的观点，就是不能接受杜威的这种概念，即他关于有待认知的事物或者情境的概念。他们认为，实践判断作为一种逻辑形式并没有什么独特之处，同时又断言所有的实践判断都可以简约为假言判断。在假言判断中，条件从句受到了抑制或者不言自明。例如，"你最好去看医生"，是"如果你想好起来，最好去看医生"这个假言判断的不完全表达式。讲究实际的指示或者忠告，如"现在是建房的好时机"，是"如果你想省钱，现在是建房的好时机"这个假言判断的不完全表达式。按照杜威的观点，这些假言命题并没有反映特殊情境的具体性、紧迫性和特定性。它们在**一般情况**下适用于包含着特殊情境的那一类情境，但遇到特殊情况便毫无用武之地。假定我们对一个人说"如果你想好起来，最好去看医生"，结果得到类似"我不想好起来"这样的回答，那么，我们可能更有理由相信他**应该**去看医生，也许是看精神病医生。或许他会说："是啊，我想好起来，可我看不起呀！"或者说："我该看哪一科呢？看过了，可是没一个给我看好的。"杜威的脑子里有无限多的特殊情境，在这样的情境中，我 xvii
们意识到问题的关键，意识到过去的反应习惯已经帮不上忙，所以必须采取行动才能避免不作为的后果。虽然该做什么，我们心中并非十分有数；但是，在这种特殊情境之下，哪些措施看起来最合理，我们却愿意尝试一下。按照杜威的观点，我们所使用的假言判断是认知的源泉，反映了我们过去学到的知识。在作出任何实践判断时，如果没有假言判断，我们便无法作出明智的行为，也无法去明智地进行体验；但在这种情境之下，我们应该做什么，假言判断本身并不能给我们提供正当的理由。否则，既然可以通过逻辑推论找到答案或者作出判断，我们就不会遇到有问题的情境了。不可否认的是，这种命题是存在的，而且不可或缺。但至于它与所面临的情境是否有关联，分量有多大，抑或是否适用，那只能有待于实验的结果或者结论来决定了。

人们对于杜威的实践判断，还存在一个重大的误解。因此，如果要公正地评价杜威的方法，就应该予以澄清。实践判断的内容有一个特征，即“这种判断本身是完整情境的一个因素，它能够促进答案的产生”。另一个特征是“判断的真伪由结果来决定”，因此，既然“只有结果才能提供完整的内容，在此情境下，至少验证与真理是完全吻合的”。

这个结论似乎是从杜威关于不完整的内容与完整的内容之间的区别这里得出来的。不完整的内容对探究形成了挑战，而对他而言，完整的内容则构成了认识的对象或者认识的目标，这种认识来自通过实验活动而对事物的重新排序。

但是，一些批评者把杜威解读为：杜威相信，凭借有指导的行动，才能了解重新形成的特定情境，不仅如此，而且还可以在相同的意义上去了解作为获取结果的方式和手段而采取的一切假言命题，这些假言命题在使用的过程中实际上是假言成真。例如，科斯特洛(H. T. Costello)认为，按照杜威的观点，实践判断不
xviii 仅在特殊情境下产生或者制造真理，而且实验中所依赖的假言关系也在实验的过程中得以产生，但这是荒谬的。也就是说，当我们判断建房好还是租房好并付诸行动时，我们的判断以及由判断所导致的行动不仅要为完整的房屋负责，而且要为工具负责，比如锤子、锯子、钉子等，因为没有这些工具，房子就建不起来。或者按照科斯特洛的比喻，杜威要我们相信，做蛋糕时，厨子不仅要对用某种新的比例所配置的原材料作出判断，而且要在原材料之间——譬如说在氯化钠及其盐味之间——建立假言联系。同样，假定我要去做一个实验，把硫酸倒在铜上，制成硫酸铜，然后观察会出现什么情况，科斯特洛认为，杜威会得出这样的结论：“你促使硫酸和铜变成了硫酸铜。”(《哲学、心理学与科学方法杂志》，第17卷1920年，第554—555页)

如果这就是杜威的意思，那么，他的哲学就变成了一种魔幻唯心主义。在杜威看来，过去的探究以及反映常识活动的整个历史，产生了我们在特殊情境之中必须应用的各种结论。这些结论放到这个特定的环境中也同样是真理，这一点没有问题；只是解决问题时，它们的关联性和适用性却引起了争论。它们好比是我们为了达到期望的目的而运用的手段或者方法。开展特定的探究，充其量是为了验证这种关联性和正确性。这仅仅是因为，我们在琢磨如何使用这些工具命题时，并没有在前件与估计的结果之间建立“如果——那么”的关系，所以便理所当然地要依赖它们了。诚然，在那些把工具命题视为“真理”的人看来，杜威的理论引起了语义上的悖论。但是，既然就连把它们称为“真实的”都遭遇到许多障碍，这就不得不考虑杜威的建议了。综合起来看，相比在探究“真实”中所使用的那些命题而言，我们完全可以用被定义为“有保证的论断”（warranted assertability）这个“真理”的术语来表示已知的东西——表示认识的对象，即对重塑的特殊情境的认识。这个情境是用以前的探究结果来重塑的。 *xix*

然而，杜威的分析有一些很难理解的地方，因为他相信，在一种超凡的意义上说，我们拥有的知识都是运用抽象概念——理论知识——来说明特定的和具体的情况。一艘船在大海中迷失了方向，但是，船长可以吸取托勒密体系中的思想而将船只开到港口。如果按照杜威的观点，我们就不应该把表达托勒密的理论的命题看成是“真实的”，甚至表达哥白尼理论的命题也不能被看成是“真实的”。不过，即便我们不使用“真实的”这个术语，也应该承认哥白尼的理论是非常有效的。假定把哥白尼的命题视为手段或者工具，哥白尼的命题就比托勒密的命题更加可靠、更有成效。有人问原因何在？我们很难不这样回答：因为哥白尼的理论更加真实。

III

杜威的论文《作为一个逻辑问题的世界存在》很重要，这不仅是因为论文主题具有内在的重要意义，向现代哲学的认识论传统提出了挑战；而且因为它引起了杜威与罗素之间的论战，这场论战愈演愈烈，直至杜威生命的最后岁月。关于20世纪哲学思想界这两位巨人的论战和个人关系，此处不宜详尽探究。尽管两人都声称自己坚信科学方法是获得关于自然、人和社会之真理唯一可靠的途径，但是，在一些关键问题上，两人对科学的解释却大相径庭。即便两人的观点似乎有一致的地方，比如都声称坚信真理符合论(correspondence theory of truth)，但对于“符合”这个术语的含义，两人的理解却不一样。在罗素看来，符合是指认识对象与先前的存在之一致；而在杜威看来，符合是指计划活动的连贯性或者一致性，而计划活动规定了一个想法及其可预测的结果。

xx 值得注意的是：罗素于 1914 年访问哈佛，两人首次见面时，无论作为思想家还是作为有血有肉的人，杜威都给罗素留下了非常深刻的印象。罗素致奥托琳夫人[1]的信函最近问世，他在其中写道：“让我惊讶的是，当时我很喜欢他。他的思维比较慢，强调经验而且很直率，透着一种天生的泰然和公正。”(他给罗伊斯[2]起了一个绰号：“喋喋不休、令人讨厌的老家伙”。)他在哥伦比亚大学纽约哲学俱乐部宣读了一篇题为“论感觉材料与物理学的关系”的论文。在提到杜威对这篇论文的批评时，他把杜威的批评概括为“非常深刻”，而其他所有人的批评则毫无价值。这恰好表明罗素是很欣赏杜威的。

罗素出版了《我们关于外部世界的知识——在哲学上科学方法应用的一个领域》(*Our Knowledge of the External World as a Field for Scientific Method in Philosophy*)[3]一书，其中有一章题为“论我们关于外部世界的知识”。杜威的文章是对这个章节的批评。杜威在该文中指出，企图根据所谓留在感觉经验中的东西来证明外部世界的存在，这是令人生疑的。因为要分析这个问题的条件，必须有一个前提，那就是感觉之外存在一个世界。他认为，罗素提出这个问题并力图加以解决，本身就证明在主观经验之外存在一个外部世界。罗素问道：“除了我们自己掌握的可靠材料之外，还能够从这些材料的存在中推导出其他东西的存在吗？”

杜威的分析很重要。这是因为，如果这个分析站得住脚，那么，它不仅动摇了传统认识论的基础，因为传统认识论主张存在一个外部世界，而且对所有现象主义观点的正确性也提出了质疑，即世界的存在最终可以简约为一堆形形色色的感觉材料。

---

① 奥托琳·莫雷尔(Lady Ottoline Morrell, 1873—1938)，英国贵族，英国艺术界和知识界有影响的资助人。她与赫胥黎、艾略特、劳伦斯等作家过从甚密，系罗素的情人。——译者

② 乔赛亚·罗伊斯(Josiah Royce, 1855—1916)，美国哲学家，著有《世界与个体》、《基督教问题》等。——译者

③ 在我国，一般简译为《我们关于外部世界的知识》。——译者

杜威的主要论点是：一旦我们找到所谓直接作用于感知的那些材料，进而通过推论，跳到感觉材料之外的世界，无论这个感觉是视觉的、听觉的、触觉的、嗅 *xxi*
觉的、动觉的还是肌肉的，那么，我们的命题就已经间接涉及生理条件和生理器官了，因为没有这些条件和器官，我们的定位是不可理解的。我们借助眼睛和耳朵来鉴别视觉材料与听觉材料，颜色由眼睛去识别，声音靠耳朵来判断。这是综合命题，但这些命题的前提是存在着一个世界，而罗素显然对此提出了疑问。甚至只有我们认识了各种生理结构和生理过程之间的区别，才能把直接材料称为“感觉对象”，而不称为“思想或者想象的对象”。

再者，颜色的存在不同于看见颜色。经常出现的情况是：我们的视网膜或者耳鼓膜已将某种电磁振动记录下来，可我们没有意识到颜色和声音的存在。需要通过一个注意或者留意的动作，我们才会关注这些材料，才能把它们变成“可靠的材料”。根据杜威的观点，这种“可靠的材料”无论是什么，都不是直接的，但却“已经与它之外的什么事物有了联系”。

此外，罗素在陈述这个问题的同时，提出了“瞬间即逝”的事物在其他时间是否存在的问题。杜威反驳道，除了借助时间的连续性之外，我们不可能发现任何事物或者动作到底发生在现在还是将来。既然提到**现在**，就必然存在着其他的时间。这不会引起什么误解，那又为何要在能否从**现在**推演出“其他时间”这个问题上费心劳神呢？同样，在说到我们的感觉材料的变化时，比如看到红色被蓝色取代，除非是指“同一个存在只是存于不同的时代，只是在**某些**方面发生变化，否则，我们便无法从时间上来界定声音或者颜色之类东西的存在”。世界上必定还存在着其他**事物**，不同于单纯的颜色材料，只是我们看不到它们开始与终结的过程。

罗素把感觉对象界定为一系列有序的形状和颜色与有序的肌肉运动之间的
一种相互关系，对此，杜威表示赞同。不过，他断言这些系列的“相互关系”是以 *xxii*
“空间延续性”和时间连续性为前提的，但时间连续性却不属于感觉材料。在我们审视眼前的感觉材料时，常识的外部世界里总有什么东西不断涌现。“这或许不是一个巨大的外部世界，而只是一个很小的外部世界，我也看不出为什么要对突破它的界限表示反对。”

杜威对罗素的批评表达了一种观点，这种观点不仅与罗素特定的认识论格格不入，而且与任何根据感知的直接事实(truths)来解释观察行为的观点也格格不入。在杜威看来，就与认识的实际起点的关系而言，历史和文化传统超过了大概以所谓感觉认识的任何形式所表现的东西。感知作为一种特殊的**活动**发生在内容之中，而内容主要是由社会传统决定的。也就是说，惯常信念的整个体系代代相袭，它不仅通过言语的方式，而且通过公开的行为方式，进入我们观察的视线。我们感知的东西，总是受到我们自身思维定式的过滤。感知容易受到信念、意义和习惯的主宰，而个体又把这些东西融入自身对世界的体验，融入对他人的言语和行为作出反应时获取知识的过程之中。杜威的这种方法并不否认或者降低感知的价值，或者说感知的不可或缺性；但同时，他又主张感知处于衍生和中介的位置。感知是一种刻意的活动，目的在于验证信念的正确性，但感知本身并不是业经证实的知识。没有直截了当的知识，也没有一目了然的真理。认识从来都涉及推论。在这一点以及其他问题上，杜威的经验主义不同于穆勒(Mill)[1]的感觉经验主义及其之前的经验主义，而许多英国和欧洲大陆批评杜威的人常把两者混为一谈。

杜威声称，作为一个经验主义者，他并不满足于纯粹的辩证法运用；但他认为，企图证明外部世界的存在，这就具有自我否定性，他的这个论证显然是辩证
xxiii 的。他转而努力寻找伪问题的源头，以此结束了分析。他发现，源头就在于一种虚假的心理学看法。这种看法认为，感知的材料是作为基本元素来显示的，而不是作为我们探究一般常识经验之精炼的结果来显示的。我们根据基本元素建构了一个世界。这些材料从来就扎根于这个世界之中，只有发现它们，才能揭示一个世界的种种内在联系。对于这个世界的存在，我们不可能提出有意义的怀疑。

杜威此处的立场，不仅推翻了传统认识论的这个问题，而且推翻了两种观点，一种观点声称以全面怀疑论开始；另一种观点以感觉观察本身可能是一种幻想或者梦想为由，不断挑战感觉观察的正确性。感觉观察的正确性可以验证判断。与他之前的皮尔士一样，杜威主张，只有在一些经验被当作非幻想或者非梦想来接受的语境里面，人们才能使用“幻想”和“梦想”这两个术语。一切重要的怀疑都建立在这样一个假设之上，即有些事物在我们表示怀疑的时候是不值得怀疑的。如果我们一次对付一个问题，就不必陷入一种无限谬误的倒退之中。

杜威对罗素立场的批评，招来罗素的反驳。罗素的反驳比较友善，但在有关论

---

① 约翰·斯图亚特·穆勒(John Stuart Mill, 1806—1873)，亦译密尔，英国经济学家、思想家、哲学家、古典自由主义思想家，著有《政治经济学原理》、《论自由》等。——译者

战的主要问题上，却粗暴地否定了杜威的论点。这种反驳以一种理论短评的形式，出现在《实验逻辑论文集》[《哲学、心理学与科学方法杂志》，第16卷(1919)，第5—26页]中，里面有一章收录了杜威的批评。据我所知，杜威没有回应，这很不像他的性格(当时他也许不在国内)。多年之后，我对他提起罗素的回应，他没有想起来。

读者自己去判断罗素的反驳是否正确。罗素抱怨杜威曲解了什么是外部世界这一问题，曲解了罗素获取可靠感觉材料的意义。他还抱怨说，杜威断言必须借助生理学或者任何别的东西，才能把感觉材料概括为“视觉的”或者“听觉的”，这完全是一个错误。

对于我这个罗素的读者而言，他的反驳似乎没有什么力量。首先，在把世界 xxiv
的存在看作一个逻辑的难题时，他承认了使用“外部的”这个字眼是不恰当的。“‘推论出来的’这个说法会更好一些。”这样一来，问题就变成了“我们能否根据经验世界中的已知材料，正确地推论出未知材料(non-data)?”我十分确信，杜威会承认的，对于每一种特殊情境的探究，这都是一个纯粹的问题。一切都取决于这个难题。“根据这个人的心跳、体温、验血结果等方面的科学资料，对于他患的病(未知资料)及其后果，我们能够作出一个正确的推论吗?”有时候能，有时候却不能。能够推论的时候，我们对自己的推论也不可能像进行数学推导和逻辑推论那么确信。杜威所反对的，是我们能否根据经验世界本身的可靠材料作出正确推论的问题！罗素写道：“我称为‘外部的’那个世界之所以这样去称谓，其含义仅仅限于它处在那组材料‘之外’，即逻辑意义上的‘之外’。”杜威绝不会反对这样去使用“外部的”这个字眼。从这个意义上说，存在着许许多多的外部世界；但是，他所否认的，是我们可以在任何具体的情况下从意义上去谈论这个世界。

尽管罗素作了修订，但他认为，唯我论和极端怀疑论从逻辑上都是无可辩驳的，即便他声称自己并不赞同。这说明，杜威对罗素的解读是有道理的。

罗素否认他把作为给予的感觉材料的外部世界“当作依据”。感觉材料中没有什么可以确信在其之外存在什么。“我没有把我的外部小世界‘当作依据’，就像哥伦布没有把西印度群岛当作依据一样。”(在这里，外部世界指的是观察到的事物。)对此，杜威本来完全可以反驳说，哥伦布并没有发现整个世界，他只发现了世界的一个部分，因此，对他所发现的那一部分世界进行描述，首先要承认世界还存在着其他部分。在杜威看来，把外部世界的存在作为一个难题，与地理学家把世界的存在作为一个难题一样，都是很有意义的。

最后，罗素把杜威批评中视为关键的论点看成是错误的，不予理会。这个论点
xxv 是：要把感觉材料概括为视觉的或者听觉的材料，就必然要先承认这是以非感觉材料作为参照的。按照罗素的观点，对于杜威的这个问题，答案“绝不在于生理学，‘看得见的’对象（按他们的说法）都具有共同的属性，使我们能够把它们与‘听到的’对象区分开来……我们并不需要用闭眼和塞耳的实验方式来确定此刻的感觉材料属于‘视觉的’还是‘听觉的’；我们根据其内在的属性进行区分”。杜威否认我们可以通过内在的属性去认识事物：我们意识到它的属性，我们通过识别这种属性的某些特征来认识事物。如果没有“视觉”或者“听觉”或者“动觉”这样的术语，我们又如何向他人传达手中掌握的感觉材料呢？我们说听到一个声音，看到一种颜色；但不说看到一个声音，听到一个颜色。之所以这样，并非仅仅是因为约定俗成。

罗素一度似乎很接近杜威的观点。他在提到杜威把“认识论”视为一个错误之后补充道：“我假设他会说知识必须作为一个事实来接受，而且不能从外部来证明，在某种根本的意义上，我对此是同意的。”但是，他后来很自信地坚称：“在把世界作为一个逻辑难题来讨论的过程中，我以一种科学精神去解决一个纯粹科学的问题，事实上，这是一个物理学的问题。”不过，如果说这是一个纯粹的科学问题的话，也是一个毫无根据的问题，就好比通过外部世界的某种东西去确立外部世界的非存在(non-existence)。如果把它看成是心理学的问题，那么，答案所揭示的将更多地涉及我们自身，而不涉及世界。如果把它看成是物理学的问题，它就应该出现在物理学的某些分支里；可是，没有任何物理学的书籍、文本或者其他资料涉及这个问题。有鉴于此，把它放到一个纯粹科学问题的地位，的确很奇怪，因为这似乎对我们以之为开端的内容是否应该存在提出了质疑。

IV

在现在所有的哲学家中，杜威最强调哲学在文明中所起的重要作用。一个
xxvi 时代占主导地位的哲学，要同时反映使其兴起的那种文化和社会，重新确定自身的兴趣、理想和发展方向。庸俗的马克思主义观认为，哲学纯粹是一种附带现象，哲学仅仅是经济阶级斗争的副产品。不过，即便如此，它也承认，一种为人们广泛接受的哲学观，要么倾向于把现有的制度变得合理化，使其不受到新的制度的挑战；要么像马克思主义哲学那样，加快其变化的速度。

哲学的这种双重作用，即反映与重建，是显而易见的。这是因为，由于哲学

滋养了所有其他学科，而且，历史上又一直与它们纠缠不清，因此，把作为一个学科的哲学与其他学科区别开来的唯一途径，就在于我们要承认，从苏格拉底至今，哲学主要关涉的一直是对规范价值进行阐释和批判性的分析。不论数学家、物理学家还是生物学家可能作出了什么别的贡献，只有在有关人与社会本身的善或者更善的本质方面，他所作出的知识上的努力产生了直接的或者间接的意义，他才能在哲学史上占有一席之地。无论人们对有关价值命题的认知或者非认知特征持有何种观点，这一直都是事实。即便有人认为这些命题只是对那些好事或者坏事表现出肯定或者否定的态度，这些态度虽然不是什么明确的观念，但还是对我们的行为产生了影响。

说主流哲学反映了一种文化的占主导地位的理想，这是没有问题的。但是，要详细说明它是如何反映的，并且把一种哲学体系的主要思想追溯到文化摇篮时期的制度实践，这就非常困难了。绝不能用共同的环境来解释同一学派哲学家之间哲学观点上的差异。相同的条件常常在受到这些条件影响的团体或者阶层的个体中，引起千差万别的反应。真正具有重大意义的联系，不是在哲学家的一个个观点之间，而是在社会运动与哲学学说之间。从社会观上看，霍布斯①、休谟②和桑塔亚那③都是保守派，但他们的唯物主义和经验主义却扮演了自由的、有时候甚至是革命的角色。在社会观和政治观方面，格林④和布兰夏尔德⑤ xxvii
都是自由派，但他们的哲学却是绝对唯心主义的，强调现实的合理性和现行社会

① 托马斯·霍布斯(Thomas Hobbes, 1588—1679)，英国的政治哲学家，他在1651年所著的《利维坦》为后来所有的西方政治哲学发展奠定了根基。——译者

② 大卫·休谟(David Hume, 1711—1776)，英国哲学家、经济学家、历史学家，他被视为苏格兰启蒙运动以及西方哲学历史中最重要的人物之一。历史学家们一般将休谟的哲学归类为彻底的怀疑主义，但一些人认为，自然主义也是休谟的中心思想之一。其主要著作有《人性论》、《自然宗教对话录》等。——译者

③ 乔治·桑塔亚那(George Santayana, 1863—1952)，西班牙裔美国哲学家和诗人，曾任哈佛大学哲学系教授，20世纪上半叶西方理想主义-自然主义哲学的代表人物，一生著述颇丰，著有《理性的生活》、《怀疑主义和动物的信念》、《存在诸领域》(4卷)等。——译者

④ 托马斯·H·格林(Thomas H. Green, 1836—1882)，19世纪英国新黑格尔主义哲学家、教育家和政治理论家，又被称为新康德主义者，新自由主义政治思想的先驱，著有《休谟哲学导论》、《伦理学序论》、《政治义务原理演讲录》等。——译者

⑤ 布兰德·布兰夏尔德(Brand Blanshard, 1892—1987)，美国哲学家、新黑格尔主义者。他试图在现代西方的反理性思潮面前维护理性，恢复唯理论传统的权威，著有《思想的性质》(2卷)等。——译者

制度的智慧，包括财产制度，倾向于维持现状。

尽管杜威本人没有对哲学史撰写过系统的研究专著，但他对哲学思想与各种运动、哲学思想与社会环境和经济条件之间的关系还是进行了较为详尽的分析，这些分析散见于他的著作之中。尤其让人耳目一新的，是他对希腊哲学、理想与经验的二元论、普遍的宇宙观、反映奴隶制度的那种鄙视实践的立场等所作的阐释。虽然杜威并不承认自己是一个历史唯物主义者，而且对历史唯物主义的一元论解释体系又持批评态度，但他对希腊哲学所作的历史唯物主义阐述，却比我所知道的任何马克思主义理论家都更加令人信服。

很难用已知的条件来解释一种哲学的诞生和传播，因为同样的条件可能促使那些受同一哲学影响的人接受或者拒绝这种哲学。同样，要确定到底是哪一套哲学信念对某些重大的历史事件产生了决定性的影响，就更加困难了。就历史活动而言，使其产生的原因盘根错节，极为复杂，但其中总有物质的因素，似乎足可称为直接原因。

毋庸置疑，有些抽象思想在人类事务中起过很大的作用，而所有的哲学思想都是抽象的。如果需要证明，科学革命就是一个例子。没有科学革命，就没有工业革命。不过，哲学思想并不是科学思想，因此其效用就很成问题。《德国的哲学与政治》完成并发表于第一次世界大战期间，在美国参战之前，杜威在书中企图通过德国古典哲学的影响来解释德国政治生活的特征。如果我们不熟悉这部
xxviii 著作，或者不了解其中的内容，一旦读下去，任何人都会经历一种深刻的思想冲击。杜威在书中声称，康德的主要思想对德意志民族的思想、性格和行为产生了决定性的影响。这个时期特别是在外交政策方面，德国人集伪善的道德与有效的技术于一身，干出骇人听闻的勾当。究其源头，不在黑格尔①，不在尼采②，不

① 格奥尔格·威廉·弗里德里希·黑格尔(Georg Wilhelm Friedrich Hegel, 1770—1831)，德国古典哲学家。其主要著作有《精神现象学》、《哲学全书》、《逻辑学》、《法哲学原理》。他的思想象征着19世纪德国唯心主义哲学运动的顶峰，对后世哲学流派如存在主义和马克思的历史唯物主义都产生了深远的影响。——译者

② 弗里德里希·威廉·尼采(Friedrich Wilhelm Nietzsche, 1844—1900)，德国著名哲学家。他的著作对于宗教、道德、现代文化、哲学以及科学等领域提出了广泛的批判和讨论。他的一生著述颇丰，著有《悲剧的诞生》、《查拉图斯特拉如是说》、《权力意志》等。——译者

在里查德·瓦格纳[1]及其知识阵营的追随者，而在启蒙主义的哲学家伊曼努尔·康德[2]。这就是杜威的论点。

杜威认为，康德把自然的世界和道德责任的世界完全割裂开来。在自然界，科学是至高无上的，人没有一点自由；而在道德界，人享有完全的自由。这一方面开了为达到任何既定目标而追求无情效率的先河，另一方面成为伪善地接受绝对命令(categorical imperative)的滥觞，结果导致了狂热逻辑。康德就算没有去塑造德意志的民族思想，至少也助长了它。德国人怀着一种无可比拟的热情和道德上的理想主义去追求科学知识，但是，这种热情不受任何道德理念的约束，这种理想主义也不顾其政策给日常生活世界所带来的实际后果。

有些人非常赞同杜威的哲学，跟他一样强烈地反对导致第一次世界大战爆发的德国的国家政策；但是，就连这些人，也可能把他这个论证视为一种欲加之罪。这个论证并没有说明，康德关于这个自然界与道德界之间的二元论如何以及缘何导致了一场帝国主义侵略运动，而且一面在进行侵略，一面还郑重地重申由霍亨索伦王朝[3]发言人所解释的道德法则的庄严性。从逻辑上说，这个二元论同样可以表现为既接受自然界自然法则的至高无上的地位，又摒弃民族之间的侵略和战争。莱昂纳德·内尔逊[4]是一个康德信徒，但甚至在德国宣战之后，他还坚决反对德国的国家政策。的确，按照杜威的描述，德意志思想的特征在逻辑上符合康德的二元论，但同样也符合笛卡儿[5]的(Cartesian)

---

① 威廉·里查德·瓦格纳(Wilhelm Richard Wagner，1813—1883)，德国作曲家。他是德国歌剧史上一位举足轻重的人物。前面承接莫扎特、贝多芬的歌剧传统，后面开启了后浪漫主义歌剧作曲潮流。同时，因为他在政治、宗教方面思想的复杂性，成为欧洲音乐史上最具争议的人物。其名作有《特里斯坦与伊索尔德》、《纽伦堡的名歌手》、《尼伯龙根的指环》等。——译者

② 伊曼努尔·康德(Immanuel Kant，1724—1804)德国古典哲学家、天文学家、星云说的创立者之一、德国古典唯心主义创始人。著作颇丰，主要有《纯粹理性批判》、《实践理性批判》、《判断力批判》等。当代德国著名哲学家、现代存在主义哲学奠基人卡尔·雅斯贝斯将康德与柏拉图、奥古斯丁并列称为三大"永不休止的哲学奠基人"。——译者

③ 霍亨索伦王朝(Hohenzollern Dynasty)，欧洲的一个王室，也是欧洲历史上的著名王朝。为勃兰登堡、普鲁士及德意志帝国的主要统治家族。——译者

④ 莱昂纳德·内尔逊(Leonard Nelson，1882—1927)，德国数学家、哲学家、心理学家。其主要著作有《哲学的进步与倒退》、《批判方法及心理学与哲学的关系》等。——译者

⑤ 勒内·笛卡儿(René Descartes，1596—1650)，亦译笛卡尔，法国哲学家、数学家、物理学家，因将几何坐标体系公式化而被认为是解析几何之父、西方现代哲学思想的奠基人，其哲学思想深深地影响了之后的几代欧洲人，开拓了所谓"欧陆理性主义"哲学。其主要著作有《方法论》、《沉思集》等。——译者

二元论。

哲学思想对政治实践的所谓影响，不是一个逻辑的问题，而是一种经验的探
xxix 究。如果说思想变成了政治上的政策，那也是由于占据权力战略地位的个体作出决定和承诺的缘故。那么，在德意志帝国，在其总理府、财政部、新闻界和其他公共教育的机构里，谁是推动者和引导者呢？假定有的话，他们拥戴的哲学是什么呢？有何证据表明，他们所作的任何关键的决定是源于任何一种哲学承诺的呢？只有通过这样或者类似的方式，我们才能确定无疑地说，哲学对形成已有的或者未来的事物产生了特定的影响。康德的哲学真的是"以实实在在的、确定的方式强化并深化了"德意志的民族使命感和命运感"的一面旗帜和一种意识的信念"吗？除了最高指挥部下属的一名骑兵军官伯恩哈迪[①]将军引用的话之外，杜威没有给出什么证据。伯恩哈迪将军顺带提到了康德的《纯粹理性批判》(*Critique of Pure Reason*)，但他引用的方式，与其说是要从历史中去引经据典，不如说是启发教育性的。我们可以经常听到德国名流从基督教中援引类似启发教育性的言论，而且为数更多。

再者，康德哲学中有一些方面与任何倡导为德意志(或者他在世时的普鲁士)寻找一个独特使命的做法格格不入。"人是目的而不是手段"，这是康德绝对命令的一个表达，它与德国或者任何列强的侵略行径水火不容。的确，关于绝对命令的任何阐述，如果不明确具体情况下何为对、何为错，便断言在相同情形下甲去做是错的，乙去做亦是错的，那么，参与第一次世界大战之列强的政治家们便不可能得到什么安慰。康德是一个世界主义者，他倡导在永久和平的世界中建立一种联邦共和国的世界秩序。那些对这场国家之间冲突发出预言的人们，如果他们意识到康德关于这些内容的观点，一定会感到无法容忍。这些观点，远不如其《纯粹理性批判》中那些严格按字面意思解释的学说那么晦涩难懂。说来
xxx 也奇怪，杜威在文章结尾处文情并茂，恳求大家要超越(政治的、种族的、文化的)民族主义的全部哲学，要建立国际法庭和国际立法机构以限制国家主权，为把世界建设成为一个各民族之间可以毫无障碍地进行自由沟通的所在而努力。这

① 弗里德里希·冯·伯恩哈迪(Friedrich von Bernhardi, 1849—1930)，普鲁士将军、军事家、军事史家。以其好战的著作《德国与下一场战争》闻名，是第一次世界大战前欧洲最畅销的作家之一。他鼓吹残酷无情的侵略政策，主张无视条约，认为战争是"神圣的事业"。——译者

时，他的口气与康德颇为相像，当然只不过缺少了关于两个相互分离的世界之先验论神话。

有些对杜威持敌对态度的批评者，指责他向在美国参战后横扫美国社会的战争狂热卑躬屈膝。他们指责杜威撰写该书意在宣传煽动。然而，无论是书中的调子还是内容都说明，这种指责纯属无稽之谈。何况该书作为讲义用于课堂，是在美国参战整整两年之前，而且是在美国处于中立态度之际。该书首先应该被当作思想史的论著来对待。因此，杜威选择康德作为德意志使命和命运的先知，这是很奇怪的。假定让黑格尔来担此重任，情况就会好得多。不过，这个黑格尔哲学大概不是黑格尔自己所理解的那一种，而是由其后德国主要的政治家所理解的和应用的那一种。

对于任何针对此书的批评，杜威似乎无动于衷。有些人认为他支持对德开战，但后来知道他强烈反对《凡尔赛和约》条款之后，他们又失望极了，因此对他提出了指责。他对这些指责很敏感，因而在美国卷入第二次世界大战时，他最初不愿意表示支持。珍珠港事件及德国对美宣战之后，他于1942年再版他的《德国的哲学与政治》，并且另写了题为“希特勒国家社会主义的世界大同思想”的序言(已辑入本卷)。但愿这次我们有机会说，杜威彻底改变了自己的看法。他原来认为，德国人一方面在运用手段和疯狂的毅力时表现出异乎寻常的灵活性，另一方面在实现标志着德意志帝国形成的目的过程中表现为极端的刻板性，而德国古典哲学传统强化了这两者的统一。然而，真是可惜！他坚持认为，尽管国家社会主义运动的种族意识形态十分明确，但在这种意识形态与过去占主导地位 *xxxi*
的哲学之间存在着“一种看不见的连续性”。第二帝国是预言家和先知智慧的结晶，是梦想成真的产物。与第二帝国一样，第三帝国同样笃信德意志民族的天职。杜威发现，与黑格尔不同，希特勒颂扬的并不是**国家**，而是**种族**，而且对康德的世界主义很反感。因此，严格说来，希特勒不能算是二者的信徒。不过，杜威认为，从以**内在性**(*Innerlichkeit*)为主到以**血与土地**(*Blut und Boden*)为主的转变，并没有否定这种哲学遗产，反而成为希特勒克服“内在”与“外在”——即精神与物质——两分法的野蛮方式。如果古典传统的哲学没有首先人为错误地把世界分成两个，即理念王国与现实王国，希特勒便不会有机会把其极权主义的世界大同思想强加给人民。

杜威否认希特勒是康德或者黑格尔的信徒，这是对的；不过，他否认希特勒是豪斯顿·张伯伦[①]的信徒，这就错了。张伯伦是英国人的叛徒，他向希特勒祝福，为使希特勒的种族主义名正言顺而摇唇鼓舌。杜威暗示，黑格尔的理性的狡诈(Cunning of Reason)以某种类似本能的方式重新出现在希特勒的神话之中，但他错了，而且错得莫名其妙。他断言，"要把黑格尔经常称为"民族"的国家转变为希特勒的种族共同体……并非难于上青天"，这对于与种族主义毫无关系的黑格尔实在不公。

V

杜威 1915 年主要著作的最后一部，即《明天的学校》，体现了他对教育的看法。无论在兴趣、影响还是深度方面，这些看法都更有代表性。可以毫不夸张地说，见多识广的读者将从该书中听到时代的强音。书中描述了当时一些运行中的学校，尤其描述了这些学校所体现的理想，描述了杜威重建初级、中级教育的
xxxii 建议。就此而言，该书的书名本可以换成《今天的学校》。早在给这些实践起名之前，我们便描述过开放教室、无墙教室、先进学生教后进学生等，以及现代进步教育的其他特征。

《明天的学校》由杜威与女儿伊夫琳合作完成。该书的出发点是对全国各地的新型学校进行描述，因为这些学校反映了卢梭[②]、福禄培尔[③]、裴斯泰洛齐[④]、蒙台梭利[⑤]和其他教育改革家的影响。根据这些学校实践的结果和自己的哲

---

① 豪斯顿·张伯伦(Houston Chamberlain, 1855—1927)，主要在德国活动的英国的政治哲学家、自然科学作家，里查德·瓦格纳的女婿。其两卷本的《19 世纪的基础》一书，为 20 世纪初期泛德意志运动及纳粹种族哲学提供了参考。——译者

② 让·雅克·卢梭(Jean Jacques Rousseau, 1712—1778)，法国著名启蒙思想家、哲学家、教育家、文学家，是 18 世纪法国大革命的思想先驱、启蒙运动最卓越的代表人物之一。其主要著作有《人类不平等的起源和基础》、《社会契约论》、《爱弥儿》、《忏悔录》等。——译者

③ 弗里德里希·威廉·奥古斯特·福禄培尔(Friedrich Wilhelm August Froebel, 1782—1852)，德国教育哲学家、近代学前教育的奠基人，著有《人的教育》等。——译者

④ 约翰·海因里希·裴斯泰洛齐(Johann Heinrich Pestalozzi, 1746—1827)，瑞士教育家、教育改革家，著有《隐士夕话》、《伦纳德与格特鲁德》等。他把传授知识和发展智力看作教育要完成的两个相互联系的任务；提倡直观教学法；提倡学习和手工劳动相结合。他对教育的所有分支都有极其深远的影响。——译者

⑤ 玛丽亚·蒙台梭利(Maria Montessori, 1870—1952)，20 世纪意大利著名教育家。其主要著作有《蒙台梭利法》、《蒙台梭利科学教学法》等。蒙台梭利相信，如何对待"弱智"或者"智障"，不是医学的问题，而是教育的问题。——译者

学、心理学分析，杜威指出，要在民主社会实践中实现平等教育机会的承诺，必须进行改革。对于这些观点，《明天的学校》只是简单地勾勒出一个纲要。杜威用更加系统的方式提出了教育理论，不过，这些理论的哲学基础则在他后来出版的《民主与教育》一书时才得以亮相。

《明天的学校》今天依然具有重要的意义，它对比了它问世时占支配地位的传统教育和后来被称为"进步的"那种类型的教育。无论怎样评价，进步教育的理想和实践对今天称为传统教育的教育产生了巨大的影响。该书值得关注，因为除去别的方面，它表明，对于自己所倡导的教育改革，杜威深知任务之繁重和任务之艰巨。

在杜威的重要阐述之中，有几个地方颇为突出，因为它们受到了批评者以及甚至追随者的曲解。第一个曲解是说，杜威反对在教学方法或者学科内容上的约束，于是课堂自由意味着儿童任何时候都可以随便学什么或者不学什么。可是，杜威说得非常清楚，没有权威或者纪律，便不可能开展学习；儿童要得到最佳的成长，就必须承认方法的权威和做事的纪律。杜威也没有为缺乏系统的课程辩护。他只是反对把与儿童的心理状态和发育阶段毫无关系的课程强加给他们。他认为，过去的大多数教育体系是为方便成人教授知识而设计的。结果，儿 *xxxiii*
童的美德被界定为注重服从、听话并对成人的观点唯唯诺诺、不能批评等等。为了有利于维护一个民主社会的道德规则，也为了有利于儿童自身的最佳成长，杜威强调，我们设计的课程和教学方法要承认儿童的天性活动，而且要把这种身心活动转化为积极的任务，从而调动儿童的积极性和创造性。

杜威从心理学的角度强调唤起儿童兴趣的重要性，唯有如此，儿童才能恰当掌握学习的科目或者完成学习的任务。常有的情形是：人们把杜威的意思解释为学校教育必须具有娱乐性，老师不应该管学生，应该让儿童自己去重新发现世界，不要暴政般的教科书、家庭作业或者练习。但是，杜威抗议道，只讲娱乐的学校教育决不可能唤起儿童对任何东西持续的兴趣。他并不反对恰当使用教科书，也不反对教师积极介入，而只是反对呆板使用教科书，反对把教科书当作一种死记硬背的机械练习的来源，反对在效果上不能激发学生自身活动的教师行为。如果学生对课堂上所讲解的东西没有积极的反应，我们便无法知道学生究竟真正学到东西没有，或者是理解没有。

同样，当杜威强调做中学的重要性时，这种学习总是涉及概念的验证，计划、项目的实施，寻找便于完成一项任务的方法，等等。常见的情形是，他被解读为：他认为所有的做事情，不论其如何不用动脑子，都是一种学习的形式。

认为杜威不在乎“three R's”[1]或有时叫基础教育的东西，这完全是对杜威的一种灾难性的误读。要求回到这种教育的呼声，并非是对杜威所倡导的方法之
xxxiv 失败的反应，而是对某些教师无法控制的社会因素之失败的反应。杜威写道：“读、写、算、地理将永远是需要的，但要对其内容作很大的改动和增补。”学生应该学习的是事实，但不是那种“与其相互关系和应用”脱节的事实。

两个根本的思想使杜威的教育哲学充满了勃勃生机。首先，科学心理学的成果应该最终用于任何科目的学习方法；其次，在一个民主的社会，所有的儿童都有权享受一种学校教育，这种教育将使儿童的发展达到最充分、最理想的程度。

杜威有几个观察源自他对教育中的民主的笃信，我们在此处引用是恰当的。杜威认为，总体看来，西方世界的教育课程在设计方面反映了知识精英阶层的利益和需求；同时，从实际作用上看，这个阶层拥有一种特殊的家庭环境，这种环境为正规教育活动所提供的内容给予了强大的支持。在大众教育引入之后，总体上说，学校提供的还是传统的基础课程，传授的方法也仍然是传统的。今天，普及大众义务教育已蔚然成风，而且最终普及高等教育将成为现实。然而，课程并没有得到修改，因此无法适应新的形势。从过去走来的教育者，譬如今天为年轻人撰写有关理想教育的许多大学教授，几乎都下意识地假定，学生命中注定要过一种追求学问的生活，要从事专业性的职业，而且，学生的家庭环境有利于达到这种职业目标。杜威之所以研究这些新型的实验学校，是因为它们的运行“都脱离了适于一个人数很小的专业化阶层的课程，并转向一个将真正代表民主社会之需求和条件的课程”。

杜威绝不是空想家。他认识到，在可以预见的未来，大多数人都要承担挣钱糊口的义务。选择职业具有深远的意义，这是一种最为深刻的选择，人们非做不可。“每一个人都应该能够自尊、自立，明智地做工作。”教育特别要为个体能明
xxxv 智地选择自己安身立命的行业装备必需的技术、习惯和知识。有时候，以特定职

[1] three R's，意为初等教育的三要素——读、写、算，因 reading、writing 和 arithmetic 三个词中都有字母 r 而得名。简称为“三要素”。——译者

业为目的的教育是理所应当的，但这些职业并非仅仅是过去的传统职业。为这些职业做准备是所谓通识教育的主要目标，而且其程度之广，已超越了培养悠闲绅士的那种教育。

杜威敦促人们关心为职业而教育(education for vocations)，与此同时，他关注的是，通过增加可能有助于扩大职业选择面的科学及社会知识来丰富课程。他预言，科学将首先对工业然后对社会和政府产生越来越大的影响，结果会创造新的机会。他仔细区分了他所理解的职业教育、学徒培训，以及旨在培养个体只从事特定工作的其他形式的手艺训练(manual training)。后者为了企业的利益，使工人依附于企业，而没有把培训作为工人成长的手段。“敦促为那些假定会在现行经济体制下成为砍柴挑水的人们增加一些范围狭窄的职业培训内容，这相对容易办到；但却没有触及现行的书呆子型的教育，而这种教育是为那些不必在家里、商店里或者农场从事体力劳动的幸运儿服务的。”

杜威敦促重建教育，使教育为个体提供机会，这不仅帮助个人成长，丰富个人生活，而且帮助个体作为公民明智地参与民主过程。因此，在他看来，只要能够与其他任何形式的教育相区别，通识教育或者普通教育就必须支持并扶持一切职业教育和专业教育。

显而易见，或者说相当清楚的是，成功地进行杜威所号召的这种教育改革，比保留他希望取而代之的实践，难度要大得多。这是因为，这种改革需要两个短缺的条件。第一是要有大批乐于奉献的高水平的教师，他们能够在不大适于做 *xxxvi*
实验的条件下和环境中创造性地运用新的方法。第二是要有耐心的社区，特别是大型都市中心的社区，它们要准备承担小班的费用，尤其是设备和课外活动的费用。社区要诚心诚意地尽力满足所有儿童的需求，就必须具备这样两个条件。这种社区还需要有充分的思想准备，不经过一段合理的时间绝不下定论，也不因为家长歇斯底里的叫嚷而惊慌失措。在关于儿童成长的问题和学业测试方法等专业问题上，这类家长往往摆出一副权威的架势。

另外还有一个要求——这是杜威和所有过去的美国教育家都视为理所当然的，即一贯围绕着学校的社会冲突不能进入课堂。无论引起这种现象的原因是什么，今天在我国太多城市的公立学校里，冲突和暴力太普遍，以至于几乎可以明显地看到，警察和教师一样，在维护最低限度的和平与秩序；因为没有和平和秩序，任何真正的教育都是不可能的。根据一项还没有人作出评论却让人生畏的统计，去年的一学年，超过 7 万个美国教师在课堂上或者学校里及学校附近遭到身体上的攻击。

杜威本该第一个承认，没有相当程度的社会重建和社会稳定，任何教育变化都只能发生在表面。目前，抗议学校未尽本分的呼声越来越高，工作上的文盲日益增多，悲观情绪不断扩散，而且一旦出现有争议的问题，悲观情绪就变得非常严重，但这一切并非是因为进步教育的哲学与实践使然。进步教育的哲学、原则和实践得到了人们广泛的拥护，但还没有整体引入任何大型的且得到社区起码支持的公立学校系统之中。

论　文

形而上学探究的主题[1]

有一些生物学家坚持生物学中的机械论思想并在最近发表了其观点，这些 3
观点与下面这段引文所明确陈述的观点如出一辙：

> 如果我们把有机体简单地视为一个系统，这个系统是外部自然界的一部分，那么，我们便不能证明有机体的一些特征，也无法用物理-化学科学的方法来对它作出令人满意的分析。但我们也承认，在进化过程中导致自然界生物出现的终极构成的那些特性(peculiarities)确实存在。所以，我们不能否认，把一种生机论的思想或者生物中心论的思想应用到作为一个整体的宇宙发展过程是可能的，或者甚至是合法的。[2]

在上述引文的语境中，与有机体是外部自然界的一个部分的相关问题被当作了科学的问题；而有关终极构成的特性问题，则被当作了形而上学的问题。上述语境还表明，终极构成是从时间的意义上去理解的；形而上学的问题被说成与“终极起源”有关。这些问题完全超出了科学方法适用的范围。“[大自然]为什么展现了某些明显的天生潜能和行为模式，而这些天生潜能和行为模式又使大自然按照某种方式去演化？这个问题实际上超出了自然科学的范畴。”这些促使

---

① 首次发表于《哲学、心理学与科学方法杂志》，第12卷(1915年)，第337—345页。本文所回应的那篇文章，参见本卷第449—459页(即本书边码，下同——译者)。

② 拉尔夫·S·利利：《科学》(*Science*)，第40卷，第846页；并参见《生物学的哲学：生机论与机械论》(The Philosophy of Biology: Vatalism *vs.* Mechanism)一文所列参考书。

大自然总体上朝着生物方向进化的“某些明显的天生潜能和行为模式”被看作是4 一些“终极特质”；只有参照这些终极特质，生物中心论的思想才有合法的用武之地。该论证的含义是：在我们坚持认为物理-化学的方法适宜用来解释有机体时，鉴于有机体从无生命的东西进化而来，而进化又具有不间断性，我们因此承认孕育生命的世界“本身潜藏或者蕴涵了生命的可能性”。这种潜能使得大自然演化出诸多生物。不过，在思考这样一个世界和大自然的时候，我们被迫越过了科学探究的界限。我们越过了科学探究与形而上学之间的分界线。

这样就提出了一个关于形而上学探究的性质的问题。我希望提出这样的建议：虽然人们可以接受“终极特质”，把它当作初步区分形而上学与科学的标志，因为形而上学探讨的正是终极特质，但是没有必要把这些终极特质与时间上的最初特质等同起来。我们之所以不能这样做，是有充分理由的。我们也可以借助科学探究中发现的某些不可简约的特质，来划分形而上学的主题范围。就生物进化的主题而言，形而上学反思的明显特质，并不是为了企图去发现一些可以引起演化的、时间上的初始特征，而是为了努力去发现一个世界之不可简约的特质，因为这个世界至少有一些变化是以进化的形式出现的。一个世界，如果其中的一些变化逐步导致了生物的出现，导致了会思想的人出现，那么，这一定是一个不同凡响的世界。科学会去详细考察这些东西出现的条件，把种类繁多的生物与其前身联系起来；形而上学则会提出一个**具有**这种进化的世界的问题，而不是引起这种进化的世界的问题。形而上学的问题要么把我们领到**死胡同**，要么把问题分解为构成科学探究的种种问题。

任何关于事物起因的可理解的问题，似乎都是一个纯粹的科学问题。从任何既定的存在出发，大者如太阳系，小者如温度升高，我们都可以问一问它们究竟是怎么发生的。我们把研究的事物与其他以确定方式发挥作用的具体存在联5 系起来，才能解释变化，这样确定的方式统称为物理-化学的方式。我们用现有存在去追溯与之相关的过去存在，在此过程中，我们可能会对过去事物发生的变化提出类似的问题，也就是说，我们要透过比过去事物更早的事物所发生的变化来看待过去事物。这个过程不断重复，乃至无穷。不过，在超越某一未确定点时，我们当然会面临自身能力的实际局限。于是，可以说，终极起源或者终极起因的问题，要么是一个毫无意义的问题，要么是一些在相对意义上使用的词语，用这些词语来把过去的某一点指定为一种特定探究终止之处。我们可以用研究法语的“终极”起源为例。我们会追溯某些确定的先前的存在，譬如那些说拉丁语的人，其他一些说野蛮语言的人，他们在战争、商贸、政治管理、教育等方面都有接触。但是，“终极”这个字眼的意思仅与所讨论的特定存在——法语——发生关联。我们陷入另一组历史存在之中，而这些存在又有其自身的特殊先例。如果我们笼统地追溯人类语言的终极起源，情况也没有什么不同。这种研究会把我们带回到动物的叫喊、手势等，以及相互交流的某些条件等。问题在于，一组特定的存在是如何逐渐转化为另一组存在的？没有人会把拉丁语的潜在特质当作是法语演化的原因；人们试图发现一些真实而显著的特征，这些特征与其他同样特定的存在**相互作用**，导致了这种特定的变化。假如相对人类的一般语言，我们可能会采用一种不同的言语模式，这是因为，我们不了解发生这种转变的具体环境，但正是在这样的环境之中，动物的叫喊才会转变为包含某种意义的清晰言语。只要分析一下，就会发现，人们之所以讨论一些曾导致演化产生的内在规律或者内在原因，不过是为了随意掩盖他们对于一些特定事实的无知。但是，如果要成功地解决这个问题，就需要了解这些事实。

假如进一步概括上述的情况，我们可能需要追问全部事物现状的终极起源。**从整体上**(*en masse*)看，这样的问题是毫无意义的；从细节上看，则意味着我们可能要把同样的程序广泛地应用于目前存在的每一个事物之上。面对每一种情 6
形，我们可能要把事物的历史追溯到一个更早的状态。但在每一种情形中，我们追溯的都是它的历史；这个历史总是把我们带回到过去的事态，对于这个过去的事态，我们又可能提出同样的问题。诚然，众所周知，科学探究本身并不涉及任何终极起源的问题，除非是在纯粹相对的意义上已有论述。但是，似乎也可以就此认为，科学探究并不为其他一些类似形而上学的学科提出或者留下这种问题。至于针对进化理论提出反对意见，我认为可以这样来解释：神学过去所持的是上帝创造万物的终极起源观，因此，在某种程度上，人们自然会认为，进化论取代了上帝创造万物的神学思想，或者成为了后者的敌人。

如果所有关于起因或起源的问题都是具体的科学问题，那么还需要形而上学探究吗？如果形而上学的论题不是终极起源和终极起因，那么形而上学就只能是一门伪科学，只不过我们现在才认识到它那令人迷惑的本质，难道不是这样吗？这个问题把我们引向了另一个问题：科学思考所关心的各种存在是否具有终极性的特质——也就是不可简约的特质？在所有上述调查之中，我们至少发现了下面一些特质:形形色色的具体存在、相互作用、变化。自然科学探究的主题是物质,我们在任何物质里都可以发现这些特质。而且,不论研究的内容涉及1915年还是公元前一千万年,我们同样都可以发现这些特质,且无一例外。因此,这些特质似乎是名副其实的终极特质,或者叫不可简约的特质。于是,这些特质可能成为一种研究的对象。这种研究可以冠以形而上学的称号①,但它又不同于探究某一组特定存在起源的那种研究。

7 科学的主题永远是形形色色的存在,这些存在相互联系,又充满变化。这似乎是一个显而易见又平平常常的事实,不需要也不值得去研究。对此,我不想赘言。结合这里讨论的主题,我只想指出,一旦只图省力,至少这种研究的缺点就会越来越多。只要承认上述事实,人们就不会徒劳无功地关注"宇宙"所谓一开始就具有的终极起源和因果律。这里将揭示,无论弄明白这个主题的时间是在哪个年代,我们面对的情形并没有改变:这就是多样性、特殊性和变化性。在任何情况下,我们都必须抓住这些特质。如果我们能够坦然地面对这个事实,就不会无休止地企图把异质变为同质,把多样性变为同一性,把质变为量,等等。要对特定的事件进行成功的研究,就必须考虑数量与数学的法则,这是一个十分重要的事实。成功的研究可以展现前面提到的那些不可简约的特质中的某些不可简约的特质,但不能代替这些特质。一旦我们企图用成功的研究来代替这些特质,这种研究便失去了基础。

为了强调这一点,容我对另一段引文作出评论。

> 如果我们假设所有基本的自然过程都具有恒定性,而且这些过程之间的联系模式也具有恒定性——恰如准确的观察迫使我们如此假设,那么,我

① 这个称号至少以一个历史称号为后盾,也就是亚里士多德在思考存在之存在时所使用的那个历史称号。但我们也应该注意到,从亚里士多德的著作中也能找到上面所拒绝的那种形而上学的思想种子(而且这些种子在其哲学中茁壮成长,枝繁叶茂)。他显然把"神的"这个颂扬性称号送给了存在之更一般性的特质,把他的第一哲学等同于神学,从而使这类研究"高于"别的研究,理由是这类研究涉及"现存事物的最高等级"。尽管他本人并没有从时间上去寻找这个更高的或者至高无上的真,而是超越空间去确定其全部真的位置;但是,一旦神学仅仅专注于"上帝造物",那么,把这种存在等同于神的做法便导致了这样一种认同。不过,除非人们用神学的种种预测去对科学探究问题最一般的特质展开研究,否则,当然没有理由把颂扬性的词语用在这些特质身上。没有理由认为这些特质比其他特质更好或者更差、更高或者更低,也没有理由认为研究这些特质就沾上了特殊的尊贵。

> 们必然会得出这样的结论：假定宇宙诞生之初并不存在差异，只可能存在一 8
> 种进化历程。拉普拉斯[①]早就发现了机械论自然观的这个结果，但对于他这个结论的必然性，科学家们却从未展开过严肃的争论。不过，这却是一个非常奇怪的结果，而且在很多人看来，它似乎是对应用于整个自然界的科学观的一种**归谬法**(*reductio ad absurdum*)。

请注意，进化遵循预定轨迹这个必然的结论似乎很有道理；但又显然让人无法相信，因为其前提是“假定宇宙诞生之初并不存在差异”。然而，科学观恰恰不能接受这个前提，因为科学只有把任何特定的存在与先前的众多事物联系起来，才能对这个特定的存在展开研究，而这些事物不断变化，又相互作用。在任何情况下，拉普拉斯式的任何公式都只适用于世界上**某些**存在的结构，但却不适用于作为“整体”的世界。由于科学的原因，目前我们不可能从**整体上**去把握世界，不可能用一个无所不包的公式去概括整体世界。如果可能的话，这些科学的原因更加适用于某些更早的事态。这是因为，只有通过把特定的现存现象追溯到它的特定前身(antecedents)，才能得到这样的公式。

关于自然界远古状态的描述，人们总是抱着一种奇特的幻觉。人们常常认为，这些描述不仅代表了某些绝对的原始事态(这些是难以想象的)，而且还代表了一个事件，后来的种种事件均按照一种数学上预定的方式从这个事件延展而来。我们似乎以一种一边倒的方式，从过去走到现在。可是，当我们对这个公式的来源提出疑问的时候，幻觉消失了。公式是如何得来的呢？显然，我们从某些现在的存在出发，去追溯其早期的历程，直到我们到达某个时间(与探究的对象有关)，然后停下来，把这个历程的主要特征浓缩为一个公式。这个公式表达了事物在我们停下来的那个时间的状态结构。我们并没有从一个原始的状态真正去演绎或者推衍后续事件的历程，而是根据对后续事件的认识，按照一个公式去把握套入公式的特质。假定现在的状态变成你所乐意看到的任何事物，尽管它可能与实际发现的事物不一样，那么，我们将仍然确信我们(在理论上)能够为其

① 皮埃尔·西蒙·拉普拉斯(Pierre Simon Laplace，1749—1827)，法国数学家、天文学家，天体力学的主要奠基人、天体演化学的创立者之一、分析概率论的创始人、应用数学的先驱。他提出著名的拉普拉斯定理，著有《天体力学》、《宇宙体系论》、《概率分析理论》等。——译者

9 早期的状态构建一个无所不包的公式。简言之，实际上，一个拉普拉斯的公式只能在一些挑选出来的特征方面概括事件的实际历程，那又怎么能说它就能够描述自然界的原始状态呢？因为有了这个状态，这样、那样的事件就一定会发生吗？不能把世界就是如此这般这个命题，扭曲成世界如何及缘何必须是如此这般的命题。凡企图解释一个事物怎样变成了现在这个样子，终究免不了开始是如此这般，结果还是如此这般。那么，按照某些预定的法则，怎么才能根据过去的历史得出这个事实呢？我再说一遍，这是因为，这个历史就是**它自身**的历史。[①]

不过，这种讨论过度简化了诸多问题。我们是依赖现在所观察到的事态的多样性和复杂性来推论过去的事态，可是我们忽视了这种依赖的程度。这就好比我们想确定拉丁语的结构，可手中唯一的资料却是法语，我们肯定会遇到重重困难。事实上，在探究法语的演化这个问题时，我们还要依赖其他罗曼诸语言[②]。首要的一条即关于拉丁语的特征，我们要掌握独立的证据。如果不掌握，就只能依靠循环论证来进行推论。如果我们用假说来解释事物，而对于假说所言的事物是否存在甚至不能声称有把握，那么，科学理所当然要对此表示怀疑；因为这些事物如果的确存在过的话，假说也只能根据实际发现来作出可能的解释。所以，需要关于这个对象存在的独立证据。这种思考正适用于我们正在研究的问题，而且非常清楚地凸显了一种看法的荒谬之处；这种看法认为，任何关于存在的某些早期状态的拉普拉斯式公式，无论其涵盖性如何，都足以涵盖那个早期的全部存在。

我们来假定这个公式描述了太阳系的原始状态。它不仅必须从当下存在的事物入手，以此作为构建的基础；而且，如果要逃脱循环论证的推论方式，手头的资料必须大于当下的太阳系。建构这种宇宙论时，天文学家和地质学家依靠的
10 是对太阳系之外所发生的一切的观察。如果缺少这些资料，研究就会陷入瘫痪，就会毫无希望。现在已有的星图（stellar field），可能展现了处于各个形成阶段的星系。我们是否有理由假设一个类似的事态并没有在过去的任何时间里出现

① 比较伍德布里奇，《进化》，《哲学评论》（*Philosophical Review*），第21卷，第137页。

② 罗曼诸语言（Romance Languages），自拉丁语衍生，主要有法语、意大利语、西班牙语、葡萄牙语和罗马尼亚语等。——译者

过？因此，无论对于现在的太阳系之初始状态得出了什么样的公式，它都只能描述存在于一个更广袤的综合体之内的结构。这个公式对事物的一种状态进行了基本的、相容性的描述，但可以设想，在这种事物的状态之中，什么也不可能发生。要获得变化，我们必须采用与这个结构相互作用的其他结构，也就是采用这个公式无法涵盖的存在。

实际上，太阳系的观点似乎对牛顿的接班人产生了催眠一样的影响。把太阳、行星及其卫星等汇集起来，形成一个系统，当作一个拥有自己历史的个体来看待，这实在是一个奇妙的成就，对人的想象力产生了很大的影响，一时成了“宇宙”的一种象征。但是，如果把太阳系放到整个星图里去进行比较，太阳系只不过是一个“小不点儿似的小岛”。除非人们不顾其复杂的环境，否则，“一个没有差异的宇宙”的观点便不可能兴起；照这种观点，在某种潜在内力作用下，宇宙决定了古往今来所发生的一切。[①] 我们发现，法语之所以从拉丁语演化而来，并不是因为拉丁语的某些内在原因。同样，说拉丁语的人与说野蛮语言的人相互接触、相互交往，但并不是因为大家都说拉丁语，而是因为其自变量。内部的多样性与外部的异质性是同等必要的。[②]

我认为，这个思考揭示了这样一个意义，那就是事物的任何状态都具有变化 11
万端的潜在性。除非是指**出现**变化或者变化的过程，否则，我们决不使用“变化”这个词。但是，我们看到一种不幸的倾向，这种倾向试图设想事物有一种固定的状态，然后借助于隐藏的或者潜在的什么东西使其发生变化。可是，在现实中，这个词指的是变化的一种特征。可以说，任何变化着的事物都在两个方面体现了潜在性：第一，由于与周围新元素接触并发生相互作用，变化展现了过去没有显现的性质；第二，体现这些性质的变化，遵循某个轨迹。说苹果具有腐烂的潜在性，这并不意味着苹果内部隐藏或者隐含了一个因果原则，引起了苹果腐烂，所以总有一天一定会显现出来。不过，**如果**变化一旦与某些目前并未发挥作用

---

① 看一看斯宾塞关于《同质的不稳定性》的章节就会发现，他说明这种同质实际上原本就是异质的，并以此来证明这种不稳定性。

② 当代有些形而上学理论企图从纯粹“简单的”实体入手，然后用变化来专门指称“复杂体”。这就忽视了这样一个事实，即如果所谓简单的实体中不存在内部的多样性，复杂实体所展现的变化并不比简单实体的多。原子学说的历史来自直觉。这种形而上学与研究终极起源的形而上学一样，以完全相同的方式背离了心智探究的要求。

的条件接触，或者受到某些条件的支配，那么，现有的变化（在与周围环境相互作用时）的形式就是腐烂。力量要在一定的条件下，才能发挥相互作用，而由于这样的条件数量有限，加之在不同的条件下出现了新的力量，因此，潜在性指的是现有力量的某种局限性。为了概括这个观点，我们不得不补充一个事实：正在发生的变化促使事物去接触这些不同的条件，而不同的条件又要求采用新的行为模式，也就是说，要求产生不同种类的新变化。因此，潜在性不仅包含了多样性，而且包含了特定方向中的特定事物不断丰富的多样性。所以，潜在性绝不是指一种内在于同质事物之中且促使同质事物发生变化的因果力量。

于是，我们可以说，我们地球的早期条件潜藏着生命和思想。但是，这就意味着它一直在按一定的方式并朝着一定的方向变化着。我们从该入手的地方——现在——入手，事实或者组织结构（organization）显示这个世界属于某一种类型。在某些方面，这个世界**是有**组织结构的。组织结构从早期世界演化而来，但早期世界却找不到**这种**组织结构。看一看这种演化，就可以对其早期的条件有所了解，这意味着演化具有按照某种方向发生变化的特点，也就是说，朝着
12 形成有生命、有心智的组织结构的方向变化。我认为，这并不能证明这一结论，说早期世界原本就是生物中心论的，或者是生机论的，要不就是精神的。不过，可以得出两个结论：一个是否定的。我们可以用而且希望用物理-化学的语言来陈述一个井然有序之存在的过程，但这并没有排除生物具有的任何特性，而是肯定生物理所应当具有其特性。这并不意味着我们在辩解具有生命和思维能力的存在物的显著特性时，可以把这些特性变成非生物的特性。物理-化学语言所陈述的，正是这些特性的**发生**。我们已经看到，要对任何事件的发生作出解释，必然要先了解其真实的、不可简约的存在状况。要描述具有生命和思维能力的生物的机制，就直接描述**生物**机制好了；要描述生物的产生的情况，就直接描述**生物**情况好了。这种描述并不证明我们所说的这个存在是好事还是坏事，但如果怀疑所研究的论题是否真的存在，这个描述便什么也无法证明。

另一个是肯定的。只要对世界不可简约的特质进行形而上学的探究，就必须承认，具有生命和思维能力的存在物从一种事物的状态进化而来，但原先在这个状态中是不可能发现生命和思维的，这是一个事实。这是因为，进化似乎只是这些不可简约的特质中的一个。换言之，在思考多样性、交互性和变化性的特质时，应该考虑这个事实。在一切科学论题所列举的全部特质之中，这三个特质是

理所当然的。如果一切事物都是变化的事物,生命和思维的进化就指出了物理-化学物质的变化性质,因而也指出了其变化的某些特征。进化表明,作为纯粹的物理存在,这些事物的相互作用仍然是有限的;随着相互作用增多,并变得日益复杂,它们展现出在纯机械世界并不存在的能力。因此,说由于存在生命的、心智的、社会的组织结构,便不可能存在纯机械论的形而上学,这等于说出应景之言,却没有说出“作为整体的”世界是有生命的、有意识的、有心智的这个意思。这种话与关于水或者铁的话,属于一个层面。有人说,除非了解水或者铁在各种 13
不同的条件下的表现,否则,对水或者铁的了解便不够充分。因此,认为铁从根本上是坚硬的而水根本上是液体的,这样的科学原理是有欠缺的。如果没有进化论,我们可能会说,在某些非常复杂和强烈的相互作用的条件下,那个物质获得了生命;但是,不可能说那个物质导致了生命。有了进化论,我们就可以在这句话之外补充说,物质的相互作用和变化本身引起了那种复杂的、强烈的相互作用,最终才有了生命。进化论意味着这一条适用于任何物质,且不论是什么时间的物质,因为具有生命的并不是 1915 年的物质,这个物质是现在已不存在的物质所产生的。一千万年前活跃的物质现在依然活着:这是一千万年前的物质的一个特征。

这里有些跑题了。我关心的不是去发展一种形而上学,而只想指出形而上学探究问题的途径是一条不同于专门科学的途径。它把世界更加终极的特质作为自己的论题,同时又把这些特质从终极起源和终极目的的混淆中解脱出来,也就是从万物起源论和末世论中解脱出来。进化论在这种探究方面的主要意义似乎在于,它表明形而上学描述世界时并不涉及具体的时间,然而时间本身,或者特定方向中的真实变化本身,就是这个永恒世界的一个终极特质。

实践判断的逻辑[①]

14 I. 实践判断的性质

我要先就这个讨论作一些说明，以避免可能造成的误解。或许有人会反对说，既然从本质上说，一切判断都是知识性的或者理论性的，那么，“实践判断”这个术语就会让人误入歧途。“实践判断”完全是用词不当，这是一个会导致混乱的术语。于是存在着这样一种危险，如果使用这个术语，我们会把实际上根本不属于知识的东西当作判断和知识，结果使我们走上一条以神秘主义或者蒙昧主义而告终的道路。这种看法确实很有道理。我并不是说，实践判断与其他判断的不同，在于它有不同的构件和来源。简单地说，实践判断只不过是一种包含有特定内容的判断。与实际行为(*agenda*)相关的命题是存在的——要做什么事情或者完成什么事情，对需要采取行动的情形作出判断。例如有这样一些命题：某某人应该做而且要这样做；只有这般行事或许更有效、更明智、更审慎、更恰当、更应当、更适宜和更有利，等等。我把这种判断称为实践判断。

可能也有人会反对说，这种判断内容并没有什么独特之处；而且把这种判断与主谓(*sp*)判断形式或者“某某比某某更怎么样”(*mRn*)的判断形式分割开来，这是没有什么根据的。我也愿意承认，这或许是一个事实。不过，与此同时，是

---

① 首次发表于《哲学、心理学与科学方法杂志》，第12卷(1915年)，第505—523、533—543页；修订并重刊于《实验逻辑论文集》(芝加哥：芝加哥大学出版社，1916年)，第335—442页。

否存在一种不同的判断内容，因而需要一种不同的逻辑形式来表现呢？如果是这样的话，这种*显而易见*(*prima facie*)的差别就值得我们去考虑。事先臆断实践判断的内容*必须*简约为*主谓*判断形式或者“*某某比某某更怎么样*”这样的判断形式，这跟相反的臆断一样，也是荒唐的和毫无道理的。它回避了我们要向世界 15
提出的最重要的问题，即时间的性质问题。目前的讨论表明，这类判断的命题就算不是完全空白的，至少也是明显缺失的。罗素先生最近说到了逻辑的两个部分，第一部分列举或者概述了不同种类的命题，或者不同形式的命题。① 值得注意的是，他并没有提到这只是一种可能的判断形式。然而，可以想象，关于其他判断形式的讨论会因为这种疏忽而受到影响。

这里可以提供实践判断的一些额外例证，比如，他最好去找医生咨询一下；建议你不要去投资这些债券；美国要么改变*门罗主义*②立场，要么做好更有效的军事准备；现在是建房的好时机；如果我干那事，那我就做错了，等等。我们根本用不着去强调这类判断的实践重要性，但必须看到，人们在讨论一般逻辑形式时往往忽视实践判断的重要性。关于实践判断的重要性，我们可以这样说：

1. 实践判断的内容包含一种不完整的情境(situation)。这种不完整性不是心理上的。肯定有东西在“那儿”，可这个东西并不构成一个完全客观的情境。*于是*，还需要别的东西。只有等这些别的东西具备了之后，已知事实(the given)才与完整的内容相一致。这个事实在我们思考不确定的、难以预见的事物时，具有重要的意义。有时候，人们(支持者和反对者)会断定，这些确定的观念还是会引起*已知事实*的不确定性——这似乎是一派胡言。这个逻辑推论是说，事实总是*没有终结的*，没有完成的，或者说还没有完整的内容。推论总是关于未来事物的。此外，这种不完整性并不涉及个人。我的意思是说，情境并不局限在作出判断的那个人*身上*；实践判断并不完全是或者并非主要是关于自我的。相反，只有 16
当这个判断是关于情境的判断，而这个情境又包含了个人及自我之外的许多其他因素，这个判断才是关于自我的判断。人们对于道德判断常常提出一些自相

---

① 《哲学的科学方法》(*Scientific Method in Philosophy*)，第 57 页。

② 门罗主义(Monroe Doctrine)，美国总统詹姆斯·门罗在 1823 年 12 月 2 日致国会的年度咨文中阐明的美国对外政策。他宣称，旧大陆和新大陆社会制度不同，必须各自保持明确的势力范围。——译者

矛盾的断言，以致这个陈述一定显得十分武断。不过，这是一个**显而易见**的情境：当我决定不给街上的乞丐钱的时候，我是在判断一个客观情境的性质，我作出的结论要受一个关于情境的命题左右，而我恰好处在这个情境之中。这个充分而复杂的命题内容包括乞丐、社会状况及其后果、一个慈善组织协会等，同时也包括我自己的因素在里面。以任何别的理由来捍卫道德命题的“客观性”，似乎都是不可能的。除此之外，我们至少可以指出，无论是关于我们自己的决策判断，还是关于他人的决策判断，肯定都是对一种暂时不完整的**情境**的判断。当我作出“现在是我购买某些铁路债券的恰当时机”这个判断时，完全是因为我对几百个完全独立于我的外在因素进行了判断。如果承认类似命题确实存在，那么，关于道德命题，唯一的问题就是道德判断是否属于业已界定的实践判断。这对于道德理论而言，是一个至关重要的问题；但对我们的逻辑讨论来说，却并非如此。

2. 实践判断的内容蕴含着这样一个意思：命题本身就是使情境变得完整并促使情境实现的因素。我们判断说应该完成这个或者完成那个，因此完成后的情境往往是包含这个或者那个内容。“这样做好”这个命题，是以某种方式来处理已知事实的一个命题。既然行为方式是由命题来确立的，**命题**便是决定结果的**一个**因素。作为一个对已知事实进行补充的命题，它就是补充**过程中**的一个因素——但不是作为一种无关的东西，作为附随命题的某种东西，而是以其自身逻辑的力量来完成的。我们至少**从表面上**可以看到，实践命题与描述命题和叙
17 述命题有明显的不同，与我们熟悉的**主谓**命题不同，与纯粹的数学命题也不同。后者意味着，这种命题并不参与命题内容的构成。实践命题也不同于条件性命题，比如这种形式的命题：“他已经动身去你家了”；“房子的大火还在燃烧”；“天大概要下雨”。已知事实的未完成性包含在这些命题中，但并不意味这种命题是决定这些事实得以完成的一个因素。

3. 实践判断的内容蕴含着这样一个意思：它会给已知事实带来完全不同的结果，即比另一种结果更好的结果，命题是一个(尽可能地做到)确保有一个更好结果的因素。换言之，在这种命题形成的过程中，有些东西在客观上是难以确定的。一个正确的或者错误的**描述**判断(一种限于已知事实的判断，不管它是时间的、空间的，还是实存的)，不会影响它的内容；它既不会有助于也不会有碍于内容的发展，因为按照假设，它没有发展。但是，一个实践命题会对内容产生或好

或坏的影响，因为它是对那(the)整个内容的存在条件(应该完成的事情)的判断。①

4. 实践命题是二元的。它是一种将要采取具体方式对已知事实进行处理的判断，也是一种肯定这种处理方式并认可其具体目标的判断，还是一种同时关注目的(将要产生的结果)和手段的判断。那些将目的讨论与手段确定割裂开来的伦理学说——它们大多是这样做的——最后只能是离开判断的范围而去讨论目的。如果这样来讨论目的的话，就不会有什么理智的结果。

“我应该去看医生”这个判断，表示我应该采用一种特有的方式去改善已知
的情形，也表示我去看医生还能得救。这个命题既关系到应付办法，也关系到某 18
些阻碍——既要理智地确定那些阻碍生命力的因素，又要理智地确定可以用来克服这些阻碍的因素。“我需要看医生”这个判断，意味着在正常生活的过程中会存在一些阻碍；但是，它同样也意味着存在积极的因素，可以来克服阻碍并重新回到正常的生活事务上。

值得我们注意的是，实践判断在关系到手段评估时候的相互性。从目的方面来看，这种相互性表现为反对乌托邦主义和浪漫主义，有时也被称为理想主义。从手段方面来看，这种相互性表现为反对唯物主义和预定论，有时也被称为机械论。我说的唯物主义，是指这样一种思想，它认为已知事实完全包含了实践判断的全部内容，即已知的事实就是所有的“一切”。已知的事实无疑只是存在的事物，它是完全确定下来的；但是，它也是有待完成的已知事实。调查现存(事实的)条件，把其列成清单，这些还不够；已知事实存在的理由是为了让人们可以理智地决定应该做些什么，以及去完成已知事实还需要什么。这样看待已知事实是自相矛盾的，因为这意味着已知事实以其已知性否认了任何行为的可能性，否定了任何改变的可能性。作为实践判断的一个部分，当发现一个人遭受一种疾病的折磨时，并不等于发现他必须遭受疾病的折磨，也不等于发现接下来所发生的事件进程是由他的疾病决定的；这个发现，指明了恢复健康的一个必需的和大概的过程。即便发现这个疾病救治无望，这个原

① 分析实在论者特别不愿意把未来结果的性质作为命题的条件来讨论。未来的结果与关于未来结果的心理行为当然不是一码事；对这个心理行为而言，结果是“客观的”。据此，结果已经在某个存在的王国里存在了吗？抑或存在仅仅是一个名称，用来代表逻辑指涉的事实，而让“逻辑”的具体含义去决定“存在”的具体含义？说得更笼统一点，关于未来，分析实在论的立场是什么呢？

则也同样适用，因为它表明不要在某些徒劳无功的努力上浪费时间和金钱，而是要去准备后事等等。这个发现还表明，要寻找条件以便将来遇到类似疾病时能够有救，而不是束手待毙。实践判断的全部真实性随着这个原则而沉浮。这
19 个原则乐于接受任何质疑，但必须依赖经验证据，才能确定这个原则的正确性。关于已知事实或者已经发生的事情的命题，我们不能因为这个命题的含义得到辩证而详尽的阐述，便轻视其正确性。也就是说，科学判断作为对现状的一种发现和陈述，其性质不允许有这个原则；但是，我们不能根据这个断言便推论说这个原则无效，更不能根据数学命题的分析便推论说它无效。因为这种方法不过是在回避问题而已。**显而易见**的经验是，如果没有偷偷引入某种成见，把事实变得错综复杂，那么，科学判断——决定性的诊断——赞成而不是禁止已知事实可能发生变化的原理。我重复一遍，要想推翻这个假设，就应该去寻找具体的证据来证明这种学说行不通。大量的经验证据表明，我们通过科学判断，增加了对已知事实(科学判断的内容)的控制力，因此，要找到具体证据来证明这种学说行不通，可能性似乎很小。

这些事实揭示了(实践的)理想主义和机械论的本义。行动中的理想主义，无非是对我们一直在考虑的这些含义的公开承认。理想主义表明，已知事实既可以**成为**事物积极发展或者完成进程中的障碍，又可以**作为**事物朝着另一种进程发展的资源，由此直接受阻的进程可以得到间接的发展。理想主义不是一种充满了希望的盲目本能，也不是那种通常被称为乐观主义的形形色色的和隐晦的情绪表露，更不是乌托邦主义。理想主义承认，凭借正确的发现，我们才能够不断地推动事件的进程，才能够重新确定进程的方向。或者说得更具体一些，作为一个主导性的动机，理想主义可以促进发现并利用其得到的成果。

机械论意味着对于手段的相对认可。它承认了实践判断中已知事实的决定性意义。作为完结的各种孤立事实，并不是机械论的。它们最多仅仅是表现为
20 有这样的结果。说这些事实是机械论的，是指实现其种种可能性的机制和手段。除了向前看(预测事件的未来走向)之外，机械论是一种毫无意义的观念。把这个观念运用到一个业已完成的世界，运用到任何荡然无存的场景，也是毫无意义的。那些有关过去世界的种种命题，仅仅是关于过去的命题(而不是为将来的行动提供什么条件)，也许是完整的和准确的；但是，它们往往具有一种复杂的分类

目录的性质。另外,采用机械论的观念,就等于认可未来发展的种种可能性。①

5. 正如我们已经看到的,关于将来行动的判断暗示了一种对于情境中已知事实的评估,它是对追求的过程及其采用的手段的说明。因此,它必须具有相应的准确性。与其说需要附加一个完备性的要求,不如说需要附加一个准确性的要求。对于准确性而言,基本上取决于与下一步决定要干什么的关联度。完成 Completeness 并不意味着要穷尽事情**本身**(*perse*),但意味着要关心目的及其手段的适当性。列入的东西过多,或者把无关者也列入进来,这些都违反了准确性的要求,等于遗漏了——没有发现——重要的方面。

对此有了清楚的认识之后,我们便能够避免某些逻辑论证的混乱。前面已经论证过,对已知存在或者已知事实的判断不能是假设性的;事实性与假设性完全是矛盾的。如果把这两种限制性条件相提并论的话,它们就会发生矛盾。假 *21*
设的事实是指构成已知事实命题条件的那些事实,它们与行动的目的有关——即与确定行动完成的可能性有关。经验材料或许是确凿的,或者如你所愿是绝对的,但我们却不能保证它们就是这种特定判断所需要的材料。假定将要完成的事就好比预测彗星什么时候返回,其主要的困难并不在于天文观察,也不在于根据观察进行的数学计算——尽管完成这些工作也许很困难。它需要弄清楚我们所得到的观察材料是不是与彗星的正确运行轨迹相吻合:困难在于既要确保我们没有漏掉有关的东西,又没有列入与彗星的运行无关的东西。达尔文关于自然选择的假设,并没有因为他关于圈养动物繁殖的命题的正确性而受到冲击。人工选择的事实可能就像他所陈述的那样——它们或许就不是假设出来的东西。但是,它们与物种起源的关联还是一种假设。从逻辑上说,任何一个事实命题一旦作为推论基础的时候,它就变成了一个假设命题。

---

① 假设现在的问题是关于过去地质年代地球的某种炽热状态。业已发现的事实虽然被当作一个命题或者一门科学的全部内容,但却不能被视为生命出现的原因或者途径。因为从定义上看,业已发现的事实形成了一个封闭的系统;硬要把一个未来事件扯进来,那就否定了这个定义。反过来,说地球过去的条件是后来出现生命的一个机械条件,则意味着这个过去的阶段不仅仅是作为过去来看待的,而是作为转向其未来的过程来看待的,作为朝着生命方向变化的过程来看待的。要描述地球历史的这个早期阶段,就必然要涉及朝着这个方向的变化。一个纯地质学的描述可能在其自身的论域内是相当准确的,但在另一个论域之内却可能是相当不完整的,因而也是不准确的。也就是说,地质学家的命题可能准确地阐明了事物的过去状态,但同时忽视了由其过去状态必然引起的以后状态的描述。而一种未来的哲学可能不会忽视这个隐含的未来。

6. 就实践判断(包括对已知事实的判断)的真实性而言,这段话的意义是显而易见的。实践判断的真或假,是由结果构成的。在按照预定方向采取尝试性行动之前,确定目的-手段(构成实践命题的条件与关系)都是假设性的。这种判断是对还是错,只有看事件或者行为的结果了。由于只有结果才能给出完整的内容,所以这是一个直接结论。在这种情况下,如果先前的分析不存在严重错误的话,至少验证的结果与真相是完全吻合的。

叙述到此结束,算是思考其他问题之前的开场白。然而,上面的叙述提出了另外一个问题,而且还是一个独立的问题。为此,我得离题一下。如果要把得到
22 的结果应用于所有的事实命题,其可能性和合理性有多大?换句话说,是否可以认为,关于事实的所有科学性或者描述性陈述,间接(如非直接的话)包含了将要做的事,包含了未来要用行动来实现的可能性?这样想是否合理?合理性这个问题太复杂,需要专门讨论。不过,不能否认,这是有可能的,也不能否认这种可能性值得仔细考察。我们至少可以提出一个假设:所有的事实判断都与确定将要尝试的行动的过程有关,都与发现付诸行动的手段有关。从业已解释的意义上说,所有陈述发现或者真相的命题和所有定言命题都是假设性的,其真实性将与被验证过的结果相一致,而这个结果源于明智的行动。

这个理论可以称为实用主义。不过,这种实用主义并不依赖于一种唯意志论(voluntaristic)的心理学。它没有牵涉到情感的满足或者是欲望的作用。

我要论证的并不是这一点。然而,如果实用主义的批评者们先分析通常的实践判断,然后再思考它们对于事实和本质的判断所产生的影响,可能才会重新理解实用主义的意义。伯特兰·罗素先生评论说[1],实用主义源于一种关于理论真理的理论,但却忽视了理论赖以为生和赖以检验的"事实真理"。就实用主义的起源而言,我不想提出质疑。哲学至少主要是一个理论的问题;詹姆斯[2]先生也够认真的,所以对于确定这些理论的意义以及检验这些理论的方式颇为劳神费心。他的实用主义,实际上(诚如罗素先生所认识到的)阐述了将同样的检验应用于哲学理论的必要性,就像在演绎科学理论时所使用的方法那样;但这并

---

① 《哲学论文集》(*Philosophical Essays*),第104、105页。

② 威廉·詹姆斯(William James, 1842—1910),美国哲学家、心理学家、教育学家、实用主义的倡导者、美国机能主义心理学派创始人,也是美国最早的实验心理学家、著名文学家亨利·詹姆斯的哥哥。其主要著作有《心理学原理》、《实用主义——某些旧思想方法的新名称》等。——译者

不是说，我们就不能用同样的方法去处理所谓的“事实真理”。事实也许是事实，但仍然不是探究中的事实。然而，在一切科学探究中，我们把它称为事实、材料、事实真理，即表示把它当作进行推论的**相关**事实。**如果**(这似乎是在暗示)事实 23
间接地隐含在关于未来行动的命题之中，那么，事实本身在逻辑性质上是理论性的。于是，陈述的准确性和推论的正确性就会成为真理的要素，而且还有证实的问题。真理是一种“三位一体”的关系，但它不同于罗素先生所阐述的真理。追求准确性和正确性，就是证实的目的所在。

II. 价值判断

I

我的目的是要将前面得到的关于实践判断之含义的一些结论，引申到价值判断的问题上面。首先，我将设法厘清一些误解的来源。

然而，不幸的是歧义根深蒂固，很难用三言两语把价值问题说清楚。对于好的(a good)**经验**，对于某物在种类和数量所进行的价值**判断**，两者几乎是纠缠不清的。这种混乱由来已久。中世纪的思想里面就有其踪影；笛卡儿使它复活起来；近来的心理学赋予它一种新的变化。感觉被看作是比较恰当的认识方式，而情感被看作是感觉的方式，因此也被看作是认识理解的方式。出于科学的目的，笛卡儿致力于说明感觉并不是认识诸如身体特性的工具，而只是理解身体与人这个有机体的安乐之间关系的工具。快乐和痛苦的感觉，饥饿和干渴等感觉，都是很容易感知的；颜色、声调等同样很容易感知到。对于这些感觉，他这样说道：“自然在我的身上赋予了感觉这样的感知能力，这是为了**表示**什么东西是有益的，什么东西是有害的。”[①]这样才有可能将身体的现实属性与其几何属性等同起来，而不需要他去面对这样的结论：上帝(或者自然)会让我们受到颜色、声音等感知的欺骗。之所以赋予我们这些感知能力，那仅仅是为了教导我们应该追 24
求什么和避免什么，具有**这样的**理解力(apprehensions)就足够了。从下面的一句话里面可以清楚地看到，他认为我们对所有好东西的体验与判断或者认识理解是一回事：“当我们听到消息的时候，大脑首先对其作出判断，如果它是好消

① 《第六个沉思》(*Sixth Meditaion*)。

息，我们便会充满喜悦。”①

这说明了有关**判断力**(*vis aestimativa*)的经院派心理学的一种复兴。按照洛采②的理论，由于情感包含了快乐与痛苦，因此情感是价值判断的工具，或者按照更新的术语来说，情感是对价值的认识理解(对应于感觉性质的直接理解)，这是一种新瓶装旧酒的理论。

为反驳这个理论，本文以休谟的下述文字所阐述的立场为依据。他说：“情感是一种原始的存在，或者也可以说是存在的变异，并不包含有任何表象的性质，使它成为其他任何存在物或变异的一个复本。当我愤怒时，我现实地具有那样一种情感，而且在那种情绪中并不比当我口渴或生病，或是5尺高时和其他任何对象有更多的联系。”③在有些人看来，我这样做似乎是在回避问题的实质，其实这无疑是一个**显而易见**的事实。先前有一种教条认为，每一种意识经验**根据事实本身**(*ipso facto*)，**都是**一种认知的形式。这种教条掩盖了事实，所以，是否正确还得由高举教条的人来证明。④

25 有一种流行的学说认为，“鉴赏力”是一种特殊的认识，或者说是对现实的认识发现，所以对“鉴赏力”这个术语似乎还需要进一步地说明。之所以说这种鉴赏力特殊，因为这种认识的对象是一种特殊的现实类型，而且其认识工具是一种特殊的智力条件，这种智力条件完全不同于常识和科学所要求的那种才智。事实上，把鉴赏力看作一种对于对象的刻意增加或者极度体验，似乎是没有任何理由的。鉴赏力的反面并不是描述性的或者解释性的认识，而是一种贬低——对

---

① 《哲学原理》(*Principles of Philosophy*)，第90页。

② 鲁道夫·赫尔曼·洛采(Rudolf Hermann Lotze 1817—1881)，德国哲学家、医学家，他是沟通德国古典哲学和20世纪唯心主义的哲学家，著有《医学心理学》、《形而上学》、《逻辑学》等。——译者

③ 《人性论》(*Treatise of Human Nature*)，第2卷，第3章，第3节。原注为第3卷，似有误。——译者。

④ 我把这个问题与别的问题搅在一块，这也许是个很糟糕的策略。但是，显而易见，“激情”、痛苦、快乐可能被当作某种超越它们自身的东西的**证据**了(就像超过5英尺高这个事实可能被当作证据一样)，因而获得了一种代表性的或者认知的地位。不是还有一种**貌似真实**的假设，认为一切感觉的基本属性(qualities)本身都是赤裸裸的存在或者事件，而不是认知的矫饰，只不过以代表其他东西的符号或者证据的形式获得后者的地位吗？在认识论上承认快乐和痛苦不具有认知性质的理想主义者或者实在论者，似乎肩负着特殊的义务。要慎重考虑这个论点，即除非用来代表其他的东西，一切感觉的基本属性都不具有认知性质。承认这一点，便把逻辑从对次要属性进行认识论的讨论中解救出来。

于对象的一种贬低的认识。一个人爬山，可能是为了更好地认识一个景观；他旅行到希腊去看帕台农神庙，从中所获得的认识要比从照片上得到的充分。要获得一种增强的体验，可能会需要智力和知识，但这并没有把景观或者帕台农神庙变成一个十足的认知对象。因此，一种音乐体验的充分性也可能取决于过去的批评分析，但这并不一定就把听音乐变成一种非分析性的认知行为。鉴赏力要么仅仅意味着一种强化的体验，要么意味着一种批评，于是就落入了一种日常判断的窠臼，两者的差别就在于鉴赏力适用的是一件艺术作品而不是别的对象。同一种模式的分析，也可适用于“直觉”这个比较陈旧但却是同源的词汇。其实，“相识”、“熟悉”、“认识”(承认)这几个词同样充满了歧义的陷阱。

然而，在当代的这场关于价值判断的讨论中，鉴赏力是一个特别靠不住的字眼。开始，人们断言(或者臆断)，所有对好东西的体验都是认识的方式，好东西是一个命题的条件。评价是一个批评和探究的过程，其目的是为了确定一件东西的好坏。科学是一个探究的过程，目的是为了确定一个事件的性质。因此，这两个过程极为相似。当体验强化了评价与一般善恶体验之间的巨大差异时，我们便借助直接欣赏与间接知识或者推论知识之间的差异，把“鉴赏力”请进来，让其顺顺当当地充当直接认知理解的角色。于是，我们用第二个错误来掩盖并维 26
护第一个错误。按阿诺德·本涅特[①]笔下女主人公惯常的做法，充分欣赏一个东西不过是这样的一种认识：我们闻到了什么气味，然后发现发出这气味的东西很好，最终还得到品尝的机会；或者这种认识不过是愤怒，是干渴，或者是身高不超过 5 英尺。我们所能运用的语言都带着一种源于思考的力量。甚至在我说到关于愉快的或者不愉快的一段直接体验时，人们最容易在概括性的特征中读到一种经过思考后认为是愉快的东西；人们不得不用语言来刺激，以便获得一种直接的体验，但语言并不依赖于这种直接体验。如果一个人愿意进行这样一次想象的旅行(不能强迫)，他会注意到，**发现**一个东西不错，这不仅是一种思想上的判断，而且还意味着采取某种方式来对待这个东西，即迷恋它，一个劲地谈论它，欢迎它，用行动来留住它，从它的身上得到快乐。这是一种指向对象的行为方式、一种有机体的反应方式。心理学家也许会引入情感这个因素，但如果他还真

---

① 阿诺德·本涅特(Arold Bennett，1867—1931)，英国小说家、剧作家、散文家、记者，著有《老妇人的故事》、《里程碑》等。——译者

有贡献的话，那是因为他所解释的情感仅仅是部分反应，而人们面对这个对象时，必然会产生一些直接的有机体的反应。相反，如果我们不是以一种反思来检验结果的方式，而是以一种直接的体验来发现一个东西不好，我们就会对之表示排斥，竭力试图摆脱它，摧毁它，或者至少要让其消失。这代表的不是一个欣赏的行为，而是一种反感、厌恶的行为。我们说一个东西好或者不好，实际上是在陈述一个（保留在记忆中的）事实，涉及一个情境，表明对这个东西接受还是排斥。无论是接受还是排斥，任何行为都具有这样的特征。

我之所以说这些，因为我确信，当代关于价值与评价的讨论混淆了两种截然不同的态度——一种是对于好坏的直接、积极和非认知的经验态度，另一种是对于好坏的评价态度。后者仅仅是一种判断的方式，与其他任何一种形式的判断一样，两者的差别只不过在于其内容碰巧是好东西或者坏东西，而不是一匹马、一个星球或者一条曲线。然而，对于讨论来说，不幸的是，"to value"的意思是指两件截然不同的事：一个是珍视、评价、尊重、估计，即按照上面描述的意义去发现好的方面；另一个判断它是好东西，把它作为好东西来*认识*。之所以说这两种
27 意思截然不同，因为珍视说的是一种实际的、非理智的态度，而评价说的是一种判断。人们喜爱和收藏宝贵的东西，同时又会忽视、谴责其他的东西，这是毋庸置疑的事实。说这些东西有价值，这不过是在重复表示它们受到喜欢和珍爱，而并没有说明它们受到喜欢和珍爱的理由。说它们有价值，然后赋予它们以有价值的对象的特质，或者赋予价值（指估了价的对象）以事物中那些被视为珍贵的特质，这给价值判断的理论造成了无可救药的混乱。

由于这种混乱泛滥，而且又产生了很坏的后果，因此在进行更加技术性的讨论之前，我还要详细谈谈这个问题。两者的区别可以比作吃东西与调查所吃的食品属性之间的区别。一个人吃某些东西，可以说，他吃的本身就意味着他把它们当作食物，意味着他对食品进行了认知性的判断；或者从认知的角度去看待食品，并且意味着问题仅仅在于他是作出了真实判断，还是提出了一个虚假命题。现在，如果我们思考一下具体的体验，就会发现，一个人*不假思索*地吃东西，这实在是稀松平常的事。一个人习惯性地把面前的东西送进嘴里，这跟婴儿按照本能进食是一回事。一个旁观者或者思考者会有理由说，他的*行为就像*他判断所食的东西是食品。但是，如果他说其中还涉及任何判断或者理智的决定，那就没有道理了。他要吃东西了，朝着食品之类的东西做出了动作，这只能说他把那东

西放进了嘴里，咽了下去，而且没有吐出来。那个东西于是被叫做食物。但这并不意味着那东西**就是**食物(即可以消化的营养物质)，也不意味着食者因为判断那东西是食物，所以就形成了一个真或者假的命题。他有疑虑，或者心想，尽管自己对那个东西反感，但那东西是有益于健康的，自己的身体需要恢复元气，等等。只有在这种时候，才会出现这个命题。如果这个人病了，医生可能会问他吃过什么，然后可能宣布说那东西根本不能吃，是毒药。

上述例证中，如果使用“食物”这个倒摄性(retroactive)的词，就不会有什么危险，也绝不可能混淆“实际吃的东西”和“营养品”两者的含义。可是，用“价值” 28
和“好”这样的字眼，就会产生这种混乱而带来难以克服的危险。作为一个**合理的用语**，“好”与“坏”涉及一种与**其他事物的关系**(这就与把一个特定的对象叫做食物或者毒药的含义是完全一样的)；由于忽视了这个事实，我们假设在思考或者了解某种行为、对象的好处或者价值时，是在把什么东西当作简单的和自我封闭的来处理，就像我们对什么东西立刻作出表示珍惜、欢迎或者珍爱的简单行为一样，完全是出于本能或者习惯，并没有什么道理好说。实际上，**确定**一个东西是食物，这意味着考虑这个东西与消化器官的关系，考虑这个东西与它在身体系统中的分布及最终目的地的关系。同样，我们发现一个东西好(比如用某种方式来对待它)，然后确定这是个好东西，这恰恰意味着，我们不再把它看成是一种直接的、自给自足的东西，而是从它的后果来加以考虑，也就是说，从它与更大的一组其他事物的关系来考虑。如果有意识吃东西的人暗示他吃的是食物，那么，他是在预测或者预言某些结果，他做出吃这个动作便多少有足够的理由了。他是在进行判断，或者在理解，在认知——他的判断、理解、认知可能是对的，也可能是错的。所以，一个人不仅可能欣赏一个事物，而且可能判断他所欣赏的事物是不是好，是不是有价值。不过，他这样做的时候，超越了眼前的事物，推演到了其他事物，因为他暗示其他的事物与之关联。吃到嘴里和肚子里的东西一定会**产生**后果，无论吃的人是否想到这些后果。但是，除非想到吃的后果并把后果与吃的东西联系起来，否则，他并不**了解**自己吃的东西——他并没有把吃的东西变成一个具有某种特性的条件。如果他停下来说：“啊，这太好吃了！”那么，关于这个对象，他并没有说什么，只是陈述了一个事实，即他喜欢吃这个东西。如果愿意，我们可以把这句感叹看成是一种思考或者一个判断，但这句感叹是理智的，这个断言是为了夸大他对这个东西的喜爱，是达到目的的一种手段。一个饥饿的人在还没有来得及沉迷于这种初步的判断之前，一般就在某种程度上满足了自己的欲望。①

II

29 现在言归正传。我的观点是，价值判断只是实践判断的一种实例，即关于做什么事情的一种判断。这个观点与一个假设相冲突，该假设认为，价值判断是对于一种独立于行动的特定存在的判断，主要的问题在于这种判断是主观的还是客观的。我的观点还与这样一些倾向相冲突，它们认为，要确定正确的或者错误的行动进程（不管是道德上的、技术上的，还是科学探究上的行动进程），就要有赖于一些被称为价值对象的精神性东西的自主作用——无论其精神性属于它们所存在的某些先验永恒的王国，还是属于某些精神状态的王国。我主张，价值对象不过是这样一些对象，它们被断定为具有某种**力量**，可以在一个情境中推动事情朝着一种确定的结果发展。我还要强调，**发现**一个东西是好东西，并不是把什么都归因于它，只是说要对它做点什么事情。但是，考虑一个东西**是不是**好东西以及它的好处何在，则是在问它将怎样**像作用力一样**去推动一个行动的进程。

于是，在一个好东西或者一种直接体验与一种鉴定的或者判断的好东西之间存在着巨大的差别。下雨也许很不舒服（仅就下雨而言，就像一个人的身高超过 5 英尺一样），但是，雨水对于种庄稼却“很好”，就是说，雨水有助于庄稼或者促进庄稼朝着一个已知的方向运动。这并不意味着作出了两种相反的价值判断，而是意味着还**没有任何**判断可言。然而，假定我要作出一个价值判断，我大概应该说，尽管淋湿了很不舒服，但下雨的确**是**好事情。我现在把它当作两个相反的情境中的一种**手段**来判断，一种手段两个目的。下雨的一个**后果**是我不舒
30 服，另外一个后果是未来的庄稼，我把两者进行比较，然后说“不要打扰后一个后果”。作为一种力量，我认同这个后果，不认同因淋雨而直接感到不舒服这一后果。不错，在这种情况下，我对下雨无能为力。就阻止下雨或者种庄稼而言，我

① 对于抓住了我的论点思想的读者，这样说也许不是没有意义的：典型的理想主义谬误在于把理智的审视或者反思性审视的结果引入直接体验之中，而实在论的谬误在于把反思性的运算看成是在准确处理最初的行为所涉及的同样的论题，即把”理性思考”的好东西和直接感受的好东西看成是同一种东西。这两种谬误之所以产生，是因为把两种不同的行为相互同化了，而且给两者冠以“认识”(knowledge)的头衔。这样一来，便把它们之间的差别仅仅看成是直接欣赏与思考性欣赏之间的差别了。

的这种认同可说是出于感情上的原因，而不是出于实际的考虑。但实际上，这个断言是：没有人会以下雨会带来不舒服为由而阻止下雨。如果可能，人们会鼓励继续下雨，人们会说：继续下雨吧！

在许多别的情况下，我们可以明显看到具体的行动干预。我想到，我正在吃的这个“食物”味道很好，可它对我没有益处，因为它不易消化。它不再作为直接的好东西，以及将要接受的东西发挥作用。如果我要接着吃，那得等我慎重考虑之后。我考虑，吃这个东西是一种手段，可能引起两种矛盾的后果，一个是眼下从吃之中得到愉悦，另一个是以后的身体状况会出问题。可能出现其中一种后果，不可能同时出现两种后果。尽管我可以说服自己，认为在这个例子中，两者是一致的，从而“解决”了这个矛盾。现在，这个价值对象指的是这样一个东西，我们判断这个东西是实现这个或者那个目的的手段。由于珍惜、珍爱、珍视指的是行为方式，评价就是通过联系有关的其他行为，或者这些行为所归属的行为连续体，对这些行为作出判断。评价意味着把行为模式从直接接受和欢迎变为怀疑和调查，这种行为会推迟直接的（或者称为显性的）行动；并意味着将来的行为具有不同于眼下行为的意义，因为即便我们决定继续此前的行为，一旦经过深思熟虑，我们所选择的行为便具有不同的意义内容。

实践判断被定义为对要做什么或者要完成什么所作出的判断：它是一种涉及未来将怎样改变一个不完整的亦即不确定的情境的判断。说价值判断归属于实践判断的范围，即是在说这么两点：第一，价值判断本身永远不会结束，价值判
断永远在确定要完成什么；第二，价值判断（不同于直接体验好的东西）意味着价 31
值不是任何先前被给予的东西，而是通过未来的行动确定的东西，价值本身以判断为条件，又随着判断而发生变化。此话似乎与最近的一个断言相冲突。这个断言说，供我们认识的价值对象是指受调查的价值对象，这个对象是达到相互竞争的目的之手段。它已经充当了这种手段。倘若我吃这只龙虾，结果将是眼前的享受和未来的消化不良。但只要我作判断，价值就是**不确定的**。问题并不在于那个东西能有什么功用——这一点，我也许相当清楚，问题在于我们是否要实施一个行为，以实现这个东西的潜能。在两个选择之中，我要让情境**变成**什么样？这意味着要赋予作为手段的这个东西什么力量？我把它作为实现眼前享受的手段，还是作为未来健康的一个（负面的）条件？当它在这些方面的地位确定之后，其价值就确定了；结束判断，继续行动。

因此，实践判断主要还不是关注**对象**的价值，而是要关注为使一个不完整的情境得以改变所需要执行的行动方针。不过，通过对对象价值的判断，可以促进对这种判断的适度控制。对象是作为采取深思熟虑行动的目的和手段而得以进入的。举一个例子，我的最初(及最终)判断与买一套衣服有关：要不要买？如果买，买什么？无论怎么说，问题都与可供选择的行动方针有关，但与各种对象无涉。不过，这个判断将是这样一种判断(而不是一种碰巧的反应)，它要对各种对象的价值情况进行权衡评估。这些西服的价格究竟是多少？从目前的时尚来看，其式样究竟如何？耐用性怎么样？这些西服是否与我心目中的主要用途相吻合？吻合度有多大？这种相对比较下来的耐用性、低廉性、适合性、风格式样，以及美学上的吸引度等，构成了价值特性。这些特性不是对象**本身**的特性，而是**有助于我可能考虑买下一套西服的特性**。这些特性的价值，恰恰就在于它们能
32 够发挥这种作用。**在这点上**，判断其好与坏，就是在确定其相应的性能(capacities)和强度。除了这些性能方面的情况以外，它们并不具备认识的价值特性。确定看见的一套西服比较有价值，这等于(有力量推动)作出一个这套西服更好的判定。这个过程提供了所需要的刺激，于是行动发生了，或者说行动从不确定的——未决定的状态走向了决定的状态。

只要提到“主观的”和“客观的”这两个术语，大概就会引出一大堆歧义。不过，正是由于这个原因，在将“客观的”这个术语用于价值评估时，指出其模棱两可的性质，这可能是值得一试的。人们可能会将客观等同于情境之外独立存在的性质，这是相当错误的，因为我们不能离开情境来决定一个未来的行动方向。或者说，客观可能指的是一个**相对于**某种情境的对象的性质状态，而这个情境必须通过判断来形成。衣服已经有了定价，并具有一定的耐用性和款式，它是独立于需要实践判断的情境。衣服的这些特性并不受实践判断的影响，它们原本就存在着，而且是被直接经验到的。不过，作为直接经验的东西，它们并**没有**确定的价值。它们不是评价的**对象**，而只是用于评价的**材料**。我们可能费了很大的工夫，才发现这些特性是既定的性质；但发现这些性质，是为了接下来对它们进行价值判断。如果它们已经属于确定的价值，就不用对其进行评估了，它们就变成引起直接反应的刺激因素。如果一个人已经认定价值在于廉价，那么直接买最廉价的西服好了。他判断的重点是廉价的价值，而在要求其采取行动的情境之中，这要取决于便宜的程度或者重要性，而不是耐用、样式、合适等。发现是冒

牌货，并不会影响对象的实际耐用性，却会影响廉价的价值——**即对影响判断的那种特性所给予的分量**；但如果廉价已经有了确定的价值，却不会影响其价值的判断。简单说来，一种价值指的是一种**考量**，但考量并不仅仅是一种简单的存在，而是一种对判断有所要求的存在。受到评估的价值，并不是人们注意到的存在性质，而是在对一个既定的存在性质进行判断时所附加的影响。

这里的结论并非说价值是主观的，而说价值是实践的。进行价值判断所需 33
的情境并不是心理上的，更不是凭空臆造的。我只能认为，最近关于价值及价值判断的客观性之讨论，大多建立在虚假的心理学理论之上。其基础是给某些术语赋予一种源于内省心理学的含义；这种心理学接受一个由纯粹私密的意识状态所构成的王国，这种私密性不是社交意义上的（含有待人礼貌或者秘而不宣的意思），而是存在上的独立性和分离性。例如在这种情况下，把价值说成是选择或者欲望，即说价值是主观限定的。假定我们跳出这种心理学，情况就会恰恰相反。选择也好，决定也罢，这主要是某种行动，是对一个特定的东西所施加的一种行为。“马要吃草”的意思，只是说马吃草；“这个人要偷东西”的意思，（至少）是说他企图偷窃。在经过反思的干预行为**之后**，这个人还是想要去偷东西。那么，这种尝试便具有某种理智的或者认知的性质了。不过，这也可能就是一种单纯的行动事实。后来回想的时候，我们把它称为选择，比如一个人千方百计地想换一个国家身份，想成为英国人，如果说这种选择有什么意义的话，则表示这个选择是一种没有选择的选择，所以要不断努力而为之。从后面这个意义（即像“选择和欲望”这样的术语，指的是种种行为的方式）来看，其用途只不过在于具体说明了一种一般原理，即认为一切评价都与确定行动的方针有关。选择、意愿原本仅仅是一种按照既定方针行动的偏好。假定一个抛出去的球突然转向一个特定的方向而不是按照某种弧线运动，那么，就主观性和心理因素而言，选择、欲望这种偏见并不比一个球的偏离大。它不过是一个称呼罢了，用来指代这种行动与众不同的特性。但是，沿着某条行动路线继续前进的这种延续性是可以质疑的，也就是说，要把这种延续性视为通向未来结果的手段，而这个结果便可能是这样、也可能是那样，这样一来，选择便获得了逻辑或者理智的意义；或者说获得了一种**精神**的性质，如果“精神”这个术语专门用来指具有这种理智性质的行为的话。选择仍然是指确定一个行动方针，至少是指尽早在现实可能的情况下
确定我们行动的**趋势**。否则，我们虽然还没有作出选择，但却为了摆脱悬而未决 34

所造成的压力，只好相信自己已经进行了选择，以此来自我安慰。

这个分析同样完全适用于欲望。各种预测的结果，可能使目前的种种反应出现分歧并相互竞争；有机体可能会遭到各个方向的撕扯，而且每个方向都在阻止其他方向走向完成。有机体内部的这种撕扯，积极倾向之间的这种争斗，是一个真实的现象。朝着一个既定方向的撕扯，表明一种预料之中的结果或结局在掌控着我们，其他方向的撕扯亦同此理。如果有人要了解评价过程的机制，那么，毫无疑问，答案就在于个中蕴涵的种种欲望。但是，如果把与一个高度有机的生命活动有关的一切都称为主观的话，我认为，这是毫无道理的。在我看来，从主观意义上强调对价值和评价的心理学处理，不过是用一种极为拙劣和消极的办法来维护一种积极的真理。价值和评价属于*行动*的范畴，就像一个行动受到欢迎并为人接受一样，评价是决定*未来采取*什么行动的当前行动；这个当前的行动之所以发生，是因为未来的行动并不确定，也尚未完成。

于是可知，评价并不单单是对实施过程的手段的力量或者功效的*承认*。因为除非对其过程和结果提出*质疑*，否则，评价便不会发生。除非内部发生冲突而导致行动上的犹豫不决，一般是不会出现任何质疑的。打一个比方，我们可以说，下雨对于去除灰尘是有益的，这便把力量或者功效与价值等同起来了。我认为，除非事物在一种持续的情境中具有一种向前推动的潜力，否则就不会有什么评价，也不会带来什么价值。现在流行的观点，强调功效与价值之间的密切关系。不过，“价值”这个词并不是对“功效”这个词的简单重复，它增添了一些内容。我们朝着一个结果前进，同时由于受到刺激的缘故，又朝着与之不相容的东
35 西接近（比如龙虾既是享受的原因，又是消化不良的原因），这时一个东西便具有了两种潜能。虽然我们对龙虾的功效没有必要表示怀疑，但只有到了最后才能确定龙虾的价值。如前所述，实践判断同时决定了手段和目的。我们虽然知道了功效，但没有选择目的之前又怎么能确定价值呢？下雨（比方）对于去除灰尘是有价值的。对我们来说，去除灰尘是否有价值呢？如果有的话，到底有多大？在我们的活动（这是去除灰尘的一个因素）与一个不相容的活动发生冲突之前，这些都是不得而知的。不错，它的价值就是它的力量，但这个价值乃是驱使我们朝着一个目标*而非*另一个目标前进的力量。换句话说，并非所有的潜能都具有价值，只有具备了判断未来行动的特定条件，一个潜能才有价值。为了作出选择，才出现权衡的欲望和必要；如果不是在这样的情况下，便不存在价值。不过，

我们却不能因此把欲望、权衡和决定看成是主观的现象。

按照一个荒唐可笑的说法，只要一个人*知道*自己想要什么东西，他便不会有什么欲望；即使存在，也只是朝着既定方向的运动或者努力。欲望是多种多样的，同时还是互相竞争的；正如我们已经提到的，欲望之间总是相互竞争，而且是各行其道，它们不可能都会得到满足。反思是一个发现我们需要什么的过程，也就是发现我们的*真实*需要的过程，这意味着形成新的欲望，即新的行动方向。事物在这个过程中*获得了*价值，但这个价值原本是不具备的，尽管它们原本也具有功效。

无论会引起多大的争议，都应该彻底地揭示这种学说。对价值作出判断，就是在本无价值的地方建立起一种确定的价值。先前赋予的价值，不一定就应该成为评价的依据；这个依据仅仅是确定一种还不存在的价值的条件。一个人病了，他经过权衡决定还是去看医生，而医生无疑原本就存在；但是，断定有利于改善目前状况的并不是医生，而是*去看*医生的判断。一个东西的存在，仅仅是因为一个立足于判断的行动。他认为，有价值的东西并不是他原本拥 36
有（或者别人也拥有）的健康，而是重新恢复健康——这是有待实现的东西。在他作出恢复健康才好的判断时，他过去健康时的种种结果无疑会对他产生影响，但这些结果并不构成什么好处而成为他进行判断的内容和对象。他可能会判断说这些结果*过去*很好，但不会判断说这些结果现在很好；因为现在判断为好，这意味它是仍然要采取的行动对象。要*判断*说这些结果过去很好（这不同于仅仅回忆健康带来的某些好处），即是在判断说*假使*这个状况要求过去在决定一个行动方向时三思而后行，那么，人们就会作出这样的判断：只有通过行动，才能得到并维持健康这种存在。关于这类判断，可能会存在逻辑论证上的困难。因为这类判断隐含着关于判断似是而非的悖论，即判断的正确内容就是判断自身确定的东西。实践判断的本质在于：它是一种对于是什么和怎么样的判断，即对判断构成中的各种因素进行权衡的判断，看不到这个事实就会一无所获。探究一下这种特性是否可以揭示“意识”的性质，一定会很有意思；不过，我们现在还不能去探究这个问题。

III

前述所引出的结论是：只有作为一种将来行动的决定性的因素，一种确定的价值才得以形成。只要有一种确定的好处，就足以刺激行动，这时根本不需要对将来的行动或者对象的价值作出什么判断。然而，人们常常想当然地认为，评价就是将某些固定或者确定的价值应用到现存各种相互竞争的东西上面；评价隐含着一个在先的(prior)价值标准，评价就是把各种东西拿来与体现最高价值的标准进行比较。这个臆断值得商榷。就算这个臆断站得住脚，它却剥夺了效用
37 原有的地位。因为它把做什么的判断变成了应用现成价值的问题，而不是——如我们所做的那样——在实践判断中来评价一个决定。这个臆断的论据如下：每个实践判断都依赖于对最终结果的价值的判断；这个结果可能只是接近最终的结果，而这意味着还有别的好处有待判定，因此从逻辑上说，我们一定要达到对一个最大利益、一个最终结果作*尽善尽美*的判断。如果这一陈述对于实情的描述是准确的话，那么，毫无疑问，实践判断要依赖于事先认可的价值；这样的话，我们一直接受的假说就颠倒了事实。

我的批评首先要指出"结果"(end)这个词的歧义性。前文提到在实践判断中手段和目的之间的相对性，在此，我想再回顾一下。如果承认这个相对性，也就等于承认说，只有通过对手段的判断，才能在判断中确定目的，而手段是在使一个悬而未决的状况变得完整的过程中具有价值的事物。但是，恐怕我不能以此作为依据。因此，我将指出，"结果"既可能指对判断的**实际**限制——顾名思义，就是根本不进入判断，或者可能指判断的最后对象或者完成对象，即这个对象的形成。一旦形成了这个对象，一个原本过渡性的、不完整的已知情境才会稳定下来。关于结果的第一个意思，它是没有任何价值的；至于第二个意思，它与我们才讨论的那种结局是一回事，或者说它是在判断的过程中确定的，而不是一种控制判断的已知价值。可以断言，在前文的例子中，独特的西服本身就是一种价值，可以在众多的西服中为购买者提供评价的标准。他按照一个标准来对其他西服的价值作出判断，而这个标准是一种终极的和最高的价值标准。这话又引出了刚才提到的歧义性问题。因为要穿衣服，所以才**刺激**购买者去判断西服
38 的价值；一旦拥有了西服，判断也就结束了。这是判断**的**(of)结果，但"的"这个字是客观意义上而非所属意义上的；这个结果不是目标意义上的，而是终止意义上的。一旦确定买下衣服，就不再需要判断了。如果**权威**的论点要有分量的话，我想可以找出亚里士多德的学说。他说过，我们绝不考虑结果而只考虑手段。这就是说，在整个缜密的考虑中(或者在整个的实践判断或者探究之中)，总会有一些判断顾及不到的东西，而这些东西往往贯穿在判断的始终。我还要补充的

是，根据亚里士多德的观点，当我们在“发现顺序的最后找到了因果链条的第一环节的时候”，总是会让思考停止下来，这也意味着“我们又把因果链条（各种手段）追回到我们自己身上”。换言之，最后的预期结果，总是会作为随之发生的或者直接的手段而影响到我们行动的能力。行动判断所确定的预期结果，对于做事情来说，就是充分的或者完备的手段。

不过，我们确实需要慎重考虑**目标**，考虑预期结果——这个事实说明，目标和预期结果与作为限制思考的结果是截然不同的。在眼下的这个例子中，目标不是那套西服，而是要**买到一套合适的**西服。这是需要细心估计或者评价的事情。我想，我可以肯定地表明，确定这个目标就是确定西服的价值，它是通过比较可选西服的便宜程度、耐用性、风格、样式的价值而确定下来的。价值不是通过比较各种西服与理想的样式而得到的，而是在便宜程度、耐用性、相配性等方面，通过对各种西服比较之后得到的。相配性的**另一方面**，当然还包括要考虑钱包的长度、已有的西服，以及在这个情境中需要了解的其他具体要素。当然，购买者也可能在买西服之前就选定了某种样式；但这仅仅意味着，他事先已经作出了判断；样式并不对判断发挥什么作用，但对他的眼前行动却发挥了刺激作用。
这里涉及一种对于极为重要的事关道德类型的实践判断的思考：在行动情境提 39
供的具体条件之外所形成的样式概念越是完整，人们的行动就越是缺乏理智。在面对实际选择的时候，甚至在买西服的时候，绝大多数人可能会对理想中的样式有所改变。在面临道德选择的情境中，不能作出选择的人就不再是一个道德行为者，而是变成了一台有所反应的机器。简言之，评价的标准是在实践判断或者评价的过程中才形成的。它不是从外面拿来而加以应用的东西——这样的应用，意味着根本没有什么判断可言。

IV

关于标准，迄今为止，尚未有太多的讨论。然而，标准或者尺度的概念与评价有着如此密切的关系，以致关于标准的思考可以对最后的结论进行检验。必须承认，关于标准的性质问题，前面讨论所提出的观点与时下流行的观点是格格不入的。这是因为，我的论据表明，标准是在评价的过程之中决定的而非在过程之外，因此不能作为现成的东西来决定评价的过程。在很多人看来，这似乎很荒唐，完全是自相矛盾的。不过，人们对流行的观点总是未经检验便盲目地接受；其实，这是一种先入之见。一旦接受，与道德行动有关的判断和认识便失去了一切重要性。假定标准是已知的，剩下的便只是把它机械地应用到手边的实例便足矣——这就好比用一码长的尺子去量布料一样。现实中，道德的不确定性是让人难以接受的；似乎也存在着这种不确定性，但它只是一种道德排斥的名称而已，或者是由于内在的邪恶而在道德上拒绝承认和应用现有的标准，或者是由于道德上的堕落而削弱了人的道德理解力。有一种学说认为，标准先于道德判断并且独立于道德判断。这种学说一旦与某些关于原罪和堕落的学说结伴而行，人们就必须尊重前一个学说的完整逻辑。然而，关于标准先于道德判断而不是源于道德判断的种种现代理论并不属于这种情
40 况，因为他们忽视了在他们的认识中存在的不确定性和错误。诚然，这样的思考决定不了什么，但可能有助于我们不带偏见地对待一种与各种通行理论完全不同的假说。这个假说阐述了当前各种实践的趋势，这就是越来越倾向于把理智的行为变成道德的核心因素。

据此，我们把价值的标准视为反思性评价过程中发展起来的东西。让我们来看一看，除此之外还有哪些选择？如何才能了解这样的标准？要么通过一种**先验**(*priori*)的直觉方式，要么通过从在先的案例中抽象出来的方式。后一种方式把我们推入享乐主义的怀抱，因为享乐主义关于价值标准的理论从这一观念中找到了其逻辑上的功效。这一观念认为，在先的固定标准(该标准并不是根据情境反思后确定的)迫使我们依赖种种无法克服的先前的快乐和痛苦；这些快乐和痛苦本身就是确定的价值，完全可以充当标准，它们本身完全是独立的和终极的。这个明显属于常识的选择，会把在先的情境的"价值"，比如一个善举的价值，**完全地**带给承受者。但是，任何类似的善举只是整个未经分析的情境中的一种活动；因此，它根本不适用于新的情境，除非新的情境与旧的情境一模一样。只有当"善举"被分解成一些简单的和不可改变的单位，而且旧情境的这些单位又与新情境相同，我们才能找到不会产生歧义的标准。

这个逻辑无可指责，而且表明不可克服的快乐和痛苦是评价的标准。问题不是出在逻辑上，而是出在经验事实上，因为事实才能检验前面的争论。为了进行论证，就算我们承认有一些确定的存在叫做快乐和痛苦，它们也还**不是**价值的对象，而仅仅是值得珍惜的事物。作为一种存在，同样的快乐或者痛苦在不同的时间，由于判断方式的不同，价值也不同。与消化不良带来的痛苦相比较，吃龙
41 虾的快乐的价值是什么？当然，那个标准告诉我们，要把快乐和痛苦分解成一些

基本单位并进行计量。[①] 然而，这些简单的基本单位似乎完全属于常识的范围，就像随便问问街上的行人，都知道原子或者电子属于常识一样。它们就好像是一些基本的和中立的单位，分析心理学家们将其作为一种方法论上必需的东西而明确地提出来。比如牙疼这样一个十分确定的事实，其价值会因为牙组织的结构及其反应而发生变化，那么，显而易见，日常经验中的快乐和痛苦就更加复杂了。

不过，这个复杂的问题可以不用考虑。我们甚至可以不考虑这个事实，即一个理论起初完全是以经验为依据的，现在则反过来需要让经验事实去满足逻辑论证的要求。另外一个问题也绕不开而必须加以考虑。在任何情况下，构成度量标准的基本存在物的量都取决于判断，而判断据说又由这个标准来调节。评价的标准是由一种行动而得到的计量单位，这些单位是将来的结果。这时，判断者的性格就是产生这些结果的条件之一。一个麻木不仁的人，不仅预见不到某些结果，不能对这样的结果给予适当的权重，而且不能提供如一个敏感之人所构建起来的发生条件。完全有可能使用判断而产生这样一些行为，它们无疑会增强这种器官上的麻木感。关于道德标准的分析观念——符合逻辑地——为有意地减弱敏感性提供了条件。如果 42
问题的结症只是让快乐单位的数量超过痛苦单位的数量，那么排列一下，让某些痛苦实际上感觉不到就行了。这样的结果，尽管可以通过操纵器官之外的条件来得到，也可以通过把器官变得麻木来得到。坚持这个过程在短时间内会产生不安，产生交感性的极度痛苦；但长远来看，这些痛苦都会消除，剩下的就全是快乐了。

针对享乐主义的这个批评，是很传统的。我现在对享乐主义的关注，纯粹出于逻辑方面的原因。我认为，企图从过去的对象里找出一些成分作为评价将来结果的标准，是没有希望的。评价-判断有一个明确的目标，那就是释放出一些崭新的因素，对于这些因素的度量不能单纯地依靠过去的东西。然而，对于这种运用

---

① 分析实在论应该赞成这种享乐主义；可目前的事实是分析实在论者并不赞成，这似乎表明他们对自己的逻辑态度不够认真，并且因为现实动机的限制，不能完全把其应用于实践。说道德生活展现了一种高级的组织和整体，即是说真话，但同时也是在说，按照其分析逻辑，需要把什么东西分解成终极的、独立的单一体（simples）。除非他们把边沁的快乐和痛苦论当作终极原则（ultimates）来接受，否则，他们一定会提出令人接受的替代理论。然而，在这里，他们打算改变自己的逻辑，把完善组织（有各种定义）作为利益的标准。于是，为了逻辑上的一致性，又承认这个假说——在任何情况下，一个最终的组织（而不是先在的单一体）提供了认识的标准。同时，“完善”这个词（或者任何同义词）表示承认这里提到的组织并不是本体论意义上的在先的东西，而是还未达到的目标。

到道德领域里面的分析逻辑的讨论，大概是没有什么意义的，因为这无助于提升任何将系统或者组织的完满作为道德至善——作为标准——的诉求的重要性。如果这种诉求是审慎的，它就会要求对当下的情境**进行重新组织，重新组织将会实现情境的统一，而这种统一正是情境所缺乏的**；它还要求把组织当作产生和制造出来的东西。显然，这种诉求可以满足前述实践判断的所有具体的要求。在进行判断的时候，需要通过行动来实现的组织还仅仅是在构思和酝酿之中——也就是说，仅仅存在于重组活动阶段的反思性探究之中。由于构思中的组织既是一种有待实现的组织的条件，**又**是一种反思性探究的合适目标，显然这里可以证实我们关于实践判断的陈述，即实践判断是对于做什么和怎么做进行判断的一种判断，这种判断是将当下不完满情境推向完满的一个不可缺少的组成部分。更具体地说，它也表明了标准是一个指导探究活动以达到完满的规则：作为一种判断，它要对有助于达到完满的有效因素进行审视，并对无视有效因素的做法提出告诫。无论一个人怎样自欺欺人或者强人所难，他对价值的实际衡量表现在他的**所作所为**之中，而
43 不是在他的所言所思之中。做，就是**实际的**选择。做，就是反思的完成。

当前，在道德理论上猛烈抨击享乐主义和先验论比较容易做到，但要发现其替代理论的逻辑蕴涵却不大容易。利益或者倾向的组织化观念，常常被人们当成是一种内容明确、形式鲜明的观念。它没有被当作是一种探究的程序规则，没有被当作是一种方向和告诫（情况如此），而是被看作某种其构成部分已被全部**知晓的东西**，尽管事实并非如此。我们只能认为，完成中或者实现中的行为并不具有理智上的意义。这种行为不过就是做，而不是一种学习和检验。可是，一个事实上不完整的情境，不到完整的时候，又怎样才能彻底为人所知呢？如果构想中的组织还没有完成，这个构想又如何才能变成不仅仅是有效假设的东西呢？它能否成为一种处理已知成分而以观后效的方法呢？每一个包含理解认识所达目标①的可能性的观念，是否也包含着一种对该目标性质的先验启示呢？组织是否只能是一个由已知的基本组成部分构成的整体——难道这就是享乐主义的逻辑吗？

按照自然科学的归类逻辑，可以把事物的一种已知状态与一个作为模型的

① 必须记住，仅仅提醒过去确定的目标就足以刺激行动。很可能，实在论者把回想目标这个行为与认识混为一谈，因此把它称为理解。但是，这种回想根本不涉及认知，只不过相当于揿下一个按钮，发出一个信号，表示已经确定的行为。

现成概念进行比较——如天文现象就要符合天体运行周期。实验科学的种种方法打破了这种观念；它们用一种公式取代了所谓的调节模型，这个公式代表了特定现象的综合功能。它作为一种方法，可以用来进行深入的观察和做实验，然后 44
进行检验和更新。同样，道德的标准或者模型完全可以从具体的行动情境中产生出来，如果拒绝相信这一点，那只能说明人们对于科学方法的一般逻辑力量掌握得何其之少。有一些模型或者形式的教条，被当作知识的标准。事实上，只是在这个教条被废除之后，自然科学的知识才得以进步。然而，我们却因恐惧道德的混乱而死死抓住类似的道德教条不放。由于认识出现无序现象，人们才能够认识法律和秩序，但人们以前似乎认为这是不可能的。过去认为，必须提供关于秩序的种种独立的原理，对现象的测量必须看它是接近还是偏离固定的模型。看一看在现实事务中蕴育标准的一般方式，我们就会发现，它们何其相似。自然科学的知识建立在牢固的基础之上，人类勇于从毫无规则的现象入手，从中得到启发；再根据启发，找到一些进行新观察和新体验的方法；然后再按照提出的想法进行分析和引申，并把现象变得有序，于是最终改进了想法——这可能就是探究的方法。有理由相信，阻碍道德认识进步的首先是一种观念，该观念认为，在构建行动的方法时，除了需要反思之外，认识上尚存在着关于利益的标准。这就好比传递坏消息的人背上了恶名一样，仿佛他报告的坏事自己也有份儿。因此，只要你老老实实地承认道德情境具有不确定性，承认采用之前一切衡量道德的规则都具有假设性，你就会被当作是不确定性和怀疑论的始作俑者。

不过，可以商榷的是，所有这些并不能证明早先的那个陈述是对的，即引发和中止判断的那种限制性情境本身并没有什么价值。有人会问，如果一套西服没有价值，或者如果不是通过买西服来获取进一步的价值，那又何必买呢？答案其实很简单：因为他不得不买；因为他所生活的环境要求他买。这个答案似乎太笼统了。但它可能提示，人活着的时候，生活绝不会要求他去判断自己是否要采取行动，而是直接要求他怎样去行动。决定不采取行动，在某种程度上也是一种 45
行动的决定；它决不是一个完全不行动的判断。它是一个要采取其他行动的判断——譬如说等待。最好是从积极的生活中隐退而变成一个柱头修士①，这是

① 柱头修士(Simon Stylites)，长时间站在柱头上苦修的基督教修士。首倡这种苦修方式的，是5世纪的西门。——译者

一种以某种方式采取行动的判断；这种判断受制于一种必然性，那就是一个人无论怎么去判断，反正总得行动。决定自杀并不等于决定去死，它只不过是一个关于某种行为的决定。这个行为可能依赖于“此生不值得一活”这样一个结论。但是，作为一个判断，这却是一个关于行动的结论，即用一种方式来终结一个情境继续存在的可能性，而这个情境要求必须作出判断和采取行动。有一个判断说，生命具有最高价值和最高标准。因此，这个判断构成一切关于怎样活着的判断基础，但决定自杀这一判断却并不包含上述判断。说得更具体点，它不是一个根据生命*本身*的价值作出的判断，而是一种不得以而为之的判断，因为不能立刻找到一种使生命活得有价值的具体手段。作为一种即将采取的行动，它既归属于生命，又夺取了生命。作为一个根据生命的价值所作出的判断，顾名思义，它避开了这个问题。要想通过讲生命价值的道理来影响一个想自杀的人，这是办不到的；要想说服他，只有给他建议或者提供一些条件和手段，使生活有价值；换句话说，要为生活提供更加*直接的*刺激。

然而，恐怕所有这番论证会淹没了我显然未曾论证的一点，比如所有关于做什么的思考，涉及把一个在某些方面并不完整、并不确定的情境变得更加完整和更加确定。每一个这样的情境都是具体的，它不*仅仅*是不完整的，而且这种不完整性*属于*一个具体的情境。因此，情境给反思过程设定了限制。判断的对象当然与情境有关，限制条件绝不会在自己所限制的特定情境中受到评判。现在，我们在平平常常的言语中找到了一个词，可以表达限制价值判断的条件的性质。这个词就是“无价的”。它的意思并不是指与其他东西相比较的最高价值的东西，而是
46 指零价值的东西；指评价之外的东西，即不在判断范围之内的东西；无论眼下的这个东西是什么，它都不是而且不可能是判断内容的任何部分，但它能够引发或者中止判断。简言之，它意味着有时候判断可以阻止一些过激的盲目行为。

V

价值是在对做什么进行判断的过程中得到确定的（就是说在情境之中，价值的偏好取决于对要求采取行动的情境的条件和可能做出的思考）。这个观点将会遭到反对，理由是我们在实际考虑的时候，常常会采用以往的特定价值，以及其中的顺序或者等级。在某种意义上，我并不想否认这一点。我们在情境中不断作出审慎的选择，这个情境多少与我们过去作选择时的情境有些相像。一旦慎思变成了一种评价，而行动又证实或者证明了结论，结果没有变化，情境会发

生重叠。我们在一个情境中判断 m 比 n 好,但在另一个情境中却发现 m 比 l 差,等等,于是便建立了某种优先的顺序。我们必须拓展视野,把偏好的顺序纳入视野,因为我们在自己所属的这个世界中进行思考时有一些习惯性的偏好。这样形成的价值,会以事实的方式出现在以后的情境中。再者,由于同样的作用,过去评价过的起主导作用的对象会作为标准化的价值出现。

但是,我们必须看到,这样的价值标准仅仅是以推测为根据的。一方面,它们的地位依赖于目前情境与过去情境相似的程度。在一种进步的或者迅速变化的社会生活中间,推定一种相同的现存价值的可能性变得很小。如果不利用在其他情境中业已确定的价值标准来帮助当下的评价,那将是愚蠢的。尽管如此,我们必须记住,习惯的作用会使我们忽视两者的差异,并在不存在相似性时推演出相似性,结果会对判断造成误导。另一方面,过去确定的价值是否具有可借鉴的价值,取决于确定它们时候的审慎程度,尤其取决于对它们的行为结果密切关 47
注的程度。换言之,一种过去的价值在现在判断中具有的推定力量,往往取决于这种力量所发挥出来的作用。

无论如何,只要进行判断(不是靠回忆以前的好处来对现在的行动进行直接的刺激),从某种程度上说,一切评价都是一种重新评价。如果尼采没有明确宣称,从评价认识的程度上说,一切判断都是对过去价值的重新评价,他大概就不会引起如此巨大的轰动了,但他并没有超出智慧的限度。我不得不承认,任何涉及使用判断来改变或者改造一个对象的说法,都会招来褊袒一方的怀疑和敌意。对许多人而言,这似乎是一种唯心主义认识论的残余物。但在我看来,只有三种选择:要么实践判断不存在——它们作为判断完全是虚假的;要么未来只能是对过去的一种重复,或者是对永远存在于某个先验王国里的东西(从逻辑上说是相同的东西)的复制;[①]要么实践判断的目标就是要对已知的东西进行一些改变和修正,而这种变化的性质取决于判断,同时又构成判断的内容。除非认识论上的

---

① 捍卫这种观点的人们一般会提出一个概念,说判断的对象正朝着接近永恒价值的方向进步,目的是以此来掩盖重复论。但实际上,对进步进行判断时,从来就没有参照(关于此,我曾不断指出)过先验永恒的价值,但却参照了在满足具体情境的需要和条件前提下成功的期望结果,这是为了文中提出的学说而牺牲了复制说。从逻辑上说,进步等于接近的概念站不住脚。这个论点应该这样来解读:我们总是努力重复已知的价值,但实际上却屡战屡败,结果常败变成了进步的奇怪代名词。

实在论者接受前两个选择中的一个，否则，他在接受第三个选择时，似乎一定会承认，实践判断作为一种后效应(after-effect)，会给事物带来差异(这一点，他似乎随时准备承认)，而这个差异就是判断的重要性和有效性。当然，有人会认为，
48 这只不过指出了实践判断与科学判断之间的区别。但是，一个人只要承认实践判断这个事实，就不会断定这个假设对于实践判断的观念是致命的，这个假设认为判断的真正目标就是要给事物带来差异。实践判断的真理是由实际产生的结果中的差异构成的。如果一个逻辑实在论者认真对待这个观点，即道德上的善就是组织的完善和整合，那他必须承认，关于实践判断的目标的任何命题都是预期的(因为这是通过行动来获得的东西)，而且提出这个命题就是为了更进一步地完善。如果我们从这一点入手，然后把这个观点放到其他种类的命题里去思考，我想，我们就会找到最迅捷的手段去理解下面这一理论的意图。该理论认为，一切命题只不过是提出了可能的知识，但还不是知识本身。因为，一个人除非通过武断的方式来区分有机体与环境，区分主观与客观，然后据此将善的判断与其他的判断区分开来，否则，在一系列的命题中，不会出现任何鲜明的分界线。

但是(这里要消除误解)，这并不意味着造成事物差异的是某些精神状态或者精神行为。首先，判断的内容是一种即将产生的变化；其次，这个内容只有在判断引发行动之后才变成一个**对象**。行动产生了差异，但这个行动只不过是判断的全部对象，所以判断只有在行动中才能完成。有人[尤其是A・W・穆尔教授(A. W. Moore)]向反实用主义者提出了问题，他们怎么能够断然区分判断——或者认识——与行动，然后又随意承认并坚持认识会给行动和存在带来差异。这是整个问题的关键所在，而且也是一个逻辑问题。这不是一个精神如何像行动那样去影响物质的问题(以前似乎有这样的想法)——这是一个心灵如
49 何影响肉体这个古老问题的变种。相反，这个问题说的是：只有在判断的逻辑重要性被错误地设想之后，认识与行动的关系才变成了精神(或者逻辑)实体作用于物质实体的问题。可以肯定的论点在于，逻辑命题的领域也就是**可能性**的领域，这就是通过现实中公开的行动对事物进行重新组合。于是，从一个命题过渡到行动就不是奇迹了，而是实现了自身的特性——即它自身的逻辑意义。当然，我并不认为**一切**命题的情况都是如此，我对这个问题还没有加以讨论。在表明实践判断天生具有的假说合理性的时候，我至少没有从纯粹逻辑上去证明那种排斥任何假说的认识的**性质**。其实，一切逻辑命题的重要性——如果不是直接

的，就是间接的——就是将要产生出来的某些差异。我至少清除了路上的障碍，以便人们能够更加公正地来思考这个假说的优点。

III. 作为认识的感觉

我在第一节里曾附带提到，不好好地思考实践判断，就可能影响对其他类型判断的思考。我现在打算把感觉作为一种认识的形式，并从这个角度对上述这句话展开讨论。这个话题与许多令人费解的心理学的和认识论的传统有着非常密切的关系，所以，我必须首先声明准备讨论什么、不讨论什么。在先前的一系列文章里，[①]我力图指出，感觉*材料*的问题根本就不是认识论的问题，而是一个有关材料发生的问题——即一个因果条件的问题。也就是说，看到一根弯曲的棍子的图像（image），[②]或者做了一个梦，或者“次生的”感知性质提出来的问题，属于一个物理学问题——关于发生事件的条件问题，而不是一个逻辑的问题，不 50
是一个真与假的、实事与虚构的问题。红色*特性*（*quale*）的存在依赖于一种媒质的一定速率的干扰，而这种媒质与有机体的某种变化是联系起来的，但它不能与这样一种概念混为一谈，即认为红色是一种认知的手段，它可以用一些比较恰当的方式来认知一些更加“真实的”对象，或者来认知它自身。因果关系的事实——或者叫做功能上的依赖关系——并不会把这种*特性*变成比自身更真实的东西而“出现”在脑子里面，就像不会把水里的气泡变成一条真实的鱼一样，尽管由于某种认知上的扭曲气泡变成了鱼。稍微变通一下，我们可以在两种情况下使用这个词，但这个词的意思仅仅指红色*特性*或者水泡是一个*显而易见*的东西，而我们却据此推演出了别的比较隐秘的东西。

我在这里如此坦率重申的这个立场，还需要从各方面给以适当的辩护。这一立场表明，即使是一个复杂的感觉*内容*的存在问题或者呈现问题，也可以当作一个物理学的问题来对待。它还表明，一种感觉的*存在*也可以被当作一个物理学的问题来处理。这个立场不是说关于感觉的*所有*问题就此穷尽。恰恰相反，还有感觉认知的地位问题。我根本就不否定这个事实，反而要加以强调，因为这

---

① 参见《素朴实在论还是表象实在论和认识论的实在论：知识关系的所谓无所不在性》，第 9—10 页，载《实验逻辑论文集》（《杜威中期著作》，第 6 卷，第 103—122 页）。

② 我这里用的是光学上的“图像”，不是心理学上的“意象”。

方面的认识不能等同于显现内容的简单**出现**，也不能等同于一个知觉行为的**发生**，但在实在论和唯心论的认识论看来，两者是可以等同的。比如，人们常常说，一旦剥去所有的推论材料，原始的感觉对象便不可能是假的，意思是说它们必定是真的。好吧，我打算继续向前推进一步，提出它们既非真也非假，也就是说，真假的区分与任何其他的存在既无关联又不适用，这就像它与身体超过 5 英尺高或者身患低血压无关或者不适用一样。一旦采取了这个立场，剩下的问题就是：感觉作为一种认识，可能是真理，也可能是谬误。本文打算讨论的，正是这个问题。

I

51 我的第一个论点是：至少有些感觉（就它们的大部分内容而言）无疑是实践判断的形式——或者更确切点说，是围绕该做什么的命题而作出实践判断的一些条件。走在大街上，当我看见拐角处的路灯柱上有一块牌子，我肯定是看见了一块牌子。一般情况下（我不是说总是这样或者一定这样），这是一块指示牌，指示人们该做什么——继续走或者转弯。这个命题的其他项是可说可不说的，大概常常是不用说的。当然，我是特意用指示牌来作为例子的。但是，这个例子是可以引申的。对于一个点灯人①而言，他所感知的这块牌子就不是转弯的意思，但仍然是表示该做什么的牌子。对另一个人而言，这块牌子可能表示一种可能得到的帮助。我很在意不要超出这类例子的范围，以免引起一个无偏见之人的反感；但我还是希望指出，作为认知的一个条件，被感知对象的某些特征似乎初看起来并不包括在对这个物体的设想之中，而作为一块带有认知意义的指示人们该做什么的牌子，在经过分析之后，这些特征却都包含在这个物体里了。例如，我们可以这么说，我们假定行人所感知的东西要比牌子原本表示的意义多，比如他在感知路灯柱的时候，大概还感知到了炭棒灯里的炭棒。然而，这些肯定不会变成该做什么以及怎样做的指示。

答案有三个。首先，这是容易发生的——也是平常的——感觉所复述的内容都是实际发生的内容。我们很容易想起路灯柱那些熟悉的特征；但如果要回忆起实际感知到的东西，事实上是不大可能的——至少是异乎寻常的。因此，我们要用实际内容来解释感觉内容。实际知觉的**倾向**，**往往**是将自己的指示作用

---

① 点灯人（lamp-lighter），电灯未发明时代受雇点燃街灯的人。——译者

限制到最低限度。其次，由于这种限制从来就是不彻底的，因而被感知的对象总会留下一些过剩物，我们应该承认上述反对意见里所陈述的事实。但是，不具有**认知**地位的恰恰是这个过剩物。它不能被当作一种指示来使用，也不为人**所知**，也不是一种认识的条件。一个孩子走在父亲的身旁，没有什么目的，于是也就没有理由一定要找到该做什么的指示，因此，在无所事事的好奇心的驱使下，他所 52
看到的东西大概要比父亲看到的多，他所感知到的东西也更多。不过，这并不意味着他会得出更多的命题，而仅仅意味着他得到了更多的可能命题的材料。简言之，这意味着他所得到的看法是一种审美的，而不是认知的。但是，即便是最喜欢省事的观察者也会看到审美的、非认知的过剩物。[①] 第三，过剩物对于发挥示意功能来说，是必需的。除了需要过剩物把指示变得具体之外，行动的自由度(在控制之下的变化)则取决于**选择性**的大小程度。行人的脑子里大概有两个选择:直走或者转弯。他感知到的对象可能指示他作另一个选择——停下来问过路人。显而易见，正如在一种更加复杂的情况下，被感知对象的程度既会增加行动选择的方式，又可以提供选择的理由。例如，医生会有意避开我们的例子中提出的这种明确的选择。他观察的目的不单单是为了得到一个指示，表明来人是有病还是无病；而且，正是为了弄清楚下一步该做什么，他会把探究延伸到广泛的领域。与他最终采取的措施相比较，他所感知的对象领域大多是非物质的，换句话说，不能作为指示牌。但是，这一切均与他该做什么的**判断**密切相关。作为实践判断的一个条件，感觉所包含的元素**必须**比最终用作指示牌的元素多。否则，便不会有知觉，就只有直接刺激行动的因素了。[②]

如果我们得出一个结论说，这些知觉正是推论的条件，那么必须注意将它区 53
别于一种不严谨的说法，即认为感觉就是无意识的推论。说形状的知觉为推论提供了一种指示，说形状的知觉本身就是一种推论，这两种说法之间存在着很大的差异。如果不是先前的推论给神经中枢带来了变化，就不可能知觉到一个确

---

① 认知的东西、指示的东西或者具有限制功能的东西，也完全可能以催化物的方式，进入即便是极端审美的体验。但是，这个问题此处不必提及。

② 有一种迷信认为，影响一个意识存在的，无论它是什么，如果不是一个意识的感觉或者感知，那就一定是一个无意识的感觉或者感知。这个迷信必须用三言两语来消除。我们从一开始就是积极的存在物，除了有意识之外，自然而然完全地致力于修正自己的行为，以回应环境的变化。**选择的可能性**和一种不确定的情境，把直接的反应变成了一种经过感知调和的反应，这个感知是一种可能性的指示，换句话说，把一种心理刺激变成了一种感知的属性，即感觉材料。

定的形状；据我所知，它或许也是一个确定的事实。如此将感知到的对象与据此推论得到的对象进行叠缩，这可能是一种经常性的活动；但是，无论如何，叠缩不等于是进行无意识的推论，而是一个有机体的改造的结果，而改造则是由于先前的推论而发生的。同样，说看见一张桌子即是得到一个书写用具的指示，绝不等于说，感知到一张桌子即是根据感觉材料来进行推论。我们说，对于早先看到的某些对象，原本看的时候它们并不具有一张桌子的特性，可现在这些特性与据此推导出来的结果发生了“融合”，但这并不等于说对桌子的知觉现在是一种推论。假定我们说，第一次知觉是与色块有关的，并且据此推论出伸手去触摸的可能性；通过这些行为，我们发现了某些坚实的、光滑的性质，现在这些性质与色块全部融合在一起，那么，这顶多表示*以前*推论出来的某些性质与过去根据这些性质推论出来的性质合二为一了。但是，这种融合或者合并根本就**不是推论**。实际上，已知的和*以前*推论出来的种种性质的这种“融合”，只不过是一种说法罢了。实际发生的情况是，以前相继发生的**思维**过程现在同时发生了。我们现在处理的并不是认知的事实，而是一个知觉行为发生的有机体条件的事实。

让我们把这些结果应用到感觉的“假象”中去。我自然而然地想到了水中弯
54 曲的芦苇。物理学的知识解释说，光的折射产生了棍子弯曲的光学图像。这与认识或者与感觉——看的活动——没有任何关系。它不过就是一个光与眼球晶体的属性问题。这种折射不断产生，但我们却视而不见。然而，人们过去认为，光无论折射与否都一直在刺激着反应性的行为。光刺激眼睛去追随，刺激手臂去伸出，刺激手指去抓握，这是有机体天生的本性。结果，反射光和折射光的某些排列方式变成了某些具体触摸、抓拿动作的指示信号。通常，刺激和反应要通过一个差不多同质的媒介——空气才能产生。指示或者标志系统便建立在这个事实的基础之上，且与之相适应。同时，我们也养成了偏好某种推论的习惯或者偏见。我们根据弯曲的光线推导，手在触摸反射的物体时会在某个点上改变其方向。这种习惯被推而广之，结果变成了一种方法，但用这种方法得出的结论是站不住脚的。光线事实上是弯曲的，但我们不说光线是弯的，我们**推论说**棍子是弯曲的，我们推论手在摆弄物体的时候不可能延长成一条直线。可捕鱼能手叉鱼时，绝不会犯这样的错误。他依靠折射能力不同的媒质来作出反应，然后根据媒质的条件和结果来作出指示和推论。我看，这些例子与一个人能够用母语来阅读的例子并没有什么区别。他一看见“痛苦”这个词，便推论它的意思是指身

体不舒服。事实上,这个被感知的事物在他不熟悉的生活环境中却代表着面包。对说法语的人而言,就不会出现这样的错误。[①] 在光学的图像中既没有谬误也没有真理,它只是一种物理的存在。可是,我们却把它当成了别的东西,我们对它作出的反应就仿佛它是别的东西。其实,我们是在**张冠李戴**。

II

在我看来,有两个原因导致了一种十分明显的倾向,即把知觉对象当作是某
种特殊类别的认识对象本身,而不是当作实践认识中的一项。第一个原因是人 55
们习惯于忽视实践判断的广阔范围和重要意义,而且这种习惯已经根深蒂固。这导致人们看不到反应性行为乃是由知觉所表明的另一项,把被知觉到的对象当作是整个情境本身。第二个原因是被知觉到的对象一直被当作应该做什么——或者怎样做事情——的证据来使用,因此,这些对象变成了被长期细查的对象。我们自然地和不可避免地从识别过渡到**观察**。如果有了确定的论据,推论通常就会自行完成。今天,一个娴熟的医生只要做一些观察——就是说,只要获取一些做推论用的材料,再根据某些症状,便能够推论出是伤寒病而不是疟疾,这可以不费吹灰之力。这样,理智的工作就是由推论转为材料的确定,然而被确定下来的材料既是为了推论的进行,同时是一个推论的组成部分。

在这一点上,我们遇到了一个很大的难题。在讨论知觉对象与认识的关系的时候,人们一般断定,在知觉过程中认识的"那个"对象——作为真实的对象——就是**产生**感觉材料性质的东西。也就是说,断定在一种感觉材料中,命题的另一项必须是产生这种感觉材料的东西。因为生产性的对象(producing object)通常并不出现在一般的感觉里,于是我们眼前的知觉就变成了一个认识论的问题——即现象与某种实在的关系问题。从某种角度看,实在是隐秘的而不是明示的。因此,这也就带来了物理学中"调和"科学认识的困难,其原因在于命题所需要的那些"经验的"或者感觉的认识往往是不显现的。如果将一般感觉看作是实践判断的各种形式,那么,这种看法的主要优势便显现出来了。在实践判断中,与感觉的性质一样,另一项也是公开和显明的:即将要做的事情和有待选择的反应。借用伍德布里奇教授的比喻:对于母亲而言,宝宝的某种声音是表
示他需要引起妈妈的注意。如果母亲的反应是错误的,那不是因为声音本该是 56

① 比较伍德布里奇:《哲学、心理学与科学方法杂志》,第10卷,第5页。

空气的一些振动，这种声音也不会让人想到只是空气的振动，而是因为母亲对应该采取的行动作出了错误的推论。

我想，如果在这种实际推论中从来没有发生过错误的话，人类就会感到心安理得了。然而，错误还是**在**发生，这就要尽力去核实我们的推论（旨在降低犯错的可能），结果引发了这样一些命题，即作为被感知事物的认识对象并不是要被采取行动的东西，而是促使采取行动的原因。母亲发现宝宝睡得很安详，然后说噪音**不是由宝宝弄出来的**。她做了一番调查，得出结论说噪音是由双开式弹簧门**发出的**。她推论的不是一个结果，而是一个原因。如果她首先是去寻找噪音，就会得出铰链需要上油这个结论。

现在我们来看一看这个论点的依据何在。可见，在具体的情况下，需要对推论进行应有的检验，(a)需要找出正确的论据。如果有知觉发生，必然就有推论的出现；或者等发现更多的必要论据再进行推论，这样即便没有找到真相，错误也可以避免。此外，(b)我们发现寻求论据（并获得必要的论据）最有效的途径，是推论其原因。母亲差点把宝宝和门当作原因。但是，同样促使她从推论结果转为推论条件的动机，却导致别人从推论声音变为推论空气振动。于是，我们得到了关于感觉材料的科学命题。这些命题不是将要做什么的命题，而是已经完成和发生的命题——“事实”。不过，它们与那些将会影响到结果的推论有关。它们是获得论据的手段，这些论据可以防止可能出现的错误，并促成一些有关行动的种种可能性的——手段和目的——全新推论。科学家们根本没有必要知道这种关联性，甚至也没有必要去关注它，因为我这里谈论的内容是命题的逻辑，
57 而不是形成史或者心理学。如果提到心理学，我想指出的是：为什么有些人的实践活动就不该受到更多的指导而去寻求真相呢？不这样做，是没有理由的。他们实际上所得到指导的程度，取决于社会的条件。

III

我们来考察一下“原始的”感觉材料这一概念。长期以来，人们一直习惯认为，那种试图按照感觉材料来确定真正知识的做法是在混淆心理学——或者说认识的发展史——与逻辑学（或者说，作为认识的认识性质的理论）。事实上，这种混淆是存在的，只不过是反方向的。这种把逻辑学与心理学混为一谈的做法——也就是将推论方法的一个方面当作一种观念和信念的自然发展史。

日常推论的错误，究其原因，主要是没有认识到感觉材料的复杂性。不受实

验控制的知觉无法提供更加全面的材料，无法获得各种可能的推论的种差，甚至在已知的条件下不能呈现其分歧的界限，但这对于正确的推论却很重要。这不过是用一种复杂的方式来表达科学研究业已洞悉的问题，即日常的感觉太狭隘、太混乱，有些**特性**太鲜活从而遮蔽了其他的**特性**，所以无法达到推论已知事物所产生条件的目的。让我们专门讨论一下混淆的问题。人们常常指出，感官属性就是其本身的样子，把模糊或者混淆这样的概念引入这些属性是合乎逻辑的：光线不亮情况下的色彩就其本身而言，是不能弥补的，这就好比正午强光下的一个物体清清楚楚一样。可是，当这个**特性**被当作推论的事实时，情况就不一样了。**为了推论的目的**，要想在昏暗里发现强光中才能发现的知觉对象，就不那么容易了。从实施推论的角度看，混淆与毫无道理的简单化是一回事。这种过分的简单化，能够把作为推论条件的**特性**变得模棱两可。如果我们据此来进行推论，那 58
无异于把自己置于一切模棱两可的谬误的危险之中。教科书上阐释了这样的谬误。解救的办法显然在于通过实验的手段，把一个看似简单的材料还原为它的“要素”。这是一个分析的事例；这种分析方式与其他分析方式的区别，仅仅在于这种分析所指的内容不同，因为这个内容涉及原来作为一个简单的整体来接受的事物。这种分析的结果表明，存在作为知觉对象的分离的特性，比如科学业已确定的光谱上的颜色、音阶上强度各异的音等等，简言之，就是当代心理学教科书上所说的“感觉能力”或者感觉属性，或者是洛克①关于感觉的“简单观念”，或者是罗素的“感觉对象”。这些都是感觉的材料，为了便于推论而作出了区别。

请注意，无论从心理的还是历史的角度看，这些简单的材料或者要素都不是原初的；但它们却是**逻辑的**本原，即从推论的角度说是不可简约的。它们简直就是最清晰和最明确的知觉对象，作为**符号**来使用是完全可靠的。它们是通过出色的方法经由实验而确定下来的，而那些自然得到的和习以为常的知觉对象在推论中属于模棱两可的或者令人混淆的东西。于是，通过实验的手段，更为简单的感觉对象代替了它们，在运用这个实验手段时，必须利用通过演绎方法所获得的广泛的科学知识。在当今的术语里，“感觉能力”（即感官具有的属性）并不是

① 约翰·洛克（John Locke，1632—1704），英国哲学家。在认识论上，洛克与休谟、贝克莱三人被列为英国经验主义的代表人物。洛克的思想对于后代政治哲学的发展产生巨大的影响，并且被公认为是启蒙时代最具影响力的思想家和自由主义者。其主要著作有《论宽容》、《人类理解论》、《政府论》等。——译者

组成、形成或构成知觉的要素;它们是用最谨慎的方式所辨别出来的知觉对象,因此是最精细的。我们起初并没有感知到一个单独的和完整的色度、一个红的色彩;对它的知觉,是对观察的最终提炼。这些事物是知觉的界限,但这种界限是最终界限,而不是最初界限。它们是在最有利的可能条件下感知到的已知东西;而且,这些条件不会偶然地出现,必须通过有目的的和实验的方式来确立,还必须运用大量的科学命题才能发现。

59 当下的逻辑学带给我们什么呢?不是将心理学与逻辑学混淆起来,而是把逻辑规定的大量错误看成是心理学的种种事实。我希望,这一点已经说清楚了。这个混乱的滥觞在洛克,或者说是由于洛克的巨大影响而大肆流行起来的。因此,提一下洛克的观点,有助于廓清问题。洛克的认识论是逻辑的,而不是心理学的。他所指的认识是完全合理的信念或者命题,是"确定性",并且把它与在某个时候作为认识被普遍接受的东西小心地作了区分。他把后者叫做"赞同"、意见、信念或者判断。此外,他对于后者的兴趣也是逻辑上的。他在寻找一种人们能够在或然性问题上达成一致的方法。简言之,他唯一的目的是要在有可能把握确定性的时候把握住确定性,是要通过大量的事例来把握或然性,从而在能够把握的地方确立或然性的程度。从经验认识的角度来说,他对"认识"的自然成长史没有兴趣。他完全受他那个时代占统治地位的思想左右,比如主张**自然**是真理的标准。人类生活的最初阶段以其纯洁的和地道的形式,体现了"自然的杰作"。正常的就是原本的,而原本的就是规范的。自然的作品既是有益的,又是真实的;自然保留了至高无上者(Supreme Being)的所有属性,它是这个至高无上者的副摄政王。因此,要想寻求逻辑的基本事实,只能回到自然的原始状态。在这种自然神论思想的影响之下,洛克书写了一个认识发展史的神话。他先从简明清晰的内涵出发,每一个内涵都十分简单,定义清楚,严守字义,没有歧义,毫无隐含,亦无繁复。洛克继而阐述了"自然的"组合(compoundings)和大量复杂的观念。最后,他论述了对各种观念之间一致性的简单关系的感知:只要观念是简单的,知觉就是可靠的;即使遇到复杂观念的时候,如果我们思考简单观念及其组合,那么,知觉总是可以信赖的。这样,他便建立了一种习惯,把逻辑辨别力当作历史的或者心理的固有物——当作信念和认识的"源泉",而不是对推论
60 的检验和认识的手段。

我希望这里对洛克的论述,不会使他变成替罪羊。这种认识事物的方法可以追

溯到正统心理学，并回过来追溯到逻辑理论的基础，若非如此，我是不会涉及他的理论的。可以说，这种方法是经验主义逻辑学派的职业本钱，而且（更为重要的）是其他逻辑学派的职业本钱。只要与知觉和观察的命题打交道，他们就会用到它，比如，罗素就非常愿意把“原子”命题当作是心理的本原。这就导致了一种假设，即存在着一种认识或者简单的理解（或者叫做感性认识），它不包含任何的推论，却是推论的基础。如果你愿意，可以注意到思考经验现象所带来的众多问题（就像感觉所呈现的那样），除了那些已经明白了解的以外，从来就是认识的基本问题。

a）身—心问题是认识问题中一个不可缺少的组成部分。一种感觉性质的产生，一定会涉及感觉器官、神经元以及神经连接。如果感觉的产生就在认识过程之中，而且本身就是一种认识的形式，那么，确定感觉器官如何参与认识活动便是一个极其重要的问题。如果一个人是唯心论者，他会很乐意地接受任何这样的提示，即“理解过程”（准确地说，就是感觉材料产生的生理条件）会改变机体外在的刺激因素，这种改变多少见证了心灵的构成本性！如果一个人是实在论者，他会认为自己有义务证明外部刺激在传递的过程中没有任何改变，并且对它的理解没有违背其本来面目；必须把颜色解释为简单的振动的紧密结合——否则，认识的有效性就会遭到质疑！必须看到，认识不过是关于颜色的东西，是关于颜色的条件，或者原因，或者结果，或者是别的什么东西。同时要看到，不需要把色彩本身与一种认识形式等同起来，因为情境是会发生变化的。我们认识了颜色就等于理解了它，如同我们认识了暴风雨就等于理解了它。更概括地说，大 61
脑变化与意识的关系被认为是认识问题的根本所在。但是，如果大脑仅仅作为认识过程中的行动机制的组成部分，作为一个协调机制而把局部的和对立的刺激因素变成一个个反应系统，作为进行实验探究的机制的组成部分，那么，大脑在认识活动中的积极参与便没有什么奇妙之处了。人们可以提出敲钉子要拿锤子和握锤子要用手这个事实问题，以此而得出这样一个问题，即需要具备一种生理结构去发现和调整握拿和敲击等特定动作。

b）在理解的材料中找不到自然科学的命题。数学命题，可以通过把它们变成纯粹先验的东西而得到解决；感觉对象的命题，可以通过把它们变成纯粹后验的东西而得到解决。[①] 但是，自然科学的命题，比如那些构成物理学、化学、生物

① 参见罗素：《哲学的科学方法》，第53页。

学的命题，而不是历史学、人类学、社会学的命题，它们既不是先验的，也不是后验的。我必须补充一下，对于这个问题的陈述，我当然比不上罗素先生，但他的陈述并没有使他怀疑自己用于论证的那些前提。“科学家们大多喜欢把直观的材料判定为‘纯主观性的’，同时又相信依照这些材料推导出来的科学真理。然而尽管这种态度能够自圆其说，却显然缺乏正当的理由；它唯一可能的辩解必须说明物质是一种来自感觉材料的逻辑建构……因此，必须找到某种方式来弥合科学世界与感觉世界之间的鸿沟。”[①]这两个世界的图景在人类历史上发挥了如此构成性的作用，我以为，任何熟悉这些图景的人读到这段话都会感到沮丧。如果有人想过，这两个世界得以建立的唯一的生成性条件，就是把感觉对象看作是
62 理解或者认识的方式（感觉对象是真正实在的，但也是很难把握的），那么，他可能会认为，考察这个假设的立场不必花很大的代价。恰恰因为在历史上（在 17 世纪），感知和自然科学是认识同一个世界的两种相互对立的方式，而这种认识竟使人们认为感觉对象是“主观的”——因为感觉对象与科学对象如此不同。除非感觉与科学从一开始就被看作是认识的两种方式，而且是认识同一事物的两种方式，否则就没有任何理由把直观的材料（immediate data）看作是“纯主观性的”。直观的材料也是自然的现象，就像别的现象一样。直观的材料是有机体与其他事物之间相互作用而产生的现象，这个发现与发现植物中含有淀粉一样，也是一个重大的发现。

自然科学是通过直观材料去认识世界的。自然科学的竞争对手并不是这些直观材料，而是那些关于世界的先前种种教条、迷信和偶然所见。这些形形色色的东西之所以会滋生，而且枝繁叶茂，恰恰是因为缺乏一种探究的意志，缺乏一种发现确凿材料的手段。罗素先生自称是实在论者，但对于这个问题（一旦接受了感觉对象本身就是认识对象这个观念），他却别无良策；因此，他只好坚持认为，尽管自然科学的世界不是从感觉材料合理推导而来的，但也是一个来自感觉材料的可行的逻辑结构，之所以可行，是因为它并不涉及逻辑上的不一致。罗素先生提示我们，唯心论者与实在论者——即他这种类型的实在论者——之间的实际差别并不是很大。从必要的理想建构到可行的逻辑结构，这在认识手段上存在着重大的差别，但在实际上难以辨认其差别。两者之所以有相似之处，因为

① 参见罗素：《哲学的科学方法》，第 101 页。

这两种观点都把感知和科学当成认识同一对象的不同方式，因此在某种折衷的方案被设想出来之前，两种认识方式便成了竞争对手。

c）现在我来谈谈所谓自我中心困境或者私人—公众的问题，这只不过是把上述问题变了一个花样。感觉材料是因人而异的。如果我们承认感觉材料是自
然的事件，那么与任何由生殖条件变异而产生的变化相比，这种变异没有什么重 63
要的意义。我们不能期望，与一个热源保持不同距离的两块蜡所受到的影响是完全一样的；如果是这样，那可是一件令人烦恼的事。同样，我们也不能期望铸铁与钢的反应完全一样。由于其处境不同，内部结构不同，有机体应该存在着表现上的差异，它们分别具有自己独特的作用，这同样是自然的事实。但是，造成这样一些感觉内容的，不是自然的事件（它们可能会变成探究的对象，或者变成探究其他事物的手段），而是认识的方式。每一次出现这样的偏差，便标志着又一次离开真知：它构成了一种反常的现象。从整体上看，偏差太明显以致得出了这个结论（甚至像罗素先生这样的实在论者也认为）：偏差构成了一个私人的存在世界，这个世界与其他类似的世界相互关联，并不存在逻辑上的前后矛盾。并非所有的实在论者都像罗素先生一样，持莱布尼茨[①]的单子论观点；我不想给人留下这样一个印象：说最后得到的就是这个答案。然而，凡是那些把感觉材料等同于理解的人都会遇到这个问题，即个体认识者对一个被公共的或者共同的认知和相信的事物实施了曲解的行动。

IV

我这里不想去讨论或者解决这些问题。相反，我试图表明，这些问题之所以存在，只是因为把作为论据的事实等同于一个自足的认识对象，而这个事实是需要通过推论的检验来确定的。我要指出与这种臆断相反的一些事实。我们实际上得到的经验事实可能是复杂的和漫无边际的，因而是无法确定的。作为经验的存在事物，被感知的对象绝不可能构成经验事实的全部，它们所处的背景范围都是不确定的。要对推论进行检验，就必须分析这个复杂的情境——以便确定什么是可用于推论的材料，什么是不相关的东西。这种分析要求把各种不同的

① 戈特弗里德·威廉·莱布尼茨（Gottfried Wilhelm. Leibniz，1646—1716），德国哲学家、数学家。他涉及的领域涵盖法学、力学、光学、语言学等40多个范畴，被誉为17世纪的亚里士多德。他与牛顿先后独立发明了微积分，著有《神正论》、《人类理智新论》、《自然与神恩的原则》、《单子论》等。——译者

解析变成更加基本的单纯物质。进行这种分析，必须调动各种实验资源，包括所
64 有的显微镜、望远镜和自动记录设备。我们最后不仅要把视觉材料从听觉材料中区分开来——在力所能及的范围内，通过实验来进行区分——而且要区分大量的视觉材料和听觉材料。物理学、生理学、解剖学都在分析中发挥了相应的作用。我们的分析甚至可以做到这样的地步：比如，把颜色看作是不涉及任何其他对象的自身完整的对象。我们不必把它视为任何对象的属性，而仅仅把它视为神经刺激和反应的产物，从而避免虚假的推论。我们不必把它视为一条丝带或者一张纸，而把它视为一个有机体。不过，这只是终止推论的一些方法。避免一些习惯性推论，是为了使推论更加慎重。

这样，通过澄清我们的逻辑（不要去建立一种逻辑体系，以区分和检查一种虚构的自然史），就可以避开这些认识论的问题。我们也可以避开迄今为止一直困扰着人类的所有认识论体系的矛盾。事实上，每一个与感觉或者知觉的“事实”有关的命题，都要依赖于大量的科学认识的假设，而科学认识又是大量的先前的分析、验证和推论的结果。可以设想我们已经清除了所有与经验内容纠结在一起的羁绊，我们从简单的和独立的事实入手，然后试图证明我们如何根据这些原有的事实来达到真正的认识；而在发现并确定简单的感觉材料的过程中，我们总是在运用这些认识。每当我们这样设想的时候，我们就把坦塔罗斯[1]和西西弗斯[2]合而为一了！[3]

IV. 作为一种实践艺术的科学

没有人会否认，从一种角度看，科学是一种追求，是一种事业——是一种实践的方式。无论科学还包含有什么更多的内容，它至少是一种实践的方式。在
65 认识的实践过程中，自然地就出现了完全不同的实践判断。当出现了一个知识阶层的时候，有些人在干农活或者从事机械工程，而另一些人则在研究认识，在这个时候，这一点就显得特别有用了。然而，这个从事研究的阶层所获得的工具

① 坦塔罗斯（Tantalus），宙斯之子，因泄露天机，被罚立在齐下巴深的水中。他的头上有果树，口渴欲饮，水即流失；腹饥欲食，果则被风吹走。——译者

② 西西弗斯（Sisyphus），希腊古时的暴君，死后堕入地狱，被罚推石头上山，但石头在近山顶时又会滚下，于是重新再推，如此循环不息。——译者

③ 参见论文《作为一个逻辑问题的世界存在》（本卷边码第 83—97 页）。

对于所有阶层的人都很重要，因为人们认识到，农业、机械工程、医疗实践活动的成功都依赖于运用认识事业所取得的成果。从另一个角度看，如果我们考虑一下外交和政治等事业，并在更大的程度上考虑一下道德的事业，那么，认识事业的重要性更加凸显出来，因为这些行业并不会承认自己必须完全地、不断地依赖科学实践。正如霍布斯所认为的那样，当我们因为缺乏道德而陷入罪恶的时候，道德科学的优势便更为明显地表现出来了。

说去认识什么东西，就等于说去发现什么东西；说去确定、证明或者相信什么东西，即是说去做些什么事情。实际上，每一个认识命题都是实践命题。这种旨在探究、发现和检验的认识命题，都将具有实践命题一样的特性。这些特性意味着一种有待完成的、不完整的情境，而命题是推动其完成的特有工具。我不打算详细论述这个主题。我希望尽可能用一种明确的和强调的方式来提出这个问题。假如能够证明那些源于认识实践并在行动中发挥了能动作用的命题，确实是体现了逻辑内容所特有的特征和关系，那么，结论会是什么呢？对于一个毫无偏见的头脑而言，答案其实就在问题之中：一切纯粹的逻辑项及其命题都是属于探究命题的范畴，而探究命题则是特殊形式的实践命题。我接下来的评论不是要**证明**事实与这个假设的一致，而是要去努力地理解这个假设。

如果思维是一种技艺，认识是靠它而得以进行的话，那么，如果我们拿这种技艺与别的技艺作一个类比，便可以假设思维所处理的材料具有特殊的形式。
为了满足造船的用途，造船的人要赋予木料一种木料本身并不具备的形式。于 66
是可以假设，思维给自己的材料所赋予的形式，将使思维实现其自身的目的——即获得认识，或者按一般的说法，从不认识到认识。在研究自然对象的过程中，要使用自然科学的分析方法和综合方法，于是分析和综合便成为认识的实践的组成部分。只要**认识对象参与认识的过程**，认识的实践就会把任何经过分析和综合处理的一般特性变成**对象**的特征。也就是说，为了使推论更加完整和准确，如果说自然万物具有什么样的特征，那么，这些特征与在造船的过程中所赋予木料的具体特征是一致的。这些特征是制造出来的，但却不会因此有任何的逊色。于是，我在上一段提出的问题可以这样来重新表述：有这样的特征吗？如果有的话，它们与逻辑学书籍所讨论的那些特征一样吗？

比较一下语言，可能会对我们有所帮助。语言——为了方便讨论，我这里仅限于口语——由声音构成。但是，它又不仅仅由人的器官发出的声音构成，发声器官在先而人的交流愿望在后。据说，在学会说话之前，美国婴儿发出的声音几乎在任何语言里都能找到。但是，有些被淘汰，有些则得到强化。原来发得含糊的一些声音得到了强调；婴儿不得不练习这些声音，而这种练习只有在别人的激励下才能开展和完成。但是，语言主要是靠发音来区分的；或者说，靠声音的排列来区分的。所谓声音排列，是指用一定的重音等规则，将元音和辅音按照一个顺序序列把选择的音排列起来。可以准确地说，口音是制造出来的东西：声音的自然迸发构成了口音，这些迸发经过了定型，以便为达到目的而发挥有效的作用。在大多数情况下，发声讲话是因为需要交流，因此不用刻意控制。论述语音学、词典学、语法学和修辞学的著作，记录了在发音的过程中带着特定目的所发
67 出的那些音。如果再算上书面语言的话，就应该发现，意识因素有所延伸。但是，无论是否受到意识的控制，我们总是要有目的地发音，而且把所发的音加以定型。

在声音的前件属性中，有些东西对口音的确定发挥了作用；尽管如此，口音的价值绝不能通过口音对这些前件属性的忠实程度来衡量。对口音价值的衡量，只能看在实现特殊目的过程中其效率和节省情况。口音是为了特殊的目的而建构起来的。书面语看起来不必像声音，就像声音听起来不必像物体一样。书面语必须**代表**清晰的声音，但忠实代表声音完全是为了使大脑得到同样的结果，发挥同样的作用，而不是为了相像或者复制。原来的结构是一个**限制**，因此不是说什么材料都可以用来塑造这个结构的，就像我们（至少在目前）不能用猪鬃来制造丝绸钱夹。但是，这种限制性关系完全不同于另外一种关系，因为在另一种关系中，前件的存在物是样板或者原型，后面的存在物必须忠实于样板或者原型。造船者必须考虑到木料的纹理和强度。然而，考虑和处理与重复或者表面上的忠实是完全不同的事情。关键要看结果，而结果则取决于使用什么材料。

当然，我是想说，逻辑的特性不过是原有存在物的特征，它们被充分研究以便用于推论，正如制成品的特性具有原材料的属性一样，只是为了特定的目的而对原材料进行了改变而已。总而言之，过去的理论一直在两者之间摇摆：一个把逻辑的特性看作是“主观的”，是居留在“心灵”中的（心灵被认为是非物质的或者精神的存在而独立于自然物及其事件）；另一个把本体论的先存在（pre-existence）归于逻辑的特性。迄今为止，在思想史上，每一种方法都曾繁荣过一阵，然后又引起对立面的反应。逻辑特性的具体化（我用这个词并不带有偏见）

往往采取了两种形式，一种是**唯心论的**形式(强调逻辑特性的精神的或者理想的性质及其要素)，一种是**实在论的**形式，强调逻辑特性的直观性和给予性。众所周知，从柏拉图到笛卡儿再到现代的分析实在论，数学一直都是**实在论的唯心主** 68
义的一贯的刺激物。这里提出的假说，是一条**中间道路**。一直被人们忽视的是艺术及其作用的现实性与重要性。艺术的工具和作用既不是精神的和主观的东西，也不是像原材料那样先在的东西。它们是为了某个目的而在后来形成的。我们不可能从艺术的存在及其作用功效的立场去过多地强调其客观性，也不可能从艺术依于先在的自然存在物的意义上去过多地强调其客观性，尽管自然存在物的种种特性要有赖于艺术的运作去思考和处理。就推论的艺术而言，它可以有把握地从已知的事实推出不在场的东西，思想依赖于推论，事实上是哪里有推论发生，哪里就有一个意识的主体——他去识别、谋划、发明、搜寻、深思和预测；同时，他带着期待、恐惧、仇恨和欲念等——这说明一些理论误解了精神和意识的性质，给逻辑的特性贴上了精神的和主观的标签。简而言之，这个理论表明逻辑的特性为何变成了本体论的实体，为何变成了精神的形态。

要详尽阐述这个论点，就得重复本卷所有论文中讨论的内容。我想仅仅提醒读者注意那些聚焦在关于这个假说的其他讨论上面的原因。

1. 推论的存在是一个事实，就像眼睛、耳朵、植物的生长，血液的循环，都是实实在在的存在一样，是一个确定的和毋容置疑的事实。只要是有人类存在的地方，就可以观察到推论的发生。历史专业的学生会发现，历史是由信念、制度和习俗构成的，而这些东西没有推论行为便无法解释。对于逻辑理论而言，推论这个事实就像任何作为论据的事实一样——一个实实在在的事实——是任何感觉的属性所具有的。它是人类惯常的行为，就如同人要走路、咀嚼或者跳跃。关于推论，并没有什么先验的或者思辨的东西可言。推论不过是赤裸裸的而可以经验地观察到的事件。

2. 推论的重要性如同它的存在一样，是显而易见的。只要不是出自本能或者机械的习惯，人类生活中的每一个行为都包含着推论；绝大多数习惯的形成要 69
依赖于一定的推论，就像习惯要依赖推论来适应新的环境一样。从日常生活中最低级的行为到最复杂的科学计算，到社会、法律和政治的政策的制定和执行，再到用符号、指示或者证据来推论某种不是直接给予的事物，这一切都离不开推论。

3. 推论的行为是自然发生的，也就是不带什么目的性的。推论首先是我们做的事，而不是我们*打算*做的事。我们进行推论，一如我们呼吸、行走、手舞足蹈。只有在做了之后，我们才注意到推论，并对其进行反思——许多人在推论发生之后并不进行反思，就像他们不思考行走的过程并去发现行走的条件和机理一样。说一个人、一个动物、一个男人或者一个女人有所行动，这是一个通过观察就可以直接证明的事情；说到叫做思想或者意识的东西，其本身就等于是在运用推论，而且是在运用质疑的推论。换言之，比较所谓理性的或者意识的一个特定的推论来说，推论这个事实是非常确定的；除非思想只不过是代表推论这个事实的另一个名词，不然就不能把思想作为推论的原因、来源或者发起人。按照所有的科学原理，不能把思想或者意识当作推论的条件，除非有*单独的*证据证明这个思想存在。*显而易见*，我们意识到或者认识到推论，就如同我们意识到任何别的事物一样，但不是通过对被假定为推论来源的意识内部的某种东西的内省，而是靠观察世界上发生的事情——正如我们在行走*之后*而意识到行走一样。在行为自然地——或者“无意识地”——完成之后，它可以作出“有意识的”，即带有意向或者目的的反应。但是，这里是说它*有了*意识(无论意识是什么东西)才完成的，而不是说它是*依靠*意识来完成的。如果要用唯一性或者独特性来表示只有
70 高等生物才会发生的其他自然活动，那么，我们有充分理由来断言，推论也是这样的活动。我们不可能在一块石头里发现血液循环或者神经刺激，但可以理所当然地期望在发生血液循环和神经刺激的生物身上发现其独特的条件、属性和结果。同样，我们不可能在一块石头里发现推论行为，但却期望在任何作出推论行为的生物身上发现独特的条件、属性和结果。换言之，除非关于探究的一般准则都无效，否则，推论并不是一个孤立的活动，也不仅仅是一个形式化的活动。与后者对照，推论有自己特殊的结构和属性；与前者对照，推论有具体的产生条件和具体的结果。

4. 或许这些事实太明显，无须提出来。但是，哲学上常常有一个起实际作用的阴谋，那就是不提及也不去详论那些显而易见的事物，否则，不着边际的推论就可能会被突然叫停。这些寻常事物的道理就在于，它们可以推动人们去探寻*推论行为中的显著特征*。注意到作为一种艺术的推论与作为一种自然和无预谋的活动的推论之间表面上的差异，这也许是进行探究的最佳起点。自发推论的显著作用就是把缺席因素摆到推论者的面前，他可能就像在对已知情境的刺

激力量作出反应一样。推论有雨，就能够让人即刻按照已知的情况来安排自己的活动。促使人们把行为转向空间或者时间上的遥远之物，正是推论行为的基本特性所在。用描述性的语言说，推论行为就是对缺席事物采取一种仿佛它就在现场的反应态度。正是因为这个事物缺席，我们所持的态度可能要么是无关的、有害的，要么是极为相关的、有益的。我们可能在不会下雨的时候推论有雨，于是根据这个推论来行事就比不曾推论有雨更糟糕。或许我们会做有雨的准备，如果没有这个推论，我们是不会做准备的；雨可能会下，那么，这个推论就挽救了我们的生命，就像方舟挽救了诺亚一样。简言之，推论把真理和谬误带到世界，恰如血液循环把不同的结果——好处与坏处——带到了世界上，或者仿佛银 71
行的存在既带来了业务的扩展，也带来了原来并不存在的破产。如果读者您反对引入“真理”和“谬误”这两个词，我完全愿意让您来措辞，前提是您得承认，通过推论，人类能够取得一种成功，同时又遭遇一种失败，而这些情形，没有推论便不会发生。推论权当缺席事物与眼前的事物同时处在一个真实的连续体之中，因此，我们对后者的态度与对前者的反应绑在了一起，都是同一情境的一部分。无论如何，我想对引入“真理”和“谬误”这两个词可能表示的反对意见提出抗议。可以说，推论并不对发生错误和正确负责，因为没有推论的时候，简单的理解也会对错兼有，就像我似乎看见一条蛇，可实际上并没有蛇，或者可能有其他类似的情况。在反对者看来，这些情况给他的论点提供了论据。反对意见说明了我的论点。断言有蛇，即是断言超越实际已知事物的潜在性；是说已知事物将要做什么——蛇特有的动作，以致我们对这个已知事物的反应就像对蛇的反应一样。或者，如果我们举例把云雾中的一张脸看作是一个幻想，那么（不提“云雾中”，因为这会涉及已知之外的因素），“幻想”、“梦想”同样指未知的对象和因素，就像实际已知的事实一样。

关于那些借助推论而得以存在的事物的独特性问题，我们的讨论还没有展开多少，但在揭示所谓认识的“超越性”方面却已谈得够多的了。一切推论都超越了确定无疑的当下存在，到达了一个缺席的事物。因此，这是一个多少有些靠不住的旅程，超越了直接反应的安全限度。石头只会对现在的刺激作出反应而不会对未来的刺激作出反应，所以石头不可能犯人的错误；而人在对自认为与现在有关的未来作出反应时，肯定会犯错误。但重要的是，我们看到了这种超越性的存在。这种超越性与超出思想状态而到达一个外部对象毫无关系。它对已知 72

情境所采取的行为牵涉到了未知的事物。它就像是鲁滨逊[①]——把一个看得见的脚印变成了一个看不见的人，而不是把一种思想状态变成了某种非思想的东西。

5. 由推论而导致的错误和失败，为推论从自然自发的行为变成一种技术或者成熟的技艺提供了根据。在议论错误问题的时候，人们总会露出一点幽默，仿佛犯错是一件罕见的或者异乎寻常的事——一种异常现象——但是，随便看一看人类的历史，就会发现，犯错一直是家常便饭，真理藏在井底而极难发现。至于仅仅与维持生存有关的推论，人们不得不进行大量的权衡，用好的猜测战胜坏的猜测。除了这个稍微狭窄的范围之外，推论出现的最初场景也许是为了增加生活的趣味，而不是在于它的效用。经典的定义把人界定为理性的动物，如果这个定义仅仅指人是一种能够推论或者猜测的动物，那么，这个定义也适用于原始人，因为这个定义允许大部分猜测都是错的。如果人们用这个定义时习惯带有颂扬的含义，那么，该定义只适用于这样的人，即他在使用一种来之不易的技艺时经受了磨炼。如果该定义声称人类天生就喜爱合理的推论，或者声称推论的合理性是衡量人的一种尺度，那就大错特错了。传播这个错误，就等于在鼓励人们去接受他最为有害的幻想，就等于在延迟这一天的到来，即我们将有效而广泛地采取一种认识的已臻完善的技艺。

概括起来说，对于自然事件造成的浪费和损失的推论，促使人类逐渐地和不情愿地在灾害来临之前采取预防措施。在有些地区，这种对于事件的见识很容易被夸大，人类把自己受到的许多祸害都归因于自己作出推论时的草率、笨拙和粗心大意，而不是归因于命运、厄运或者偶然事故。通过某些事物，在某种程度上是通过所有的事物，人类发明并完善了一种探究的艺术：一种用于对推论的结
73 论进行检查与验证的方法得到了认定。关于这种方法的性质，在文中多有论述，在此重申是要证明推论对于增进知识的意义。

a) 推论常常从内容开始，促成正确推论的原因也在于内容。内容是一堆晦涩费解和模棱两可的东西。我们常得到的告诫是不要依赖想象，想象有一个恶名，就是在理智上依附于幻想。这证明了无论什么东西，都可以让人联想到任何的东西。就生活中发生的绝大多数的重要事件而言，推论还不足以俘获它的拥

① 鲁滨逊(Robinson Crusoe)，18 世纪英国小说家笛福所著《鲁滨逊漂流记》中的主人公。——译者

护者并影响其行动，因为推论的内容形形色色、纷繁复杂，只是在暗示一些貌似合理的事情。认识上的每一个进步，都是因为使用人的能动作用从而把复杂的内容分解为独立的自变量（根据每一个自变量进行单独的推论），然后运用一切可以想象到的工具来各个击破，以确保我们处理的东西简单而不至于含混，这就是科学史所记录的东西。人们有时认为，认识最终要变成一种必需的信念或者赞成，这等于说，除了相信和接受之外，我们不能再进行别的思考。那么，就红色这种貌似简单的“自明的”东西来说，如果这种信念还有什么价值的话，它只是来自实验分析的一种残留物。除非我们穷尽了一切实际的检验，并且发现这个红色依然故我，否则并不相信红色的东西（无论如何都需要一种科学检验）。通常情况下，我们转动脑袋；我们罩住眼睛；我们仔细考虑一件东西；我们把它拿到不同的光线下去观察。我们使用透镜、棱镜或者别的仪器，这不过进一步延伸了物理解析所使用的方法。只要经受住所有这些实际的（不是大脑中的）检验，我们便接受它们——直到发明更加有效的武器。确定一个已知的事实就是这样一种红色的东西，可以说是一种科学方法的最终胜利。如果反过来，把红色看作是某种自然的或者心理的给予物，那就是一种可怕的迷信。

这种简单的材料一旦核准确实，便可以保证推论的进行。颜色可以表示很
多的东西；任何红色都可以代表很多东西；这样一些东西往往模棱两可；它们作 74
为证据或者标志，都是不可靠的。要将红色变成可辨认的、带有结论性的色调，就要确定它的证据范围；从理论上说，就是找到一个仅仅在说明某个事物的表达，而且这个说明是准确无误的。这种简单性并不等同于孤立性，而是等同于**具体指定的**关系。于是乎，这些确凿的“事实”、原始的材料、简单的性质或者观念、传统和现代逻辑中的感觉要素等等，在对照检验推论的艺术中获得了身份和认同。有关的术语还有“不证自明的事实”、“感觉的真相”、“简单的观念”等，它们的意义也在这种推论艺术中得到了确定；然而，这些术语又还是各种错误的源泉。它们不再是会施魔法的概念。它们体现了通过现代自然科学的差别分析方法而得到的最终结果，这些方法被运用来为推论寻找可靠的材料。我们需要改进自然科学的实验手段，需要改进显微镜、自动记录设备或者化学试剂，否则，到明天，人们对简单的和基本的材料一旦有了崭新而又简单的理解，它们将被取而代之。

b）自然或者自发的推论主要依赖于个人作出推论的习惯，而这些习惯又主

要依赖于个人所成长的那个社会群体的习俗。由于观察日食的人所属的社会群体具有不同的仪式、礼仪、传说、传统等，日食让他们联想到的东西是极其不同的。一个生活在文明社会的普通人对于科学的了解，可能不会比一个澳洲丛林里的土著人了解得多，但决定他作出推论的民间传说是不同的。他的推论更加有效，但这既不是因为他的智力更高，也不是因为他的认识方法更仔细，而是因为他所接受的教育更有优势。在他所处的时代，一个科学家受到的最好的科学知识教育大多在推论的检验（或者艺术）方面，这与他使用的观察分析技术是一样的。随着学到的东西在总量上不断增加，发展的趋势是将这种学识的积累，将
75 这种已知真理的储备等同于认识。没有人会反对这样的等同，除了逻辑学家或者认识论者会忽视这种**集成起来的**“知识”（“knowledge”，这是一个正确的名称）。这种忽视的结果会带来两种错误：一种是看不见这种知识在指导和处理未来推论中的作用；另一种是把单纯参照已知东西（经过历史验证和日积月累下来的知识）的行为与认识行为混为一谈。我必须提醒自己什么是已知的东西，就我正在讨论的话题而言，这是必须做到的。如果把这种起提醒作用的东西叫做“认识”的话（表象实在论者通常是这么做的），那等于把一个心理学的活动与逻辑学的成就混为一谈。因为不能正确理解这种提醒自己什么是已知东西的行为，它可以作为某些实际探究活动中的一种检查，因而出现了关于简单认知、纯理解等的绝大多数谬误——这些谬误把探究和推论从认识中排除掉了。

c) 推论的艺术导致了**被推论的**事物具有某些具体的特征。原始人对引起联想事物的反应，就仿佛那个事物就在他的眼前。也就是说，他是不加鉴别地接受那个事物的。由沙子上的脚印而联想到的人是一个真实存在的人，就像脚印是真实存在的脚印一样。这里所表示的是一个人，而不是一个人的概念。一个事物所表示的是另一个**事物**，它不是在表示一种意义。唯一的不同在于，被表示的那个事物在远处，或者被掩藏起来了，因此（也许）就更加神秘、更加强大和更加令人敬畏。在鲁滨逊看来，脚印所表示的那个人就仿佛是通过望远镜在远处看到的一个威力无比的人。换言之，那些自然推论出来的事物被原始人所接受，因为这些事物非常真实从而可以得到检验；他们把这些事物完全直接地和无可挽回地强加给自己，要么完全接受，要么**全盘**拒绝，除此之外而别无选择。要检验就需要一些手段，通过这些手段，我们才能按照事物的本来面目去对待被推论的事物，即**被推论的**对象。然而，无论**过去**经验的对象如何确定，就被推论的对

象与目前推论所依据的对象之间的关系而言,被推论的对象是不确定的。尽管更加仔细地检查已知对象——比如看看它是否真是一个脚印以及新近程度等——对于捍卫推论可能有很大的帮助;尽管了解其他任何的已知事物可能也有所帮助,但这还不够,还需要别的东西。我们需要某种方法来自由地审视并处 76
理认识对象,即把它作为一个被推论的对象。这意味着似乎有某种方法,可以让它与特定的推论行为分离,而它要由这种推论来展现。没有如此的分离,鲁滨逊便不可能与脚印所表示的人建立起一种自由的和有效的关系。譬如说,他只得怀着越来越强烈的惊恐不断地重复道:"附近有一个人,附近有一个人。"对于这个"人",不需要把他当作人看待,而需要把他仅仅作为被推论的东西因而具有潜在的身份;需要把他看作是一种内涵、思想或者"观念"。意义和一种内涵有着天壤之别。意义只是情境的一种函数:这个东西意指那个东西;意义则是指这种关系。然而,一种内涵是相当不同的东西:它不是一种函数,而是一个具体的本质,是一个特定的事物,比如那个被联想起来的人。

词汇是十分重要的工具,它可以把存在于两个事物之间的推论关系变成一种新的事物,而新事物本身又可以用来推论。论述或者反思的词语,就是为了满足更多灵活性和更多自由的这一要求。我再重复一下:鲁滨逊的探究可以围绕根据脚印推论出来的人自由地展开,如同他能摆脱脚印直接的暗示性力量。按照原样,联想的人在同样强制性的层面上就是暗示性的脚印。人与脚印相互关联,纠缠在一起。可是,一个姿势,一个声音,也可以用来替代这个被推论的事物。它独立于脚印而存在,因此可以对它进行思考,进行思想试验,而不用去考虑脚印的存在。这样,它便立刻保留了情境的意义—力量,同时又从情境的直接性中超脱出来。它成了一种内涵、一种观念。

我认为,我们在此已经解释了观念、形式、本质、名称、独立性、理念和意义等。它们是推论对象的替代物,因此就推论而言,它们的这种特征可以得到发挥和使用,如同是原始事物一样。我们可以完全不顾最初联想到它们的事物而让 77
它们相互发生关系。没有这种自由的发挥,反思性探究便是一种笑话,推论的检验便是一种空谈。一个光点使天文学家联想到一颗彗星,这时除非他暂时根本不把"彗星"当作一个事物,而是把它当作一种内涵和一种观念,甚至把它当作一种与其他意义相联系从而具有各种含义的内涵——这些意义是由"彗星"衍生出来的,否则,他只能把这个推论出来的对象当作一个真实的对象来接受,或者只能把它作为纯幻想的东西而加以拒绝。除非一种内涵是一种被推论的对象，而且这种内涵的分离和固定是可以独立发展的，否则，它不就是一种幽灵般的存在吗？除了基于上述在推理中从意义的函数转化为实体的一种内涵之外，还有什么呢？再者，如果没有这种转化，还可能进行推理吗？

猫有爪子、牙齿、皮毛，它们没有什么含义。自然物都没有什么含义。可是，“猫”这个**名称**却有含义。怎样才能解释这种差异呢？在实际情况中，我们不能使用“猫”这个根据已知迹象而推论出来的对象去检验这个推论，并且使这个推论变得更有成效和更有用处，除非我们能够让推论对象摆脱对联想到它的特定事物的依赖。我们需要知道，**假定**猫在场的话，它又会怎么样；如果猫指的是现实存在的话，那么，它也可以指其他的东西。因此，我们创造了一个**新的**对象：我们用一个事物来代表推论中的猫，这个猫与活生生的猫截然不同。通过一个声音或者一个可见的标记，就可以产生这种新对象。无论使用了什么样的科学手段，我们现在得到了一个新的对象；一种名词、一种意义、一种概念、一种本质、一种形式或者一种种类，至于到底是哪一种，得看流行的是什么术语。与任何的声音或者标记一样，它也是一个具体的存在。但是，它是一种标记。它强调、聚集和记录了一种推论的结果，这个结果尚未被接受和认可。即是说，它指定了一个对象，对于该对象，人们**还没有**像对已知的刺激那样作出反应。这个对象还需要进一步审视和调查，它是一种可以用来延迟结论和继续调查的手段，直到找到一个更好的理由来确定一个给予的对象(作出一个明确而统一的反应)。**只要一个**
78 **对象仍然在探究行为的指向的形成之中，那么，一个名称就是一个对象**。可以把它叫做可能的对象或者假设的对象。这样的对象不会走路，不会咬人，也不会抓挠，但它们却作为至关重要的反思中介而实际存在着。如果我们只是忘了它们存在和运作的地方——在检验推论的活动中间——那么，我们实际上控制着存在与本质、特殊与普遍、事物与概念、日常生活与科学这个双重世界的一切秘密。对于科学世界而言，特别是对于数学世界而言，它就是一个思维的世界，因此能够有效地调整推论的活动。用普通的水洗手比用一氧化二氢 H_2O 更容易，从一座建筑上坠落与 $1/2gt^2$ 是显然不同的。但是，H_2O 和 $1/2gt^2$ 对于特定的推论行为而言，是有影响的——这个行为与洗手或者沿山滚下这个动作一样真切而具体——但是，普通的水和坠落却是没有影响的。

科学家能够像铁匠操控其工具一样，准确地操控这些用于推论的事物。这些推论并不是平常使用到的推理，甚至也不是思想逻辑意义上的推理。它们应该是一些可以产生认识——或认识的方法——的操控（就像铁匠操控其工具一样）——这些操控很少求助于思维，但却具有最高的效率。考虑到认识事业的重要性，我们设计了合适的工具来推进这个事业，而这些工具在先存在的物质中不是原样，这是用不着惊奇的。它们是实实在在的东西，但它们仅仅是来自自身的东西，而不是别的什么东西。

V. 理论与实践

我们最后的论述部分涉及科学的性质。通过提示，我们已经解释了日常事物与科学研究之间的距离。受检验的推论是科学，而科学是一种高度专业化的工作，是一种专门化的实践方式，以至于看起来完全不像是一种实践方式。这种
高度的专门化是造成当今理论与实践、知识与行为对立的部分原因，另外的部分 79
原因是古代将认识看成直觉的和辩证的观念至今尚存，而这种认识观是由亚里士多德的逻辑学最早提出来的。

如果说为了达到有效运用的目的，受检验的推论艺术需要一些与它相适应的实体，那么，很显然，各门科学都是这种受到检验的探究活动所采取的不同形式。按照上面这样一个假定，出于规则化和有效化推论的迫切需要，科学——自然科学和数学——的概念和公式都对事物进行了重塑。为了把事物变成推论可以处置的产业，世界上常见的事物，诸如水、空气、猫、狗、石头、星星，它们的许多特性都被删除或者压制。然而，许多微不足道的或者关系间接的东西却得到了提升或者夸大。无论是省略的还是强调的部分，都不是任意确定的，都是刻意确定下来的。这些省略或者强调代表了我们对日常生活中的事物所做的改变，这种改变是为了维护推论这一重要的事业。

于是，在科学的实体与日常生活中的事物之间存在着巨大的差异。人们可能会完全承认这种差异。除非这种承认差异伴随着对推论作用的忽视，否则不会产生调解的问题，也没有相互道歉的必要。它不会产生实在的对象与不实在的对象的问题。科学的“实在的”或者“真实的”对象，就是那些最能满足可靠有效的推论要求的对象。要找到这些对象非常困难，而且又有许多似是而非的候选者在那里大呼小叫，企图登堂入室。这就难怪一旦构成了适合推论的对象，这些对象便自封为**非我莫属**的实在对象；而跟它一比日常生活中的事物，反倒变成

了我们脑子里残留的印象(根据许多现代思想的主张),或者变成了存在的残缺样品(根据许多古代思想的主张)。不过必须注意到,推论的目的就是让我们从所有这类问题的梦魇中觉醒过来,这才是科学对象所具有的真正特征。就科学
80 的手段和目的而言,它们不同于日常行动和想象的世界中的那些事物。科学这个行业与其他的行业是不同的。这种差别不是实在与表象之间的差别,而是粗制的行业与高度专门化和艰深的技术行业之间在内容上的差别,(根据发现的事实)其他行业的进步最终依赖于这种技术行业的成功。

科学的实体不仅仅是**来自**科学家,它们也要**回馈**科学家。科学实体所体现出来的不仅是反思性探究的结果,而且还表现在以特定的形式最直接和有效地进入随后的探究之中。事实上,它们在探究的天地中得到了证实。这说明科学实体是远离日常生活事物的,但用这种方式来求解,后者立刻便失去了悬念。事物大部分的直观特性(包括所谓的第二性质)被剔除了,说明这些特性对于推论没有什么用处。数学的、机械的、"原本的"特性及其关系,一起构成了科学的基本内容;这说明,正是它们代表了起始事物的特性,正是它们从根本上决定了认识的提升或者推论的可靠和全面。想一想,科学家在摆脱事物其他特性的时候有多么的艰难,事物更加直观的特性如何从四面八方朝他压过来,毫不奇怪,他会倾向于把对知识有用的特性作为唯一"真实的"的东西,而把其他的一切都归结为准幻觉的东西。科学家现在取得了充分的胜利,以致这种张力得到了缓解;人们可能会承认,科学实体与日常事物之间的差别只是作用上的差别,对前者进行选择和分类,就是为了促进推论的认知活动。

在本文结束之际,我想说明知识(或者理论)与实践之间通常的对立会变得怎样的徒劳无益,因为我们认识到,这种对立实际上只是两类判断之间的对比而已,一些判断适合于惯常的实践方式,另一些判断适合于专门化的获取知识的研究。

81 坚持把科学命题限制在实践领域,其实不是在贬低科学命题。显然,这种坚持只是意味着一切认识都包含了一种行动的和自然科学类型的实验,任何实验都是为了解决问题。这种信条并不会贬低知识,情况恰恰相反。这种实验思维的艺术,为其他实践方式的检验和发展提供了钥匙。我在文中其他地方提到过知识如何变成了调节我们人类各项事业的工具,我还指出过思维的结果是促使意义有真正的增长。我想在此说明,那些被称为理论化的实践方式是怎样解放

我们的经验的——它是怎样促成稳定进步的。不论专业化的技能提高了多少，我们都要受到一定的限制，因为我们的目标是恒定的或者不变的。重大的进步，超出技术层面的进步，都要取决于我们对于新东西和不同结果的预测能力，取决于我们为实现认识的进步而创造条件的能力。科学是这样一种工具，它能够增强我们的技能，从而使我们获取更多的已知的和所珍视的结果。更重要的是，正是科学的方法，可以把我们从习惯的目标和过去确立的目标的奴役中解放出来。

让我从政治哲学中借用一种事实的漫画式描述。社会哲学家曾经说过，国家的产生是因为个人为了追求不受干涉的(non-interference)利益而同意放弃某些天生的个人权利，并且也得到了作出同样牺牲的其他人的支持。所以，我们也可以说，科学的诞生是因为人们放弃了这样的要求，即把自己看作是意义的中心和标准来构建认识的结构——同意采取一种不带个人偏见的立场。换言之，非科学的实践方式一旦任其自然发展，它对对象的分类整理就会以自我为中心，就会与自我的习惯牢牢地联系在一起。科学或者理论代表着一个客观的体系，这个体系超越了任何特定的个人立场，可以适用于任何有可能做到客观的个人立场。甚至在通常的社会生活中，也迫切要求我们具备一点这样的超越或者抽象。 82
如果我要想与我的邻居沟通，就必须忽略自己的一些特殊目标，多考虑邻居的利益。我必须至少找到共同点。科学把这个原则系统化并给以无限的引申。科学所采取的立场，不是要与这个在特定日子和特定村子一起生活的邻居所采取的立场相同，而是要与在广大的时空中任何可能的邻居所采取的立场相同。要做到这一点，科学只能用适于推论的眼光来不断重塑其特定的对象。科学越是抽象，就越是不带个人偏见，其对象也就越加客观，推论的多样性和范围就越大。科学所铺设的每一条经验之路都有自己的交通线路，各条线路之间又都允许相互转乘。你我可能按照某种特定的老路不停地跑，可别人却具备了一些条件得以预见或者推论新线路的组合和新的结果。对于日常实践中的事物，我们首先必须抛弃个人偏见，才能通过崭新的和更富于成效的实践方式以形成新的见解。理论与实践的悖论在于，就所有其他实践方式而言，理论是一切事物中最注重实效的，而且理论越是公正和客观，它就越是真正地注重实效。这是一个独特的悖论。

作为科学家，作为习惯反思的人，如果不被自满冲昏头脑的话，他就必须牢记：实践的应用——也就是试验——是他的一个职业条件，建构知识或者真理离不开实践的应用。于是，为了使自己能够与科学家的职业相称，他必须广泛应用自己的研究结果。研究结果的应用越是局限在他自己的特定职业之中，其理论的意义就越小，犯错误的几率就越高。最大范围的应用，就是最好的验证手段。只要专家对自己的研究成果沾沾自喜，那么，这些成果的意义就不清楚，其内容也不可靠。每个从事各行各业的人都应该是实验者，都应该对理论家的研究结果加以检验，唯有如此，理论家才能最终保持清醒的头脑。

作为一个逻辑问题的世界存在[①]

本文包括两个部分。第一部分是对形式分析的研究，它试图说明，从逻辑上来说，并没有一个外部世界存在的问题。我认为，如果想说明这个问题，会产生 83
一种自相矛盾；如果不指出它所产生的那些公开的疑问，便不能说明问题的界限在哪里，这样又产生了一个问题。第二部分是一个总结，力求说明带来虚假问题和导致种种误解的情境的实际问题。从内容上看，这个部分是对第一部分的补充，但第一部分的论点并不依赖于第二部分的内容。后者也许是牵强的，但这种牵强并不会涉及第一部分。

I

对于一个外部世界存在的问题，已有许许多多的论述。我将把伯特兰·罗素先生的论述作为我考查的基础。他在其近著《我们关于外间世界的知识》(Our knowledge of the External World as a Field for Scientific Method in Philosophy)中进行了论述。我这样做是出于两个原因：一是他在最近出版的一部十分重要的著作中阐述了这个问题；二是我认为，较之时下流行的大多数论述，他的论述更为慎重。如果我的论点能够对他的论述有所认识，那就更有理由应用于其他的论述了。即使有那么一些论述并不属于这种情况，但得承认，我的 84

① 首次以《作为一个问题的世界存在》(The Existence of the World as a Problem)为题，发表于《哲学评论》，第 24 卷(1915 年)，第 357—370 页；后经修改重印于《实验逻辑论文集》(芝加哥：芝加哥大学出版社，1916 年)，第 281—302 页。

分析必须从某个方面入手。我不能为了表明使用这个方法在任何情况下都会产生相同的结果便大费笔墨，采用不同的论述方式来重复这个分析。我要冒昧地烦扰一下读者，请读者来说说不这样做的原因。

罗素拒绝了有关这个问题的一些为人稔知的阐述，因为这些阐述所用到的自我和独立性概念都很难界定，随后他作出了以下的阐述：我们能够“知道感觉对象……在我们没有感知到它们时也存在吗？”（第 75 页）或者换一种论述的方式：“除了我们自己①硬的材料之外，我们能够从其他材料的存在来推断任何东西的存在吗？”（第 73、83 页）

我想表明，要把“感觉材料”作为能够产生问题的那种条件确定下来，就需要对这个问题给出一个肯定的回答——也就是说，在提出问题之前，必须先对问题作出肯定的回答。按照我的理解，这里所说的根本就不是一个问题。从下面这段话中可以找到一个出发点：“我想必须承认，直接感觉对象的存在可能是依赖于我们自身的生理条件的，譬如说，我们所见到的有色表面，在我们闭上眼睛的时候可能就不复存在了。”（第 64 页）我引用这段话，并不是为了指出这个论述涉及生理条件的存在而从容自得。因为罗素先生自己肯定了这个事实。正如他所指出的，这样的论据正好假定了“有着稳固对象的常识世界”，但这个世界是受到公开的质疑的（第 83 页）。我的目的是要问：把直接的材料叫做“感觉对象”的理由何在？这类陈述总是把颜色叫做视觉的，把声音叫做听觉的，等等。如果说这只是为了玩一种花招而作出的确认，那就没有什么好说的了。可是，如果我们关注的是一
85 种严肃分析的问题，那就肯定会问：这些形容词来自何处？在常识世界中，我们确实承认作为视觉对象的颜色是视觉的，但我们关心的不是这个世界。说颜色是视觉的，这是一个关于颜色的命题，这个命题不是颜色本身说出来的。看得见的或者直观到的颜色已经是一个“综合性的”命题，而不是一个词语，也不是对一个单独词语的分析。说颜色是被看见的，或者说是看得见的，我对此并不怀疑；但我坚持认为，事实已经对罗素先生提出的问题作出了回答。这个回答是以颜色自身以外的存在作为先决条件的。把颜色称为一种“感觉的”对象，涉及另外一个同类的假设；不过，这个假设更为复杂，也就是说，涉及颜色之外更多的存在。

---

① 就具体含义而言，我将忽略“我们自己”这样的字眼，但这里应用的方法同样适用于这几个字。“我们”是谁？“自己”又是什么意思？其所有关系如何确立？

我并没有看见对这个论述的回应，除了有人竭力地主张用在对象身上的这几个词，譬如“视觉的”和“感觉的”，不过是一些多余的文字而已，其实并没有什么说服力。这个有问题的回应，把我们引向了问题的焦点。除非“感觉的”这个词语能对直接材料或者直接对象被赋予的意义产生明确的影响，我们是否可能在直接对象与外部世界之间建立一种起初有些贬抑的比照呢？但在论述这个问题之前，我将请读者关注这段引文的另一种含意。看来，其含意是说颜色的存在和“正被看见”是对等的措辞。在任何情况下，人们都常常以类似的理由这样划等号。但是，根据描述，对于颜色的存在所需要的就是某些生理条件。它们可能是存在的，颜色也是存在的，然而它们并没有被发现。事物不断以某种方式作用于眼睛，满足了颜色存在的条件，这是超出了被看见的颜色之外的东西。这个陈述并不涉及任何有关注意行为的、让人怀疑的心理学。我只是想说，这个论证的含意是，除了颜色的存在之外，还有一种被称为看见的或者感知的东西——也许用“注意”这个中性词要省事一些。显然，这就需要假设，在这种材料存在之外还有什么东西——而这种材料按照定义也是一个外部世界。没有这样一个假设，
便无法引入“直接的”这个词。这个对象是直接的还是直接注意到的呢？如果是 86
后者，那么，硬的材料已经与它自己之外的事物联系在一起了。

这将我们引向了更进一步的思考。感觉对象被不断地叫做“已知的”东西。例如：“显而易见的是，既然感觉提供了后一种知识[我们相信，则是由于其自身的原因而不需要任何外部证据的支持]：通过视觉、触觉、听觉所感知到的直接事实无须用论证来证明，而是完全自明的。”(第 68 页)同样，感觉对象被叫做“感觉的事实”[1](第 70 页)，叫做与逻辑规则同步的认识事实(第 72 页)。我不知道“相信”或者“认识”在这里是什么意思，也不知道“自明的”本身的事实是什么意思。[2] 但是，罗素先生显然是知道的，而且知道它们如何应用于感觉对象。此外，顾名思义，可以进一步假设什么是材料之外的世界。同样，我们在陈述一个

① 对比一下这句话：“在我说到一个事实时，我不是指世界上的简单事物中的一个，我的意思是指某种事物有某种属性，或者某些事物有一种某种关系。”(第 51 页)

② 罗素先生也赞成有类似非推论性知识的事物的假设，他认为，一个不言自明的事物本身是需要分析的。不言自明不过是一个为省事而用的一个词语，它掩盖了毋容置疑的已知事实与信以为真的东西之间的差异。比如，假说有时候是不言自明的，也就是说，它本身就是明显存在的，但却依然是假说，把其不言自明的特性当作“证据”会让人贻笑大方。意义可能是不言自明的(即笛卡儿所说的“清楚和明晰”)，而真理可能是令人怀疑的。

问题时，对于受到公开质疑的东西提出了假设。但这个假设并没有变得简单，因为罗素先生已经把“相信”定义为一种“三位一体”的关系；并说过，不认识这种三项关系，便无法解释感知与相信之间的差异(第 50 页)。

现在，我们来谈谈被忽视的问题。可以忽视“视觉的”、“感觉的”这些词语，同时又不改变这个问题的确切意义吗？也就是说，不影响为其带来问题的确切意义的含意吗？我们能够“知道感觉对象或者极其类似的对象在我们没有感知到它们的时候也存在吗？其次，如果不可能知道这一点，那么，在我们感知感觉
87 对象的时候或者在任何其他时候，我们能够知道从感觉对象推论出来但不一定相似的其他对象也存在吗？”(第 75 页)

我认为，稍事思考便可明白，如果不用“感觉”这个词来限制“感知”这个词，便不可能提出关于*其他时候*存在的*问题*。因为无论颜色存在的事实还是感知颜色的事实，既没有(a)提到时间，也没有(b)限制特定的时间。例如，罗素先生提到“瞬间看到的一块颜色”(第 76 页)。这种事在常识的世界里可能不会受到挑战，但一遇到公开质疑这个世界的分析，就不灵了。罗素先生提到了感觉的两种区别，一种指的是“我们意识到这个精神活动”，另一种指的是我们所意识的对象——即感觉对象。于是接下来，他把感觉的瞬间与对象的瞬间等同起来，而不知道自己的错误所在。应该有一些理由来假定对象具有的时间性——而且还有它的“直接性”，但它并不是一种直接看到的对象。这些理由是什么呢？

更有甚者，“意识”这个行为本身也被描述成“瞬间的”，这是怎么回事呢？我发现这个行为被限制在一个时间的系列之中，除此之外，我不知道还能用什么办法来界定这个行为。如果情况果真如此，为*提到*“其他时候”而操心，那肯定就是多余的了。它们是陈述问题时提出的假设——结果它又变得不是问题了。罗素先生说到“在我们*注视桌子时*瞬间看到的那块颜色”(第 76 页，斜体为笔者所加[1])，这可能只是一个小事。我不想对这样的表述给予不必要的关注。可它们出现在这类讨论中的频率很高，于是就提出了这样一个问题：实际上是否无需通过一个对象——桌子——来界定“那块颜色”，也无需通过“那块颜色”来界定桌子？后面我们会看到，我们有充分的理由认为，罗素先生的真正所为并不是要质
88 疑感觉材料之外的对象存在的问题，而是要对对象的性质进行*重新*界定。他把

① 英文原版书中是斜体，中文版中为楷体。下同。——译者

那块颜色作为比桌子更原始的东西来对待，这实际上与对传统形而上学的这种重构有关。换句话说，这与一个定义有关，根据这个定义，对象就是诸属性发生变化中的固定联系，而不是与生俱来的实体——或者是谓项的一个主项。

a) 如果说有什么东西是一种永恒的本质，那一定是颜色自身拥有这样一种东西了。罗素先生在阐述这个问题时，按照定义，必须将其囊括进来。很难想象还有比红色更简单、更无时间性、更绝对的东西。举个例子，人们可能会怀疑关于万有引力定律的标准陈述的永恒性质，因为这个性质过于复杂，乃至于可能要依赖迄今尚未发现的条件；可一旦发现这种条件，必然要修改标准陈述。如果把2加2等于4看作是一个孤立的陈述，那么可以认为，这个陈述依赖于一些隐含的条件，随着条件的改变也可以改变。但是，从概念上说，我们所面对的有颜色的表面这个问题，却是一种基本的和简单的感觉材料。除了颜色自身，它并没有什么含意，也不存在什么隐含的依赖关系。即便对这个颜色的感知只是瞬间的，由它的存在怎么又可能提出“其他时候”的问题呢？

b) 假设用一个被感知到的红色表面来代替一个被感知到的蓝色表面，必须承认，变化或者代替也会被感知到。仍然没有理由相信红色或者蓝色表面具有时间长度上的限制。导致得出这个结论的任何事物同样也会得出另一个结论：当我们想到一个原子时，2这个数字便终结了。所以，我们无法逃避这样一个结论，即“感觉对象”中的“感觉”这个形容词给弄复杂了。它被看作是用来限定(便于问题的陈述)对象性质的。除了涉及**精神**活动的这种瞬间性之外——它被明显排除掉了——无法将被限定的时间存在引入对象，这样就涉及同一个对象，它是在不同时间被感知的，而且具有不同的属性。如果同一个对象——无论怎么界定它——此时感知的是一种颜色，彼时感知的是另一种颜色，那么，事实上，无论是早一些时间还是晚一些时间的颜色材料便具有时间上的瞬间性。当然，同样不存在**推论**“其他时候”的问题。其他时候已经被用来描述、界定、限制这个 89
(短暂的)的时间。我坚信，只要进行客观的思考，就可以说服别人：除了指同一个存在——永存于各个时代，但**一些**方面会发生改变——之外，对于声音、颜色这种事物的存在，根本不可能作出时间上的限制。甚至柏拉图也从未怀疑过红色的永恒性质；他只是通过一个**事物**——一时为红色、一时为蓝色这个事实来证明**事物**的不稳定性和可感知性。或者换一种方式来说，我们只有知道决定红色之开始与终结的事物，才能知道红色是一种瞬间的和片刻的存在。

罗素先生运用常识性的推理，具体解释了他认为是一个陈述问题的正确方式，这可以叫做是绕着桌子走的方式。假如我们排除掉那些没有根据的思考(不要去假定那些令人生疑的事物)，感觉材料就变成下面这句话所陈述的东西："我们实际知道的东西，[1]是肌肉感觉和其他身体感觉同视觉变化的一种相互关系。"(第77页)"感觉"肯定指的是可感知的对象，而不是精神活动。这句话重复了已经讨论过的论点："肌肉"、"视觉"、"其他身体"都是不可或缺的条件，而且，这些条件假设了一个公开受到质疑的东西，即如此界定的外部世界。"实际知道的"包含了注意和相信，无论注意和相信涉及怎样复杂的含意——这些含意看起来并不简单而是无比的复杂；而且，借用罗素先生的话来说，涉及材料之外的至少有两个别的条件的关系。但是，此外又出现了新词"相互关系"。我只能得出这样的结论：这个条件涉及一种对外部世界的**明确的**承认。

90 首先请注意，这里所说的相互关系并不简单。它包括三个方面，是众多相互关系中的一个。"视觉的变化"(对象)一定在时间的系列中被关联起来；"肌肉感觉和其他身体感觉"(对象)也一定构成一个相互关联的系列。一组变化属于"视觉"系列，另一组变化属于"肌肉"系列。这两类变化彼此维持一种点对点的相互联系——即它们是联系在一起的。

我并非在旧话重提，并非要问"怎么能说这种复杂的相互关系是从'既定的'或者'已知的'的意义上去说的"。尽管值得注意的是，康德正是根据这种现象提出了认识的三个综合概念，即理解、再现和认识；唯理论者正是以这种相互关系的必然性为基础，去批判感觉论的经验主义。就我个人而言，我赞同时间和空间的性质如同那些特殊事例一样，都是经验中已知的；事实上，如我一直试图证明的，只有在一个关系的复合体中，才能把特殊性定性**为**特殊性。我的观点是：(1)任何这样的已知事物，正是"世界"所表达的含意；(2)罗素先生提出的这种非常具体的相互关系，根本不是心理学的或者历史的原初关系，而是一种通过对经验复合体的分析才能够得到的**逻辑的**原初关系。

(1) 这个陈述涉及关于两个时间"延展性"的假设，构成延展性的基本要素和顺序是确定的。它们彼此维持一种相互关系，即要素对要素的关系。再者，要

---

① "实际知道的"是模棱两可的词语，可以指**被理解的**，也可以指知道**在那里的**或者**给定的**。其中任何一个意思都含有别的指涉。

素都具有明确的定性，其中有些至少是空间的。我完全看不出来，这里将如何区别于常识的外部世界。这可能不是一个很大的外部世界，但即便承认有一个小小的外部世界，我还是看不出为什么有人要对其边缘的延伸抱过分谨慎的态度。我的回答是：从概念上说，这个确定有序的复杂对象是一个单一感知的对象，结果留下的问题仍然是关于是否可能从它推论出它之外的事物。[①] 可这个回答， 91
只不过又让我们回到前面的论点。只有在一种对象的系列中，我们才能**确定**一个特殊的或者单一的知觉活动的成分和结构。就是说，可以把颜色和形状的变化系列确定为这些有序系列(continuum)的具体成分，它们有一个确定的开头和结尾，但这只是就具有先在和后续事物的时间系列而言的。再者，这种确定涉及一种分析，可以在时间上把属性和形状从已知的但彼此无关的对象中解脱出来。一句话，罗素先生的对象已经延伸到自身外面，已经属于一个更大的世界。

(2) 可以把感觉对象描述为一种相互关系，即一个形状和颜色的有序系列与一个肌肉对象和其他身体对象的有序系列之间的相互关系。这是一个对象的定义，而不是一种心理材料。这里所陈述的，是关于一个对象的定义，是关于世界上任何对象的定义。除了“肌肉”、“身体”这些条件会产生歧义[②]之外，这个定义似乎是一个绝好的定义。但是，不论其好坏，这个定义说明了**已知的**材料只是作为已知系统中的一个对象，那就是具体的和有序的要素之间的确定联系。它作为一个定义是普遍性的。它并非是根据任何一个感知者的立场而得出的。该 92
定义说，**如果**在一个空间系列中，任何一个感知者处于一个具体的位置，**那么**，对象便可能被感知为如此这般。这就意味着，处于空间系列中的任何**其他**位置的感知者都可以根据相互关系的已知系统，同样推论出站在另一个位置所感知到

① 这个回答表明，某些唯心论者对整个宇宙全方位感知的那种假设，并不涉及任何外部世界。我说这话不是为了认同这一派思想家，而是为了提出经验材料的限制性特征是产生推论的原因。不过，认为限制性是心理学上已知的，那就大谬不然了。相反，限制性必须通过描述性的识别方式来确定，这就涉及一个更为广泛的世界。因此，无论这些材料的存在可能如何“不言自明”，就形成过程中的具体推论而言，说这些材料受到了正确的限制，这绝不是不言自明的。

② 出现歧义，是因为可以把“肌肉感觉和其他身体感觉”的意思理解为运动及身体材料之外的东西(无论怎样界定运动和身体)。肌肉的感觉可以是对肌肉运动的意识，但“属于肌肉的”这个短语也没有改变运动之为运动的性质；它只是说明需要**什么**运动。有关是否存在直接的“肌肉感觉”的争论旷日持久，这说明我们这里面对的是一个多么复杂的认知限定。要回答这个问题，必须借助解剖学的学问和长期的实验。假定这些材料属于心理学上的原始材料，就根本不可能出现这样的问题了。

的形状和颜色的系列。正如我们已经看到的，这是因为，该形状变化系列的相互关系呈现为一个空间系列。因此，一个视角投射可能与系列中另一个位置所得到的视角投射具有相互关系。

我并不是想要针对罗素先生对于他的问题的解决办法。但是，如果前面的分析是正确的话，人们可以预测他的解决办法将只是公开了他在陈述这个问题时所没有言明的假设；然而，由于受到条件的限制，他并没有看到假设已经言明。我想分析一下他的解决办法，就能证明下面的阐述。他的各种各样"独特的"、"个人的"观点和视角，不过是物质世界一般空间的位置和投射视角的代名词而已。同样，它们之间的相互关系只不过是公开承认了，从一开始它们全都被定位在一个共同的空间系列中。有一段话足以证明这一点。"如果两个人坐在一间屋子里，那么，他们感知到的是两个有些相似的世界；如果第三个人进来坐到他们中间，就有介于前两个世界之间的第三个世界开始被感知。"（第 87—88 页）请问，这个屋子是什么？是什么界定了这两个人的位置（立场和视角），以及"介于"他们之间的立场？如果屋子和他们所确定的所有位置和视角仅仅存在于罗素先生的个人世界之内，那么，那个个人世界一定很有趣、很复杂。但是，这只不过又把老问题重新提出来而已，并没有"解决"问题。个人世界**内部**的相似性与不同个人世界之间的相似性**之间**，还有一段很长的路。如果世界都是个人的，那么请问，该由谁来判断其相似性或者非相似性呢？这个问题使人得出这样的结论：罗
93 素先生的实际步骤名不副实，他果真把房间当作一个空间系列并由此入手。不同的位置和投射限定在空间系列之内，而且容易发生相互关联，因为投射是在一个且是同一个空间——屋子之内的各种位置的投射。一旦运用了这个假定，他便能够把不同的位置分配给不同的感知者，之后就在每个感知者所感知到的事物之间展开一种比较，然后对事物之间的相似程度作出裁决。

这个叙述对于"经验材料"的意义是什么呢？这个意义就是：确定感知对象的各种变化的相互关系，绝不是一种原始的经历或者心理的材料。它指的是一种对一般原始经验材料的分析结果，而这种分析唯有对世界具备极其复杂的认识才能进行。它记录的不是一种原始的心理材料，而是一种对大量经验对象进行分析的结果和限制。相对于用一堆形容词把对象定义为一个实体存在，那种把对象定义为由各种变化的分支关系而形成的一种相互关系，在我看来，正是体现了一个伟大的进步；不过，这也说明，正是由于对常识世界的科学认识所取得

的进步，才可能完善这个定义。这个定义不仅完全不依赖罗素先生得出结论的环境，而且(再一次和最终地)对备受质疑的世界有了一个广泛而准确的认识。

II

我现在转入文章的另一个部分。一种形式分析在特征上必须是辩证的。我
作为一个经验主义者也同样感到，即便是最正确的辩证讨论，在涉及事实问题方
面也总是引起人们的不满。读者将会感到，即便假定我的批评是公正的，前面的
分析并没有触及罗素先生论述中的一些重要事实。对此，我并不怀疑。我想，读
者尤其会感觉到，心理学对于他所阐述的问题提供了事实的支持，而这个事实并 94
不会因为任何逻辑上的描述而受到影响。出于这个原因，我附加了一个关于事
实的总结性陈述，因为一切质疑世界存在的论述都误解了这些事实。

我相信，心理学家不会走得如此之远，以至于把一种明确的要素之间的相互关系看作是具体的和有序的东西，就如同罗素先生所阐述的那样，是一种原始的心理材料。许多人无疑会认为，一些色斑、声音、运动感等在心理上要比一张桌子更加原始，更不用说空间中的一组物体或者时间里的一系列事件了。于是，他们会说，现在我们正面临一个现实问题，那就是怎样才能根据前者来推论出后者或者构建起后者？与此同时，我相信，他们不会否认他们对于感觉的存在及其性质，即感觉的终极性和不可简约性的认识；这个认识是长期的和细致的辛勤分析的产物，为生理学、解剖学和对照实验观察等科学都作出了贡献。要想调和这两种看似矛盾的立场，通常的方法是假设在婴儿期出现的可感知的原始经验材料已被各种联想和推论所遮掩，现在知识行业的任务就是恢复它们的单纯性。

我现在要竭力主张，事实上，重构婴儿期的经验本身就是一种推论，它来自
对一个客观世界的当下经验，因此不能用来理解对客观世界之存在的认识的问
题。不过，这种反驳有逻辑论证离题之嫌，这正是我急于要避免的。根据事实，
我要指出的是：那种假定婴儿就是从如此高区分度的特殊事例开始的，就像已经
列举的那些特殊事例一样。这种假设不仅非常可疑，而且受到一些著名心理学
家的挑战。譬如根据詹姆斯先生的观点，原初的材料很多而且也很混乱，具体的
感觉特性代表了区分的结果。在这种情况下，基本的感觉材料而不是原始的经
验材料，才是我们能够作出区分的最后条件和范围。心理学教导我们，认识的提 95
高是从一个混乱的外部经验世界过渡到一个有序的和具体的经验世界，任何时

候,大脑都不会面对需要推断出一个世界的问题。我就不涉及代表着这种原初经验心理学的论点了,只是要指出:将一种起着单一感觉器官作用的特性作为出发点,而不是将一个感觉器官的神经单元功能的特性作为出发点,这是很靠不住的事情(根据有关本能和神经系统的知识)。如果有人提出一种假说来补充说,即便是最早的意识经验,它本身也包含着联想和期望的成分,那么可以说,甚至婴儿的这种意识经验的对象与成人的世界也是同质的。人们可能不愿意承认这个假说。但是,谁也不能否认从一个事物到另一个事物的推论本身就是一种经验活动,而且,只要这种推论一旦出现,即使以最简单的预期和预测的形式出现,那么,一个与成人世界相像的世界便诞生了。

我认为,对于感觉的心理学分析与标志着现代科学开端的实验检验观察方法的同时诞生,并不是一种无关紧要的巧合。现代科学并不是以发现一种新的推论作为起点的,它的起点在于,承认如要进行有效的推论就必须有不同的材料。人们过去认为,从平常的——或者习惯的——感知对象入手,这首先就令人绝望地危及了推论和分类的作用。于是,人们要求采用实验办法来分析常识的对象,以便获取歧义较小却更加细致、更加广泛的材料。关于神经系统结构的认识与其他对象的认识的同步提高,使辨别形形色色的对象的特殊性成了可能;它揭示了这样一个事实,即个人的和社会的(通过对个人习惯的形成施加影响)习惯是决定公认的或者通行的对象世界的主要因素。换言之,它揭示了这样一个
96 事实,即在决定人们通行的世界观中,机缘、习惯和其他非理性因素所产生的影响比理智探究的影响更大。因此,心理学分析所提供的并不是原始的历史材料,并以某种方式从这些材料中抽象出一个世界来;而是把过去人们思考并相信的这个世界解析为材料,使得我们对于这个世界的推论和信念更加有效。对通常决定了信念和推论的影响因素进行分析,这才是提高我们对于世界认识的强大推动力量。

我们将会看到,关于事实问题的这个阐述证明了辩证分析的结论。这引出了这样一个事实,即在一个复杂的世界里,最初的和基本的感觉材料被等同地描述为限制性的要素。现在需要补充的是,对于要素的这种确认,标志着对探究手段的资源的重要补充,而这种探究是为了提高对于世界的认识。当这些感觉材料从其逻辑的身份和功能中分离出来,它们就不可避免地被当作是自给自足的,结果是我们面对一些自相矛盾而无法解决的问题,即从它们中推论出常识和科

学世界的问题。就其本质来看，这些感觉材料是我们在世界中发现的，因此有助
于引导我们对世界进行推论，有助于我们对推论进行核实。它们绝不是自我封
闭的特殊事例；它们永远——作为尚未加工过的已知事实——与经验中的其他
事物联系在一起。但是，分析可以使之成形，可以使之变成更加重要关系中的关
键因素。简言之，如果把感知的特殊事例作为完整和独立的事物来看，是没有意
义的；但是，如果作为区分性对象来看则是无价之宝，它可以提高、重组、检验我
们关于世界的认识。在形式谬误背后有实质谬误，这一点，本文的第一部分已经
注意到。之所以出现实质缪误，是因为没有认识到可疑的并不是世界的存在，而
是关于世界事物某些习惯性和推论性的信念的正确性。令人怀疑的或者说需要
推论的，并不是常识的**世界**而是**常识本身**，因为常识是一种关于世界**中**的具体事
物和关系的信念复合体。所以，我们在实际的探究过程中，从未怀疑过世界的存
在，因为怀疑世界的存在就会产生自相矛盾。我们会怀疑某些公认的关于那个 *97*
推论世界中的一些具体事物的"知识"，于是竭尽所能地对其加以纠正。心理科
学的贡献是确定了准确无误的感觉材料，清除了情感和习惯对于检验常识推论
那些不相干的影响，这对于完善、改正手段是一个重大的帮助。

在美国大学教授联合会上的开场讲演[①]

98 在宣布开会之际，对于组织委员会所提供的服务，我想首先说几句——我相信，如果我特别提一下组委会秘书长洛夫乔伊[②]教授的贡献，组委会的成员不会有人表示反感，因为他生性热情，比任何人都能吃苦耐劳。组委会的成员都是大忙人，但却甘心情愿地承担了这里的工作。在过去的一年里，他们为联合会辛勤工作，而且完全没有去推行一个与己有利的特殊计划，或者从自己特定的嗜好出发。所以，让大家了解这一点，对他们才是公平的。在今天来开会的路上，也许有人担心我们会向大家突然抛出什么，或者好比俗话说的，担心组委会留了一手，那么，请他打消此念。组委会所做的一切，只不过是为了促成一个代表性的机构，绝不涉及任何宗派或者地区的因素；我们是为了结成团体，以利于推动学术的讨论和提高效率。

毫无疑问，我们犯过一些错误。应该说，在筹备一个大事的过程中出现错误在所难免。特别还要考虑到我们没有可以遵循的权威的先例，缺少职员，缺少机构，而这些都是组建联合会时所需要完善的。组委会处境尴尬，进退维谷，一方面未履实事，另一方面又杂务缠身，乃至于抢先去做只能由整个联合会承担的事情。组委会认为，它的主要工作应该是收集代表性的意见，凝聚成一个群体；而且要确保是一个广泛的群体，足以代表各种不同的组织、不同的研究领域和不同

---

① 1915年1月1日在美国大学教授联合会(the American Association of University Professors)组织会议上的发言，首次发表于《科学》(*Science*)，新丛刊，第41期(1915年)，第147—151页。

② 阿瑟·昂肯·洛夫乔伊(Arthur Oncken Lovejoy，1873—1962)，有影响的美国哲学家和知识史家，帮助杜威建立了美国大学教授联合会。——译者

的地区。组委会要求每个组委会成员提交两份名单，一份是他所在学校的正教 99
授的名单，另一份是各自专业的(同一级)正教授名单，所在学校不限。然后，把这两份名单合而为一。为简化此项工作，邀请函没有寄给那些代表不足5人的学校。

诸位将很容易地看出，组委会的30多人所采用的遴选条件无法做到统一的标准。因此，可能会出现这样的情况，即应该邀请的教师没有邀请，不同机构及不同学科的代表分布不均。但是，我敢肯定，在联合会自身的活动过程中，可以随时纠正不均等的情况。还应该报告的是：由于缺乏时间，由于组委会成员的地区分布太广，提交的联合会章程草案尚未得到全体组委会成员的批准。这不是一个什么遗憾的事情，因为这为每个委员留下了完全的行动自由。我们强调，准备会议的主要目的不是要提供一个理想的或者最终的草案，而是要提供一个明确的讨论基础，以体现参会者的意愿。同时应该指出，针对我们下发的通知，成员们都踊跃复函，提出了大量的意见；但对于下属委员会成员提出的个人想法，草案并没有充分地表达出来。

我本人想说的大致就这么多。但是，组委会让我再对召集本次会议的理由说上几句。我们为什么要提议成立这个联合会呢？凡是要求增加现有联合会和会议数量的提议，都要有一种严肃的责任性。提议者必须给出自己的理由。

我们正处在一个高等教育迅猛增长的时代，公立教育的主管人谁也控制不了这种增长；没有共同的教育立法机构来讨论并确定恰当的增长方向，没有一个法庭可以处理未决的问题。我们甚至没有长期形成的传统来对这种大规模的发
展加以引导。只要出现步调一致的现象，那一定是因为有相同需求所带来的压 100
力，是因为有高校之间的模仿及竞争所带来的影响，是因为有经验与思想的非正式的交流。我们的教育通过这些方法，取得了伟大的成就。几乎就在一代人的时间里，高等教育经历了一次相当于革命的改变。我不揣冒昧地说，尽管有一些不足，我们也经常对此指责，但没有一个国家在同样的时间之内完成了如此多的事情。

难道我们不是已经走进了一个集思广益、再创辉煌的时代吗？未来与过去一样，进步将依赖于地方的努力，地方的这种努力是为了回应各自的需求并符合其资源情况。因为我们国家缺乏欧洲式的中央集权控制的体制，所以既有优点，也有缺点。关于一个全国性教师社团为何存在的补充理由，我就说这么多。这

个团体不具有官方的和行政的权力，它将表达教师们的职业意见，并且鼓励大家提出意见。我是民意力量坚定的信奉者。在这个国家，谁也不能对抗这种力量。但是要行动，首先就需要使这种力量存在。要明智地行动，就必须明智地形成这种力量。如要明智地形成这种力量，就必须经过深思熟虑的探究和条分缕析的讨论。这种力量不能通过零星的方式形成；不能由少数人的声音形成，不论这个声音如何明智。它必须通过民主的方式来形成，也就是通过合作来形成。我们必须倾听所有同行的声音，无论其地位多么地不显要，都必须倾听；我们必须通过调查和会议来收集各种现存的经验，必须经过相互协商才能作出决定。

针对美国大学历史中的某些事实，我们更需要一个自愿性的组织机构。前面提到的迅猛增长，是在应对完全不同的情况而形成的机构下出现的。我们目前从事的教育工作的检验方法是几十年前提出来的，那时还未能想到会出现目前大学的类型。我们确定了基本教育政策，确定了教师聘任、晋升、解聘等的方式，但现在所采用的这些法定方式继承了过去的办法，而这些办法是根据过去的条件制定的。我们说这些方式不适应现在的情况，不是出于什么险恶的意图，而是因为它们是殖民时期及褊狭习惯的遗产。出现了如此之多的焦躁和摩擦，这
101 倒没有什么奇怪的，奇怪的是并没有引起什么混乱。这一方面是因为管理者具有的理智和善意，另一方面更是因为被管理者的理智和善意，所以一个本身毫无章法的体制在目前的条件下居然还发挥着作用。

因此，我们更加需要通过讨论来发现和交流，并在讨论中体现广大学者的教育经验及其愿望。我承认，我不能理解这样一种情绪，即预感将会出现这样的危险，这个组织建立起来以后会形成一种行政管理机构，这种机构将实施工联主义并进行干涉。说到管理机构，我知道，没有几个教师希望承担额外的行政工作，大多数人都会高兴地解除那些似乎并不重要和耗费时间的工作。由于大家信任我们，我们不会去造成这样一种局面，使得大学教师无法根据事实来形成并表达一种民意。我无法想象，一个真正代表教师的群体通过探究和讨论获得的结果会遭到当局的拒绝。如果这样的话，就是对我们自己和当局抹黑。有损尊严而且不能让人容忍的是：无论作为个人还是集体，教师们竟然会对学校董事会肆意地吹毛求疵，因为他们认为不值得在他们中间形成一种开明的教育方针，也不值得去寻找发表自己意见的途径。如果我们不喜欢目前的情况，那就只能怪我们自己。

容我补充一点。我想，只有建立一个真正具有代表性的教授联合会，才能将关于教育缺陷和教育可能性的讨论从意气用事的层面提高到理智的层面。除此之外，别无他法。让教育原则发挥作用的最佳方式——在科学讨论的氛围之中——就是使之摆脱地方的环境，因为教育原则很容易被一种特定的制度所束缚。因此，把教育原则从地方的束缚中解放出来，这就已经在推广教育原则方面迈出了一步。只有把我们的困惑从地方环境中解放出来，才能更真切地看清问
题。强烈情感、个体偏见、朋党因素、胆小怕事或者好战行为都会被根除，公正和 102
客观的思考会走到前面。全国各地的同行共聚一堂，彼此切磋。这种公认的自由论坛之存在本身将有利于理智和稳定，同样也给人带来勇气。

害怕形成一种“工联主义”倾向，是没有道理的。我非常尊重工会及其所取得的成就。会议提交讨论的许多问题中就包括了经济方面的问题，这正是工会所要考虑的。既然经济条件严重地影响我们教育工作的效率和规模，这样的题目肯定是适宜研究和报告的。不过，人们一直用工联主义这个名字来表示一种恐惧，即害怕我们可能会因为自私的和金钱的考量而牺牲正常的教育活动。我从未听说，有人担心美国律师协会或者美国医学协会有这样的危险。请问，大学教师的目标降低了吗？抑或教师地位的保障大幅度降低以至于任何有组织的协会都必须带有这种色彩吗？我们是受狭隘的或者利欲熏心的精神驱使的吗？在我们联合会的历史上，存在任何物质至上主义的倾向吗？或者说，除了理想主义之外，我们确实同意那些说我们有狭隘行业利益的宣传吗？女士们，先生们，我对这样的含沙射影表示愤慨。我决不相信，我们会掉价到如此的地步，以至于任何一个大脑正常的人会把这个旨在认真调查和讨论共同的教育利益的协会，理解成一个叛逆的和唯利是图的组织。倘使我们果真如此堕落，那么，开出的药方就不是建立这个组织了，而是要采取激进得多的措施了。

谈谈联合会与学术自由的关系这个主题或许是需要的，特别是有公开出版物错误地声称这个问题是成立本联合会的主要原因时，谈谈这个问题更为必要。我不知道是否有大学教师不相信侵权的案子会上升。这种侵犯一旦出现，就是对我们教师职业正直性的攻击。我想，这一点绝对没有人否认。但是，这种案子
太少，因此并不需要建立这种联合会，或者甚至提都不用提。随着侵权案的披 103
露，现有的学术学会已经开始乐于处理这样的案子了。在我看来，到底应该由专业协会还是由像我们这样包容性更大的联合会来处理这种案子，这是一个细节

的问题，而不是一个原则的问题。无论如何，我坚信，这个话题只不过是联合会在制定职业标准的过程中遇到的一个插曲。关于自由所强加的义务，职业标准将作出细致的规定，细致的程度就像自由本身需要小心守护一样。公认的执行标准一出台，几乎就会自动保护个人的学术自由，同时又确保从制度上防止滥用自由。

在结束之际，请允许我说，在我看来，提议成立这样的联合会不过是提议将我们共同职业中的标准和理想运用到训练中，运用到每个人各自的专业领域中。我们每个人都承认，单靠个人的微薄之力在各自的专业里是难有作为的，个人的努力多么需要依仗合作，多么需要仰赖他山之石。我们需要培养一种社会意识，以捍卫我们共同而广泛的教育利益；让我们意识到，无论机构还是个人，都需要相互依赖。我们每个人都承认，凡涉及自己的学术研究，在得出结论之前，必须认真地研究事实。我们在努力解决教育问题的时候，难道不也需要同一种科学的精神吗？对于我们共同的职业、共同的目标、共同的命运，必须具有更加强烈的意识；对于把科学的方法、探究和宣传的方法应用到教学工作，我们必须怀着更加坚定的渴望。唯有依靠有组织的努力，才能达到这些目标。当然，我们的判断力、勇气和自我牺牲精神要配得上我们对自身使命的尊重，这个使命只能是发现真理、传播真理。对于马上能够完成的工作，谁也不会不切实际，异想天开。因此，关于遥远一些的问题，让我们用耐力和坚韧来武装自己。我们谁也没有低估道路上的实际困难。不过，用职业素养所要求的良好愿望和共同信心来武装自己，我们将克服困难，勇往直前。

美国大学教授联合会主席的年度讲演[①]

关于我们这样一个组织的目标和工作，如果只是泛泛而谈，那么该说的，去 104
年我都说了。在处理我们所面临问题的某些具体细节时，我陷入了一种危险：要么把联合会今后要讨论的事情抢过来说，要么把联合会委员会的一些报告拿过来抢先公布。但是，我渴望尽自己所能开一个先例，用主席年度讲演的方式来发言。这样一来，我将冒险：至少要向大家奉献几个与这一年以来的经历有关的意见；不过，这些意见是我记录总结出来的。

一年以前，针对别人对我们这个组织的看法，出现了种种担忧。现在，我认为，可以肯定地说，联合会第一年的经历说明，这些担忧是毫无根据的。我们曾预料联合会运行时将会遇到困难，而且肯定还是很实际的困难。这个经历还说明，这些预测有许多是有根有据的。我就以我们开会的场地问题为例。当然，这个地方本身是一个绝对令人满意的地方。但现在我们在华盛顿开会，同时，我们也不可能忽略下列问题：首先，大学教师最大的聚会本周在哥伦布[②]举行；其次，我们也曾计划去那里开会；第三，对我们连续两年在大西洋海岸开会，西部来的会员有理由抱怨。理事会把开会地点从哥伦布移到华盛顿是有充足理由的。终
身教授制和学术自由委员会的报告是今年计划的主要内容，这个委员会与三个 105
社会科学学会组成了一个联合委员会，而这三个学会今年在华盛顿开会，因此，

---

① 该讲演于1915年12月31日在美国大学教授联合会所做，首次发表于《美国大学教授联合会会刊》(*Bulletin of the American Association of University Professors*)，第1期(1915年)，第9—13页。

② 哥伦布(Columbus)，美国俄亥俄州的首府。——译者

我们把开会地点移到了华盛顿。除了这个考虑，这也是两害取其轻的结果，但却可以充分说明选择恰当会址的理由，只是不能令人满意罢了。企图把会议周的全部会议都集中到一个城市，这是不现实的。但是，我们是否可以通过共同的努力——比如这些学会一年至少应该在同一个地区开三次会——来安排地点，这样，等这些学会的会议休会以后，我们联合会可以在距离这些会议合理的地方找一个开会的地点。对此，是可以提出疑问的。现在，这个问题变得更复杂了。因为美国科学发展协会明年大概要在东部开会，结果我们就进退两难了，要么再次与自然科学界的人分开，要么继续让西部的会员找到抱怨的理由。这个问题与找到一个年会开会地点的问题密切相关，因此特别提请大家注意，并且不想为此向大家道歉。每年理事会不妨投入大量的时间和精力来解决这个问题，解决的办法是制定一个关于今后会议的规章，让我们的专业学术委员会来共同执行。

接下来，自然该轮到会员资格和地方分会或者地方协会的会员资格问题。[①]本组织（与别的组织一样，从全国吸收会员）处于两种危险之间：一种危险以人人负责即无人负责这个说法为代表；另一种危险从效率的角度出发，说行政管理太集中，因此无法保证各地必要的代表性，甚而引起人们的怀疑，而这种怀疑将会削弱信心，破坏忠诚感。关于地方分会的问题，我不发表意见，因为这个问题无
106 疑将会在本次会议上讨论。不过，必须设计一些办法来刺激并确保地方的合作和信任，我们的这个提法还是适宜的。有人认为，联合会的事务应该由一个小集体来控制。要防止这种想法抬头。要确保永久而忠诚的会员资格，要确保即时而广泛地获取有关问题的信息，要在联合会的各种委员会分配与工作相关的任务和权利，我们就需要地方的参与和支持。与此同时，联合会必须保持全国性联合会的性质，必须关心共同的根本的利益，不能以任何方式陷入地方政治或者地方争议。本联合会的集体智慧将足以保证联合会围绕既定的目标有效地运行，对此，我毫不怀疑。这个目标就是全面关注全国各地个人的和地方的意见，既制定一套连续的政策，又不至于变成一种行政管理的机器。

结束之际，我想谈谈与终身教授制有关的学术自由问题。这个问题在今年的计划中占据重要的地位。关于这个问题，我听到了一些批评的传言。成立本会的宗旨，是要重视普遍性和建设性的问题。但是，有人向我表示，他们害怕由

---

① 由于联合会授权聘任委员会处理会员资格这个问题，故省略关于该话题的论述。

于重视个体的要求而会削弱对那些普遍性和建设性问题的重视。对于此类担
心,容我再作保证:联合会的任何干事(更不用说完全忙于调查工作相关任务的
那些人了)都不会认为过去一年的工作是联合会典型的工作,甚至不算是完全正
常的工作。实际上,年度工作计划中明确考虑了 15 人委员会的总报告。去年,特
殊案例的调查工作迫在眉睫。如果我们满足不了要求,只能说明我们胆小,这会
摧毁大家对联合会的一切信心,因为大家原本认为联合会绝不是夸夸其谈的机
构。这里涉及的主要问题,并不在于理事会是否应该授权调查这调查那,而在于
联合会是否应该有腿有臂,有一个起作用的躯体。简言之,虽然受到条件限制,但 107
我个人觉得,我们在今年的特殊案例调查方面所做的工作是业已承担的最有建设
性的工作。尽管类似发生在犹他、蒙大拿、科罗拉多、宾夕法尼亚等州的一连串事
件令我们始料不及(希望永远不再重演),但是,关于“建设性”工作方面,任何早已
准备好的、预定的计划是否能够有效地同时应对众多问题,是否能够有效地把联
合会从纸上谈兵变为一个有思想、有行动的有效统一体,这是值得怀疑的。顺便
说一下,我们得到的详细信息,对于一般事务委员会形成其关于原则的报告和政
策的计划,是一个巨大的帮助;同时,关于聘任和解聘规则的修改,也证明我们的
工作是建设性的。修改工作是在对解聘教师的三个机构调查之后进行的。我并
不是说,建立联合会的唯一或主要目的以及主要工作,就是促成这种修改;但我要
说,根据我的判断,除了其他的考虑之外,这项工作肯定有助于证明本会第一年的
工作是合格的。我们应该向秘书长和 15 人委员会主席对这些问题所倾注的时间
和心血表示感谢。这两位先生以及与他们一起工作的人们,不仅会因本会今后不
断繁荣昌盛而得到回报;而且,当全国各地学者的职业保障和职业尊严得到提高
时,他们尤其会从中得到回报。

尽管学术自由和终身教授制的问题占据了今年会议议题的中心,而且令人始
料未及,但对这个问题的思考,并没有妨碍我们成立其他专题的调查委员会。实
际上,我们希望,今年业已完成的工作为其他工作扫清了障碍。三个调研正在进
行,调研涉及下列题目:“聘任及晋升的方法”、“职业招聘及现行研究生助学金和
奖学金制度的效果”、“高等教育中的‘标准化’范围,特别涉及非学术的校务委员
会的标准化活动”。毫无疑问,这些委员会的报告将为明年的大会讨论提供内容。 108

一年前我们相聚时,既满怀希望,又抱着担忧。今天我们相聚时,带来了业
已完成的工作记录和未来工作的明确计划——有了希望,少了忧虑。

学院在大学管理中的作用[①]

109 本文的目的是要提出一些理由来说明，在大学政策的控制之下，大学中的教学团体可以发挥更大的作用；然后提出一种可以最容易达成这个目标的方法。我敢断言，目前绝大多数的教师都非常不满，因为大学在处理许多重要问题的时候并没有他们的积极参与，而这些问题首先与教育直接关联，其次与教育行政有关。即使在充分考虑了人性的弱点之后，这种感觉的实质也完全是合情合理的。大学基本的控制权居然掌握在与高校教育管理没有直接联系的学校董事会或者校务委员会的手中，这是一种招人批评的反常现象。

为了便于讨论，可从四个方面来考察大学的管理。第一个方面涉及启动新的发展项目，在大学建立新的院系，提出新的工作计划，这些所需的经费数额都十分巨大。按照我的认识，这方面的管理几乎清一色都留给了校董会，只不过是校董会与行政人员协商，而教师则要等到付诸行动之后才会正式知道。第二个方面涉及修改现行规定的问题，比如入学和毕业的条件等。这个时候，学院(faculty)[②]一般有主动权，不过，校董会否定学院的决定，或对学院提出的条件进行重大改变，这也是家常便饭。第三个方面与聘任和解聘有关。关于这个问题，如果没有章程规定的话，习惯上聘任的第一步由学院来做，但在规定上不是由作
110 为一个机构的学院来做，而是由系主任或者整个院系与校长商议后决定。解聘

① 本文系约翰·杜威代表哥伦比亚大学撰写，由卡修斯·J·凯泽于1915年8月27日向美国大学联合会宣读。首次发表于《第十七届年会的公报和发言议事录》(*Journal of Procedings and Addresses of the Seventeenth Annual Conference*)，1915年，第27—32页。

② faculty，这里译为“学院”，指的是美国大学中的教师团体或全体教师，而非行政机构。——译者

的主动权常常还是在校董会。学生违纪的事情,实际上一般完全由学院来处理。如果校董会要干预,大家都会视之为一种干涉,有时还视之为干涉的丑闻。因此,后面的讨论省略了这个问题,尽管根据报告,在原本名声很好的一所新英格兰学院,管理委员会最近规定,如没有该委员会的特别决定,不能开除学生。

显然——至少在笔者看来——校董会与学院之间最理想的分工是:前者负责资金,后者捍卫一切教育权益,财政问题与教育问题相互联系。学院审议的事项可能涉及资金的支出,但管理委员会手头却没有钱,所以学院希望更好地分配已有的资金,这是情有可原的。我想,就是因为这个原因,制定新政策的主动权一般才由校董会来垄断。然而,垄断却是一个严重的问题。刚拿到新的基金,工作的思路又变了,这会侵蚀——如果不是以直接的方式——业已承担的工作,因为这种侵蚀妨碍了本来可能出现的发展。结果,学院当然会直接关注这个问题了。第二,一旦学院在这种问题上没有发言权,而学校有这么一笔资金可以促进新的发展,可学校又不通知学院,也不让学院提出计划和措施,那么,大学便无法激发学院的一个主要动机,那就是用智慧去关心学校的整个事务。有一些最重要的工作,本来是可以让学院介入的,却没有让学院介入。结果,院务会议的主要内容可能就变成了用马马虎虎的方式,去讨论日常工作和无关痛痒的问题。这样一来,学校既不能激发教师的兴趣,让教师认真地思考教育的根本问题,又不能让教师对整个学校保持忠诚。我确信,学院对所在高校的管理之所以抱着批评的态度,主要是因为在重大问题上,学 111
校不征求学院的意见,故而感到自己是"局外人"。学校的政策与学院无关,学院不负责制定计划,却非执行不可,即便我们假定学院的批评多少有些缺乏根据,事态也是很糟糕,应该予以纠正。如果学院了解这个状况,了解为什么要采取这样或那样的措施,了解其他计划所面临的困难(就像学校在采取措施之前,征求学院意见而让学院所了解的那样),那么也就找不到任何怀疑和潜在的反对理由。如果能够在管理中发挥学院的作用,自然就会有其忠诚的合作。

我知道,有时人们会说,大学教师太不现实、太个人主义,因此不能相信他们会在这种问题上合作。有时甚至还说,大学教师生来就喜欢吹毛求疵且思维怪异。毫无疑问,高度专业化的工作使教师们养成了一种个人主义的精神。我的一位同事有一次跟我说:大学教师是世界上最易驱使而又最难引导的人。这种专业化无疑容易培养对系里事务的兴趣,同时却牺牲了对一般教育的兴趣——比如关注大学的总体政策。但是,这些事实似乎为我们遵循一个行动方针提供了很好的理由，因为这个方针将抑制而不是助长这些趋势。大学管理的现行方式导致了脱离现实的情况，也招来了反对之声，但如果我们不问一问这些该受指责的情况发展到了何种程度，只是听之任之，那就是对教师们的轻蔑。接受过高等知识训练同时在专业上常常很有名气的成年人，可不喜欢被当作孩子来对待。归结起来，这是一个体制产生的结果：把最终的控制权交给了一个由商人、律师、神职人员和政客组成的团体，而这个团体与教育根本没有直接接触。在一些高校，在根本的问题上，教师不能左右学校的行为，因此把这些地方的状况当作衡量相反的情况——即假定给予教师足够的发言权时可能发生的状况——的尺度，这是完全不公平的。

112 让学院在建立新系和发展问题上发挥更大的作用，我提出的这些理由可以运用到我的第二个观点——即修改现行政策。一个学院花了数月的时间去调查讨论一些教育问题，但教师们据此作出的决定却遭到一帮恰好具有法定权力的外行人否定，这是很荒唐的事情。我用不着仔细讨论。按照高等教育管理的一个原则，这似乎属于《爱丽丝漫游奇境记》(*Allice in Wonderland*)的情节。因此，学院自然而然地把这个当成是不信任自己能力的标志，把它归咎于无知或者一种随意的反对。这种反对基于这样的事实，当一些具有影响力的董事来学校时，恰好遇到学校还没有制定这些措施。学院有时把这个归咎于某个行政人员恶毒的影响，后者因为在院务会议上不能随心所欲，随时准备在校董会秘密的会议上捍卫自己的主张，这也就没有什么让人感到吃惊的。毫无疑问，在这些情形中，学院有时候是错的，管理委员会是对的。但是，反过来的情况也有。让直接从事教育工作的人们承担起全部的责任，这将会增加他们行动的智慧，使他们越来越关心如何改正这种无疑时常会犯下的错误。下面提议成立一个大会常务委员会，是为了保证校董会的观点必须接受听证。

关于聘任，除了遇到建新系或者任命系主任的情况之外，校董会应该主要让学院来做主，这是大势所趋。我想，这里的困难主要是某个人提出的种种建议，有可能兴趣在于扩大一个单一的系，或者并不想与更加年富力强的人竞争。至于解决的办法，我下面有话要说。这里，我只是指出，由于目前通常是直接向校长推荐人选，校长对呈上来的相互竞争的人选充当了最后仲裁人，从而处在一个很为难的位置上。结果，失望和抱怨都冲着他来，尽管在当时的条件下，他大概是尽了全
113 力的。希望我没有夸大我的印象，但我不得不说，根据我在大学从教 30 多年的经

验，关于冲着高校负责人去的批评意见，主要的原因实际上在于由校董会治理大学这个制度本身，这使得教师团队从根本上把校长看作是那个外部团体的一员，只是偶尔把他当作教师团队的一员。遇到解聘的时候，这个趋势更加明显。了解内幕的人对这样一些事例都有所耳闻，比如，解聘是由于系里某个头的行为，或者由一个系所煽起的；但在公众眼里，责任却由校长一个人来担。在其他情况下，解聘是由管理委员会决定的，但校长却受到责备。只是在去年，我才看到这种事例中出现了一个明显的趋势，那就是让校董会来承担责任，而不是责怪在公众眼中很突出的校长。我确信，为了使校长的职责与教师团队和公众的关系变得比较正常，必须组织教师团队更多地参与处理解聘和聘任的事务。

在我看来，改革似乎势在必行，现在简略地谈一谈这个问题。首先，正如业已暗示的那样，改革要让教师团队在制定那些着眼未来并决定高校未来的新政策时积极而负责地发挥作用——在最终决定高校一般教育法规的时候发挥作用。在许多大学，这是一个遥远的理想。然而，总有一步是可以迈出去的，做起来也容易。学院可以选举一个政策和立法委员会——名字并不重要，由它来与校董会之下类似的常设委员会进行协商。在规模庞大的高校，可以按领域来区分，形成一个以上这样的协商委员会。这是一个极其简单的机制。从组织的正式或者非正式的程度上说，在一批高校中已经发现有这种委员会了。面对当前的情况，这是减少其中反常现象的一种方式，我宁愿要它，也不愿意要人们强烈要求的那些更为繁琐的计划。关键是学院的协商委员会应该由选举来产生。联合委员会应该有一个行政官员，而且不能只靠一个人单打独斗；校管理委员会正 114
在酝酿的一切新举措都应该通知这个委员会，并让其成员讨论之后才能采用；未经联合委员会的全面讨论，不得否决或者修改全体教员提出的规章。关于一切重大问题，委员会都应该向选举它的学院报告，并听取学院的指示。当然，学院有权通过联合委员会把问题提交校董会，这些问题可能不涉及规章制度，但涉及学校的总体状况。我相信，经过数年的试行之后，这种计划最终将根除这些弊端；目前之所以还有批评和抱怨，就是因为存在着这些弊端。正式的定期沟通——而不是个人之间的沟通——会形成相互谅解和彼此尊重。有了这种与校董会进行沟通的合法途径，学院将会重视自己在大学管理中的作用。这个举措并无什么革命的意味可言，但却可以保障学院的管理进一步发展。经验表明，这些具体的措施是可行的。

至于聘任和解聘的问题，我认为有些附加的机构是可行的。有人强烈反对在公开的院务会议上讨论这种个人问题。我从未经历过这样的事情，所以不知道该不该认真对待这些反对意见。不过，如果这些反对意见很重要，在这个计划和目前通行的计划之间还有一个选择。可以选举产生一个能够代表全体教师的常设委员会，它要代表大学里紧密关系不同的各个部分；许多高校目前有这种叫做“教学”或者“教育”或者类似名称的委员会。各系可以通过这个委员会提出聘任、晋升、加薪的推荐名单。它的工作包括搜集信息和评估推荐人。评估的标准不仅要考虑个人的情况，而且要考虑学校总体的平衡发展。这样一来，聘任和晋
115 升将变成大学的一般政策，而不像现在这样只是各系之间的相互竞争。如果通过这种途径来提出推荐人选，校长和校董会就将免受怀疑和批评。在我供职的高校，教学委员会处理一切事务，包括过去两年提交给它的预算调整，因此非正式地履行了刚才描述的这些职能。当然，要对所有的结果作出鉴定还为时尚早，但可以说，如果没有这个委员会，就会形成嫉妒和对抗，而这正是人们所反对的。

这样一个委员会还应该有权调查所有的解聘提议，而且在拟被解聘者提出解聘不公时为其召集听证会。这样的程序，实际上将确保由同行来进行审理；还将确保终身教授制的正当性，同时又为解聘不称职或者无能的教师提供了一种方法。据说，现在的方法对教师有利，因为在遇到不称职的情况时并不公开处理，以免危及教师今后的职业生涯。这种人不可能嚷着要召开听证会，因为听证会一开，就会造成不必要的公开。另一方面，采用这个方法以后，被解聘者自然不可能再大喊解聘有失公允，或者叫嚷解聘是打击报复或者侵犯学术自由。这是因为，我们可以合理假设：如果教师当事人获得了评判听证的机会，而且解聘又是由教师的同事组成的一个代表机构批准的，公众就会接受这个结果。如果学院的这个委员会与校董会在解聘问题上出现意见分歧，当然还应提供一个机会，举行正式大会。

人们可能会觉得，按照刚才勾勒的方式去扩大学院的权利和义务，会让学院背上负担，然后侵蚀教学和科研。因此，我将提一个建议，这个建议就算不是直接地也是间接地涉及我谈的问题。我以为，学院不妨学习一下由市委员会掌管①的那些城市的经验。一旦扩大了学院订立规章制度的特权，不妨选举产生

① 市委员会掌管(Commission government)，把立法和行政的职务合而为一的一种市政府组织形式，由一个选举产生的委员会分工掌管市政工作。——译者

一个(可罢免的)行政委员会,并赋予它自由处理具体行政事务的权力。现在的 116
院务会议经常忙着——风气如此——研究各种关于A学生和B学生那些无关痛痒的具体问题。他们还喜欢——至少从我的经历可以确信——制定一些过分严格的规则,结果把办事程序变得更加繁琐,经常有人要求这次开恩下不为例。一切与学生上进有关的事务,学院最好只限于就大的原则制定一些规章制度,然后由行政委员会来制定实施细则。这种程序将确保学院有足够的时间来考虑大事。

总而言之,可以说,我是在不揣冒昧地大胆假设,因为我目前恰好是新近成立的大学教授联合会的主席,所以联合会邀请我而不是其他人来准备这篇文章。无论如何,我感到自己获准授权——尽管这不是什么官方的授权——来表达这么一个意思:我相信,这个联合会确实代表了教师的权益,也确实代表了高等学校行政管理的权益,希望大家与本联合会建立一种亲切友好、相互同情、相互合作的关系。我相信,作为经验丰富的群体所组成的这个联合会提出的任何建议和举荐,都将得到新联合会认真的考虑和尊重。据此,我冒昧地请求大家,在许多共同关心的问题上给予这种合作。

职业教育——一种错误的类型[①]

117 我们的放权体制既有缺点也有优点，这一点在许多领域是如此，在教育领域也是如此。实验的精神得以激发，健康的进取心得以唤起。许多州并未等靠联邦政府的援助，自己就启动了职业教育的工作。因为每个这样的行动都提供了一个先例，从而可能影响随后的立法；这个立法条文的重要性超越了地方，因此应当仔细审查。1913 年，印第安纳州通过了一个促进职业教育的法律，这个法律相当全面，既适用于狭义的职业教育[②]，也适用于农业及家政培训。这个法律主要条规的内容考虑周全，基本上适宜其他正在酝酿类似计划的州去仿效。职业教育的权益委托给了同时负责其他学校权益的州教育委员会，并允许必要时增加机构。财政措施很合理，规定由各地提供校舍、设备等，所需费用则从地方税收支出，三分之二的教学特别费用则由州政府提供。

不幸的是，这些特殊的教育条款与用作典范的法律不完全一致。非常积极地推进我国职业教育的机构表示担忧，生怕为此目的而设立的经费和机构会被用来为常规教育服务。这种担忧不无道理，而且这种担忧似乎强化了印第安纳州的这个法律的措施。其结果是给职业教育筑起了一道屏障，从而尽可能明确地把职业教育与其他的学校活动和权益区分开来。一切都是出于必须维护和强调职业教育的特定目的。无论这个目的怎样值得称赞，当它使人们无法信任现
118 有的学校当局、教师和学校设施，当它把地方的具体情况从应对措施所产生的影

① 首次发表于《新共和》(*New Republic*)，第 2 卷(1915 年)，第 71—73 页。

② 也即劳动教育。——译者

响割裂开来，它对职业教育的实际目标必然构成危害。根据担忧形成一个法律，而不是根据实际的情况来制定法律，这相当于根据理论来行动而不是从实际出发。

几乎无法解释印第安纳的分类原则所包含的这些特征，除非我们推测是那些理论家出于担忧而强加的特征。经州教育委员会对法律的正式解释，这些特征得到进一步的强调。该法律非常恰当地对非全日制班和夜间班——换言之，就是“继续教育”学校做出了经费和设备的安排。但是，它又规定州的经费仅能用于“不脱产的教学内容”，或者是有利于就业的教学内容。根据这个要求，官方的报告说道：“重要的是为那些感到职业‘没有前途’的工人提供一个途径，从而使他们能够胜任技能要求更高的工作，但以此作为办学目标的学校不能得到州政府的资助。”它还规定，如果培训的目的是为了使工人能够胜任比目前报酬更高和技能要求更高的工作，那这类培训将不能获得州政府的资助。这种非全日制班和夜间班的“教学必须实际地增加劳动者的技能，而且这个劳动者已经有了一个需要技能的工作，并期望终身从事这个工作”。但实际上，这个声明太温和了。这部法律似乎意在使劳动者把现在的工作当作一生的工作，即使想换工作也不行，因为声明继续说：“在有州政府资助的夜校，地道的农民没有资格进入水管维修班，水管工也没有资格进入市场园艺班。”

至于正规学校或者全日制学校，官方的解释似乎比法律本身又进了一步。法律是这样写的：“职业教育是指以培养劳动者胜任有偿工作为其根本宗旨的任何教育。”可是，州教育委员会擅自把为非全日制学校和夜校所制定的规则尽可
能用于正规的职业学校。州教育委员会的规则把职业教育界定为“主要旨在培 119
养能够在商店、家庭、农场提供有用、有效服务之能力的教育形式，培养对象仅仅是业已表示愿意从事这类工作的人，或者是那些业已从事这类工作且希望在自己所选定的职业里提高自身效率的人”。为了确保现有的高中不得为未来的劳动者增加已有的课程以获得州政府的资助，规则规定，如果现有的学校要增加职业教育科，其主任或者负责人须属专任，同时必须有专门的学习课程、专任的教师和学生。后来因为条款中有规定，一部分“相关文化课程”可由普通教师教授，但教师必须“持职业的观点”，这种完全分隔的做法才部分得到放宽。

现在看来，所有这一切都是因为理论出了大问题。我之所以称之为理论，因为这显然是源于一种担忧，即害怕“普通”教育会利用职业教育这个借口来争抢

州政府经费；于是，出于现实的考虑，就制定一个主动解决燃眉之急的计划来实施行政控制，防止滥用经费。我之所以称之为坏理论，是因为在类似印第安纳这样的州——除了那些拥有庞大工业中心的州之外，几乎在任何的州——这种计划必然会妨碍许多正在进行的改革，它能够做的仅有的一点也是误入歧途的。目前事态最有害的地方是工人——尤其是青年工人——找工作的时候全凭偶然，缺乏判断。法律规定由州政府经费资助的教学仅仅限于这些偶然选择的工作，那么，对于这样的法律，我们又能说什么呢？关于这个措施，他们的直接解释是：该措施禁止资助“那些提供普通职业课程或者就业课程的学校，因为这些课程旨在使学生能够检验或者确定自己的职业目标，或者能够为未来的职业工作奠定一个必要或和有益的基础”。对于这种措施，我们还能说什么呢？（引号系笔者所加，以便让读者知道这个*归谬法*并非笔者自创）再想想这样一些事实：这个法律主要是为年轻人设计的，但大多数年轻人都不可能从事技能要求很高的
120 职业，而是去打一些零工，或者是“操作”只需自动喂料的机器；而且，法律要求这种教学只能限于年轻人已经做着的工作，因此，在这种情况下，与实际的需求没有什么关系。面对工人从事单调而枯燥的工作的情况，可以把为取消“普通教育”而投入的精力转变为一种不懈的努力，使这样的工人能够接受大量的普通教育，这既有利于他们自身的工作效率，又有利于本州的经济福利。

不过，与这部脱离实际的法律的固有性质相比，这些特征便微不足道了。联邦只有四五个州拥有大批重要的工业中心，只有这些州能够部分应用类似于印第安纳州的法律所提供的这种体制。这个法律似乎是根据纽约、芝加哥、费城、匹兹堡等地的条件而制定的。这些城市里有大批工人，可以从中抽出一批去上印第安纳体制所规定的那类职业学校——不过，大家必须注意，甚至在费城，正规的职业学校也不是特别普遍，因为有时间学习的学生更喜欢小的那种培训。在大型工业城市较多的州，应该未雨绸缪，提高在职工人的技能；但在更为全面的计划之中，未雨绸缪仅仅是一个因素。印第安纳州是否有一个城市可以比较广泛地应用这部法律，这一点值得怀疑。除了印第安纳波利斯之外，大概没有任何一个城市的工业人口多得要按永久划分的职业来分布，所以不需要职业划分很窄的正规学校或者继续教育学校。这种学校只教学生业已从事的职业的技能。例如加里市是印第安纳州最大的工业中心之一，也是全国闻名的城市；而闻名的原因是加里市的学校的岗前培训，以及在职培训工作范围广、成绩大。了解

这个城市如何应用（如果有应用的话）印第安纳州的这个法律，一定很有意义。 121
我猜想，这个法律没有用，或者是等于没有用。如果我的这个猜测多少接近事实的话，这部法律可能更摆脱不了其纸上谈兵的特征。

虽说这些评论是否定性的，但却指出了一种积极的教益。它们表明，一个州只有在认真调查地方的实际情况和需求之后，才能采用一部法律。在制定一部法律之前，应该研究每一个大城市的工业和教育状况。如果在制定现行的法律之前，系统地征求印第安纳州领军的中学教师们的意见；如果调查一下当初他们正在做什么、想做什么、在设施更好的条件下又能够做什么，就“万无一失”了。这样制定出来的法律，可能会被十个或者十多个大城市采用。由一个专家委员会花两三年的时间和经费来进行这种调查，可以节省大量的时间。

另一个主要的教训是：这个法规只应该包含一些宽泛和灵活的条款，应该赋予州教育委员会自由实施法律的权力。美国的法律已经承认，这些权力归负责公共卫生和公共教育的当局所有。我们刚看到，纽约州有个教育委员会的委员实际上——如果不是名义上的话——否决了一个地方教育委员会的行动和一个法院的判决，而且按照他的决定不得上诉。当今的趋势是把越来越广泛的活动交给各种公共事业的行政委员会来负责，因此用琐细的法律条款来限制这种机构在教育事务方面的责任，是根本不合时宜的。据说，在印第安纳州的这个法律中，最有效的部分就是关于农业教育的条款。在这个方面，没有让那些理论家来影响法律，所以自由度大一些。提供职业教育的其他州，不妨可以模仿这个法律
中关于县政府农业部门的条款。应该组织一批专家去继续调查地方学校和职业 122
教育的状况，去影响公众舆论，去提建议和做试验，这才是目前的当务之急。美国人习惯通过一些很细的法律，然后让行政执法部门来死死看护。最能体现这种习惯之无用和有害的地方，莫过于在教育事务方面了。

分隔学校体系[①]

123 最近几年，“统一管理”和“双重管理”这样一些名称，进一步丰富了教育学多彩多姿的术语。一般公民对于这两个名称的兴趣，超过了大部分教育学词汇。它们半推半就所提出的问题是：我们是否要继续拥有一个统一的公立教育体系，或者对所有14岁以上的学生而言，把这个体系一分为二？我们大多数人可能心安理得地相信，唯有公立学校体系的这种统一性，才能确保有一个统一的机构来成功地处理我国人口的多样性问题。人们对于这种学校的分隔认识，并没有减少心中的担忧。所谓分隔的方式，是把社区中更加富裕和更有教养的家庭的孩子，从那些靠体力劳动或者商业活动——主要是体力劳动——养家糊口的家庭的孩子分隔开来。对于本国这种日益显著的阶级分层的趋势，我们当中有许多人深感不安。欧洲的预言家一个劲地预言，在这个国家形成固定阶级只是一个时间的问题。我们一直想知道这些预言家是对还是错。有责任、有影响的人们，敦促公立学校体系必须承认这种分隔是一个既成事实，他们要求公立学校采取与之相适应的行政管理机制、学习课程和教学方法。没有几个人会想到，在他们敦促和要求的时候，这一天已经到来了。

这已经不是一个学术问题。在芝加哥商会（the Commercial Club of
124 Chicago）的支持下，伊利诺伊州议会上的一次会议提出了实施这种分隔的议案。尽管没有获得通过，尽管该议案的原则一直受到州面包师协会（the State

① 首次发表于《新共和》，第2期（1915年），第283—284页。查尔斯·P·梅根对该文的回应，参见本卷第471—472页。杜威对梅根的反驳也在此卷，参见本卷第416—417页。

Bakers' Association)、州教师协会(the State Association of Teachers)、州劳工联盟(the State Federation of Labor)的谴责,但是在强有力的支持下,该议案在目前的会议上重新提了出来。除了该议案将产生的这种特殊的分隔之外,一旦通过,它还为今后更多的分隔铺平道路。有人公开声明说,在上一次的立法会议上,持天主教信仰的每一个州议员都收到了来自天主教会上层显贵的信件,敦促他们支持该议案。这一点,无人否认。为什么不支持呢?这里至少有一群公民,已经为支持公立学校纳了税,而且还用自己的基金支持私立学校。他们通过善行来表现自己的信仰。如果商业团体和劳工的雇主为了自身的特殊利益,可以获得一个由州政府支持的学校系统,那么,面对以深刻的宗教信仰之名义而进一步要求分隔行政管理的诉求,又能提出什么站得住脚的反对理由呢?如果有些社区的波兰人或者德国人占多数,或者形成了相当大的社区群体,为何不再来一次分化以满足他们的特殊需求呢?这些思考可能看似胡思乱想,但是一旦一个运动开始,这些事件的累积逻辑便具有令人信服的力量。只要意识到这一点,任何人都不会认为我的这些思考是在痴人说梦。

有人会说,这个实施方案代表了雇主的利益。此话会遭到人们愤怒的否定,而且在许多情况下,这种否定是发自内心的。有人坚持说,这种分隔对大批目前出去挣钱糊口的学生有利,而且现行的体系不能帮助他们做好足够的工作准备。又有人坚持说,只有通过全社会的参与,依靠系统化的教育努力,才能确保带来更高的劳动效率。有人指出,工人和雇主应该共同参与建立州和地方委员会,负责管理州政府为资助 14 岁以上学生开办的职业学校。所有这些,其实都没有说到点子上。个人的感情激起了那些议案提出者的豪情,但对于这些议案,我们不 125
能根据这种个人感情来判断,而要根据法案实施后所产生结果的立场来判断。问题的关键不在于是否要逐步重组和充实现行的学校体系,以照顾过去关照不足的社会功能;而在于在有关行政管理、课程、方法和学生的人际沟通等问题上,是否要在传统的文化学校和职业预备型学校之间划分出一条鲜明的界限。

人们用极其明确的方式提出了这个问题。支持该议案的人可不含糊,为了支持这种分隔,他们大肆攻击现行的学校体系,攻击校长,攻击教师。他们强调在现有的条件下,职业教育得不到保障,因为这种条件阻碍了为安身立命而做的知识准备,让文化课占用了资金和精力;同时,该体系中的教师用文化目标的外衣来包裹职业教育,破坏了一切职业教育的努力。旧的课程很狭窄,而且很僵化。因此，为适应社会条件的变化，中小学正在调整传统课程。但是，有一些势力现在影响着这种调整，而且这些势力已变得狭隘和极端，除此之外还有什么呢？如果划分学校的议案生效，由于缺乏经费支持，目前已经出现的这种明智的和有力的改革就会停止，情况就会变得更加严重。

人们一般还不清楚业已进行的这种调整的范围有多大。在伊利诺伊州，芝加哥显然是受这种计划影响最直接的城市。芝加哥的中学有一半以上的学生参加了“职业”培训。20所小学建立了职业教育中心，而且如果有经费，还要在26所小学建立职业教育中心。有四五所中学专门培养学徒工，还准备再建3所。在统一的管理之下，学生与不准备做体力工作的学生一直保持着个人的联系，旧
126 式的学校工作也不断受到刺激和渗透。那些讲授技能课的老师动手能力强，与教育行业有着广泛的接触，因此视野开阔、方法多样；而教授理论课的老师亲身接触了现代生活的问题和需求，但如果处于封闭状态的话，他们随时会忽略这些问题和需求。

总之，一种完整的教育体系方兴未艾，它保留了旧式课程的精华，同时把课程、教学方法和代表新的社会需求的老师有机地联系起来，从而挽救了传统的遗产。显而易见，根据分隔计划，要么必须由公众来承担因为另盖校舍、另购设备和另聘教师和管理人员而付出的巨额开销；要么老学校除了传统书本教育入门的东西之外将一无所有，而新学校则把自己局限在狭窄的职业培训的范围之内。新学校将在技术要求高的行业建立一个拥挤的劳动力市场，而且——用公众的钱——培养层次较高的劳动者以供雇主剥削，除此之外，新学校根本不能为任何职业提供有效的服务。关于这一点，我在前面的文章中已经有所证明。

关于社会问题的一切讨论，都倾向于用赞美的词藻回避问题的实质。教育也不例外。“学科”、“文化”这样一些标签变成堡垒，专门为了防止陈规陋习受到理智的批评和诘问。现在，又发明了“职业的”这个颇具启发性的词。如果用伊利诺伊州的那个议案，用其细节和赞成该议案的代表所提出的论据来衡量，职业教育只不过是举着华丽名称的职业技能培训罢了。芝加哥商会授权发言人、前督学库利(Cooley)说，职业学校“为14至18岁的青年提供职业方面的实用教学”。他说：职业学校要解决的问题是，“在职业生活方面为那些14岁*必须*离开普通中学的青年提供*直接的*培训”。这句话的意思是毋庸置疑的。在芝加哥的一次公开的讨论会上，芝加哥商会的一位正式代表说：“必须把职业教育和学生

碰巧从事的那个行业密切结合起来。”这难怪库利先生得出这个结论：一个有效 127
的职业教育体系（就像这样定义的）“要求不同的管理方式、不同的学习课程、不同资格的教师、不同的教学设备”，这些都来自统一的学校体系。就现行学校体系而言，尽管有这样那样的缺点，这就算是最高的赞扬了。他们对为什么要彻底分隔学校体系作了一个简单的说明。但是，这种说明是否相互矛盾，要由下述普通公民来决定；这种公民笃信民主，坚信公立学校的责任在于为创造更好的民主而培养人才。

学校的管理权归州还是市？①

128 2月12日的晨报简要地报道了刚由纽约市预算及分配委员会(the Board of Estimate and Apportionment)通过的决议，而且对此仅作了很少的一点评论。这个决议有望在很大程度上扩大委员会的权力。该决议提供了一个备用的议案，要求纽约州的立法机构起草一个法案，使预算及分配委员会有权确定从市财政支付薪酬的所有市政官员及雇员的数量及其工资。这个法案的关键在于，它适用于各县、各法院和教育局的雇员。目前，这些雇员的工资不是由预算及分配委员会确定的。此前还有一个更激进和极端的提案，赋予该委员会撤销或者改造市政府的部门和局的权力，而且市长和审计官两人都投了赞成票。只是在那个提案遭到失败之后，才采取了目前的这个行动。法案的目的是要确保纽约市在预算控制的根本问题上，拥有更大的自主权。目前市财政支出中相当大的部分，是强制性的法规强加给预算及分配委员会的。

有些人认为，导致市政府诸多有害行为的原因，是州的强制性规定造成的荒唐的责任划分。持这种观点的人，将会祝福这个措施。关于教育政策的实施问题——不可避免地受到钱袋子的支配——这项措施比乍看起来的更具革命性。教育委员会与州和市这两方面的关系问题，是我们一切行政管理问题中最让人
129 头疼和最难以解决的。关于这一点，说了很多了。在我国早期历史的理论与实际中，教育委员会是一个独立的市政当局。根据早期有关学校的宪章，教育委员会不仅全权控制教育经费的支出，而且有权决定支出多少。尽管这个原则后来

① 首次发表于《新共和》，第2期(1915年)，第178—180页。

改变了，但是用上诉法院的话来说，“按照本州的既定政策，很早便把公共教育的事务与市里的所有其他权益或者事务分开，并把公共教育的管理视为一种特殊单独的职能。教育委员会通过自己选择的代表来实施该职能，而且这些代表还要直接受其管控”。

由市政府控制学校支出的这个话题，正巧纽约市拥有很丰富的资料。学校调查委员会(The Committee on School Inquiry)——流行的名称是哈努斯民意调查——产生了两个关于该问题的报告。第一个报告由哈佛大学现任教育学教授E·C·穆尔(Moore)教授撰写，但预算委员会不接受。官方封杀了这个特殊的报告，反使其得到报界宣传，其知名度超过了有关该项调查的其他报告。约翰霍普金斯大学现任校长古德诺(Goodnow)教授和移民局现任局长豪伊(Howe)先生当时撰写了另一份报告，后来变成了官方的文件。豪伊先生勇敢地采纳了上面所引法院的断言中所体现出来的理论。正巧——我认为，“正巧”这个字用在这里异乎寻常地准确——纽约市目前的学校宪章制定得不够严谨，包含一些前后矛盾的条款，结果在预算委员会和教育委员会之间产生了大量的摩擦。前者 130
感到后者不想承认自己在财政事务上的从属地位，而后者则感觉到前者在入侵自己的合法领地。从宪章前后矛盾的表述来看，一个不偏不倚的外人可能会得出这样一个结论：两者都对，这得看在宪章里面哪个条款被看重了。

然而，教育的历史和过去的政治方针的天平无疑是偏向教育委员会的。穆尔教授从这个角度去看待这个问题，同时受到教育方面而不是城市行政管理考虑的影响。因此他站在了教育委员会这一边，反对他的雇主——预算委员会。他曾任西部一个城市的教育局长，为捍卫教育系统的完整性，大胆地反击当地政客的攻击，所以他对于那些促使州而不是市来管理公立教育的历史思考特别敏感。他的结论是：通过这种不断的蚕食，学校将“几乎完全被并入市政府，诚如新提议的这个宪章如果变成本市的基本法(organic law)，学校会遭受同样的命运”。古德诺先生和豪伊先生从起作用的市政府角度看待这个问题，而不是从一般教育的考虑来看待这个问题。虽然他们的报告比穆尔教授的含蓄，但是他们提出的具体建议均希望由预算委员会来全面地、负责地监督市财政支付给学校的一切经费。情况就是这样。冲突确有其事，不仅在事实上而且在原则上。关于教育为什么与扫大街或者维护公共治安不同这个问题，他们提出的理由言之凿凿，也颇为有力。把猥琐肮脏的政治伎俩注入公立教育体系，最终把学校实际上变成市政府的一个部门，这种危险并不是胡思乱想和危言耸听。譬如在一个坦慕尼协会[①]式的体制之下，假定由预算及分配委员会来确定学校教职员的数量及其工资，人们可以设想，会出现什么样的情况。譬如在教师人数众多的纽约市，假定教师们为了职位和工资的缘由而想从政治上组织起来，人们可以设想，无论在何种体制之下会出现什么样的情况。但是，在另一方面，我们很难看出，对于必须通过税收和公债才能得到的资金，如果市政府不能控制其支出，那又怎样才能保证通过有效的行政管理来科学地管理预算呢？

如果天平一边倒，把教育作为州的职能完全置于州的管控之下，会出现什么
131 样的情况，这是不难设想的。教育是全社会所关心的问题，但政府的其他服务（公共卫生除外）却不是。州政府促使一大批教育专家为其提供服务——组织整理有关教育管理和教学最优方法的信息，让每一个社区都拥有对专家和知识的处置权，这是很容易做到的。由州而不是由一个社区寻求一种开阔的认识视野，把教育事业从地方的陈规陋习和种种偏见之中解放出来，进行计划周密的实验，确保不断发扬教育的传统，这些会更加容易做到。州能够向前看，行动少受地方压力的影响，多听从建设性认识的召唤。然而，这样的政治在过去并不是纽约州教育官员的特征。纽约州影响公立学校的机制比其他州集中，但其管理大多控制在墨守成规之辈的手中，他们感兴趣的不是教育的领导，而是强制性地要求机械的统一性，是通过报告和检查来体现管理的效率。在刺激地方行动并依靠专家来指导行动方面，州教育委员会从联邦及州的农业官员身上大有可学之处。在西部的一些州，州立大学提供了出色的服务，但其影响力仅限于高中。

我认为，事实是我们缺乏经验，因此不能代表州或者地方的管理部门来作出最终决定。如果在有利的条件之下，对由市政府来实施全部管理进行实验，结果可能会极大地促进所有大城市学校的发展。目前这个体系的问题在于，无论理论上怎么说，该体系实际上是两种方法的大杂烩；但这个大杂烩消化不良，结果既分散了权力，又分散了责任，只得像其他政府部门一样混日子。美国至少有8至10个城市建立了操场、文娱中心、公共浴室、儿童卫生服务、社会服务中心。
132 这是同市政府扩大其“社会服务”范围的活动一起进行的，这些做法再加上财政

① 坦慕尼协会(Tammany Society)，是纽约市一个民主党实力派组织。该组织成立于1789年，由原先的慈善团体发展而成，因其在19世纪犯下的种种劣迹而成为腐败政治的同义词。——译者

的原因，为完全由市政府来管理公立教育这个实验提供了充分的理由。大城市具有的工业条件，也提出了自由开展教育活动的要求。

不过，要得到公平的机会，就必须进行全心全意的实验。市政府的权威必须得到绝对的服从。无论财政需求的情况如何，要想满足教育需求，至少不只是授权市政府调整财政支出。与此相应的市政府机构，可以不接受有关教育行政管理的性质和权力的那些强制性条款，甚至可以不接受有关学习过程的法律规定。针对本文第一段所提到的那个行动，主要的反对意见——非常认真的反对意见——是说这个行动走得还不够远。该行动可能帮助市里争取到财政自主权，但却不能为争取教育自主权作出丝毫贡献。相反，它使目前隐瞒责任和扼杀热情的风气变得更加严重。一旦变成了法律，它不会推进学校宪章的改革，它将造成教育委员会和预算及分配委员会无休无止地相互怪罪。它将造成摩擦，但最终受到惩罚的却是学校的孩子和城市。有新闻报道说，得到采纳的这个决议的作者麦卡内尼(McAneny)先生反对提出更加激进的前面已涉及的提案，因为这会引起全面的改革，但全面的改革只有全面修订城市的宪章之后才能进行。就学校而言，同样的反对意见也适用于麦卡内尼先生自己起草的决议。如果要把全部财政的管理权从作为独立法人的教育委员会手上拿走，那么，一定要千方百计地对教育体系的自由作出规定，并规定要让市政府的其他管理机构尽最大的可能介入教育。

我怀疑，不废除现有形式的教育委员会是否能够做到这一点。所有的政府机构都赞成大大削减教育委员会的规模。在如何把教育委员会的规模削减为零的问题上，政府的想象力似乎还不够。但是，各个市的教育委员会目前已经处于 133
一种畸形状态。教育委员会完全标志着教育事业进行中的随意性，也标志着人们的积极性和方向性都处于危险的涣散状态。教育委员会是由州实施管理的理论的历史遗迹，可这种管理事实上并不存在。教育委员会是我们教育机构的掮客，与其他领域的掮客一样，就是干劝散不劝和的勾当。教育委员会的职责是听取专家的建议和依照城市实际的全部资源，考察并开启教育官员的职业智慧。在小城市里面，教育委员会可以提供这种服务。在我们的大城市里面，教育委员会的这种代表性便等于零了。古德诺—豪报告(The Goodnow-Howe report)明确提出，作为预算及分配委员会为什么要控制学校预算的一个理由，预算委员会可以决定终止或者扩大学校的种种举措——换言之，可以决定所有重大的事情，而不是按照已有的习惯来做。在所有的重要方面，这个提议将教育委员会的主要职责给予了预算及分配委员会，但是又仍然让教育委员会以法人的身份存在。

我一直想说，这个原则是正确的，前提是预算及分配委员会要全面地控制学校的财政。但是，现在的这个提案没有仔细考虑这一点。它恰当地提到了要撤销教育委员会，建立一个由领取薪酬的专家组成的教育部门，其中一个成员将由预算及分配委员会的成员担任。这个教育部门将负责向预算及分配委员会提交所有涉及经费支出的教育政策，包括政策所依赖的事实和理由。已故市长盖纳(Gaynor)关于建立一个少量付酬的教育委员会的建议，朝这个方向走了一半。然而，他的设想是要保留教育督学委员会(the Board of Superintendents)，这样一来，用一种强化的形式继续了现有决策责任的划分和现有的摩擦。教育督学委员会应该是城市教育部门的主管者，要与最最影响城市的政策和规划的所有部门和机构进行直接的和相互的沟通。修补是不是比建造更容易呢？

德国的哲学与政治

序

北卡罗来纳大学遵照约翰·卡尔文·麦克奈尔(John Calvin McNair)的遗 137
嘱建立了一个基金会,用来资助面向该校成员不时举办的公开讲座。本书中辑录的三个讲座于今年2月举办,均由该基金资助。在该校所在地查珀尔希尔短暂的逗留期间,多承款待,盛情无比,备感幸甚。在此深表谢意。

约翰·杜威

纽约市哥伦比亚大学

1915年4月

1.

德国哲学：两个世界

139 普遍观念对于实际事务的影响，其性质是一个难以弄清的问题。精神不愿看到自己在一个陌生的世界里游荡。人们相信思想影响行动，可一旦发现——这一信念原来是一个幻想，就为自己深感悲哀，为这个世界深感悲哀。假如不是有学说在禁止一切影响事务的发现——这种发现就是一种观念——我们应该说，观念完全是**事后的**和无用的这一发现，肯定会对以后的事务产生深刻的影响。奇怪的是，人在无法控制自然和自身的事务时，便特别相信思想的功效。那种主张自然绝不做无用功且受到目的引导的学说，并不是将经院哲学嫁接到科学上去的；该学说将一种本能倾向公式化了。如果这种学说是错误的，那么，其哀婉动人之处却有一种高贵的品质。它说明，人类的思想渴望一个由自己所构造的世界。然而，人类正是通过发明创造和政治协议，找到了让思想发挥作用的途径；人类也开始对思想是否能够起作用产生疑问。我们的种种自然科学观念倾向于把大脑变成一个彻底的旁观者，只是在看着机器一样的大自然在例行公事般地运转。进化思想的流行，使许多人把才智看成是历史的积淀，而不是创造历史的力量。我们向后看而不是向前看；向前看时，我们似乎只看到很久以前被卷起来的无比巨大的全景画进一步地展开。在一个肤浅的读者看来，柏格森①似乎展现了完全崭新的可能性的有待探究的广阔远景。但是，经过仔细的研究，

① 亨利·柏格森(Henri Bergson，1859—1941)，法国哲学家、非理性主义的主要代表。他对20世纪的欧洲产生了深远的影响，1927年获诺贝尔文学奖，著有《时间与自由意志》、《物质与记忆：身心关系论》、《创造的进化》等。——译者

即便是柏格森，到头来还是把心智（在过去被命名为观察与反思的东西）看作是一种进化的积淀，而这种积淀的重要性仅在于保存业已存在的生命。他似乎要 140
我们相信面向未来的本能或者类似本能的东西——似乎是希望和安慰，他要我们相信在任何情况下，都不可能理智地引导或者控制本能。

历史学派发现柏格森很神秘，也很浪漫。他们为自己的头脑冷静和科学特征而感到自豪，但是，我没有看到这个历史学派站出来提出自己不同的观点。说到这个历史的经济解释的学说，我指的是它的极端形式，因为其追随者告诉我们，这种极端形式才是其唯一合乎逻辑的形式。人们轻易地认同他们的观点，即他们告诉我们，过去的历史学家们都忽视了经济力量所发挥的巨大作用，因此过去的描述与解释都很肤浅。当人们认为当今的重要问题就是关注经济的重组时，或许有人会半心半意地认可这个学说，承认历史学家实际上是在按照即将出现的问题和利益来重建过去，而不是为了发现未来事件所遵循的数学曲线而去描述过去。可事实并非如此。那些用经济来解释历史并且自称是严谨科学的学者们会说，当今经济的力量表现为一种必然的演化过程，国家与教会、文学与艺术、科学与哲学都是这种演化的副产品。如果认为是现代工业极大地刺激了科学的进步，那是没有说服力的，因为 18 世纪的工业革命是在 17 世纪的科学革命之后才出现的。这种学说完全无视事物之间的任何联系。

我们注意到，马克思曾透露说他的历史唯物主义理论不过是把黑格尔的唯心主义辩证法颠倒了过来。对此，我们可能需要谨慎一些。难道这就是我们所谈论的历史吗？抑或就是另一种历史哲学吗？我们发现，有人向我们强调这个学说的极端重要性。有人告诉我们，承认这个学说的真理性，将有助于我们走出目前的困境，并为我们指出一种未来的努力方向。这时，我们便信心大增。这些作者似乎是言不由衷的。跟我们一样，他们也是人，也受到一个信念的感染，即相信观念，甚至是一些非常抽象的理论，都具有影响人类活动的功效，而这些活动又会对未来的历史产生影响。

不过，我并不打算参加这场争论，更没有平息争论的企图。我这番话不过是 141
一个开场白，接下来要思考的是与现实社会事务变化有着实际联系的现代哲学思想史的那个部分。如果说我在这场争论中表明了自己的立场，这些话也纯系个人的见解，旨在表明我在讨论现代哲学一个阶段的政治意义时的一管之见。

因此，我并不相信纯粹观念或者纯粹思想对人类活动产生过任何影响。我相信，表现为哲学反思的东西实际上只不过为了满足情感的需要，而将赤裸裸的已知事态理想化罢了，它并没有真正发现观念的实际影响。换句话说，我相信它属于美学一类的东西，即便它遗憾地缺少美学的形式。我相信，它很容易夸大那些我后面将要讨论的一些重要的和真正的观念的实际影响。

我不认为有纯粹观念或者纯粹理性这样的东西存在。每种具有生命力的思想都体现了对待世界的一种姿态，这是一种对我们身陷其中的实际状况所采取的态度。这些姿态持续时间大多短暂；与其说它们显示了对于现实状况的重要改变，不如说显示了做出这些姿态的人的状态。不过，有时候，它们与大众在其中活动和忍受的环境志趣相合。它们为其他人采取什么姿态树立了榜样。它们浓缩为一种戏剧性的行动。于是，它们构成了我们称之为“伟大的”思想体系。并非所有的观念都会随着短暂反应的结束而消失。观念有人表达，就有人听；有人写出来，就有人去读。正规的和非正规的教育体现了这些观念，但更多地是通过人们固定的行为方式而不是通过思想来体现的。观念如同血液，为我们的行为提供营养；观念如同肌肉，人可以借此来进攻或者后退。甚至情感系统和审美系统也可以产生一种对待世界的意向，并产生明显的效用。与那些体现出更多原始本能的反应相比，这些反应实际上是很表
142 面的。吃喝、买卖、嫁娶、战和这些事情，与各式各样的世界已知的观念体系往往是并行不悖的。人怎样做事、何时做、何地做以及为何做，往往深受流行的抽象观念的影响。

我认为，自己似乎是在强调一个明显的道理。无论一些专业学派怎么看，几乎人人都理所当然地坚持认为观念影响了行为，观念有助于决定事态的发展。然而，这种坚持是有目的的。绝大多数人总是给普遍观念划出一条界线。他们特别倾向于认为，构成哲学理论的那些观念实际上是无关紧要的——不过是一些令人愉悦的遐想罢了，顶多在闲暇时分拿来玩赏，在摆脱缠身杂务后拿来玩赏。首先，人们把恰好影响自己生活行为的那些特定观念视为常态的和必然的。请注意，任何一个通情达理的人又会有什么别的观念呢？他们忘记了，这些观念起初只是一个遥远的和专门的理论体系的组成部分，后来经过众多不擅思考的信息传递者，渗透到了大众的想象习惯和行为习惯之中。诸位请注意，一个擅长知识解剖的专家可以对你进行解剖，然后在你的思想里发现柏拉图和亚里士多

德的组织,发现圣奥古斯丁[①]和圣托马斯·阿奎那[②]以及洛克和笛卡儿的器官;正是它们,构成了习惯性地支配你的那些观念。你还会发现,构成你思想结构的大部分内容来源于这些哲学家和你以前闻所未闻的其他思想家,而不是你认为自己所钦慕的加尔文[③]、康德、达尔文、斯宾塞[④]、黑格尔、爱默生[⑤]、柏格森和勃朗宁[⑥]。

通常,对于哲学家影响力的评价,其高低与否自然应由哲学家本人负主要的责任。人们大多把哲学家所说的话当成了哲学家要做的事情,但是在绝大多数情况下,哲学家提倡的东西与其实际行为是截然不同的。作为终极实在(ultimate reality)或者万物本质的观察者和报告者,哲学家完全是无足轻重的。正是在这个方面,哲学家们大多幻想自己发现了真理。他们的实际职责却不是 143
这样。他们从人类集体的渴求和愿望出发,探讨自然、生命、社会,而这些渴求和愿望都是由当下的困难和奋争所决定的。

到目前为止,我说的都是一般观念对于行为的有益影响。这与把坏事归咎于理智作用的做法是格格不入的。但是,我们不妨面对这个窘境。所谓摆脱了生活中的经验偶发事件的纯粹思想,即便确实存在,与行为的指导毫不相干。这是因为,后者总是在偶发事件的情况下运作。带有时间、地点色彩的思维,从来都具有一种混合的特性。其中一部分,它要寻找并抓住更加持久的倾向和解决办法;另一部分,它要把自己的时代限制因素视为必然的和普遍的——甚至是天然合理的。

---

① 圣奥古斯丁(St. Aurelius Augustinus, 354—430),古罗马著名的神学家、哲学家。其主要贡献是关于基督教的哲学论证。他改造了柏拉图的思想以服务于神学教义,赋予上帝的权威以绝对的基础,著有《论自由意志》、《忏悔录》、《论三位一体》等。——译者

② 圣托马斯·阿奎那(St. Thomas Aquinas,约1225—1274),中世纪经院哲学的哲学家和神学家、自然神学最早的提倡者之一,也是托马斯哲学学派的创立者。天主教教会认为,他是历史上最伟大的神学家。其主要著作有《神学大全》、《哲学大全》等。——译者

③ 约翰·加尔文(John Calvin, 1509—1564),法国著名的宗教改革家、神学家,基督教新教的重要派别加尔文教派的创始人,著有《基督教原理》、《加尔文全集》等。——译者

④ 赫伯特·斯宾塞(Herbert Spencer, 1820—1903),近代英国哲学家、教育家,"社会达尔文主义之父",著有《心理学原理》、《第一原理》、《生物学原理》、《教育》等。——译者

⑤ 拉尔夫·沃尔多·爱默生(Ralph Waldo Emerson, 1803—1882),美国思想家、文学家,著有《论文集》、《代表人物》、《诗集》等。——译者

⑥ 罗伯特·勃朗宁(Robert Browning, 1812—1889),英国维多利亚时代最杰出的诗人之一,著有《波林:片断自白》、《帕拉塞尔萨斯》等。——译者

思想的特性既可以促使向善，又可以促使向恶。一场自然灾难，一次地震或者一场大火，只是在它们该发生的地方发生。尽管灾难过后的影响会持续，但它毕竟停止了。然而，观念的本性是抽象的：也就是说，它与产生它的环境是完全分离的，之后通过语言的表述，在遥远和陌生的环境中发挥作用。时间可以愈合自然创伤，但观念只能加重知识灾难所带来的恶果——之所以叫知识灾难，只是因为，我们找不到好听一点的名字来称谓一种系统化的知识错误。在一个以哲学作为职业的人看来，哲学史上发生的许多事情是很令人沮丧的。他发现，有些观念在原本诞生的时间和地点都是自然的而且有用的，可是一旦出现在不同的环境之中，其优点则变成了缺点，非理性的事情得到了理性的认可，所谓永恒的真理阻挡了事物的发展。他发现，本该随着环境的变化而变化的那些偶发运动，由于思想的认定并赋予其知识的名头，于是便获得了持久性和尊严。历史表明，按照普遍的和抽象的方式来思考是很危险的；它会把观念从其诞生地中提升出
144 来，并让观念承担我们无法知道的将会危及未来的东西。在过去，由于哲学家们主要关注在一种永恒形式下观察到的绝对真理和绝对实在，而不是去关注时代的现实生活问题，这种危害性更大。

在结束这些一般性的考察之际，我面临了一种窘境。我必须从知识史中选择一个特定的时代，以便更加具体地说明哲学与实际社会事务之间的相互关系——下面为简略起见，我把后者称为政治。人们可能比较愿意选择柏拉图，因为他把哲学定义为国家科学，定义为关于人类最理想社会的科学，尽管他的思想罩上了神秘和先验的色彩。他的代表作取名为《理想国》(*Republic*)绝非偶然。从培根[1]到约翰·斯图亚特·穆勒的近代英国哲学给我们留下了很深的印象：这种哲学是由实务家而不是由教授栽培出来的，因此，英国哲学对于社会利益有着直接的关注。在法国，那个哲学的伟大时代，那个**哲学家们**的时代，是形成这些观念的时代；这些观念既与法国大革命紧密联系起来，又与在这个文明的世界迅速得到传播的思想——人性不确定的完善性、人的权利、提升基于效忠理性的广泛人性化的社会等思想——普遍联系起来。

然而，我这里有些武断地选择了德国古典哲学思想的一些方面，以此作为我

[1] 弗朗西斯·培根(Francis Bacon，1561—1626)，英国哲学家、唯物主义和现代实验科学的始祖。其主要著作有《学术的进展》、《新工具》、《新大西岛》等。——译者

进行论证的材料。之所以如此，部分原因是有一种明显的挑战激发了我，这种挑战，即德国古典哲学提出的理论，尽管具有高度技术性的、学究气的和占优势的先天的特征，但其抽象的思想和社会生活的趋势之间依然存在着密切的联系；更主要的原因也许是，德国思想的英雄时代几乎都在19世纪，而欧洲大陆思想的创造性时代却主要在18世纪，英国思想的创造性时代还要早一些。法国人丹纳[①]曾经说过，当今一切领导潮流的观念都是于1780—1830年之间在德国产生的。最重要的是，人们常说，德国人的血液中流淌着哲学。这种说法大体上不是 145
指那些遗传性质的东西，而是指观念得以流行和传播的社会环境。

今天，德国变成了一个现代国家，这为通过社会的反复灌输来发挥普遍观念的影响提供了极为重要的条件。德国的教育体系适应了这个目标。德国的中学和大学不只是名义上而是实际上受到国家的控制，变成了社会生活的组成部分。尽管教师一旦被聘任，可以有讲授学术的自由，但是在关键时刻，比如决定直接影响到政治方针的课程的教师人选时，起作用的总是政治当局。此外，大学的一个重要职责就是培养未来的国家官员。立法活动明显地受制于行政管理机构，而这个机构是由训练有素的公务员，或者也可以叫做官僚来操控的。这个官僚体制的成员，往往依靠大学来培养。哲学在这种培养中直接或者间接地发挥着异乎寻常的作用。法学院的主要目标并不是培养能打官司的律师。法哲学是法律教学中的基本组成部分；每一位古典哲学家都参与撰写一种法哲学和国家哲学。此外，在神学院，这也是受国家控制的学校的有机组成部分，德国新教的神学及其艰深的批判得到发展；这种发展也与各种哲学体系——比如像康德、施莱尔马赫[②]、黑格尔等人的哲学体系——有着密切的联系。简言之，德国的教育和行政机构提供了让哲学观念得以流向实际事务的现成途径。

在德国，几乎不存在法国、英国或者我们国家这样的公共政治舆论。即使存在，也许主要是在大学里面。正是大学而不是新闻界，酝酿并形成了公共政治舆论。我们不要对大学教授关于这场大战的典型言论感到惊讶，相反，我们应该把注意力转向目前这些言论得以产生的那段过去的历史。

---

① 伊波利特·丹纳(Hippolyte A. Taine，1828—1893)，法国文艺理论家、美学家、评论家与史学家，也是巴黎政治学院的奠基人之一。其主要著作有《艺术哲学》、《英国文学史》等。——译者

② 弗里德里希·施莱尔马赫(Friedrich Schleiermacher，1768—1843)，德国哲学家、新教神学家，著有《论宗教》、《基督教信仰》等。——译者

146 要对德国的知识史做一个十分全面的叙述，至少应该追溯到路德[①]。幸运的是，我们可以到达目的，因为相比新近有关路德在德国历史上占有的地位和作用的口碑评说，路德的实际行动和思想教导反而并不重要。各民族都为自己的伟大人物而感到自豪。德国人把路德看作是最伟大的民族英雄而引以为自豪。但是，大多数民族引以为自豪的是他们的伟大人物，而德国人引以为自豪的是德国，因为德国创造了路德。德国人把他看作是德意志的产物，这是很自然的，也是必然的。人们相信路德天才的普适性，并由此转而相信创造路德的这个民族之根本的普适性。

海涅[②]并没有受到出身和性情的影响，而是对于路德的重要性给予了很高的评价。且看他是如何说的：

> 在我们民族的历史上，路德不仅是最伟大的而且是最**日耳曼式的**人……他具有一些罕见的品质——而且是我们通常在充满对抗性的情形中看到的那种。他既是一个充满梦想的神秘主义者，又是一个付诸实践的实干家……他是一个字斟句酌和头脑冷静的学究，也是一个受上帝启示的醉心于上帝的先知……他对上帝充满了敬畏之心，对圣灵充满了自我牺牲的奉献精神。他可以对纯粹灵性专心致志。然而，他对尘世的荣耀却又烂熟于心，他很清楚这些东西值得称道。这句至理名言就出自路德之口——
>
> 不爱女人、美酒与唱歌的人，
> 枉活一生终老也是一个傻瓜。
>
> 他是一个完整的人，我可以说他是一个绝对的人。在他的身上，根本不存在物质与精神的冲突。把他称为唯灵论者，就如同把他称为感觉论者，一样是错误的……永远赞美这个为我们带来了最宝贵财富的和我们必须感谢的人吧！

---

① 马丁·路德(Martin Luther，1483—1546)，德国人，16世纪欧洲宗教改革的发起者，基督教新教路德宗的创始人。其主要著作有《论基督徒的自由》、《教会的巴比伦之囚》等。——译者

② 海因里希·海涅(Heinrich Heine，1797—1856)，19世纪最重要的德国诗人、政论家、思想家，著有《论德国宗教和哲学的历史》、《德国——一个冬天的童话》、《论浪漫派》。——译者

谈到路德的著作时，海涅还说：

> 就这样在德国精神自由被确立起来，或者说思想自由被确立起来。思想变成了一种权利和合乎理性逻辑的决定。

与赋予这些观念德国特性的那种传统的普遍性相比，与把路德看作真正的民族英雄和典范的那种传统的普遍性相比，上述引文的正确性便微不足道了。

然而，我将从康德着手。在德国新教占主导地位的地方，康德的名字几乎总 147
是与路德的名字连在一起。康德使人们认识到路德宗教改革的真正意义，对于研究德国的历史学家而言，这是一个常识。他在过去两代德国人的思想中间占据着一个无与伦比的地位，但人们却很难传达其中的意义。这并不是因为凡是哲学家都是康德的信徒，也不是因为号称康德信徒的人只是死死抱住康德著作的字面意思不放。情况远非如此。但是，必须永远不要低估康德。对于康德，我们应该满怀敬意地去把握他，并且按照他的概念去评价那些新的理论。嘲笑康德，就是大大的不敬。在一个真正的意义上，他标志着旧时代的结束。他是有特色的现代思想的过渡。

一想到要把他的主要思想压缩为1个小时来讲述，我就感到畏葸不前。让我感到幸运的是，很少有人能够读到我的这些论述，而且他们还要很熟悉阐释康德哲学的那些大部头著作，才能完全理解我冒犯康德到了什么程度。这是因为，我免不了要从他高度技术性的著作中抓出一个单独的思想，然后给他的思想贴上创造性的标签。只有通过这种方法，我们才能找到通向那些普遍观念的线索，而德国人愿意把这些观念与促进德国人行动的那些愿望和信念联系起来。

我的开场白就此打住，还是大胆闯入康德哲学的领域吧。我认为，康德最重要的贡献在于提出了理性的双重立法(dual legislation of reason)，通过这种立法划分出两个不同的王国——科学王国和道德王国。每个王国都有自己最终的和权威的法规：一方面是感觉的世界，处在时空之中的现象世界，科学在其中如鱼得水；另一方面是超感觉的和本体的世界，一个被赋予道德责任和道德自由的世界。

每个有教养的人都知道，在科学与宗教、残酷的现实与理想的目标、现有与应有、必然与自由之间存在着冲突。在科学的王国里面，因果关系是最高统治者；但是，在道德行动中，自由则是最高统治者。那些坚定的康德信徒自豪地夸耀说，康德发现了植根于事物本性和人类经验中的法则，只要承认这个法则，便可以一劳永逸地结束所有可能发生的冲突。

148 从理论上说，康德的这个发现简明扼要且影响深远。科学与道德责任同时存在。分析表明，它们的基础是由同一个理性所提供的法则(正如他喜欢说的，理性是立法者)；这些理性法则拥有不同的管辖权，彼此永远不会竞争。在自然界中，为理性立法提供材料的是感觉。在这个时间和空间的感觉世界里面，起支配作用的是因果必然性：这就是理性命令本身。凡企图从自然界中发现自由、寻找理想、为人的道德愿望寻求支持，都是注定要失败的。理性去做这些事情与理性自身的性质是格格不入的：它是自相矛盾的，也是自杀性的。

当我们注意到宗教与相信奇迹联系在一起，或者与自然秩序背离的时候；当我们强调如何从自然法则中去寻求道德的支持；强调如何将道德与人寻求幸福的自然天性联系起来，与奖赏美德和惩罚罪恶的结果联系起来；强调如何把历史解释为一种道德力量的作用的时候——总之，当我们强调如何在时间和空间的世界里面去寻求道德的理由和支持的时候，假定康德的哲学是正确的话，就会认识到康德所发起的这场革命所带来的影响。我们还需要看到这样的事实，过去人们并不重视这种观念，即空间里的每一个存在和时间里的每一个事件，都是由因果必然性的纽带将其与其他的存在和事件联系在一起的，结果是未能产生追求科学理论的动机。如何解释科学在人类历史上很晚才出现？科学对人类生活的影响还是不够充分，我们对此如何看？人如果不能自觉地把自然看作是一个变化无常的场所，便不能深刻理解物质意义上的自然也是理性立法活动的一个场所。康德哲学一劳永逸地揭示了这个事实；它所揭示的不是一个虔诚的愿望，也不是通过伽利略或者牛顿的成功而从经验上得到普遍证实的一种难以预料的希望，而是一个不容置疑的事实、一个任何认识经验的存在都离不开的事实。在
149 自然界，法则的统治就是同一个理性的作用，它是人们从经验教训中发现的普遍法则。这样一来，接受康德哲学，不仅一下子把人们从迷信习惯、情感用事以及道德和神学的幻想中解放出来，而且还鼓励并刺激人们通过不断努力，从自然之中撷取因果律的秘密。康德提出，近三百年来，一些自然科学家们的研究已经证明，人的根本性质就是一种求知的存在(knowing being)。对于那些接受康德哲

学的人而言，康德哲学就是科学研究的《大宪章》[①]：它构成了指导和论证科学探究的基本大法。德国人确实养成了一种尊重科学的态度，而这在其他国家却见不到。除了德国，还有哪一个国家的基本法提到了科学并能在其法律中找到“科学及其传播的自由权”这样明确的条款呢？

但是，这里只说了康德研究的一半。理性本身是超感觉的。理性对感觉材料进行整理，由此而为自然立法；理性本身是高于感觉和自然的，就像君王高于臣民一样。这样，超感觉的世界就变成了一个比时空中的物理世界更适宜开展其立法活动的领域。可这样的领域向人的经验开放吗？既然康德断言人的全部认识活动都受制于由因果必然性主宰的感觉王国，这不就自己关闭并锁死了超感觉世界的大门吗？就认识活动而言，的确如此。可是，就道德责任而言，超感觉世界的大门却没有关闭。不论自然环境的压力有多大，也不论人身上的动物倾向的诱因有多大，道德责任和绝对命令的存在都是事实，就如同关于自然界的知识是存在的一样。道德命令不可能从自然中产生。现有无法把人引向应有，应有只是人身上的东西。自然只是用其残酷无情的机器般的运动来限制人的活动。人身上有一个追求应有的行动命令——它不管实际的情形是什么——这个命令最终证明了人的经验中有超感觉的理性在发挥作用；但它不是在理论的或 150
者认知的经验之中，而是在道德的经验之中。

于是，道德法则和义务法则就从人身上超出理性的地方诞生了。这是人作为一种超自然的绝对目的王国中的道德存在的资格证明。道德法则还指明人身上有一种东西是超越自然的，那就是呼唤和争取自由。理性不可能做出如此不合理和自相矛盾的事情来给自己强加一个力所不及的行动法则。道德意志的自由，就是对责任的不合理要求作出的回应。人是接受还是拒绝这个看来很合胃口的真理，是由不得人的。它就是一种理性的原则，是包含在所有理性实施的过程中的。人们名义上否认它，实际上仍然要承认它。只有那些为自己的邪恶勾当寻找借口的道德堕落之人，才会在口头上否认自由对责任呼声作出的回应。然而，对于自然和感觉的世界而言，自由是一个绝对的陌生者，那么，人所拥有的

① 《大宪章》（*Magne Carta*），指英国《大宪章》，1215年，英国大封建领主迫使当时的约翰王签署的法律文件。《大宪章》从法律上部分保障公民权和政治权，对美国、法国的民主都产生了深刻的影响。——译者

道德自由便成了他作为超感觉世界成员最终的标志和保证。一个拥有自身法则的理想的或者精神的王国的存在，从人的超感觉世界的公民身份上得到了证明。当然，这种公民的身份及其证明都取决于道德。要用科学或者理智来证明它是不可能的，也是自相矛盾的；因为受因果必然性法则支配的科学研究，只关心是什么的问题，而并不了解事关应该的任何自由法则。

超感觉世界的大门现在打开了，但它并没有向宗教走去。真正宗教的那些消极特质，我们或许都已经有所了解。宗教的基石不是知识。要想从知识的立场去证明上帝的存在，证明自然的创造，证明不朽灵魂的存在，都是不可能的。它们超越了知识的界限，因为知识是限定在时间和空间的感觉世界之中的。真正宗教的基石也不会是历史事实，比如犹太史的事实、耶稣的生平或者诸如教会这样的历史形成的权威。这是因为，诸如此类的一切历史事实都属于由感觉限
151 定的时间王国。康德同时代的人从自然神学和历史宗教的观点出发，用“一切都被打碎了”的字眼来形容康德哲学。关于宗教观念及其理想的道德证明，康德的哲学恰好是“一切都被打碎了”的反面。用康德的话说，“我认为，为了给信仰留出一个底盘，就必须否认关于上帝、自由和不朽的知识”——信仰是一种道德行为。

于是，他着手用感官的自然原则和观念的理性原则来重新解释路德新教的主要信条。道成肉身、原罪、赎罪、因信称义、圣成称义等信条，尽管从现实和历史上看都没有什么根据，但却标志着人作为现象和本体的二元本性。尽管康德严厉批评教会宗教过于依赖仪式、外在权威，以及外在的奖赏和惩罚，但他认为，这样的宗教具有过渡性的价值，因为它象征着终极的道德真理。虽然教义只不过是内部真相的外衣，却有助于我们“继续尊重这个外衣，因为它可以让大家接受一个真正基于人的灵魂的权威的信条，因此不需要用奇迹来赞扬它”。

如果要从德国哲学中挑出一个具有典型意义的东西，并据此去理解德国的国家活力，这是一个吃力不讨好的事情。可我还是甘冒此险。我相信，在康德关于两个王国(一个是外在的、自然的和必然的，另一个是内在的、观念的和自由的)学说中，我们可以找到它的观念来源。对此，我们还必须补充说，尽管两个世界相互隔离、各自独立，但内在世界总是第一位的。与康德哲学形成对照的是：当下很多人用尼采的哲学去解释他们认为非尼采哲学不能解释的东西，这不过是一种肤浅的和潮水式的见解。不同凡响的德意志文明的主要标志，当然是自

觉的唯心主义及其高超的技术效率和各类行动组织化的结合。如果说这还不是对康德哲学奥秘的理解，那我就根本找不到一个词来表达了。我的意思并不是 152
说，因为德国人有意识地遵循康德的哲学，才会在自然科学方面取得辉煌的进步，并且把智慧的结晶系统地应用到工业、贸易、商业、军事、教育、市政管理和工业组织之中，而且取得了辉煌的成就。这种断言是荒唐可笑的。我的意思是说，首先是康德找到并阐述了德国精神的发展方向，因此他的哲学具有先知般的重要意义；其次是他的理论树起了一面旗帜，阐述了一种自觉的信念，以完整和确定的方式强化并加深了理论的实际运用。

康德哲学对原本四分五裂的精神进行了富于想象力的综合，从而帮助形成了一种民族的使命感和命运感。尤其重要的是，他的理论及其影响有助于我们理解德国人的意识为什么从来没有被技术的效率和投入所淹没，而且一直自觉地、不用说自以为是地保持着唯心主义的立场。德国人所从事的工作似乎很可能促使人们去钟爱实证主义或者唯物主义的哲学，去钟爱功利主义伦理学。但是，情况并非如此。康德的学说在反复灌输要给机械论留出位置的同时，又把机械论永远放在从属的地位。追求一切技术的进步，追求健康、财富、幸福的提升，这一切都是人们的目标；但在这个目标之上还有一个内在自由的王国，即那个观念的和超感觉的王国。德国人在实质性的征服过程中取得的成就愈大，他们愈是意识到要履行一种理想的使命。每一次外部的征服都为在机械论无法闯入的内心世界找到一个居所，提供了更多的理由。于是，借用最近的一个流行语，一方面，在处理实际事务的时候，德国人是世界上最讲技术和最实用的民族；另一方面，要说对实用主义哲学精神的抵制，世界上没有哪一个民族堪比德国人了。

在外部事务中对机械论和组织化的投入，在精神王国里对自由和意识的忠诚，这两者的结合产生了显著的魅力。这种结合一旦在一个民族的共同倾向中 153
得以实现，似乎就会无往而不胜。科学和实用的成就与精神和理想的愿望之间的分裂，会造成行动上的瘫痪。但是，这两者一经德国人结合，这种瘫痪便从此结束。两者彼此相哺，相互强化。灵魂的自由和行动的服从同居一室，和睦相处。在时间与空间的外部世界中所采取的行动，都是受因果必然性的法则支配的，由此而得到的教诲就是顺从、绝对的服从、绝对的控制和缜密的组织。然而，那种无限制的自由、自觉意识的不断提升、追求崇高的理想，却是内心世界法则的要求。生命短暂的人还能够奢望什么呢？

我以为，很容易用德国代表性作家的论述来填满这 3 小时的讲座。他们的论述说明，德国精神的显著标志是高度关心事物的内在意义，尊重内在真理，并不在乎有利与不利的外在结果。这与拉丁精神的外在性或者盎格鲁-撒克逊精神的功利主义格格不入。我只好引用一段话来说明德国人把历史事实当作伟大真理所象征的同一种倾向，这种倾向可以在康德关于教会教义的论述中找到。在谈到日耳曼语言时，一位研究德意志文明的历史学家说道：

> 在重音位置的问题上，所有其他印欧语系中的语言都允许有很大的自由度，并且考虑外部因素，比如，具有决定性影响的音节和谐音的数量；可日耳曼的各部落却在明显地、刻意地朝着一种重读的内部原则转化……在所有与之有关的民族中，唯有日耳曼人把重音放在词的词根音节上，也就是放在赋予词意义的那个部分之上。在现存的民族学文献中，没有什么比这个更能发人深省了。他们肯定曾经有一种古老得变成了本能的习惯，但是他们却放弃了这个习惯，然后依靠自己的智慧，设计出一个原则；而这个原则体现了一种分辨力，超过了我们习惯归结为低级阶段文明的任何东西。那么，导致他们这样做的原因是什么呢？肯定是我们目前还未意识到的环境，迫使他们要把事物的内在本质同其外部形式区分开来，并教会他们把前者作为更高的、甚至唯一重要的东西来领会。正是这种对事物真正的实质的
> 154 重视，正是这种发现真正实质之恒久而强烈的渴望，正是这种表达精神实在之历久常新的冲动，变成了德意志灵魂的主导性特征。于是，经过无数徒劳的努力，他们终于相信，单靠理性根本无法明白事物的真正基础；于是，有了德国科学的缜密；于是，有了许多可以解释德国人成功和失败的特性；于是，也许还有了某种顽固和倔强，不愿意放弃陈旧形式的信念；于是，有了神秘主义的倾向；于是，有了标志着德国艺术史的那种不断的斗争——一场为强烈而恰当地表达内容并从审美角度满足高雅和审美要求的斗争、一场胜利永远站在真理一边的斗争。尽管真理朴实无华，一旦形式变成一种欺骗，再美也要被真理战胜；于是，我们看到了音乐的作用，唯有音乐才能表达灵魂那难以言表、难以估量的共鸣；于是，有了德国人对自身使命的信仰。他们相信，万国之中，唯有德国人才能带来真理，才能在美丽形成的空壳之中认识事物的真正价值，才能为正义而正义。除了行为本身的自然结果之外，他

们并不为奖赏而追求正义。

在德国人的作品中，世界被划分为行动的外在王国与意识的内在王国，这样就可以解释在外国人看来原本是充满悖论的东西：一方面坚持说德国人让世人对自由原则有了自觉的认识，另一方面又坚持说德国大众整体上在政治自主方面是相对无能的。按照英国的传统，自由是依照自己的想法行动的权力，是在公共事务管理中实现个人目的的权力。因此，在一个浸润在英国传统中的人看来，这种结合是自相矛盾的。但是，对于德国人来说，这却是很自然的。读者如果受到报纸引文的引导，认为伯恩哈迪是在宣传一种优越力量，那么，他会发现，伯恩哈迪在文章中一直断言，这种德国精神就是自由的精神，就是完全凭知识作出自我决定的精神；德国人“永远是自由思想的标杆”。我们发现，他用来支撑其学说的不是尼采，而是康德关于“经验自我和理性自我”的划分。

伯恩哈迪说：

> 德国的思想生活中诞生了两个伟大的运动，往后**人类的一切知识和道** 155
> **德的进步都必须依赖**这两个运动——即宗教改革和批判哲学。宗教改革打破了教会强加的知识枷锁，这个枷锁遏制了一切自由的进步；《纯粹理性批判》为人类的理智确定了认识能力的限制，从而结束了哲学思考的反复无常，同时指出了真正实现认识的途径。我们时代的思想生活即在这个次级结构下发展而来，其最为深刻的意义在于力图调和自由探究的结果与内心的宗教需求，因此为人类和谐的组织奠定了基础……德国民族不仅为这场争取人类和谐发展的伟大斗争奠定了基础，而且还在这场斗争中一马当先。这样一来，我们便招来了一种未来的责任，而且不能退缩。对于这场人类必须付出最高代价的运动，我们必须准备身先士卒……获此殊荣的，除了德国，别无他国。唯有德国，才能由内在的自我来享受“作为整体给予人类的东西”……正是这种品质，让我们适合成为知识王国的领袖，并**把保持领袖地位的责任强加给了我们**。①②

① 伯恩哈迪：《德国与下一场战争》(*Germany and the Next War*)，第 73—74 页。原文无斜体。

② 这段引文中的楷体为引者所变。——译者

比这些言论本身更重要的是说话的场合和言者的职业。骑兵将军们运用哲学来说明战争教训的，除了德国，我认为其他国家是很罕见的。用《纯粹理性批判》来强化军事准备的意图，除了德国，其他国家很难发现这样的听众。

只有认真对待这些陈述，我们才能理解为应对一种民族危机而在德国出现的舆论倾向。当哲学家倭铿[①]（因对世界唯心主义文学作出的贡献而获得过诺贝尔奖）为德国在世界大战中所扮演的角色进行辩解时，他说，德国人不代表一种排他主义的和民族主义的精神，而是体现了一种人类自身的“普救论”。他道出了一种借助德国哲学唯心主义的普遍解释而在德国思想中孕育出来的信念。
156 与这种基调相比较，将战争美化成一种出于人口增长压力的生存需要，则是一个次生的细节；一旦与其背景剥离开来，断章取义，给人的印象就完全是虚假的。关键是仅从国民的意义上说，德国比任何其他国家更能体现人类的根本原则：与在外部世界彻底仔细的工作结合起来的精神自由，在这个外部世界中，是因果法则占据了支配地位，是忠顺、纪律和服从构成了组织成功的必要条件。也许想一想康德生活、教学和逝世的地方哥尼斯堡（Königsberg）是值得的。哥尼斯堡是东普鲁士的主要城市，是康德早年时从西普鲁士划出来的一个地区，更是普鲁士国王名义上的首都和加冕的所在地。康德一生的哲学事业，基本上与腓特烈大帝[②]的政治事业相吻合。腓特烈大帝把一种思想自由的制度和彻底的宗教宽容与历史上最不同凡响的行政管理和军事效率结合起来。正好，我们这里的讨论可以利用康德所写的一篇小文章，他在这篇文章中触及了这个结合，并且按照他自己的思想阐述了其中的哲学观念。

这篇文章的题目叫做“什么是启蒙运动？”（What is the Enlightenment?）他的回答大体是：启蒙运动标志着人类时代的到来。人类从一种不敢自由思想的未成年的或者婴幼儿的状态，走向了一种敢于运用自身认识能力的成年的或者成熟的状态。这种自由运用理性的力量的成长，是人类事务进步的唯一希望。

---

① 鲁道夫·C·倭铿（Rudolf C. Eucken，1846—1926），又译奥伊肯，德国唯心主义哲学家、生命哲学代表之一，亚里士多德的阐释者，1908年获诺贝尔文学奖。其主要著作有《近代思想的主潮》、《生活的意义和价值》、《精神生活在人类意识和行为中的统一性》、《精神生活漫笔》等。——译者

② 腓特烈大帝（Frederick the Great），即腓特烈二世（德文 Friedrich II von Preußen，der Große，1712—1786），普鲁士国王（1740—1786在位），军事家，作曲家。在他统治时期，普鲁士军事大规模发展，领土扩张，文化艺术得到赞助，使普鲁士在德意志取得霸权。腓特烈大帝是欧洲历史上最伟大的名将之一，而且在政治、经济、哲学、法律甚至音乐诸多方面都颇有建树。——译者

外部的革命不是内在革命或者认识革命的自然表达，因此是没有多少意义的。这种认识力量要出现真正的增长，就必须依靠科学和哲学的不断进步，依靠在大众中逐步传播那些智力超群者的发现和结论。真正的自由是内在的自由、思想的自由，以及与之相伴的传授自由和出版自由。遏制这种理性的自由，"即是一种犯罪，因为遏制的做法违反了人的本性，违反了正好是促成理性启蒙进步的首要法则"。

与这个内在自由王国相对照的，是公民及其政治行为的王国。这个王国的原则 157
是对建立起来的权威表示服从或者顺从。康德用一个下级军人所处的地位来说明这两个王国的本质。这个军人接到一个命令而必须执行，但他的理智告诉他：这个命令是错误的。他在实践王国的唯一责任就是服从——尽职尽责。但如果不是作为国家而是作为科学王国的一个成员，他有权进行自由的探究，并公开发表自己的意见。后来，他可能会把这个事件发生的详情写下来，并根据理智陈述命令中的错误。难怪康德宣布，启蒙的时代就是腓特烈大帝的时代。如果我们推测，他期望行动领域的这种二元论及其自由与服从的双重道德法则会万古长青，那么，对康德就不公平了。通过思想自由的实践，通过公开发表思想并将思想推向整个国家的教育，一个民族的习惯将最终提高到理性的高度；通过理性的传播，政府才不把人当作机器中的螺丝钉来看待，而是按照理性生物的尊严来对待。

在结束这个主题之前，我必须指出理性作用此前被忽视的一个方面。自然界，时间和空间的感觉世界，作为一个认识的对象，是通过理性的立法作用而构成的，尽管构成的材料是非理性的感觉材料。理性的这种决定作用不仅塑造了康德哲学的**唯心主义**，还决定了它对于**先天**(*apriori*)的强调。通过理性，自然才变成了可认识的对象，但理性的功能却不能从经验得到，因为经验的存在依赖这些功能。这种**先天**的问题的细节，远不是我们目前关心的问题。我们这样说就够了：与他的一些继承者相比，康德是一个思想简约的人，他只采用了两种**先天**形式和12个**先天**范畴。但即便是我这样浮光掠影式地讨论康德哲学，我们也不能完全忽视他因为迷恋**先天**范畴而形成的思想方式。

如果遵循前文所引关于日耳曼语言重音位置的重要象征意义，人们就能够 158
说清日耳曼语言书面语中**名词**为什么要大写的深刻意义，以及这种语言丰富的抽象名词的深刻意义了。人们可以想象，作为一般概念和类属词的普通名词性实词的高贵性是怎样孕育了对于知识的尊重。人们还可以想象，一个国家的读者对于一连串的大写词都一一打躬作揖，表示敬意。只有用这样的方式，人们才能大体描绘——但还不是确定——**先天**理性原则所具有的实际意义。

世界大战期间，我好几次听人说，如果不是出于德国为战争进行辩解的理由，他本来是不会太在意德国人的所作所为的。不过，要对人类经验这样一团乱麻作出理性的解释何其艰难。如果掌握为经验立法的先在的理性概念，此项任务就变得简单多了。只要把每一个经验事件纳入适当的范畴就行了。倘若局外人看不到概念与事件的适应性，可以说，他的这种视而不见说明他不适合从事真正的普遍性思维的活动。他大概是一个愚蠢的凭经验办事的人，其思维方式只是看到有形的结果，而不是以先在的理性原则为根据。

因此，我们才会发生这样的情形：德国人通过耗人心力的努力，确定了基本**概念**(*Begriff*)或者**本质**(*Wesen*)，并对所述问题进行合理推演，然后才开始充分讨论道德、社会或者政治的问题。如果由于讨论的对象经验色彩太明显，无法进行这种演绎，那至少要把它放到适当的理性形式下。康德的这种**先天**理性形式与**后天**经验事实的划分是多么地顺手，是多好的资源，不，是多好的武器！就让后天经验事实随心所欲地变得形形色色、混乱不堪吧！总有一种统一的形式可以把后天经验事实纳入麾下。如果经验事实拒不服从理性的规则，它们的处境就更加糟糕。这仅仅说明它们是如何成为经验的。把它们归入理性的形式之下，目的不过是要抑制它们对理性作出非理性的反抗，或者是要消除其不冷不热
159 的中立地位。对它们施加的暴力要多于**先天**理性的恩惠所给予的补偿，而**先天**理性就是上帝在世间的化身。

然而，**先天**范畴也有一些缺点，它带有一种刻板性。对于那些不知道怎样把生硬与力量等同起来的人而言，这种刻板性是很吓唬人的。经验内容要接受它的修正。它有一个最为牢固的信念，即当经验与**先天**范畴相抵触的时候，需要改变的是经验证据。一个**先天**的观念是不接受相反的证据的，对此也没有一个法庭可以进行审判。如果一个倒霉的人恰好上当受骗，把一种偏见或者偏好当成一个**先天**的真理，相反的经验只会使他更加顽固地坚守自己的信念。历史证明，人们把自己的意志强加给别人，以为自己就是上帝的特殊工具和喉舌，这时对人类来说是多么的危险。当**先天**理性取代了天道以后，危险也同样存在。凡立足于经验的真理，其视野都比较狭窄；它们不能像直接源于理性本身的观念那样，激起人们对于这种真理的强烈忠诚。不过，这些真理是值得讨论的，因为它们具

有人性的和社会性的内容，而纯粹理性的真理最终却用一种悖论的方式来逃避其理性的公断。它们躲避经验的逻辑，用近来一位作者的话来说，结果只是成为了一个“狂热的逻辑”的目的物。在遭遇人类反抗的时候，上帝的铁匠铺里打造出来的武器就会变得冷酷和残暴。

生硬的**先天理性**的强迫性特征，还可以表现为另外一种方式。容易引起人们怀疑的是：一个纯粹理性范畴就像是一个鸽子笼。一位美国作家在战前就夸张地评论道：“德国是一种怪异的鸽子笼的组成物，每一个德国人的母亲都把自己的儿子关在各自的鸽子笼里，打上了标记，贴上了标签。德国就如同是一个巨大的衣帽间，政府把寄存牌放到了自己的兜里。”约翰·洛克极力反对那种旧式的**先天**哲学，即天赋观念的学说，他认为这种观念很容易就变成一种堡垒，在其 160
背后，权威可以得到庇护而不受质疑。很早以前，约翰·莫莱[①]便指出了一个毋庸置疑的历史事实，即整个现代自由主义的社会政治运动都与哲学经验主义结成联盟。在这里，也同其他地方一样，很难把原因与结果分得清清楚楚。但是，人们可以非常有把握地说，科层严格、等级森严的国家会受僵硬的范畴哲学的吸引，而一个灵活开放的民主社会则是以一种不加掩饰的经验主义来展现其自由追求。

有一个传闻大意是：哥尼斯堡相当多的市民习惯按照康德散步的时间来校准自己的钟表——因为康德非常准时。只要听从条顿人的诱惑，从外部事件中去寻找内在的意义，人们就想弄明白，自康德以降，德意志思想是否已按照康德的标准来校准德国的知识与精神时钟：关于内在王国与外在王国的划分，一个王国讲自由与唯心主义，另一个王国讲机械论、效率和条理。一位德国哲学教授说过，拉丁民族生活在当下，德国人则生活在无限与不可言表之中。他的这个说法（虽然我不知道他是不是这个意思），完全没有道理。但有一点似乎千真万确，那就是德国人比别的民族更容易让自己从生活的紧急关头隐退到**内在世界**，因为**内在世界**似乎是无边无际的；而且除了用音乐和诗歌就无法成功地表达出来，德国的诗歌脆弱而温柔，时而世俗，时而抒情，但总是充满了神秘的魅力。但是，技术的观念，关于手段和工具的观念，可以随时被外化，因为外部世界实际上就是这些观念的永久家园。

---

① 约翰·莫莱（John Morley，1838—1923），英国政治家、文学家，曾任记者、报刊编辑，最高职务任印度事务大臣、枢密院议长，著有《伏尔泰传》、《卢梭传》等。——译者

2.

德国的道德哲学和政治哲学

161 对于那些不熟悉康德哲学的人来说，要从康德的著作里挑选出他们能够理解的句子，往往是很困难的，除非对它们逐字地进行加注。就展现德国的**彻底性**(*Gründ lichkeit*)而言，他的著作是一个极好的知识**领域**(*terrain*)。不过，我还是要冒昧引用一句话，好让大家立刻回想到前一讲的主要内容，然后再转到这一讲的主题上来。

> 即使是在自然观的感觉王国与自由观的超感觉王国之间，固定着一条深不可测的巨大鸿沟，以至于我们不可能从第一个王国进入到第二个王国(这至少需要凭借理性的理论的发挥)，仿佛它们是两个分开的世界。第一个王国不能影响第二个王国——然而，第二个王国**意味着**可以影响第一个王国。自由观意味着，要在感觉的世界里实现由自由法则所提出来的目标……

这就是说，自然因果律支配的时空世界与自由和责任支配的道德世界之间的关系是不对称的，前者不能闯入后者的领地。但是，道德立法的根本就是要去影响感觉的世界，其目标是在感觉世界中达到自由的理性行动。这个事实决定了康德的道德哲学和国家哲学。

康德的崇拜者宣称，是康德首先肯定了人格原则的真实性和无限性。一方面，每个人都是**独特的人**(*homo phenomenon*)——就像受到自然法则支配的石头和植物一样，也是自然系统的一个组成部分。但是，由于人在超感觉的法则和目的的王国里享有的公民权，使得他达到了真正的普遍性。他不再是一个纯粹发生的事件。他是一个大写的人——一个人类为之追求的典范。在英美著作里， 162
主观和主观主义这两个词通常带有轻蔑的色彩。但是，在德国文献中恰恰相反。这就使得主观主义的时代与个人主义的时代形成鲜明的对照，与之前屈从于外部权威的时代形成鲜明的对照，大体说来，主观主义时代的开端是与康德思想的影响同时发生的。个人主义意味着孤立，它表明了人与人以及人与世界的外在关系；它用数量化和整体与部分的方式来看待世界。主观主义是对自由人格原则的肯定：创造性的自我并不关心一个受制于外部力量的外部世界，而是要通过自我意识在自己的内部发现一个世界；他在自身中发现普遍性的东西，努力在曾经的外部世界中间重新创造一个自我，并通过自己在工业、艺术、政治领域的创造扩张，把原本有缺陷的材料变成自己的作品。尽管康德没有使用这种主观主义特有的感伤、神秘和浪漫的辞藻，但我们在思考他的伦理学说的时候，还是不要忘了主观主义。人格意味着人是一个理性的存在，他不接受那种由外部形成其行动法则的结果——不论这个外部是自然、国家还是上帝，但他接受那种由他自身的自我来形成行动法则的结果。道德是自主的；人和人性就是目的本身。服从自我强加的法则，这将把感觉世界（其中的一切社会的联系都源于自然的本能或者欲望）转变成一种适合普遍理性的形式。我们可以这样来解释上面那段引自康德的话。

责任的准则具有一种振奋人心的光环。人们很容易把责任描述成一切道德原理中最高尚和最崇高的。将自私的欲望和个人的偏好就范于严格而高尚的责任的命令，还有什么比这种意志更符合人性呢？还有什么比这种意志更能把人和动物区分开来呢？如果说命令的观念（不可避免地与责任观念相伴随）不幸地暗示了法律权威、痛苦、惩罚、屈从于下达命令的外部权威，康德似乎已经提供了最终的矫正之法：他坚持责任是自愿承担的。道德命令由高级的、超自然的自我 163
强加给低级的经验自我，由理性的自我强加给具有激情和偏好的自我。德国哲学喜欢对立，但对立通过更高的综合得到调和。康德的责任原则就是自由与权威这两个看似矛盾的观念得到调和的鲜明例证。

然而不幸的是，这种平衡在实践中无法保持。康德信奉的逻辑使得他强调说责任的概念是空洞的和形式的。它告诉人们，尽义务是自己最高的行动法则，可是一谈到人的责任具体是什么便不做声了。康德还坚持认为，就像他在逻辑上必须如此一样，衡量责任的动机完全是内在的，纯粹是内在意识的问题。如果承认在具体情况下决定什么是责任的时候可以考虑结果，那么，这无异于向经验的感觉世界让步，这个让步对于康德理论来说是致命的。人的行为完全发生在外部的和经验的领域，在这样一个世界里面，把纯粹的内在性和纯粹的形式主义这两种特征结合起来，将会导致严重的后果。

通过一段引文，也许可以理解这些后果的危险性。这种理解虽说是间接的，但却是最为恰当的。

> 法国人民揭竿而起，向精神与世俗的暴政进行猛烈的反抗，砸碎了身上的锁链，宣布了自己的**权利**；与此同时，普鲁士却在进行另一场完全不同的革命——即**责任**的革命。追求个人权利最终将导致个人不负责任，导致国家的倒台。批判哲学的创始人伊曼努尔·康德在反对个人权利观时，宣讲了道德责任的准则，而沙恩霍斯特[①]抓住了普遍兵役的观念，他号召每一个人为了社会利益而牺牲财产和生命，从而最清楚地表达了他们的国家观念，创造了一个个人权利可以依赖的牢固基础。[②]

仅仅通过一个逗号，从道德责任的准则突然跳到普遍兵役，这对于一个美国
164 读者所产生的冲击远不及其中的逻辑。当然，我的意思并不是说康德的学说导致普鲁士建立了普遍兵役制度，并使个人幸福和行动自由完全服从于国家这个被大写化的实体。我的意思实际上是说，现实的政治情形需要普遍兵役，以维持并扩大现在的国家；这时，缺乏内容的责任准则自然有助于圣化和美化现行国家秩序可能规定的那些具体责任。责任观念必须在某个地方找到其内容，或者是主观主义恢复到无政府主义的或者浪漫主义的个人主义（它决不会服从权威的法则），否则，其相称的内容就在于听从上级的命令。具体说来，国家的命令的东西就是对一个纯粹内在的责任观念的令人愉快的外在填充物。至少迄今为止，还没有听说腓特烈大帝和忠实贯彻其政策的霍亨索伦王朝实施过专制暴政，这

① 格哈德·约翰·达维德·冯·沙恩霍斯特（Gerhard Johann David von Scharnhorst，1755—1813），普鲁士将军，提出近代总参谋部体制，制定军队训练的“速成制度”。——译者

② 见伯恩哈迪：《德国与下一场战争》，第63—64页。

是一种开明的专制，因此比较容易达到内外的统一。从古至今，在一些重要的时代，个人往往为了国家的利益而牺牲了他们的生命。在德国，无论在战争年代还是在和平时期，一种内在的神秘的责任观念把人升华到了普世与永恒的高度，从而系统地强化了这种牺牲的意义。

总之，高尚的责任准则是有其缺陷的。跳出神学的和康德的道德传统，人们一般都同意责任是相对于目的而言的。道德的原则是通过履行责任来实现某种目的或者某种利益，而不是为了什么义务。理性的事业是要确保人们为之奋斗的目标和利益是合理的——也就是说，在情况允许的情况下，其结果应该是广泛而公平的。基于善恶结果考量的道德，不仅承认而且迫切要求运用心智去区别对待各种情况。责任的准则与经验的目的和结果相分离，往往容易阻塞心智。为了确定责任来源于一种内在的意识，它取代了在广泛分布的行为结果中所呈现出来的理性作用；其实，这种意识空洞无物，而且还用合理的形式来掩饰现存社会权威的种种需要。如果一种意识不以人的福祉为基础，不去考量检查实际 165
的结果，从社会的角度说，就是一种不负责任的意识，它只是带有理性的标签而已。

倭铿教授所代表的这种唯心主义哲学，对于不折不扣的康德信徒来说，是完全不能接受的。不过，只有在康德重要思想流行的地方，这种伦理观念才会欣欣向荣：

> 当正义仅仅被看作是获取人类福利的一种手段的时候——无论这个福利是个人的还是全社会的，并无本质的区别——正义便完全失去了它所有吸引人的东西。它不能再驱使我们从正义的立场去看待生活；不能改变事物的现有状态；不能用一种原始的激情力量来左右我们的心，并且与那种不可抗拒的精神冲动的种种想法相抵触。结果，正义退化为温顺的功利的仆人；它要适应功利的需要，并在这种适应中遭致精神上的毁灭。只有作为我们人类世界**精神生活**的唯一启示而出现的时候，只有作为一个超越了一切利益考量的高尚**存在**而出现的时候，正义才能保持其自身的存在。[①]

---

① 倭铿：《生活的意义和价值》(*The Meaning and Value of Life*)，吉本译，第104页。

这样的文字能够在许多人的心中唤起感情的共鸣。不过，这样的情感一旦放任自流，便会扼杀心智，削弱心智在促进现实生活福利中的责任。如果把正义视为实现全社会福利之手段（手段前面加上“唯一”更有说服力），正义便失去了自己的一切特征，那么，正义就根本没有客观的和可靠的标准可言了。一种正义，无论其是否能决定社会的福利，如果宣称自己是一种具有原始激情的那种不可抗拒的精神冲动，那么，它不过是一种披着精神外衣的原始激情；之所以披着这件衣服，是为了免受自圆其说之苦。在事物的发展过程中，它只被当作是一种情感的放纵；在重要的历史关头，它表现为心智向激情的投降。

166 前面（从伯恩哈迪）引用的一段话，用德国的责任原则去反对法国的权利原则。德国的思想界喜欢这种对比。杰里米·边沁[①]之辈还发现，在法国大革命中诞生的“人权”流于空谈，对暴政有利，于自由无益。这些权利就像责任一样，是先天的原则，来自假设的人性或者人的本质，而不是作为权宜之计来采纳，以便进一步通向进步和幸福的体验。不过，人的权利至少还是互惠的，而责任的观念却是单向的，体现的是命令和服从。权利具有社会性，讨人喜欢，符合法国哲学的精神。如果采用比法国大革命的理论更具体的理论来解释，这些权利是可以讨论和权衡的，也多少允许妥协和调整。这也是英国思想在道德方面的独特贡献——即主张明智的利己主义。这并不是终极的观念，但这种观念至少使人在脑海里呈现出商人讨价还价的图画，而绝对命令却使人想到出操的军士。伦理的讨价还价要人们放弃一些想要的东西，才能得到另一些东西。这不是最崇高的一种道德，但从社会的角度来看，至少是负责任的。“给予才能回报”，这至少比较容易把人们聚集到一起。这种道德促进人们达成一致。这种道德要求思考，要求讨论；但却是来自上级权威的声音所不能容忍的；这是一个不可饶恕的罪状。

讨价还价、互通有无、皆大欢喜的道德规范，在某个遥远的未来可能会寿终正寝，但迄今为止，这些道德规范在生活中发挥了巨大的作用。德国伦理学打着纯洁的道德唯心主义的旗号，大肆嘲笑注重实际动机的理论，在我看来，这有点奇怪。置身一个具有高度审美情趣的民族，才可能理解这种明目张胆的轻蔑。

---

① 杰里米·边沁（Jeremy Bentham，1748—1832），英国哲学家、法学家和社会改革家。他是最早支持功利主义和动物权利的人之一，也是颇具影响力的古典自由主义者之一，著有《政府论片断》、《道德和立法原则导论》等。——译者

但是，如果一个咄咄逼人的商业国家完全从服从天职的动机出发来进行商务和战争，人们就会被唤醒，就会感到不安，就会怀疑这是一种被压抑了的“心理综合征”。当尼采说“人类并不渴望快乐；只有英国人才这样”的时候，我们对这个彬彬有礼的批判置之一笑。但是，如果一个人宣称把不在乎幸福当作对行动的一 167
种检验，那么，他履行原则的方式便是不幸的了，因为这种方式会造成他人的不幸。那些人宣称不在乎自身幸福，对其诚意的彻底性，我心存疑虑。但是，如果轮到是**我的**幸福这个问题的时候，对于他们的诚意，我应该非常肯定。

康德道德哲学中的一种观念，势必引导着一种社会的和国家的哲学。莱布尼茨是德国启蒙运动哲学的重要创始者。和谐是这种哲学的主要思想，表现为自然与自身的和谐、自然与智慧的和谐、自然与人类道德目标的和谐。尽管康德是启蒙运动真正的儿子，但是他关于**理性**立法的彻底二元性的学说却终结了德国启蒙运动沾沾自喜的乐观精神。康德认为，道德绝不是自然作用的产物，而是人类自觉的理性征服自然的成就。最终和谐的理想还在，但这个理想必须通过与人类的自然力量进行斗争才能赢得。他与启蒙运动决裂最显著的表现，就是他否认了人性的本善。正好相反，人的本性是恶的——这是原罪教义在他的哲学中的体现。他并不是说激情、爱好、感觉本身就是恶，而是说它们夺取了责任的主权，而责任是人类行动的**驱动**力。于是，道德就是一场无休无止的战斗，它要把人的一切自然欲望转化为完全受理性的法则和目的支配的意愿。

即便人类遵循其友好的和社交的本能，由此而找到道德规范和组织有序的社会基础，但这样的本能也还是受到康德的谴责。作为一种自然的欲望，这种本能总是想非法控制人的动机。它们是人的自爱心的部分表现：一种企图把幸福变成支配行动目的的非法倾向。人与人的自然关系是一种非社会的社交性关系。一方面，自然的联系迫使人走到一起。个体只有在社会关系中，才能培养自己的能力。另一方面，他们刚走到一起，分裂的倾向就出现了。与人联合刺激了人们的虚荣与贪婪，也刺激了人们去获取超过别人的权力；可是，一旦把个体隔 168
离起来，这些特征便不可能出现。然而，较之友好和社交的本能，这种相互的对立却能更有力地促使人类从野蛮走向文明。

> 如果没有这些导致人类彼此冲突的令人讨厌的特性，个人就可以凭借其所有潜在的和有待发展的特殊能力，生活在完全的和谐之中，生活在满足

和互爱之中。

总之，人类就会一直生活在卢梭所描写的那种自然状态的天堂之中，

当卢梭说他宁要野蛮状态而不要文明状态的时候，也许他是对的。前提是如果我们不要去描述人类注定要达到的最后一个文明阶段。

可是，既然文明环境只是自然状态与真正的或者理性的道德状态之间的一个中间状态，而人类注定要上升到道德状态，那卢梭便错了。

然而，我们应该感谢自然所带来的非社会性、虚荣心的恶意竞争，以及对于权力和财富的贪得无厌的欲望。

这些话摘自康德题为《作为一种普遍历史的观念》(Idea for a Universal History)的论文，这对于我们理解后来德国思想中最典型的两个特征特别重要，也就是关于**社会**与**国家**、**文明**与**文化**之间的区别。最近，人们在使用**文化**(*Kultur*)这个词的时候遇到很多麻烦，但是，如果我们认识到，德语的*Kultur*与英语的culture除了发音相近之外，其实并没有多少共同之处，那么，这样的麻烦便迎刃而解了。*Kultur*在意思上与civilization(文明)形成了鲜明的对照。文明是一种自然的、无意识的或者不由自主的发展过程，也就是说，文明是在人们共同生活中伴随需求而出现的副产品。总之，文明是外在的。另一方面，文化则是刻意的和自觉的。文化不是人的自然动机的结果，而是经过内在精神改变之后的自然动机的结果。当康德说卢梭宁要野蛮状态不要文明状态并没有错时，他
169 已作出区别。因为文明仅仅指的是社交上的体面、优雅及外在的礼节，而道德作为达到理性目标的准则，对于文化则是必不可少的。康德补充说，文化涉及内心生活的教化，而这种教化要经过漫长的艰苦历练；要掌握文化，个人必须依靠个人所属社会的长期努力。这时，"文化"这个词的真正涵义就变得愈发明显了。文化首先不是一种个人的特质或者财富，而是社会通过个人奉献"责任"来实现的。

在近来的德国文献中，从字面上看，文化与文明的区别更加明显了；这种区别更加强调文化的集体性或者民族性。文明是外在的和不受自我意识目的支配的。

文明包括这样一些东西，比如在自发性口头表达中的语言、贸易、习惯的举止或者礼节、政府维持治安的活动等。**文化**包括用于更高的文学目的的语言、作为改善国民生活环境而不是使个体致富之手段来追求的商务、艺术、哲学[特别是无法翻译的那个东西，即**世界观**(*Weltanschauung*)]、科学、宗教，以及国家在培养和增加其他形式的国民天才方面所开展的活动，也就是国家在教育和军队方面的所作所为。俾斯麦[①]参照罗马天主教通例而进行的立法被不恰当地称为**文化斗争**(*Kultur-kampf*)，因为人们认为，这个立法体现了两种格格不入的生活哲学的斗争，一方面是罗马的或者意大利的，另一方面是纯粹德意志的。而这个立法不单单是政治权宜之计的一个措施。于是，类似胶州湾[②]这样的贸易站和军事据点就被堂而皇之地称为“条顿**文化**的丰碑”。眼下打得正酣的这场战争被视为一场伟大的精神斗争的外在体现，在这场斗争中，岌岌可危的是德国人在哲学、科学和一般社会问题上所信奉的最高价值，即“德国人特有的那些感觉和思维的习惯”。

在区分社会与国家时起作用的也是这些动机，它们在德国思想中几乎是司空见惯的。英美著作总是用国家来指社会更加组织有序的方面，也可以与政府
划等号，即作为一个特殊的机构，为了相互关联的人们的集体利益而运转。可 170
是，在德国文献中，“社会”是一个技术层面的术语，指的是经验的东西，也就是说，是外部的东西；国家就算没有公然承认是神秘的和先验的东西，至少也是一个道德的实体，是自觉的理性活动的创造，它代表着国民的精神和理想的追求。国家的功能是文化的和教育的。即便是在介入物质利益的时候，如在规范法律诉讼、弥补法律漏洞和保护性关税等方面，国家的行动最终具有一种伦理意义，其目的是推进一种理想的社会。谈到战争的时候，如国家之间的战争而不仅仅是王朝更迭或者偶然的战争，情况亦是如此。

社会是人的利己本性的一种表示；人的本性是追求个人的好处和利益，它的典型表现就是竞争性的经济斗争，以及为了荣誉和社会声望而进行的斗争。这些斗争是自然发生的；但是，国家的责任就是对这些斗争实施干预，以便使这些斗争有利于普遍理想的实现。这样，国家的力量或者权力就显得十分重要了。

---

① 奥托·冯·俾斯麦(Otto von Bismarck, 1815—1898)，19世纪最卓越的政治家之一、普鲁士王国首相、德意志帝国宰相，人称“铁血宰相”、“德国的建筑师”、“德国的领航员”。——译者

② 1897年，德国派舰队强占中国的胶州湾。清政府被迫同意将胶州湾租给德国，并允许德国持有在山东修筑铁路、开采矿山等特权。从此，山东成为德国的势力范围。——译者

与其他形式的力量不同，国家的力量有着神圣的意味，因为它代表了一种奉献的力量，即为维护传播精神的、道德的、理性的至善而奉献力量。唯有通过反对人的个人的目标，才能维护这些绝对目标。通过冲突来消除纷争，这是放之四海而皆准的道德法则。

这种政治哲学在康德的著作里只是初见端倪，他依然受到18世纪个人主义的掣肘。在他看来，一切法律和政治的东西都是外在的，因此处在内在动机之严格的道德王国之外。然而，他并不满足于把国家及其法律完全作为非道德的问题而弃之不顾。按照康德的观点(显然，他遵循了霍布斯的思想)，人的自然动机是热爱权力，热爱财富，热爱荣耀。这些动机是利己的，它们总是出现在争斗之中——处在一切人反对一切人的战争之中。尽管这种争斗状态无法也不可能侵入责任的内在王国和道德动机的王国，但却代表了一种政治体制；在这种体制之
171 下，不能用理性法则来征服感觉世界。因此，凡具备他所说的理性或者普遍能力的人，都渴望一种和谐的外部秩序，这样才能至少使理性自由所要求的行为站住脚。这种外部秩序就是国家。国家的职责不在于直接促进道德自由，因为这一点唯有道德意志才能做到。国家的职责是防止那些阻碍自由的力量的出现：建立一个外部秩序的社会环境，让真正的道德行为逐渐演化为一个人性的王国。这样一来，尽管国家并不直接诉诸道德行动(因为对动机施压在道德上是荒唐可笑的)，但是有一个道德的基础和一个基本的道德功能。

迫使人类建立国家的正是“神圣不可侵犯的”理性法则，而不是什么自然的合群需要，更不是权宜之计的考量。国家对于人类实现自身道德的目的是必需的，道德的目的并不是进行革命。推翻并处决君王(康德脑子里显然想到了法国大革命和路易十六)“与神学家说的那种反对圣灵的罪行一样，是一种永世的、万劫不复的罪行，今生与来世均不得赦免”。

康德不愧是18世纪的产物，在感情上，他是一个世界主义者，而不是一个民族主义者。因为人类作为一个整体，其普遍性完全对应于理性的普遍性，他高举的是一个最终的共和联邦的国家理想。他是最早宣布有可能根据这种人类的联盟在国家之间建立起永久和平的人之一。

然而，在法兰西共和国发起战争之后，拿破仑统治对欧洲形成的威胁宣告了世界主义的结束。德国是这些战争的最大受害者，它的软弱无力主要是因为它的四分五裂、小国林立、缺乏统一。显而易见，正是在被分为若干小国家的德国，

唯有普鲁士这个强大的中央集权力量能够使德国免于亡国灭种，因此随后德国的政治哲学便立足康德留下的、有些含糊的道德立场来挽救国家的观念。国家 172
是一种道德上绝对必要的东西，但国家的行动却缺乏内在的道德品质，既然这是一种反常的现象，这个学说便需要一种理论将国家变成最高的道德实体。

费希特[①]标志着这种转变的开始；在他的著述里，很容易看到1806年前后关于民族主义国家的不同看法。1806年的耶拿战役[②]，德国一败涂地，颇为丢脸。自费希特的时代起，德国这种国家哲学便与历史哲学糅合在一起，这样看来，我把后面这个题目留到下一节有些武断。因此，我将尽量不严格按照原来的划分方式进行阐述。

我已经提到这样一个事实，康德放宽了自由道德王国与自然感觉王国之间的界限，这足以使我们断言前者是用来影响并最终克制后者的。通过在自然中引入这样一个小小的缝隙，费希特改写了康德哲学。首先要把感觉世界看作是自由的、理性的和道德的自我所创造的物质，自我创造物质是为了充分实现自己的意志。费希特渴望一种不再折磨康德的绝对统一，除了提到过的那种让步之外，让康德纠结的就是两种理性立法活动的完全分隔。费希特还是一个极端强调行动的人，这种秉性使他确信理论知识从属于道德行动。

由于篇幅有限，很难像论述康德那样对费希特的哲学作一个充分的勾勒。对他而言，理性是意志的表达，而不是(像康德那样说)意志对行动来说是一种理性的应用。“*Im Anfang war die Tat*”(**起初是行动**)，这是一个合适的费希特主义的表达。康德继续延用**理性**这个词通常的意义(只按照他那个世纪的唯理主义流行的方式作了修改)，但费希特开启了一种转变，最终形成了后来的德国的唯心主义。如果说自然界和人类关系社会是理性的表达，理性就必须是这么一 173
种东西，就必须具备这么一些特性，否则便无法解释这个世界，无论这个理性观念怎样使我们远离“理性”一词的寻常意义。对于费希特而言，有一个公式最恰

---

① 约翰·戈特利布·费希特(Johann Gottlieb Fichte，1762—1814)，德国哲学家。他是德国唯心主义哲学的主要奠基人之一，往往被认为是连接康德和黑格尔两人哲学间的过渡人物。他被一些人认为是德国国家主义之父。著有《对一切启示的批判试论》、《自然法权基础》、《人的使命》、《对德意志民族的演讲》等。——译者

② 耶拿战役(the Battle of Jena)，又称耶拿-奥尔施泰特战役，拿破仑战争中的一次战役，发生在1806年10月14日。普鲁士-萨克森联军在此次战役中遭到彻底失败，导致拿破仑一世完全征服普鲁士。——译者

当地描述了他所感兴趣的这个世界及其生活的这些方面，这个公式就是努力通过战胜困难、克服对立来达到自我实现。这样一来，他的理性公式就是一个意志；意志先“设定”自身，然后按照顺序“设定”自己的对立面，再通过进一步的行动使得对立面屈服，并最终达到自己的自由。

这种行动和责任优先的信条来自康德，它相信通过道德的自主可以对抗各种阻碍（终究还是这些阻碍在促进这种道德自主）从而获得自由，这种说法或多或少有些道理。我们还可以看到，这种信条能够得到传播是因为利用了高尚的道德热情，这种热情又与四分五裂和惨遭践踏的德国的困难以及需要联系起来。费希特把自己当作是路德和康德事业的继承者。他最后的“知识学”把德国人民从世界各族人民之中提升出来，单单让其拥有绝对自由的观念和理想。这就是德国学者和德国国家的独特命运。为人类的精神解放事业贡献力量，这是德国的科学与哲学的责任与使命。康德指出，人的行为应该逐渐受到一种理性精神的感染，最终应该达到一种内在思想自由与外在行动自由的平衡。费希特的学说要求加快这个进程。业已达到绝对自由和自主活动意识的人，一定渴望在自己的周围看到同样自由的人们。一个真正的学者，不仅是知道什么而且要弄清知识的本质，即知识作为一种显示上帝的地位和作用。于是，在一种独特的意义上，他就是上帝在尘世中的直接显现——真正的牧师。他的牧师作用，体现在让别人认识到道德自由的创造性。这是教育的尊贵之处，它受那些具有真正哲学洞察力的人的指导。

174 费希特把这种观念具体应用到他自己的国家和时代。究其原因，当时德国备受屈辱的状况是因为利己主义、自私自利和排他主义横行，事实是人们把自己降低到了靠感官生活的层面。德国人的这种堕落更为恶劣，因为无论是通过自然的方式还是历史的方式，德国人比别的民族更能认识到理想和精神原则以及自由原则是万物的基础。德国政治复兴的关键，在于通过教育来实现道德与精神的复兴。面对政治分裂，要在道德统一中去寻求政治统一的关键。本着这种精神，费希特宣传他的《对德意志民族的演讲》(*Addresses to the German Nation*)。本着这种精神，他与人联合创办了柏林大学，并积极推进由施泰因[1]

---

① 卡尔·施泰因(Karl Stein, 1757—1831)，19世纪普鲁士王国民族主义和民主主义政治家、改革者，法国大革命的同情者，曾任普鲁士国王腓特烈·威廉的首相。——译者

和洪堡[①]引入普鲁士生活的种种教育改革。

国家是一个承担着重要道德职能的根本性的道德存在，这种思想就很接近费希特的这些观点。教育是促进人类实现自身完美性的特定手段。教育正是国家的职责所在。这个三段论自成一体。但是，国家为了贯彻其教育及道德使命，不仅必须拥有组织机构和最高权力，而且必须控制环境，这些环境保障为那些构成国家的个体所提供的机会。借用亚里士多德的话来说，人首先要活命，然后才能高尚地生活。有保障生活的首要条件，是要保证每个人都能够通过自己的劳动得以活命。无此，则使道德自主成为笑柄。除了教育使命，国家的职责是关心财产，而这个职责意味着要确保财产受保护、人人有财产。此外，财产并非仅仅是物质财产。这是具有深刻的道德意义的，因为这意味着让物质从属于意志。这是实现道德人格的必然要求：用自我来征服非我。既然财产不仅指的是拨给财产，而且是一种由社会来承认和批准的权利，那么，财产便有了一个社会的基础和目标。财产所表达的不是个体的利己主义而是普遍的意志。这样一来，财产观念和国家观念的根本便在于：所有的社会成员都有拥有财产的相同机会。 175
因此，国家的责任就是要确保每一个成员都有工作的权利和从工作中得到回报的权利。

正如他在题为《封闭的工业国家》(the Closed Industrial State)一文中所表达的那样，结果是诞生了立足于道德和理想而非经济考量的国家社会主义。为了让人们能够真正得到发展自身道德人格的机会，必须保障他们的工作权利和通过劳动换取温饱生活的权利。这在一个竞争性的社会中，是不可能实现的。工业必须完全由国家来管理，作为实现道德意志手段的这些必需的劳动权利和得到舒适安全生活的权利才能得到保障。但是，一个实施自由对外贸易的国家，将会使自己的劳动者任由外国合约条件摆布。因此，出于保障自身公民的需要，国家必须控制甚而废除对外商务。终极的目标是建立一个符合人性的普遍国家，一个人人皆可自由行动的国家。没有国家保障的权利，也就没有国家强加的义务。但是，在这个世界主义和哲学上的无政府主义出现之前，我们必须经过一个民族主义的封闭国家的阶段。于是，在费希特和康德之间出现了一个不可逾越

① 威廉·洪堡(Friedrich W. Humboldt, 1767—1835)，德国语言学家、哲学家、教育改革家，柏林洪堡大学的创始者。洪堡被看作是德国文化史上最伟大的人物之一。——译者

的鸿沟，后者的道德个人主义变成了一种伦理社会主义。唯有在自我或者人格的范围里，唯有在这个范围里面，人才能获得道德理性和自由这一康德视为人的与生俱来的权利。唯有通过国家的教育活动，唯有让国家完全控制国民的工业活动，个体潜在的道德自由才能变成确定的现实。

如果说我用了大量的篇幅来谈费希特，原因并不是因为他对现实甚而对思想产生了直接的影响。他并没有创立什么学派。他的哲学体系不仅太个人化而且太形式化。不过，他所表达的观念从其体系的特殊语境被抽出来，融入到了有教养的德国人的思想之中。海涅在谈到各种思想体系流行的情况时，意味深长地说道："国家对于履行其使命的要求有一种本能的预感。"

176 费希特的思想通过许多裂缝渗透进去了，比如社会主义者罗德贝尔图斯[①]和拉萨尔[②]就深受他的影响。拉萨尔因为《工人纲领》(*The Working Man's Programme*)受到刑事起诉时，他向控方回答说：他的纲领是一种独具特色的哲学言辞，因此受到宪法关于科学及其传授的自由条款的保护。下面就是他提出的国家哲学：

> 国家是在一个道德整体中个体的统一与合作……因此，国家基本的和内在的目标就是推进积极的方面，促进人类生活的进步和发展。国家的职能是制定出人类真正的目标，也就是说，使得人性能够在文化上得到充分的实现。

他用赞同的态度引用了下面这段话：

> 国家的概念必须加以扩大，以便使国家有所作为，从而保证人类的一切美德都可以得到充分的实现。

如果说他与费希特有什么不同，就在于他主张既然劳动阶级是道德完善最直接诉诸的对象，那么，劳动者在国家这个现实功能的发展过程中间就必须占据

① 卡尔·约翰·罗德贝尔图斯(Karl Johann Rodbertus, 1805—1875)，德国经济学家、社会主义者，对社会改革作出了保守的诠释，有助于普鲁士议会通过社会立法。——译者

② 费迪南德·拉萨尔(Ferdinand Lassalle, 1825—1864)，德国早期工人运动活动家，机会主义代表人物之一，"全德工人联合会"创始人。——译者

一个带头的位置。

泛神论是哲学的一个绰号，应该慎重地使用；一元论的说法也是如此。将费希特的体系称作伦理的泛神论和一元论，并没有说出多少有启蒙意义的东西。可是，经过随意的解释，对照19世纪上半叶德意志的精神特征，这样的称呼可能具有极其重大的意义。这是因为，它为预感德意志在履行自己的使命时需要什么提供了一把钥匙。

凡是研究德国的历史学家都知道，德意志统一并发展成为一个外部强大和内部繁荣的伟大国家，与其他国家的不同之处在于，这种统一和发展是由里向外而形成的。借用朗格[①]的话说，“我们国家的发展是从最理想的东西开始的，然后是越来越接近现实”。黑格尔和海涅都认为，与法国大革命和拿破仑的成功同时出现的，是德国的一场哲学革命和建立起来的知识帝国。你们可以回想一下，当拿破仑最终走向失败而欧洲被瓜分的时候，在人们的眼中，德国不过是一个幻象的王国。然而，这个无足轻重和软弱可欺的王国变成了一个强大的国家。经 177
过普鲁士政治家们的努力，再加上德国学者们的支持，这个王国被建造在一个坚实的土地之上。精神的和理想的德意志与现实的和务实的普鲁士合为一体。正如撰写《德意志帝国的缔造》(*The Founding of the German Empire*)的历史学家冯·济贝尔[②]所说：

> 德国被自己的四分五裂毁于一旦，而且把普鲁士也拖入了分裂的深渊。众所周知，征服者曾疯狂地想要彻底消灭普鲁士；如果此事真的发生，那么，易北河由西往东，不仅是政治上的独立，而且德国的精神、德国的语言和习俗、德国的艺术和学问等——都将被外国人所消灭。正当人人都在敬仰康德和席勒[③]的时候，在崇拜歌德那包罗万象的杰作《浮士德》(*Faust*)的时候，

① 弗里德里希·阿尔贝特·朗格(Friedrich Albert Lange, 1828—1875)，德国唯心主义哲学家，早期的新康德主义代表之一。其主要著作有《唯物主义史》等。——译者

② 海因里希·冯·济贝尔(Heinrich von Sybel, 1817—1895)，德国历史学家，创办德国《历史季刊》。其主要著作有《法国大革命时期的历史》、《威廉一世创建德意志帝国史》等。——译者

③ 约翰·席勒(Johann Schiller, 1759—1805)，德国18世纪著名诗人、哲学家、历史学家和剧作家，德国启蒙文学的代表人物之一。席勒是德国文学史上著名的“狂飙突进运动”的代表人物，也被公认为德国文学史上地位仅次于歌德的伟大作家。其主要著作有《三十年战争史》、《华伦斯坦三部曲》、《威廉·退尔》、《威廉·迈斯特》、《欢乐颂》等。——译者

在承认亚历山大·冯·洪堡[①]的宇宙论研究和尼布尔[②]的《罗马史》(*Roman History*)开创了欧洲科学知识新纪元的时候,有人看到了这个致命的危险。在这种知识的成就面前,德国人感觉到自己要比征服者拿破仑及其伟大民族更高一等;因此,普鲁士的政治利益与拯救德意志民族的行动是完全吻合的。施莱尔马赫的爱国布道,费希特对德国大众发表的激动人心的演讲,洪堡光荣地缔造起来的柏林大学,这一切都加强了普鲁士的国家力量;与此同时,沙恩霍斯特招募的军人和民兵也投入到捍卫德意志荣誉和习俗的战斗之中。每个人都感到,如果普鲁士不采取行动,德意志这个民族便不复存在;如果整个德国不能够独立,普鲁士也不会有安全的保障。

就像在中世纪一样,把德意志所有地区最富有活力的一群人聚集到这个古老的殖民地上,这是多么不同凡响的远见卓识啊!因为无论是施泰因,还是他的追随者哈登贝格[③],还是沙恩霍斯特将军、布吕歇尔[④]将军、格奈森瑙[⑤]将军,还是尼布尔、费希特、艾希霍恩[⑥]等作家,还有许多可能被提到的其他人,他们都不是在普鲁士出生的;然而,由于他们的思想都以德意志为中心,他们变成了忠诚的普鲁士人。德意志这个名字曾经被人从欧洲的政治版图上抹掉,但一想到自己是一个德国人,从未见过如此多的人那么激动过。

于是,在德意志生活最靠东的边境上,在似乎毫无希望的困境之中,德国统一的思想,经过多少世纪的沉睡,现在终于焕发出新生。起初,这个思
178 想专属那些时代的伟人,而且一直是有教养阶级的无价之宝;但是,它开始在年轻的一代当中广泛传播……然而,打败强大的拿破仑比把二元论和个人主义的德国情感变为国家统一的精神更加容易一些。

---

① 亚历山大·冯·洪堡(Alexander von Humboldt, 1769—1859),德国著名的博物学家、发现者、植物地理学的创始人,是威廉·冯·洪堡的弟弟,著有《宇宙》等。——译者

② 巴特霍尔德·G·尼布尔(Barthold G. Niebuhr, 1776—1831),德国历史学家、政治活动家,罗马研究专家,著有《罗马史》(30卷)。——译者

③ 卡尔·哈登贝格(Karl Hardenberg, 1750—1822),普鲁士政治家、普鲁士首相。——译者

④ 格布哈德·布吕歇尔(Gebhard Blücher, 1742—1819),普鲁士元帅。——译者

⑤ 奥古斯特·格奈森瑙(August Gneisenau, 1760—1831),普鲁士陆军元帅、军事改革家,曾任陆军总司令,参与指挥滑铁卢战役。——译者

⑥ 卡尔·F·艾希霍恩(Karl F. Eichhorn, 1781—1854),德国法学家,新德意志法制史的创始人。——译者

要打赢这场更为艰难的战役，我称之为费希特的伦理泛神论和一元论唯心主义（几乎到本世纪中叶前，这种哲学一直占支配地位，始终未受到挑战）的东西就是一种有效的武器。布兰代斯[①]在《德国浪漫主义学派》（*The Romantic School in Germany*）一书中引用了霍夫曼[②] 1809 年日记里的一段话。

> 在 6 日参加的一次舞会上，我被一个奇怪的幻想控制着。我想象自己正通过一个万花筒看着我自己的自我。所有在我周围移动的形式都是自我，让我烦恼的是，这些自我只是在移动而什么也没有发生。

我忍不住企图从这段引文当中寻找当时的德国哲学和德国气质的象征。德国在外部的失败以及在行动世界中的软弱，产生了一种备感烦恼的内省心理。正如冯·济贝尔所指出的，这种外部的软弱与德国在艺术、科学、历史、语言学、哲学上的繁荣同时出现，这使得德意志的自我变成了当时最崇高的思考对象；然而，这个自我的周遭都是其他国家的自我，这些自我通过其行动和态度来冒犯这个自我。爱国主义、国家感情、国家意识都是一些平常得不能再平常的事实了。但是，在 19 世纪早期，世界上唯有德国通过刻意的培养，把这些情感和冲动转变成了神秘的狂热。这是人民意志（*Volks-seele*）、人民精神（*Volks-geist*）的观念出现的时代；而且，这个观念不失时机地变为事实。受其影响的，不仅是诗歌，而且有语言学、历史学和法学。所谓历史学派，还是从它衍生出来的。社会心理学这门科学一下子从它派生出来。然而，灵魂总要有一个躯壳；于是，这个观念（非常符合德国唯心主义）为自己形成了一个躯壳——作为一个大一统帝国的德意志国家。

最早出现的是唯心主义，但重要的是必须记住：这是哪一种唯心主义。在这一点上，泛神论的暗示变得重要起来。这里所说的唯心主义，不是另一个世界的

---

① 格奥尔·布兰代斯（Georg Brandes，1842—1927），丹麦文学批评家、文学史家，著有《19 世纪文学主流》、《莎士比亚传》、《歌德传》、《伏尔泰传》等。——译者

② 恩斯特·霍夫曼（Ernst Hoffmann，1776—1822），德国作曲家、音乐评论家，德国浪漫时期的重要作家之一。他将德国浪漫文学的境界引进了音乐的世界，开启德国音乐浪漫主义的先河，对德国音乐在 19 世纪惊人的长足发展，以及音乐与文学的结合，具有很大的影响与贡献。其主要著作有《魔鬼的万灵药水》、《金罐》、《沙人》等。——译者

179 唯心主义，而是这个世界的唯心主义，特别是德意志的国家唯心主义。现实的自然界和人类社会都是神圣的绝对的意志与理想的体现。尤其是人的自我，它得到授权而成为绝对目的的创造者。德国哲学的重要性在于使人们认识到，人类的本质和命运直接而积极地体现了绝对的和创造性的目的。

我这里再次引用海涅的话，因为他一方面对专门性的哲学表示轻蔑，另一方面对这种哲学所包涵的人类意义有着深刻的认识。1833 年，正当德国的泛神论唯心主义如日中天之际，他在论述这种哲学时说道：

> 上帝就等同于世界……他在人的身上得到了极其荣耀的显现，因为人有感觉和思考的能力，能够把自己的独立存在与客观的自然区分开来，人的心智能够用观念将呈现在他面前的现象世界进行整理。在人的身上，上帝达到了自我意识；作为自我意识的上帝，又通过人来显示自身。但这种显示并不是在个体人的身上，也不是通过个体的人来实现的，而是通过全体人类来实现的……人类在观念和现实中理解并描述了上帝的宇宙……如果认为这种宗教会把人们引向麻木，这将是一个错误。相反，对于上帝的意识将会激励人类满腔热情地去追求神性，正是从此刻起，真正的英雄主义的高尚成就才会光耀大地。

其实，海涅不是一个真正的预言家。他曾以为，这种哲学最终会有利于德国的激进党、共和党和革命党。德国自由主义的历史是一个很复杂的问题。可以这么说，自由主义者所酿出的蜂蜜最后被执政党吞下去了。海涅曾保证说这些观念在某一个时刻一定会发挥作用，他说得非常正确。他的文章是以激动人心的言辞来结尾的，我这里从中摘引一段：

> 在我看来，像我们这样一个井井有条的民族，必须从改革入手，必须专注于哲学体系的建立；只有哲学体系完成之后，才能进行政治革命……于是就有了康德信徒，无论在观念世界中还是在行为世界中，他们都丢弃了虔诚之心，冷酷无情地用剑与斧来翻转我们欧洲人生活的这片土壤，根绝过去的
> 180 那些遗迹。接着登场的是全副武装的费希特信徒，他们那狂热的意志既不受恐惧的遏制，也不受私利的阻挡，因为他们就生活在精神之中……让绝大

多数人感到害怕的，是那些主动搅和进来的自然哲学家[1]……尽管有康德信徒出手给以有力而准确的一击，尽管有费希特信徒的英勇无敌，因为对费希特而言，现实中是不存在危险的——自然哲学家之所以可怕，是因为他与自然的原始力量结成同盟，是因为他能够施行魔法让古老的德意志泛神论的妖魔鬼怪各显其灵；然后唤起古代日尔曼人那种好勇斗狠和以兵为乐的渴望……不要以为我是痴人说梦而嘲笑我的判断……思想先于行动，就如同闪电先于雷霆……这个时刻将要来临。伴着竞技场的脚步声，各国将聚集到德国的周围，以见证这场可怕的战争。

我沉醉于海涅，似乎有些远离了当下的话题，即唯心主义哲学与德国民族国家的发展和组织之间的关系。不过，费希特思想的一个固有部分，就是强调有组织的国家对于维护人类道德利益的必要性。乍一看，国家是什么，这是一个无关紧要的问题。事实上，他更多地站在法国和共和国这一边。在到耶拿之前，他曾经这样写道：

对于一个真正的有教养的欧洲基督徒来说，国家代表着什么呢？一般而言，国家就代表着欧洲本身。具体地说，任何时候，国家都在引领着文明……有了这种世界主义的意识，在历史的变迁和灾难面前，我们才能做到心静如水。

在1807年，他还写道：

普鲁士与德国其他地方的差别是外在的、人为的和偶然的。德国与欧洲其他地方的区别，则是本质上的。

这两种观念之间似乎存在的鸿沟轻而易举地弥合了。他在《现时代的基本特征的演讲集》(*Addresses on the Fundamental Features of the Present Age*)中

---

① 他指的是谢林的追随者，但实际上，他们并不流行。但是，不能错误地把海涅的这个话拿来指自然主义学派。自然主义学派对德意志的思想产生了影响。

181 提出，人类在地球上的目标是建立一个王国，其中人类的一切关系都由自由或者理性来决定——这个理性是根据费希特的公式构想出来的。在《对德意志民族的演讲》(1807—1808)中，他认为，德国建立这个王国的唯一使命是出于争取民族统一和推翻征服者的动机。德国人是唯一承认精神自由原则、承认按照理性自由行动原则的民族。忠于这个使命，将“把德意志这个名字提升到各国之中最荣耀的位置，使这个民族成为世界的复兴者和重建者”。他让祖先复活并对他们说：“在这个时代，我们把德意志从罗马世界帝国手里拯救出来了。”但是，“你们的时代是一个更加幸运的时代。你们可以建立起一个一劳永逸的精神的和理性的王国，把那些统治世界的物质力量化为泡影。”在德国人的想象中，将德意志原则与罗马帝国原则进行对照是司空见惯的。对于德国人来说，德国的取胜绝不是一种自私自利的收获，而对所有国家都是有好处的。“在地球上建立一个真正的理性和真理的王国，这样一个伟大的承诺不应该变成一种自负的和空洞的幻想；眼下的衰颓时代，不过是通向更美好时代的一个过渡阶段。”于是，他总结道：“没有中间道路，如果你们要败落下去，那么，人类连同你们都将毫无希望地沉沦下去。”

这个历史三段论的前提是显而易见的。首先，德国人路德用精神自由原则来挽救人类，以抵抗罗马天主教的形式主义；接着，康德和费希特把这个原则最终锻造成了一个科学的、道德的、国家的哲学；最后，德意志民族被组织起来，好让世界认识到这个原则，并且据此在全人类中间建立起自由和科学的原则。德国人很有耐心，他们的记忆力也非常好。在德国变成一个拥有强大军事力量的统一国家之后，在德国变成一个在工业和商业发展方面不输于任何其他民族之
182 后，德国处于四分五裂时创造出来的观念被保存和珍藏起来。粗略地说来，德国人并不认为强权可以制造真理。但是，有许多哲学家都曾教导过德国人，要实现理想的正义就必须聚集力量，从而让理想成为现实。国家通过实际的权势来证明，它是这种理想的法制和正义的化身。军队就是这种道德化身的一个组成部分。让多愁善感的人们去唱响那种没有任何实际行动的理想的颂歌吧！普鲁士人信奉的是现实，信奉的是用人力去推行这个理想，因此这种理想具有更加实际的特征。过去的历史记录了这个德意志国家逐渐实现这一神圣观念的历程，同样，未来的历史必将捍卫和扩大业已取得的成就。外交以实现这种理想的名义，用半遮半掩的方式显示了穿着力量外衣的法律，而战争则是以赤裸裸的方式来

展现。有战争就有牺牲，这证明了这一观念深刻的道德性，只不过更具有说服力罢了。战争是上帝为在地球上建立理想王国而进行扩张的最终标志。

这种哲学与一种绝对的观念同生共死。一种关于绝对的哲学在理论上是否站得住脚，这并不是我目前关心的问题。但是，哲学上的绝对主义在实践中可能是危险的，正如历史的事实证明政治上的绝对主义是危险的一样。现实的情况缓解了两种理论一直在争论的问题，一种理论坚持在历史之外和经验背后存在着一个绝对，另一种理论则坚持经验的立场。任何一种哲学一旦与经验相矛盾，不论它怎么伪装，都只有去与绝对做交易。在德国人的政治哲学中，这种交易连伪装都不需要了。

3.

德国人的历史哲学

183 经过1870年与法国的战争，在1807年之后，德国人就一直渴望和梦想的统一终于变成了现实。要给这个现实赋予象征的意义是很容易的。从法国大革命那个时代起——如果考虑以前的话——在与典型的法国思想发生冲突的过程中，在与之进行鲜明的、自觉的对照的过程中，形成了德意志的思想。卢梭对自然的神化，正是发展**文化**观念的契机。卢梭谴责科学和艺术腐化了社会，也分化了社会；但是，这种谴责跨过莱茵河后却产生了这样一个观念，即科学和艺术是给人类带来道德和统一的力量。法国启蒙运动中的世界主义，被德国思想家转变成对于民族主义的自觉肯定。法国大革命的抽象**人权**，与国家政治权力所保障的公民权在原则上形成了对比。法国大革命的哲学刻意与过去决裂，企图（笛卡儿的哲学已有预兆）把历史所提供的偶然集成的传统和制度变成一块**白板**（*tabula rasa*），用以**理性**为基础的社会结构取而代之。这种决裂被视为是万恶之源（*fons et origo*）。历史本身就是理性的化身；历史要比抽象的和普遍的个人理性形式更加合理；只有通过吸收和消化包含在历史制度和历史发展中的普遍理性，个体的思想才会变得合理。这一切已变成了德国知识信条中的信仰条款，即使有时候并不明显。要说德国哲学的典型特征一个世纪以来几乎就是一种历史哲学，这绝非夸张。

然而，除非我们牢记启蒙运动毕竟还是穿过中世纪的思想，将其基本原则传到了德意志，否则，求助历史便失去了意义。这种求助不是从理性到经验，而是从分析的思想（因而被指责为仅仅是"**理解**"——"*Verstand*"）到绝对普遍的**理性**（*Vernunft*）；这种理性部分地显示在自然之中，但更多地作为一种有机的过程显示在人类的历史当中。我们需要求助历史，但并不是因为历史教给的任何经验教训，也不是因为历史留给了我们必须去认真思考的那些顽固制度，而是因为历史以动态的、演化的方式实现了内在的理性。把德国的态度拿来与埃德蒙·伯克①的态度做一个对比，是很有教益的。后者对与过去决裂同样抱着深深的敌意，但他反对的理由并不是因为过去体现了先验的理性，而是因为过去的制度是我们祖先的“集体智慧”留给我们的“遗产”。政治生活的延续并不是以一种内在的演化理念为中心的，而是以“我们的壁炉、我们的坟冢、我们的神龛”为中心的。他同样也怀疑人类那些抽象的权利。不过，他求助的是经验和实际的结果。既然“环境实际上赋予每一个原则独特的色彩和不同的效果”，那么，任何原则“在剥下了任何关系之后，还赤裸裸和孤零零地站在形而上学的抽象之中”，一定是站不住脚的。

按照德国人的观点，英国人之所以起来抗议，是因为经验所确立的权利和特权受到了干预；而德国人起来抗议，是因为他们从法国大革命中看到了理性的本性和作用所导致的严重错误。事实上，德国人从来不与政治的或者宗教的传统进行决裂，但是法国大革命却明显象征着这种与政治的或者宗教的传统的决裂。我已经提到过，康德倾向于把教会的教义（他并不赞成这些教义）视为永恒的精神真理的载体——作为保护里面谷粒的外皮。所有伟大的德国唯心主义者都进一步表现了这种倾向。譬如对于黑格尔来说，基督教新教教义的本质与绝对哲 185
学的真理是一致的，只不过在宗教里，这些真理表现为一种与真理意义不太般配的形式，比如说那种大多数人都生活在其中的想象性思维的形式。把基督教哲学化的这种倾向在德国表现得过于广泛，因此，不能以他们适应既定事物的愿望不够强烈为由而对其拒绝考虑。相反，这说明在毋需经过暴力的政治动乱即获得了思想和意识自由的地方，人们怀有一种知识的虔诚。黑格尔发现，罗马天主教思想的典型弱点就在于其内在的分裂，它无法将宗教所讨论的现实的、精神的、绝对的本质与科学和政治中那些复杂的理智工作调和起来。相反，德国人“注定要做基督教原则的捍卫者，注定要把这个理念作为绝对理

① 埃德蒙·伯克（Edmund Burke，1729—1797），英国政治家、作家、演说家、政治理论家、哲学家，常被视为是英美保守主义的奠基者。著有《论崇高与美丽概念起源的哲学探究》、《关于法国大革命的感想》等。——译者

性的目标来贯彻”。他们做到了这一点，但并不是靠逃避世俗世界来做到的，而是通过一种认识来做到的。他们认识到，基督教原则本身就是主观与客观、精神与世俗相统一的原则。“精神在那个世界找到斗争目标，找到和谐，而这个世界过去是精神抵制的对象——它现在发现世俗的追求是一种精神工作”；——这个发现无疑把简单性与综合性统一起来了，而且不会引起人们去批评世俗追求。作为哲学，无论人们对它有什么样的评价，它在某种程度上表现了德意志生活及其思想的品质。德国人把过去的伟大观念作为想象生活的食粮和情感的约束保存起来，因而比其他国家幸运。德国人努力地将这些观念运用到科学探究和政治活动之中——这些东西正是其他国家，尤其是操拉丁支语言的那些国家用来攻击传统的武器。

政治的发展也在讲述着同样的故事。德国从封建主义到现代的痛苦转变大部分是在近期才得以完成的，而且是在现存国家政权的指导下实现的，其时并没有出现反抗国家政权的活动。在国家政权的监督之下，而且主要是在国家的推动之下，德国用不到一个世纪的时间转变为现代资本主义的竞争性企
186 业体制；这种体制由国家调节，并由那些地方的和行会的限制规定来调整，这些规定可以始终约束公司的经济活动。政府力量可以确保让国家的成员享有至少在德国人看来似乎令人满意的政治自由度。尽管没有内部混乱和革命，我们必须看到一个事实，那就是德国在发展成为一个统一的政治强国的过程中，每一步都是通过与一些邻国的战争来实现的。德国处于这些国家的包围之中。这些战争发生在：1815 年（不用回到腓特烈大帝）、1864 年、1866 年、1870 年。战争的意义并不在于说其结果是吞并了外国领土，而是在于一旦取得内部统一，立即就会恢复外部的斗争。难怪从内部发生有机体进化的观念给德国人的想象力留下深刻的影响，而有机体进化的统一形式是通过冲突和征服对立面来实现的。

像这样零零星星的评论证明不了什么。但是，它们可以提示：德国人的思想为什么一直对历史延续性的观念极其敏感；为什么德国人的思想一直喜欢寻找一种原有的、隐含的本质，这种本质要在一种单一的发展中才会逐渐显示出来。即便是粗浅地叙述一下 18 世纪上半叶德国历史科学及其历史方法的发展，那也远非一个小时可以办到。我们不得不描述一下语言学的创立，描述一下被称为《圣经》考证的语言学方法，描述一下从语言学向考古学的延伸，描述一下法学和

政治经济学的历史学派，以及尼布尔、蒙森[1]、兰克[2]改造历史研究方式时所使用的方法。我这里只能说德国人提出了如此有效的历史研究方法，甚至那些平庸的历史研究者也取得了可敬的成绩；而且更为重要的是，当丹纳说（前面已引用）我们应该把一切特别现代的观念归功于 1830 年之前半个世纪的德国的时候，他的评价尤其适用于有关人类历史发展的学科。

这种哲学的基础在我们之前就已经存在了。甚至在康德那里，我们就发现
了人类特有的持续发展的思想。这是一种从受自然本能支配到最终实现自由的 187
进步，是通过坚持理性法则而赢得的。费希特在这条道路上勾勒出了人类业已走过的阶段，找到了人类现在所处的位置。他后期的著作越来越强调，历史的意义就是实现绝对的目的。历史是一种神圣自我的生命发展，通过神圣的自我，历史实现了观念或者命运所包含的内容。历史的诸阶段便是在世上建立上帝王国的一系列阶段。历史，唯有历史，才能启示绝对。德国人在神化历史愈演愈烈之时，亦是对普遍民族主义尤其是对德国民族的愈发重视之时。国家是在全体人类和特定群体之间进行调解的具体组织。用他的话来说，当民族国家遍及特定群体的时候，它就成为走向神圣生活的途径。他说道：

> 世界主义是人类要真正实现其存在目标的主导意志，而爱国主义就是让这个目标首先在我们所属的特定国家得到实现的意志，**因此**也是让这个成就惠及全人类的意志。

既然国家是一种神性的机构，爱国主义就成了宗教。既然德国人是唯一真正的宗教民族，那就只有他们才配爱国。别的民族都是外部原因的产物；他们没有自成一体的自我，仅仅有一个来自一般习惯的获得性自我。德国人的自我，来自自我锻造和自我拥有。数世纪以来，德国都没有外部的统一，这个事实本身即

---

① 特奥多尔·蒙森（Theodor Mommsen，1817—1903），德国历史学家，曾任洪堡大学校长。因著《罗马史》于 1902 年获诺贝尔文学奖。其主要著作有《意大利南方方言》、《罗马国家法》等。——译者

② 利奥波德·冯·兰克（Leopold von Ranke，1795—1886），19 世纪德国最重要的历史学家，也是西方近代史学的重要奠基者之一，主张研究历史必须基于客观地搜集研读档案资料之后，如实地呈现历史的原貌。他的这种史学主张被称作“兰克学派”，对后来东西方史学有重大的影响。其主要著作有《教皇史》、《拉丁和条顿民族史》、《宗教改革时期的德意志史》等。——译者

证明其自我是形而上学的，而不是环境的赠品。德国使命的这种观念与在德国流行的一种人类学的形而上学结合了起来。在所有现存的欧洲民族中间，唯有德国民族是纯种的民族。只有他们保存了未经参杂的和原始的神性。语言是民族之魂的体现，只有德国人保持了母语的纯洁性。同样，黑格尔也认为，操罗曼语的诸民族之所以出现内部失和，原因便在于他们是日耳曼与拉丁血统的混合
188 物。那种完全人为的种族崇拜在德国非常盛行，离开这种神秘的种族认同、文化认同和国家认同，便无法理解许多诸如反犹太主义那样的社会运动，以及德国人的政治野心。以现实科学面目出现的理论更是充满了神话，如一家美国期刊评论说，种族就是指许多人读同一份报纸，与之相比，这是毫不夸张的科学事实。①

费希特把“**元民族**”(*Urvolk*)放在了历史的开端。他对**元民族**的描述似乎想一下子把关于**黄金时代**的传说变得合理化，这个传说就是《圣经》关于人类在**堕落**之前的描述和卢梭关于原始“自然状态”的描述。**元民族**居住在一个天真无邪的天堂里面，天堂里面没有知识，没有劳作，没有艺术。这种民族所需要的哲学相对比较简单。除了作为**绝对理性**的显示之外，人类本来是不可能存在的。在**绝对理性**显示出来的第一个阶段，**理性**是不可能由人类的自觉努力来充当的。**理性**存在着但没有成为自身意识，因为它是被给予的，还没有通过道德的创造性斗争来获得真正的自我意识。其内容尽管是理性的，但在形式上还是感觉的或者本能的。在某种意义上，所有后来的历史不过是回归这种原始状态罢了。但是，“人类必须依靠自己的双脚来走完这段旅程；人类必须依靠自身的力量回到那个曾几何时还不存在合作劳动的状态……如果人类不重塑自身的真实存在，便没有真正的生活”。尽管哲学迫使我们断定有一个

---

① 例如，张伯伦就认为，耶稣一定出生于条顿人家——这是根据关于国家与宗教的标准哲学所得出的逻辑完美的结论。他接下来一想，居住在德国北部的人有不少斯拉夫血统，居住在德国南部的人有不少罗曼血统。他又解释说，尽管与其他民族的交往产生了种族混合，但是，德意志血统的能力太强，乃至于种族混合反倒使其得到了加强。他在一个时候以保持人种的纯洁性为由，解释犹太人为何在历史上很强大；而在另一个地方，他又任由愤懑泛滥，然后得出这样的结论：犹太人是所有民族中血统最混合的民族。只有一点，他坚定不移：就人种的本质而言，犹太人代表了一种与伟大的德意志原则天生敌对的形而上学原则。抬高这位喋喋不休的作者的奇怪思维也许很荒唐，但根据所有的报道，出现这些言论的那些分卷《19 世纪的基础》(*The Foundations of the Nineteenth Century*)却赢得了令人敬畏的赞许，变得很流行。

正常的民族，他们“不需要科学和艺术也能够生活在一种理性得到充分发展的状态”，与此同时，我们也没有理由否认有“胆怯和天生粗鲁的野蛮人存在”。 189
这样，人类的原始状态便成了一种最不平等的状态，人类被分为作为理性表现的正常人和狂暴粗野的野蛮人。

在其炽热的爱国主义的后期，这种原本无害的遐想变成了一根毒刺。他曾断定当下的时代——启蒙运动和法国大革命的欧洲——是从外部权威解放出来的时代，这是理性发展的第二个时代。这个时代在本质上是否定性的：它是“一个对真理绝对麻木不仁的时代、一个荒淫无耻和放荡无度的时代”。但是，神的观念进一步演化，需要一个保存了原始的理性原则的民族，这个民族可以为人类其他地方存在的腐败和背叛赎罪。既然德意志民族是硕果仅存的救星，他们就是现代的**元民族**，就是现代的正常的民族。由此出发，德意志的历史被理想化，并且诉诸国家力量去实现战胜拿破仑帝国的唯一召唤。

尽管费希特的思想体系倒下了，但这些观念还是挥之不去。在过去的一百多年以来，德国的历史被全面地理想化，我怀疑这种理想化的程度是不是过于夸张了。从表面上来看，浪漫主义运动也许已经消失，一个科学历史的时代已经出现曙光。实际上，德国人使用浪漫主义调色板对其历史进行了详尽的描绘。这里篇幅有限，只得提供一个例证，如果不够典型，就当它是一个奇闻逸事罢了。塔西佗[①]在书中将北方野蛮人描述为**日耳曼人**（*Germania*），根据后来的发展，这是一个不幸的称呼。他加在日耳曼各部落身上的那些特征，任何人类学家都可以从任何好战的野蛮部落那里复制下来。然而，这些特征（塔西佗把它理想化了，正如库珀[②]把北美印第安人的特征理想化了一样）被当成了德意志民族的哲学历史的基础。例如德国人就有过一些心理的体验，即现在所说的魔力 190
（mana）、超自然力（manitou）和禁忌等。用塔西佗的话来说，他们把自己的神灵等同于“他们通过体验神圣的恐惧而看到的那种神秘力量”。这个信念变成了精

① 普卜利乌斯·科尔奈利乌斯·塔西佗（Publius Cornelius Tacitus，约55—120），古代罗马最伟大的历史学家，他继承并发展了李维的史学传统和成就，在罗马史学上的地位犹如修昔底德在希腊史学上的地位。其主要著作有《历史》、《编年史》等。——译者

② 詹姆斯·费尼莫尔·库珀（James Fenimore Cooper，1789—1851），美国文学的先驱者和奠基人之一，是第一个蜚声世界的美国作家。其主要著作有《皮袜子故事集》、《拓荒者》、《最后的莫希干人》等。——译者

神-思想的原始矿藏，后来在路德这位德国民族的非凡天才的宗教体验中显现出来。

下面这段话出自权威人士普夫莱德雷尔[①]：

> 难道我们不能认识到这一点，即德国人真正特有的**内在性**并不赞同用感性认识来寻找某种神圣的东西，以便使之得以在敏感的灵魂深处感觉出来，也不赞同把未知世界崇高的神秘力量降低为庸俗的世上万物？德国人很不看重宗教仪式，就说明了这个事实。

对其他人来说，这种神秘感先知般地预示了康德的自在之物（thing-in-itself）[②]。

这与人们依附于某一个首领而形成人身的、自发的联系是一样的。德国人特有的忠贞或者**忠诚**（*Treue*）早就被标示出来——虽然美国一些好战的印第安部落更加强调这种忠贞或者忠诚。我只能再举一例来说明这种历史的哲学诡辩方式。欧洲文化一直是地道的欧洲人的文化，它派生于一个古代世界的共同遗产，从古至今一直在彼此融合与相互借鉴，没有历史学家对这个事实会视而不见。然而，对于德国人而言，这些显而易见的事实必须去适应那个从内部逐步发展起来的原初种族所固有的原则。

方法很简单。就德国人而言，这些文化的借鉴和交往都体现了德意志天才内在的普遍性；通过这种普遍性，德意志精神所到之处往往通行无阻。结果是德国人自觉地挪用并同化了其他民族用一种盲目的无意识本能所创造出来的东
191 西。这样一来，彰显古希腊文化真知的是德意志思想，把基督教的精华从罗马化的僵化之中拯救出来的也是德意志思想。法国的启蒙运动只是在消极的、破坏性的方面染指了**理性**原则，德意志精神却以积极的、建设性的形式抓住了**理性**原则。莎士比亚碰巧出生在英国，但唯有德国人才能从精神的普适性方面理解莎士比亚，结果与其说莎士比亚是英国的，不如说是他们德国人的。但谈到其他民

---

① 埃德蒙德·普夫莱德雷尔（Edmund Pfleiderer，1842—1902），德国哲学家。其主要著作有《苏格拉底和柏拉图》、《赫拉克利特》等。——译者

② 也译“物自体”。——译者

族，同样的借鉴只能说明他们缺乏内在的根本自我。路德普世皆知，因为他是德国人；莎士比亚普世皆知，因为他不算是英国人。

我暗示过，费希特的实际影响是有限的。但是，他关于国家与历史的基本观念却被黑格尔的哲学吸收了，而黑格尔又在相当一段时期里绝对主宰了德国人的思想。如果从其“绝对唯心主义”的基本原则入手，这不过是又把说过的话拿来炒一遍。除了黑格尔具有百科全书式的知识，对历史抱着浓厚的兴趣以及比较保守的性情之外，其绝对唯心主义的主要特征是他令人不解地鄙视这种观念(Idea)和这种绝对(Absolute)，即它们仅仅是一个时代之后所应该实现的和有待实现的东西。“凡是合理的东西**都是**现实的，凡是现实的东西**都是**合理的”[①]——所谓现实的东西，是指事物的推动力量和运动过程。我们习惯把黑格尔叫做唯心主义者。从一个总被滥用的术语来说，他是哲学上已知的最伟大的实在论者。他可能被当作是粗野派艺术家。几年前，布尔东[②]在德国做了一个调查[以《德意志之谜》(*The German Enigma*)的书名出版]，记录了他与一个德国人的谈话。这个德国人哀叹德国出现了一个倾向，那就是为了浪漫主义的幻影而抛弃事物的核心本质。他借用黑格尔的实在论来反对这种倾向。他认为黑格尔

> 是反对那种让德国人飞起来的唯心主义的，他整理和设计了一种勇往直前的实在论的基本原则。无论事实怎么样，他都能够证明其合理性。他会说“**存在**的东西即是实现了的理性”。他要教导我们什么呢？人类戏剧的第三幕的开幕钟声已经敲响了，德国人的机会就要来临了……我可以让你看到整个19世纪从这里发源的政治的和社会的思想的洪流。

我说过，费希特历史哲学的基本观点被吸收到黑格尔的体系之中。这种吸 192
收，对费希特早期与后期的道德理论之间的矛盾进行了修正。在其早期的伦理著作中，费希特强调自觉的道德人格——刻意将个人的生存意志及其命运与绝

---

① 这句黑格尔的名言，许多人译为“凡是合乎理性的东西都是现实的，凡是现实的东西都是合乎理性的。”但译者以为，德文“vernünftig”、英文“rational”译为“合理的”更符合黑格尔的原意。——译者

② 乔治·布尔东(Bourdon Georges，1868—1938)，法国学者，他的《德意志之谜》影响很深远。——译者

对的目的等同起来。在其后期的爱国主义哲学中,他断言,组织有序的民族是有限自我获得道德人格的途径,因为民族本身可以把在人类身上发挥作用的上帝的普遍原则传递给个体。与此同时,上帝借助个体的坚定意志和有意识的自我牺牲来推翻其敌人,重建普鲁士国家。到黑格尔著书立说的时候,这场胜利已经赢得,美国独立战争也已成功展开。那种强调个体的自主性需要已经让位于个体服从现存国家的需要,这是为了遏制自由主义的分离倾向。

海姆[1]说过,黑格尔的《法哲学》(*Philosophy of Right*)的任务是要展示绝对理性,直到“1821 年在普鲁士现实社会政治中”的完美表现。这句话是一种怀有敌意的攻击。黑格尔应该是最不会遭到反对的人。他嘲笑那种如此软弱无力乃至于要依赖个人的自我的力量来实现的观念,嘲笑那种如此无足轻重乃至于要等待未来的偶发事件来显现的绝对。在政治上,他尤其坚持凡是现实的都是合理的这个信念。“哲学的任务在于理解存在的东西,因为存在的东西就是理性。”那些试图说明国家应该是什么或者国家未来应该变成什么的哲学,都是一些无聊的幻想。哲学总是来得太迟。人类的智慧就像“只有在夜幕降落时才会展翅
193 飞翔的密涅瓦的猫头鹰”[2]。它是在结果出来之后,才表现其聪明之处的。“国家是自在自为的理性的东西。它的实体性的统一,是一种绝对的自身目的。国家有着最高权利,而个体的首要义务就是成为国家的成员。”国家“是绝对的实在,个体只有成为国家成员才具有客观性、真理性和道德性”。唯心主义有神论的常识告诉我们,自然是上帝的一种展现。但是,黑格尔认为,自然只是上帝一种外在化的、无意识的、不完整的显现。国家的客观现实性远远超过自然界,因为国家是绝对精神在意识王国中的一种实现。黑格尔的学说体现了一种极端的观念,但这种观念不是关于国王的神圣权利的,而是关于国家的神圣权利的。

> 上帝在历史中的行进是国家存在的原因;国家的基础就是作为意志来实现自身的理性的力量。凡是国家,无论是何种国家,都分享着神的本质。国家不是人类知识的产物;唯有理性,才能创造国家。

---

① 鲁道夫·海姆(Rudolf Haym, 1821—1901),德国文学史家,创办《普鲁士年鉴》。其主要著作有《黑格尔和他的时代》、《浪漫派》等。——译者

② 马克思在谈到政治、法律和经济的历史学派时认为,这些学派的代表人物仿佛耶和华对西奈山上的摩西说的那样,神只在背面显现。

国家就是地上的上帝。

他在《法哲学》和《历史哲学》中，凡是论及个体的地方都在贬低个体。乍一看，他的伟大世界英雄的理论似乎与他漠视个体的论点是自相矛盾的。绝大多数人的德行只是简单地将他们自己的习惯与现有的制度习俗相同化，而伟人却要开启新的历史纪元。他们追寻

> 自己的目标和事业，但不是从现存秩序所允许的那种平静的和常规的事物发展进程中去追寻，而是从隐藏起来的源头里面以及藏在表面之下的内在精神中去追寻。这种内在精神击打着就像甲壳一样的外部世界，并将它击打得粉碎。

因此，英雄属于例外，而例外并不影响规则。英雄是世界人物，尽管他们似乎在寻求个人的利益，但是他们的行为确实充当了普遍意志的喉舌，充当了在行进中的上帝的喉舌。他把世界英雄与绝对相等同。世界英雄只有一个目标，那就是

> 不顾一切地奉献自己。面对其他重要而神圣的利益的时候，这种人甚至可能不去考虑……他们的躯体太强大，肯定会踏平许多无辜的鲜花——碾碎前进道路上的许多东西。 194

我们可以毫不吃惊地看到，他喜欢引证的人物有亚历山大大帝、凯撒大帝和拿破仑。比较惋惜的是，他那冥想般的虔诚还没有等到俾斯麦，便撒手人寰了。

黑格尔认为，在他之前德意志哲学中出现的个人主义残渣余孽必须消灭，而他用来战胜这些残渣余孽的理智工具大多来自有机发展的观念，这种观念自赫尔德[①]时代起便活跃在德国的思想界。在其写于18世纪最后20年的主要著作《人类历史哲学大纲》(*Outlines of a Philosophy of the History of Man*)中，赫尔

① 约翰·赫尔德(Johann Herder，1744—1803)德国哲学家、思想家、作家，“狂飚突进”运动的先驱。其主要著作有《诗歌中各族人民的声音》、《人类历史哲学大纲》等。——译者

德认为，历史是一种人类的进步的教育。这种观念源自莱辛[①]，并且与莱布尼茨和斯宾诺莎[②]的观念结合起来。莱布尼茨认为，变化是通过一种内在力量，通过原来隐含在存在之中的力量而实现的进化。斯宾诺莎主张有一种包罗万象的实体。这种有机发展的观念被应用到语言、文学和种种制度，而且很快又应用到新兴的生物科学。早在达尔文或者斯宾塞之前，在德国与人类历史有关的所有思想里面，进化的观念一直是司空见惯的。这种观念与"创造"或者建立制度或者宪法的思想形成了鲜明的对照，而后者被认为是启蒙运动时期法国哲学的一个谬误。公平地说，这种普遍有机发展的观念与此前的唯心主义方法的结合，决定了黑格尔的全部哲学。尽管莱布尼茨和赫尔德强调和谐是有机力量发挥作用的一种基本因素的观念，但是，黑格尔从费希特的手中接过了关于通过"设定"并征服一个对立面的方式来达到统一或者综合的观念。因此，早在达尔文的学说产生之前，为生存(或者实现)而斗争就是德意志思想的一个"有机"组成部分。实际上，德意志的作家对达尔文的看法是：他用相当肤浅的经验方式，表达了德国
195 人以普遍思考的形式业已掌握的思想。黑格尔解释了为什么他的历史哲学中还不能把美洲包括进去，并说今后世界历史的包袱将会在美洲出现；然后，他推测说，这个包袱的形式可能是北美洲与南美洲之间的"博弈"。黑格尔以这种典型的深度来思考斗争和征服。关于斗争与征服的问题，没有一个哲学家能像黑格尔那样思维缜密、前后一致的。当他说"世界的历史就是世界的审判"时，他所说的审判是指判决的意思，是作为一个胜利和另一个失败之判断，而胜利才能最终证明世界的精神已从一个国家传入另一个国家且已经安家落户。战败使一个国家在万国之中降为次等小国，这标志着神圣的审判已经降临该国。最近有一个德国作家提出，德国如果放弃当前战争征服的领土，这将是一种亵渎神灵的罪行，因为这是在拒绝承认上帝在人类历史中的作用。他此时说话的方式很像黑格尔。

---

① 戈特霍尔德·莱辛(Gotthold Lessing，1729—1781)，德国文艺理论家、剧作家，其创作和理论对后世影响巨大，他的主要著作有《拉奥孔，或者论画与诗的界限》、《汉堡剧评》、戏剧《萨拉·萨姆逊小姐》等。——译者

② 本尼迪克特·斯宾诺莎(Benedict Spinoza，1632—1677)，17 世纪荷兰最伟大的哲学家，唯理论的著名代表之一，西方近代哲学史重要的理性主义者，与笛卡儿和莱布尼茨齐名。其主要著作有《伦理学》、《神学政治论》、《政治论》等。——译者

民族主义的现象，尽管是很晚才出现在黑格尔写作的那个时代，但他却用民族主义的语言书写了人类的整个历史。国家是历史的**个体**；国家对于历史而言，就相当于传记中的一个人。历史让我们看到绝对精神不断地实现或者进化，而且是从一个**国家个体**到另一个**国家个体**的逐步实现。使国家成其为国家的是法律和普遍性，因为法律是理性，而并非只是作为主观的反映，它体现为至高无上者居于具体事物之上，而且居于具体事物之中。据此，当黑格尔说历史的基本原则就是不断实现自由的时候，他所说的意思并不是一个未受过教育的英语读者通常能够理解的。自由向来是按照**理性**去理解的。自由在历史中的表现，意味着**思想**不断意识到自身的存在；就是说，思想把自身变成了自己的对象。自由就是对自由的**意识**。行动的自由与这种自由没有什么关系。显然，只有在德国唯心主义的体系中间，尤其是在黑格尔的体系中间，才能发生这种事情。与此同时，当一个国家（尤其是取得了这种哲学见解的国家）的公民把国家的法律当作 196
自己行动的目标和动机时，他们便找到了最好的东西来替代本身就是自己对象的理性，他们把必定体现在法律和习俗中的客观的和绝对的**理性**作为自己的个人理性。

绕了这么一圈，我们得回到这样一个事实，即德国人享受到的是人类所获得的最大的自由，因为普鲁士的政治体制最充分地体现了**法律**或者**普遍性**，并按照这个法律来具体安排社会生活和个人生活。有些民族——尤其是操拉丁语支语言的民族——认为他们能够**创立**宪法，或者至少认为他们的宪法形式是一个选择的问题。可是，这不过是用个体私心的骄傲自满来反对**绝对理性**的作用，因此，标志着一个国家的解体而不是国家的存在。其他一些民族试图建立经由被管理者同意的政府，殊不知，正是政府这一**理性的具体实现**，从原本一群处于无政府状态的个体之中创造了国家。其他民族把议会或者代议制机构确定为政府的根本；在哲学的现实中，这只是一个协商性的机构，主要的职责是在各阶级（对一个"有机的"国家是不可或缺的）与现实的政府之间进行沟通。议会的主要职责是让社会各阶级有一个表达自己意见的机会，从而感觉到自己的意见受到重视，并使得现实的政府可以利用他们所能表现出来的智慧。黑格尔下面的这番话似乎具有相当的预见性："由于这种参与带有主观的自由和想法并连同其普遍的意见，可以显示自己是明显起到作用的，而且因为感到政府对自己有所倚重而感到满意。"最后，国家只有在外部关系以及与他国的关系方面，才完全彻底地变成了一个组织有序的个体。由于他的历史哲学忽视了过去利用民族国家作为历史的单位和焦点，因此也忽视了未来出现真正的国际联邦的一切可能性，而孤立
197 的民族主义将服从这种国际联邦。伯恩哈迪说，把国家的观念扩展为人类的观念是一种乌托邦式的错误，因为这会排除生活的根本原则——斗争。当他说这话时，他完全是在运用黑格尔的观点。

要从哲学上为战争辩护，必然运用到以民族主义语言写成的历史哲学。历史是上帝通过时间在地上的运动和行进。在一个时代，唯有一个国家能以最先进的因此也是最充分的方式来体现上帝。上帝在历史中的运动尤其明显地体现在历史变迁之中，这种变迁将得天独厚的地位从一个民族传到下一个民族。战争即是以一种可见的方式来表现神圣精神在前进运动中的这种飞行。世界上各民族友好交往是人类努力的正当目标，这一观念与这种哲学基本上是矛盾的。战争就是"辩证法"，就是理性更高综合的否定的明确体现。战争充分地表现了"神圣观念的嘲讽"。战争对于国民的生活就像风暴对于大海，"防止人类因静止不变而滋生腐败"。战争最充分地宣告了一切有限的利益都是虚幻的；战争结束了个体的自私自利，而个体正是因为自私自利而宣称他的生命和财产是属于自己的或者属于自己家的。国际法不是一部合适的法律，它只是表达了某些习惯法；而这些习惯法只要不与一个国家的目标发生冲突，都是可以接受的，国家的目标就是建立国家生活的最高法律。尤其是在面对"世界精神的当代旗手的绝对权利的时候，其他民族的精神绝对是没有权利的。就像那些时光不再的民族一样，后者在普遍历史中再也没有其地位"。既然从神圣观念的立场看它们已经时光不再，战争只不过展现它们的日子一去不复返这个事实。世界历史就坐在了审判世界的席位上。

在一段时期，黑格尔的思想几乎是德意志的主宰。然后，这种主宰地位突然消失了，其速度之快就像它登上统治地位时一样。经过各种变化之后，哲学思潮又明确地"回归康德"。在黑格尔绝对主义不受约束的权利过去之后，康德哲学
198 特有的清醒和节制，以及他在现象和科学王国与理想本体世界王国之间所作的明显划分，使他备受推崇。在超过一代人的时间之内，人们提到黑格尔无不表示轻蔑。不过，在摆脱了他那些专门的研究资料之后，他的观念依然继续存在。他对历史学科的影响特别深刻，而且将一直持续下去。他整理了费希特的观念，而且用进化的图钉把它们集中固定起来。在他之后，哲学、宗教、制度的历史都被

看作是一种内在隐含的理念或者目的的发展，这种发展按照一种内在的法则并且经过了若干必要的阶段。关于德国历史的一种特殊使命及其命运的观念，并没有消失。自这场战争开始以来，一个迷失了方向的世界，试图通过达尔文主义的生存斗争和适者生存的影响，或者通过尼采的权力哲学的影响来解释种种表现。这些表现的根源在古典唯心主义哲学，而这种古典唯心主义哲学在黑格尔的手上达到了巅峰。

康德依然是德国的哲学家。他把生活划分为感觉世界之机械论世界与超感觉的世界和目的世界，划分为必然的世界与自由的世界，这个划分要比彻底的一元论更容易让人接受。他的接班人企图弥合这一鸿沟，建立起一个完全统一的哲学；但是，从历史的角度来看，这些企图都失败了。不过，这些尝试还是给当代德国精神贡献了一种不可缺少的成分；他们用负有国家及其**历史进化**和**使命**的重要人物来填补康德超感觉世界的虚空。康德留给世界一种智慧，人们运用这种智慧就能够投入发现外部自然界的因果规律这一愉快的任务之中；同时，他也留给了世界一种内在的直觉，这种直觉尽管崇高，但是除了作为一种空洞的责任准则的形式之外，并没有什么用处。康德一直忙于证明这个超凡却空洞的世界的存在。结果他被迫承担起这个吃力不讨好的任务，用他毕生的光阴去凝望一个空白的虚空，而且他很愿意付出这样的代价。他的接班人就没有这么幸运了。对他们而言，这种理想王国的存在是不言自明的，其中的理性、目的、自由是合而为一的；他们不再去忙于证明这个王国的存在。他们中有些被称为浪漫主义者的人，往这个王国里塞进了多少有些诗意的幻想，坦率地说，这些幻想来自情感 199
在反抗外部行动的限制时所激发出来的一种想象；另外一些被称为唯心主义哲学家的人，往这个因为过度耀眼而变得难解的虚空里塞进了幽灵式的**法律**，塞进了在历史中显露出来的**绝对价值**和**绝对目的**。康德的两个世界依然彼此相距遥远。这种唯心主义的世界构造还是瓦解了；但它留下的碎片，可以填补康德的感觉世界与理性世界之间所存在的中间地带。我想再强调一下，正是这种理论构造为当代德国文化作出了持续性的贡献。康德主义并没有向历史哲学与国家哲学发展，但无论在德国还是在别的地方，康德主义都代表了一种科学方法论的批判；它的重要性与其说是事关人类的，还不如说是事关专业的。

在第一讲里，我们倡议探讨一下普遍观念对于实际事务的影响，对于那些被称为政治的重要实务的影响。看来，我们已经满怀信心地得到了结论（至少就我们面前的例证而言)，那就是在哲学观念的形成和流行过程中，政治一直是支配性的因素。如果我们说，为回应具体的社会环境而被激发出来的那些观念也有助于连接和统一社会环境，这同样是符合结论的。即便我们走极端，说主导性的哲学仅仅像镜子一样反映了现时代的社会斗争，我们应该做点补充说，从镜子里面看见自己，对于将自己的事业进行到底也是一种很实际的帮助。

当一个民族在知识寻找的镜子里看见其组织性及其历史进化是一种实现绝对意志及其法律的有机手段时，这种反映所产生的连接和统一的效应便会得到极大的增强。在德国之外，德国唯心主义哲学的发展主要还是表现在专业和文人学士中间。它对法国、英国和美国的哲学教学产生了重要的影响。在教授圈
200 子之外，它在神学方面的影响也很明显。毫无疑问，它帮助许多人从超自然的宗教转变到精神的宗教，使得他们能够放弃那些无关紧要之历史的、神奇的赘物，只是保留基督教的道德本质和情感价值。不过，德国人坚信，这种形式的唯心主义思想只有在德国才会如鱼得水，得到广泛的应用。德国人的这种想法完全是对的。

目前我们所面临的危机，迫使思想家们去思考那种*先天*的和绝对的哲学所提出的整个文明发展目标的价值问题；这些目标通过经验的内在演化来实现，而经验作为经验仅仅是先验的法律和目标的一种表面的、无关紧要的载体。我们还要去思考有哪种类型的观念能够结合并指导我们的生活，以免我们在不知不觉中把当前的世界景象看作是一种*先天*的和绝对的哲学的彻底破产。

在欧洲，一般说来，"美国主义"就是粗俗的经验主义和物质主义的功利主义的代名词。我现在不打算去证明这个指控的误解是怎样产生的。较为简便的做法是：去思考这个指控在多大程度上指向了美国生活的问题，而且还包括指向美国哲学的问题，这是必须回答的。很难看到任何一种*先天*哲学或者任何一种绝对主义体系能够在我们中间立足，至少很难看到这些东西越过狭小的教授圈子。心理学家谈到的，是通过试验成败的方法来学习。我们的社会结构使我们信奉这种生活哲学。我们的工作原则是尝试：通过尝试来发现思想和理论的价值，凭借思想和理论在实际应用中取得成功的检验来评判其价值。我们的指导原则是：看具体结果而不是*先天*原则。黑格尔发现，把社会制度"视为选择的对象是肤浅而荒唐的"；因为在他看来，"社会制度是发展道路上的必然构造"。在我们看来，这些社会制度是大量日常的和不断翻新的选择得到的结果。

不言而喻，这种实验的生活哲学意味着一种危险的实验。它允许并且迟早还可能要求所有神圣不可侵犯的原则接受火的神明裁判(ordeal)——看看它们是否有用。从**先天论**的立场来看，这种哲学是一场无可救药的混乱，**先天**就注定 201
是要失败的。从其自身的立场来看，它也是一种需要经验来验证的理论。现在有各种各样的实验，有受盲目的冲动和欲望驱动的实验，也有在理智的思想引导下的实验。实验的方式形形色色，就像野蛮人五花八门的祈雨方式，有洒水，有撒蓟花的冠毛。在实验室里面进行电力的试验，才有了无线电发报和快速的电力牵引。是否可以说，正是由于这种区别，我们才掌握了实验方法成败的关键，并将其概括为一种生活哲学，即一种处理社会问题的哲学——应用是否可以全面概括这种哲学呢?

一种实验哲学与经验哲学是有区别的，我们在前面论述过作为经验主义的经验哲学。在谈到经验主义时，我们提到了历史经验主义；经验主义的概括方式是把以前发生的事情总结起来，因此，这种概括的真伪取决于它们对以前大量发生的事件进行分门别类的准确程度。这些概括只能告诉我们未来可能是过去的常规重复，除此之外，它们必定缺乏指导的力量。在一种实验的生活哲学中，过去的问题、先前的问题、起源的问题都从属于预见，从属于有关未来种种可能的指导和控制。衡量理论的价值要看结果，不是看起始。任何计划或者设想听起来可能都很不错，但前提是它在今后可以不断改善；没有任何理论或者标准如此神圣，乃至于可以完全根据过去的表现而被人们接受。

一种彻底的实验哲学与经验哲学的这种区别仅仅在于，实验哲学强调必须仔细、全面地反思那些将由实践来检验的观念。如果说**先天**哲学在德意志真是很有效的话，那是因为，**先天**哲学的基础是一种**先天**的社会制度——也就是建立在国家基础之上的，而国家的组织结构预先决定了社会个体阶级的主要活动，并通过一些确定的方式把他们彼此联系起来，并利用他们的具体活动。通过自觉 202
的方法和组织形式所能够做到的，德国人给出了一个榜样，不过，这些都是老生常谈了。实验的生活哲学要想取得成功，同样也要依靠方法上和组织上的智慧；这种依靠非但不能少，而且要得更多。我们必须向德国人学习他们有条有理的工作方式。我们不要把智慧限制在实现由国家(或者由某种观念的历史进化)预定的目标所使用的技术方式上面，而必须把智慧用于构建可以付诸行动的目标。

如果没有一种训练有素且知识渊博的想象力的指导，成败的试验方法可能会造成过多的失败。这是一个无法掩盖的事实，实验生活哲学最终是指一种时不时可能打中的哲学。但是，如果用一种碰运气的方式来瞄准，而不是依靠各种调查材料来找准目标，然后据此构建出推进装置，并计算出弹道曲线，那么，它就是打不中目标的哲学，而不是能够打中目标的哲学。实验的工作毕竟只是假设的和暂时的，这些都来自付诸行动的思想，但这并不意味着是胡乱瞎猜；这意味着如果我们充分注意这次成功或失败的原因，以后就可以做得更好。

美国是新兴国家，不可能为一种**先天**哲学提供基础；我们还不具备必要的法律的、制度的和既有社会组织的背景。美国立国不久，以我们的想象力，还不可能产生一种德国式的进化哲学。这是因为，我们的历史明显地属于未来。我们的国家太广袤太松散，使得我们只能依赖一种漫无目的和东拼西凑的经验哲学；这种哲学不过是一些因为古老而变得支离破碎的方法的集合。我们必须依赖一种极富创造性的想象力来构建一种体系化和建设性的方法，这种方法完全经得起结果的检验。美国意味着机会，我们对此说得够多了；我们现在必须要问：是什么样的机会？如何抓住这个机会？我只能认为，目前的欧洲局势迫使我们清楚地看到，我们需要有一个建设性的规划。我只能认为，尽管没有理由假定创造
203 力要依附于一些**理所当然**的普遍观念，但是，这个规划促使我们相信，应该有一种能够将各种观念连接起来的哲学，它能够指导我们的社会实践，能够澄清并引导我们未来的努力方向。

时间只允许我再做一点说明。当前的时局呈现出了整个国家主义哲学在政治、种族、文化等方面的崩溃景象。碰巧因为地理位置而不是我们自身的原因，我们没有参与到这种失败的表演之中。我们美国人借用了那种孤立的国家主权的古老哲学，而且还是有些半心半意地依靠了这种哲学。从我国的构成来看，事实上，美国是多种族、多民族的国度。这就要看我们是否有勇气面对这个事实，是否有智慧设计出一个针对这个事实的行动计划。仲裁条约、国际司法委员会、国际裁军计划、和平基金、和平运动等，这些都在酝酿之中。但是，按照目前的局势，这些计划中所包含的思想还是不够彻底。我们必须认识到，进一步深化和扩大人类的交往，正是文明的尺度；我们必须在我们国家生活之中以及国家之外去关注这个事实。我们必须把我们国家这种内部构成的偶然性转变为一种观念，并据此来实施我们的内政和外交政策。一个国际法庭将最终打破国家主权的原则。

我们没有权利谴责任何一个交战国家，除非问自己是否愿意放弃这个国家
主权原则？是否愿意把那些我们因为想象力和认知有限而看作国家事务的东西
提交给一个国际立法机关？就其实质而言，和平的观念就是一种消极的观念；它
是一种维护公共秩序的观念。确实，有些事情要比保护身体和保护财产更加重
要。破坏和平是一件坏事，但并不是因为和平被打乱了，而是因为共同生活之伟
大实验的合作过程被打乱了。除非我们接受和平所包含的积极理想：打破阶级、 204
种族、地理和国家的界限，促进人类交往的功效，否则，我们为了和平的消极目标
而努力就是徒劳的。任何哲学，我们只要深入其中，并了解当前的社会实践，就
会发现，协调人类交往的各种力量是在发挥作用的。一种理智的、具有勇气的实
践哲学将会设计出一些方法，使得这些力量能够在未来切实地发挥其作用。一
种美国的历史哲学必将是一种关于美国未来的哲学，这个未来就是人类的自由
和充分交往，而实现这个目标的方法就是明智地进行合作试验。

明天的学校

206

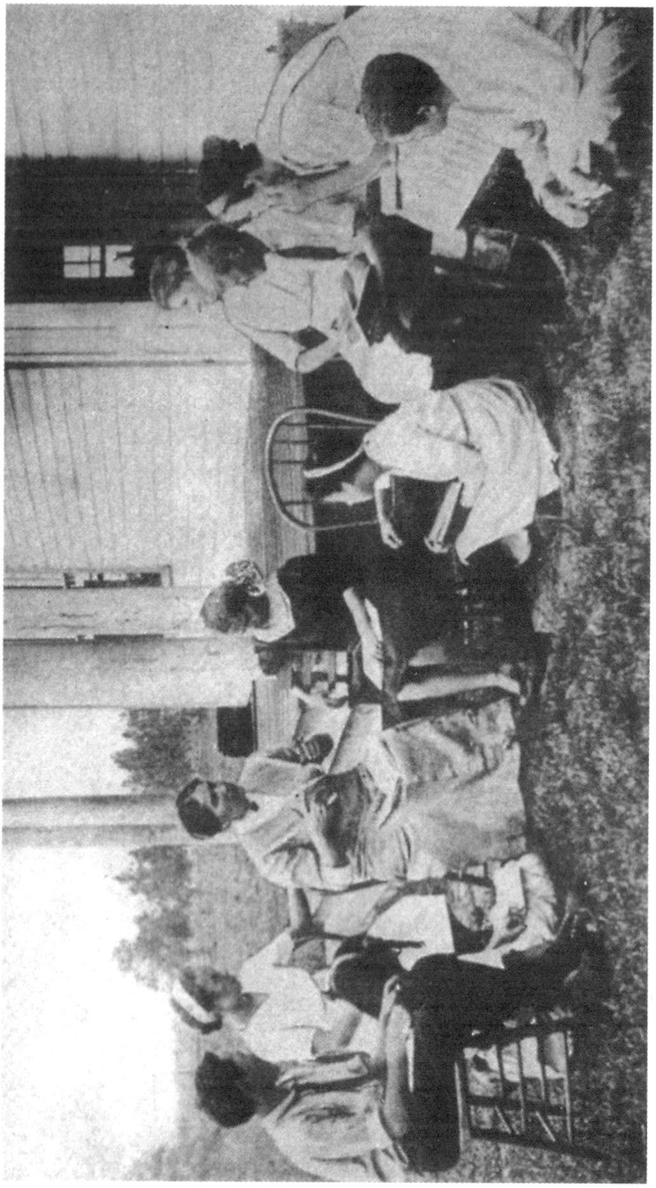

一次开卷考试(亚拉巴马州费尔霍普)

序

撰写本书的目的，并不是为了提出一套完整的教育理论，也不是为了评述任 207
何的“制度”，更不是为了讨论某些著名教育家的观点。本书不是一本有关教育学的教科书，也不是一本阐述某种教学新方法的论著，所以不可能向疲惫的教师或者不满的家长说明如何施行教育。本书试图表明学校一旦按照自己的方式，把自柏拉图以来的一些理论付诸实践，实际上会发生什么。事实证明，这些理论是最合理的和最杰出的，后来却被作为人类“知识遗产”的瑰宝而被恭恭敬敬地束之高阁。凡是学过教育学的教师都熟知其中的某些观点，而这些观点中的有些部分又形成了每一种教育理论中公认的部分。然而，一旦把这些观点应用于课堂，公众的一般反应和教师的具体反应则是强烈反对，说这样做是把课堂变成了一个实践心血来潮的古怪念头的场所、一个缺乏任何长远目标和指导原则的地方。本书希望展现出一旦教师应用这些观点会发生什么，并向读者提示，教育改革者们所提出的那些广受认可和赞成的观点，有哪些是具有实际意义的。

本书作为例证所列举到的学校，均由真心坦诚的教师所管理。这些教师具体制定了自认为基础性的教育原则，他们怀着拳拳之心，尽力将全身所学之精华奉献给孩子们。举国之内，越来越多的学校正努力确定自己的教育理念。本书的任务在于指出：实际的应用如何取自理论？当下的教育又该走向何方？笔者希望通过课堂实践的描述，能够帮助读者把一些理论化为鲜活的现实。另一方面，笔者也对某些理论作了论述，指出现代教育中的一些需求以及满足这些需求
的途径。 208

为起到说明的作用，书中列举了一些学校，它们系随机选出，入选原因或者

是因为我们对之已然熟悉，或者是因为学校的地理位置离我们较近。但是，它们并不代表学校今天为振兴和丰富儿童的学校生活而做出的全部努力。国内每个地方都可以找到具有相似特征的学校。本书限于篇幅，只得将一个极其重要的运动——重组乡村学校以及在教育中涉及农业知识——忍痛割爱。然而，这个运动正好显示了本书所描述的那些学校的标志性发展趋势，这就是让儿童获得更大自由的趋势，把儿童的学校生活与其环境和世界观统一起来的趋势；甚至更为重要的是，承认教育必须在民主社会中发挥其作用。看来，这些趋势恰恰反映了时代的特征，而且除了一个例外之外，反映了所有受访学校最显著的特征。

我们访问的这些学校的教师、校长，都为我们提供了很大的帮助，并对我们的工作表现出浓厚的兴趣，若非如此则本书无法完成。他们把自己的时间和所教班级的材料交由我们支配，始终如一地帮助我们，为此，我们谨向他们致以最诚挚的谢意。我们特别要感谢费尔霍普的约翰逊(Johnson)夫人和印第安纳波利斯的乔治娅·亚历山大(Georgia Alexander)小姐，她们给我们提供了信息和建议。除了一个学校之外，对所有学校的访问系由杜威小姐(Miss Dewey)完成，她还负责撰写本书描述性的章节部分。

约翰·杜威

插图目录[①]

---

① 插图的页码均为中文版页码。——译者

1.

作为自然生长的教育

211 “我们对儿童一无所知，因此带着错误的儿童观去从事教育，结果是偏离正道，越走越远。那些最聪慧的人致力于研究成年人应该知道什么，却从不考虑按其能力可以学到些什么。”这些话是卢梭的《爱弥儿》(*Émile*)一书中典型的语句。卢梭坚信，现行的教育很糟糕，因为家长和教师的脑子里始终想的是成年人积累的知识。同时他认为，一切改革都应围绕着儿童的禀赋和弱点来进行，都应该立足于此。卢梭说过不少蠢话，也做过不少蠢事。但是，他坚决主张教育必须立足于受教育者与生俱来的能力，立足于学童的需求，以发现学童具有哪些禀赋。这个主张唱响了现代为促进教育进步而做的一切努力之基调。这就意味着，教育不是依靠外力把什么东西强加给儿童和青年，而是让人类与生俱来的各种能力得到生长①。卢梭的这个思想，激发了自他以来教育改革者们最为强调的各种思想。

首先应该关注职业教育工作者一向忘却的一个事实：在学校学到的东西充其量不过是教育的一小部分，而且是相对粗浅的那一部分；然而，在学校学到的东西却在社会上造成人为的差异，使人们相互隔离。结果，在比较学校所学与日

---

① growth 在杜威的理论中一般译为“生长”。现引吴式颖 1999 年编写的《外国教育史教程》作为注解：“教育即生活、教育即生长、教育即经验的改造这三个命题……是杜威教育理论的总纲领。”(人民教育出版社，1999 年，第 513 页)“生长是一个生物学概念，但杜威对之做了改造，赋予其丰富的社会内涵，从文法上讲，‘教育即生长’是不通的，生长是一个过程、一种结果或者理想，若言教育是为了促进生长，为了促进发展则无此语病。”(同上书，第 510 页)因此，本书在翻译中严格按杜威的原意，将“growth”以及他行文中有时为避免重复 growth 而用的替代词“development”译为“生长”。——译者

常生活所学时，我们夸大了前者。不过，为了纠正这种夸大，我们的办法不是贬低学校的学习，而是研究日常事件进程所提供的广泛而更加有效的训练，从中获得启示，从而帮助我们找到学校最佳的教学方法。在从出生到入学之前的数年中，幼儿的学习进展迅速，且很稳定，因为此时的学习与由儿童自身能力所提供的动机紧密关联，与儿童所处的环境所决定的需求紧密关联。学习就是需求，最 212
早看到这一点的正是卢梭。学习是自我保护和生长过程的一部分。因此，如果想知道怎样教育才算最成功，就让我们去研究儿童的学习经历，因为在儿童的学习经历中，学习是一种需求；我们不必去了解学校的实践，因为在学校里，学习多半是一种装饰，是一种可有可无的东西，甚至是一种强加的负担，儿童并不欢迎。

然而，学校总是背离这个原则去办教育。学校并不了解儿童在成长过程中有些什么需求，因此，把成年人积累的知识强加给儿童，但成年人的这些东西与儿童生长的迫切需求毫不相干。

> 一个成年人确实应该知道许多似乎对孩子毫无用处的东西。但是，成年人应该知道的一切事物，孩子就必须学习吗？他能够学会吗？如果你尽量教孩子学习在他那个年龄看来是有用的东西，你就会发现，他的时间是被充分利用了的。你为什么硬要让他去学习他的理性还不能理解的东西，同时却忽视适合于他目前学习的东西呢？但是，如果你要问，等到他需要用的时候，哪里还来得及学呢？我无法回答。不过，要提早教孩子学习是不可能的，因为我们真正的老师是经验和情感。成年人只有在他所处的情境中，才能清楚地了解哪些东西是适合于**他**的。一个小孩子知道自己肯定会长大成人；他对成人的状况可能具有的所有概念，对他来说就是教育的理由，但是，他所不能理解的地方，就决不应该让他知道。我这本书一直都在证明这个教育基本原则。

也许我们大家最严重和最常见的错误，便是忘了学习是应付种种现实情况的必要之举。我们甚至臆断大脑天生就反对学习，这就相当于假设消化器官反对食物，因此让其接受食物就只有两种办法：要么哄骗，要么强迫。有一种观点相信大脑是反对学习的，换句话说，大脑反对使用自己。现行的教学方法提供了大量支持这种观点的证据。我们没有看到，这种逆反实际上是对我们教学方

213 法的谴责。它表明，我们所教授的内容是处于目前这个生长阶段的大脑并不需要的，或者说教学的方式掩盖了真正的需求。说明白一点，只有成年人才能够真正学会成年阶段所需要的东西。过早吸取成年人的营养会扑灭求知的欲望。相反，如果这种求知欲一直保持不衰，那么，一个成年人学会适合自身知识的可能性无疑会大得多。对此，我们既缺乏信念，又不乐意相信。我们对于成年人知道的东西始终感到担忧，又害怕儿童根本不学，所以等不到儿童出现知识的渴求或者实际的需要，就通过讲授的方式把这些东西强行灌输给他们。如果我们真正相信，关注当下的生长需求，就可以让儿童和教师都忙起来，就可以为未来所需要的知识提供力所能及的保障，那么，教育观念的转变可能很快就能实现，而且我们希望看到的其他变化也会实现。

难怪卢梭不断地宣传心甘情愿浪费时间的必要性：

> 最伟大、最重要、最有用的教育法则就是：不仅不要节省时间，而且还要浪费时间。如果婴儿从哺乳状态一下子就能成长到有理性的年龄，那么，当下的教育方式可能对他们是十分合适的；但是，儿童自然生长规律却要求我们采用截然相反的训练方式。

他又说：

> 我们目前的整个教育方法很残酷，为了遥远且不确定的未来而牺牲现在。我老远就听见这些假聪明者发出的叫嚣；他们不断让我们朝前走，他们从不考虑当下，总是不停地追求那愈追愈是不可即的未来；他们硬要我们离开当下，走向我们永远也达不到的地方。

简而言之，倘若教育就是让习性和能力得到适宜的生长，那么，只有关注**日复一日以特定方式**生长的过程，才是确保成年人生活取得成就的唯一途径。成熟是各种能力缓慢生长的结果。成熟需要时间，拔苗助长不可能不造成伤害。
214 童年的根本含意就在于它是一个生长的阶段、发育的阶段。因此，打着成人生活成就的旗号来鄙视童年的能力和需求是一种自杀。所以

> 要尊重童年，不要急于对他们做事的好坏妄加评判。让大自然先教导很长的时期之后，你才去接替它的工作，以免你阻碍了大自然发挥作用。你说你了解时间的价值，所以不愿意浪费时间。可是你没有看到，由于误用时间而带来的损失，比在那段时间中毫无作为所带来的损失还要大，一个受了不良教育的孩子，远远不如没有受过任何教育的孩子聪明。你看见孩子无所事事地度过了童年岁月，就会感到惊奇！唉！难道说让他整天快快乐乐、整天跑跑跳跳是无所事事吗？孩子一生中再也不会这么忙碌了……要是一个人为了把一生的时间都拿来利用而不去睡觉，你会怎么看待他？

尊重童年等于尊重生长的需求和机会。我们的悲剧性错误就在于过于担心成长的结果，以至于忽视了成长的过程。

> 大自然希望儿童在成人以前就要像儿童的样子。如果我们打乱了这个次序，就会造成一些早熟的果实。这种果实长得既不丰满也不甜美，而且很快就会腐烂……儿童有他特有的思维方式、认识方式和感情方式。

生理的成长并不等同于心理的成长，但两者在时间上同步发生，在正常情况下，没有生理的成长就不可能有心理的成长。要尊重童年，第一条具体的法则，就是要确保身体健康发育。恰当的心理发育具有内在的价值，是有效行动和快乐的源泉，除此之外，恰当的心理发育直接依赖于肌肉和感官的恰当运用。如果要与知识的材料建立关系，就必须调动功能器官和接收器官。儿童的首要任务就是自我保护，但这并不是指仅仅让自己活着，而是指把自己作为一个生长发育中的生命保护起来。因此，儿童的活动并不像成年人想的那样漫无目的，它是儿童认识世界的方式，也是儿童了解自身能力的用途及其限度的方式。对成年人
而言，儿童一刻不停的活动似乎毫无意义，这是因为成年人对周遭的世界已经习 215
以为常，并不觉得需要不断尝试。可是，成年人因儿童不停的运动而感到烦躁，便竭力让孩子安静下来，这既阻碍了儿童的快乐和健康，又切断了儿童获取真正知识的主要途径。许多调查者发现，健康的生理状态如何变成了心理正常发育的消极条件；不过，卢梭对我们现在的心理学早已作了预言，他甚至预见到感觉和运动器官的作用对智力发展产生积极影响的程度。

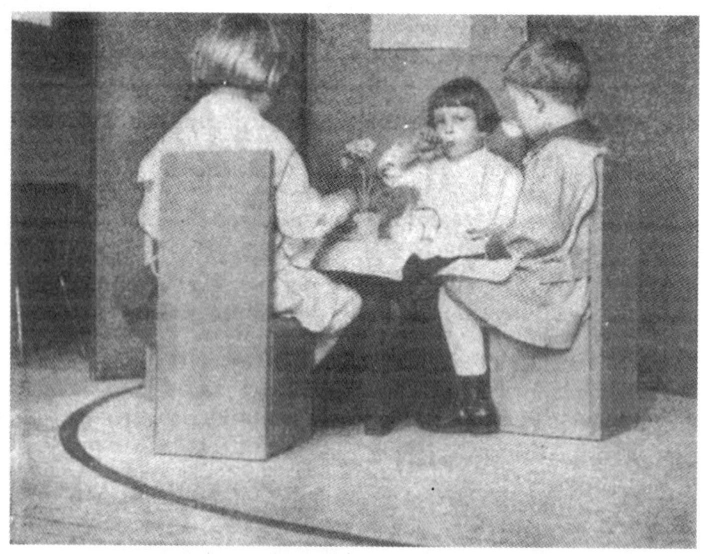

(1) 大自然希望儿童在成人以前就要像儿童的样子
(2) 教会儿童什么是对他有用的(纽约市师范学院)

216

如果你遵循与传统做法相反的规则，如果你不让你的学生舍近求远，不使他游荡在遥远的地方、陌生的国度、幽远的世纪、世界的尽头、九霄之外，而是使他保持本真，使他注意同他有直接关系的事，那么，他是能够进行感觉、记忆，甚至推理的，这是成长的自然次序。一旦有感知能力的婴儿长成一个活跃的个体，他就可以获得与他的体力同步增长的辨别能力。只有在自我保存所需要的体力以外还有多余的体力时，才适于把这种可以做其他用途的体力用来发展它的思辨能力。所以，如果你想培养你学生的智力，就应当先**培养他的智力所支配的体力**。只有不断地锻炼他的身体，使他健壮起来，才能使他变得优秀、变得聪慧。让他干活，让他做事，让他跑，让他喊，让他不停地活动……有些人想象身体的锻炼有害于思想的运用，仿佛这两种活动不应该齐头并进，仿佛两者不能**互为指导**，这是一个可悲的错误。

各种身体活动有利于脑力的健康及脑力的增长，而且这些活动相互增强。在下面的段落里，卢梭更加具体地阐述了这种增强脑力的方式。

通过锻炼身体，我们学会了使用我们的体力，知道了我们的身体与周遭
物体之间的关系，学会了怎样运用那些适合于我们器官的自然工具……18
岁时，我们才知道杠杆的用途；可是每个 12 岁的农村男孩用起杠杆来却比
科学院最聪明的机械师还熟练。小学生在校园里相互学到的知识要比在课
堂上学到的强百倍。我们来看一看一只猫第一次进入屋子时的情形：它从
一个地方走到另一个地方，这里嗅嗅，那里看看，一刻也停不下来。一个初 217
学走路的孩子，第一次进入他周围的世界的屋子的时候也是这个样子。虽
然两者都同样用视觉探查，但孩子还使用了他的手，而猫则用它的嗅觉。

由于人最初的自然冲动是去观察周围的环境，是去发现他所看到的每一个物体中有哪些可以同他有关系的性质，所以，他最初的学习就是一种用来保持其生存的实验物理学。可是，他还没有弄清楚自己在这个世界中的位置，你就不要他研究这种实验物理学而去研究理论了。当他娇嫩而灵活的四肢和灵敏的感官还能够自行适应它们所接触的物体时，正好现在[1]趁

---

① 原文遗漏，经核查《爱弥儿》英文版，补遗 now。——译者

此机会锻炼感官和四肢的适当职能——趁此机会了解它们与事物之间的关系。我们最早的自然科学[①]老师就是我们的眼、手、脚。用书本来取代它们,那就不是在教我们进行推理;而是在教我们运用别人的推理,而不是运用自己的推理;在教我们轻信,而不是自己去学习。

欲攻一艺,必先有工具;欲善用工具,须把工具做得牢实耐用。欲学思考,必先锻炼四肢、感官、身体器官,因为它们是我们心智的工具。欲善用心智这些工具,则必须让提供这些工具的身体保持强壮和健康。因此,人类真正的理性不仅不是独立于身体而形成的,而是有了良好的体格才能使人的思想敏锐和正确。

这段引文说明,卢梭距离那种把身体发育作为身体存在之全部目的的观点有多远。这段引文还表明,卢梭关于感官与知识之关系的思想,使他大大超越了他那个时代的心理学。当时的观点(甚至在我们这个时代也十分盛行)认为,感官相当于某种门径和通道,印象即通过它们来建构关于世界的知识图像。但是,卢梭认为,感官是功能装置的一部分,为了适应环境,我们通过这个装置来调整自己,感官并不是被动的容器,相反,感官与运动性活动直接关联——与手和腿的运用直接关联。在这方面,卢梭比他的有些后继者更具先见之明,他强调感官与物体接触的重要性;可他的继承者们却仅仅把感官看成是对象信息的提供者,而不是人用来调整自己以适应周围世界的工具。

因此,尽管卢梭对感官作了大量的研究,并推荐了许多锻炼感官的游戏,但
218 是他绝对没有把单纯的感官锻炼当作目标本身。他说道:

要锻炼感官,不要仅仅使用感官。我们必须通过感官来学习正确的判断——因为我们只有经过学习,才会懂得该怎样去摸、怎样去看和怎样去听。有一些感官的运用纯粹是机械的,可以用来强健体质,但却不能提高判断力。例如,游泳、跑步、跳跃、抽陀螺、扔石子都非常好。除了手臂和腿之外,我们还有眼睛和耳朵,这些器官对于学习运用其他感官是必不可少的。

① 原文为 natural philosophy,过去的用法,指自然科学,特别是物理学。此处遵照过去的含义,译为自然科学,而没有望文生义地译为自然哲学。——译者

所以不能只锻炼体力，锻炼指导体力的所有感官。要使每一种感官都各尽其用，要用其他的感官去检验某一感官的效果。要学会测量、计数、称重、比较。只有在估算过以后才使用我们的力气；在任何时候都要先估计一下效果，然后才决定采用什么方法。要教育孩子在使用体力时，不要过分，也不要不足。如果你使他养成习惯，预想一下自己做事的后果，并且根据他自己的经验纠正错误，那么，他活动越多，就变得越聪明。

引导儿童自然生长的教学法与把成人的成就强加给儿童的教学法之间，还有一个截然不同之处，应该引起我们的注意。后者十分注重用符号形式来积累信息，因而强调的是知识的数量，而不是知识的质量；要求展现的是结果，而不是个人的态度和方法。但是，自然生长强调个人必须亲身认识为数不多的典型情境，以便掌握解决实际问题的方法，而不强调积累信息。正如卢梭指出，捷径是我们取之不尽的幻象之源，正是利用这个捷径，儿童变成了我们的错误方法的受害者。我们明白——或者以为自己明白——自己说的话是什么意思，所以当孩子使用了恰当形式的词语，我们便认为他的理解跟我们是一样的。“从表面看，孩子们学习时很容易，那他们就给毁了。我们没有看到，这种容易本身就证明了他们什么也没有学到。他们的光滑的小脑袋像一面镜子似的把我们展现给他们看的东西都反射出来。”卢梭用一句话描述了教授事物——而非引导学生自己认识事物本身关系——的缺陷：“你以为你教给他的是世界的面貌，其实，他只是在学看地图。”把教地理的这个例子推演到整个知识王国，你就抓住了我们从小学 219
到大学大部分教学的本质。

卢梭说下面这句话时，他脑子里想的却是截然相反的方法：“在通向科学的众多捷径之中，我们迫切需要一种教给我们有一定难度的学习艺术。”当然，他的想法不是为了难度而增加难度，而是为了避免由于运用重复刻板的学习方式出现的假学习，为了用缓慢却可靠的个人发现的过程来替代假学习。教科书和教师授课，教给我们的是他人发现的结果，因此似乎给我们提供了一条通向知识的捷径；但这个结果只是对符号毫无意义的反射，对事实本身却没有理解。这种方法进一步的后果就是造成思想混乱，因为学生失去了思想上原本脚踏实地的感觉，他的真实感遭到了破坏。“由于小学生所学的第一个无意义的词语，第一件事情，都是照别人的话去理解，而自己根本就不明白其中的意义，所以才丧失了

220

要学习思考，我们必须锻炼自己的四肢（芝加哥弗朗西斯·帕克学校）

他的判断力。”他又说：“既然所有的思考你都替他做了，你还让他思考什么呢？”（千万别忘了我们的教科书和一成不变的课程里井井有条的内容代表了别人的思考。）“你让他把理性用于那些看似对他最没有用处的事物，结果使他不再信任自己（所拥有的理性）。”

假定在卢梭的时代，作为学习目标的信息和知识果真“深不可测而又浩如烟海”，那么，我们算一算卢梭之后科学知识量的增加，便可以十分肯定地说，教育只等同于积累知识这个观点是很可笑的。我们经常听到这样的批评，说现在的教育仅仅用蜻蜓点水、浮光掠影的方式把浩瀚而庞杂的学科教给学生。这种批评言之有理。不过，理想的补救办法不是退回过去，不是仅仅机械地教学生“三要素”那点可怜的内容，而是要放弃将整个知识领域化整为零、分入各科的那种狂热的想法，转而“就一个题目充分论述”。我们必须用更好的理想去取代这种有害无益的教育目标。这个理想就是采用一种可以使学生掌握学习工具的方 221
法，一种能给学生提供情境并能激发学生的求知欲的方法，对为数不多但事例典型的经验进行周到细致的讨论。按传统的教学方法，学生学到的是地图而不是世界，即学到的是符号，而不是事实。学生真正需要的不是关于地貌的准确信息，而是自己去寻找信息的方法。“在这里已经看得出你的学生的知识与我的学生的无知之间的差别了！你的学生学的是地图；而我的学生则能画地图。”在学校学习知识的真正目的不是知识本身，而是**发现如何获取所需知识的方法**。

2.

作为自然生长教育的实验

222 卢梭关于教育即自然生长过程的学说影响了他之后的大多数教育理论，但对学校教育的实际内容却影响不大。不过，偶尔会有一些实验者按照卢梭的原则来制订计划。这些实验中，有一个是由亚拉巴马州费尔霍普的约翰逊(Johnson)夫人做的。过去几年来，专家和学习者纷纷去这个地方取经，约翰逊夫人的模式影响之大，乃至于美国各地都开办了类似的学校。约翰逊夫人在康涅狄格州的格林威治开设暑期教师培训课程，按照她的理念提供颇具操作性的实例训练。在格林威治就有一所儿童学校是这种实验的典范。

约翰逊夫人的基本原则主要出自卢梭的根本理念，比如儿童只有在童年体验了对于他作为儿童有意义的东西，才可能为今后成年人的生活做好最佳的准备。又如，儿童有权享受自己的童年。儿童是一个处于成长过程的动物，应该得到最为充分的发育，以便成功地生活在成人的世界；不能用任何方式来阻碍他的生长，应该尽一切可能去促进儿童身心充分和自由的发展。这两种发展同时进行，而且是不可分割的两个过程，因此，我们必须时刻记住这两者是同等重要的。

约翰逊夫人批评了现在的传统学校。她说，传统学校教育的一切安排都是为了方便教师易于行事，而教师期望的是迅速获得看得见、摸得着的结果；这样的教育，并不顾及学生是否会得到充分的发展。传统学校按照温室的灾难性计划来安排教学，不是去培养全面的生长，而是强迫学生变成中看不中用的东西。传统学校未能培养一种能够经受磨难和开展创造性活动的个性，不尊重儿童当
223 下的需求，也不尊重这样一个事实，即儿童时时刻刻都在完整地体验着生活，并非要等到年长者为他划定的某个时期才开始生活，等到那个时候，学校又变成了

过去的事情。因为这样的错误，儿童自然而然地就对上学感到索然无趣。大自然并没有要这个幼小的动物去适应狭窄的课桌、排得满满的课程，去默默地吸收复杂的事实。儿童的生命和生长取决于运动，但学校却强迫他一连数小时呆在一个狭窄的空间，好让教师确信他在听讲或者读书。虽然允许孩子短暂活动身体，但那也是为了诱使他在余下的时间里保持安静，而且这种休息并不能补偿他必须付出的努力。儿童渴望活动身心。一如生理的成长必须与心理的成长同时发生，儿童的不同行为也应该相互兼顾。儿童的身体的运动与心理的觉醒相互依赖，相辅相成。

约翰逊夫人说，只讲原则而不到实践中去求证，这是不够的。营养良好、身体活跃的儿童是最急于做事和求知的。学校每个小时都安排身体锻炼，才能满足活动的需求。必须允许儿童在学习和玩耍的时候都可以活动身体，允许他模仿，允许他自己去发现。儿童周围的东西，即便对于 6 岁的孩子，都是未曾探究过的世界。随着他的活动把他的探究越来越引向深入，对于他小小的视野而言，这个世界不断扩大；而且，无论对于他还是成年人，这都绝非是一个平平常常的世界。因此，应该让儿童在肌肉不强健、心理较脆弱的阶段，自己去观察这个充满自然和非自然事物的世界，这个世界就是他的知识来源。

普通学校并没有为生长和发现提供机会，而是把儿童强压进一个狭小的区域里，让儿童有一种不情愿的安静，有一种强加的身心态度，直到他的好奇心被磨灭，以至于一旦碰到陌生的事情，便只剩下惊讶的表情。不久，他的身体就会对学习任务感到疲倦，他于是开始寻找种种办法来躲避老师，逃离他的小牢房。
这意味着他变得烦躁，缺乏耐心。用学校的话来说，儿童对派给他的小小任务失 224
去了兴趣，因此对一刻之前还如此诱人的新世界也失去了兴趣。还没有等他真正开始踏上通往知识的道路，这种漠然的恶疾便已侵入了他敏感的心灵。

办学校的理由是让孩子们聚集在一起学习，其目的就在于必须让他们学会与别人一块工作。约翰逊夫人承认这一点，并努力寻找到一个让个体的发展得到最大自由的途径。幼儿由于肌肉无力，官能也不成熟，不适宜接受艰苦的任务，比如坐下来做一些特别精细的工作。因此，他的学校生活不应以读写作为开端，也不应以学习摆弄细小的玩具或者工具作为开端。他必须继续其在家中就已开始的自然课程，比如从一个有趣的物体跑到另一个有趣的物体，探究这些物体的意义，最重要的是探究不同物体之间的关系。所有这些必须大范围地展开，以便他掌握明显事实的名字和意义，而这些事实将按照自己的顺序出现。这样，费解的和难度大的事实一个一个地显露出来，而不是由教师强迫儿童去注意它们。一个发现引向又一个发现，追求的兴趣引导儿童主动地去进行探究，这样的探究常常等同于严格的知识训练。

循着这条自然生长的道路，依靠求知欲的引导，孩子进入了读、写、算、地理等。约翰逊夫人说，由于认识到儿童的需求，我们必须等待儿童自身燃起求知的欲望，然后及时提供满足这种求知欲的手段。因此，儿童学习阅读的年龄应该往后推延，等儿童体验了事物之间较为广泛的关系并牢固掌握有关知识之后再学习阅读。约翰逊夫人甚至不让儿童在太早的年龄学习阅读。她认为，到八九岁时，儿童便渴望探究书本，恰如在此之前，他们渴望探究事物一般。这个时候，他们会认识到自己需要书本上的知识，并渴望运用知识；因为他们发现，这种知识只能从书本上获取，别处无法找寻。所以，真正学习阅读不是一个问题，儿童自
225 己会自学。他们受到兴趣的刺激，渴望找到某个特定科目的知识，由此可以做到轻松而又快速地阅读。阅读对于他们而言，并不是一种孤立的练习，而是一种到达渴求目标的手段。这就跟爬上货架一样，如果心思放到了满足心理胃口的欲望之上，也就看不见困难与危险了。

教给儿童的每一个课程，都应当满足他们对事物关系知识的强烈需求；而且，这样的知识，他不能从对物体的研究中直接获取。数字所代表的算术和抽象概念，对于一个 6 岁的儿童是毫无意义的，可是作为他游戏或者日常使用的一部分数目却充满了意义；而且，他很快就会发现，数字的意义很大，不了解数字便无法玩游戏。

约翰逊夫人在与公立学校条件相当的地方进行实验，她相信自己的方法对任何公立学校系统都是可行的。她基本上不收学费，任何儿童都可以进来。由于她遵循了儿童自然生长的规律，所以把自己的教育方法称为“有机的”。学校的目标是为儿童提供每一个发展阶段所必须的活动。因此，她坚持，决定学生分班的因素应该是综合发展，而不是获取知识的数量。学生的分组是依照儿童的年龄组合来进行的。所分的班组叫做“生活班”而不叫做年级。生活 1 班在八九岁之间结束，生活 2 班在十一二岁之间。由于青春期青少年的兴趣口味会出现更加显著的变化，还单独开设了中学班。各组的功课安排，旨在给学生提供他那个年龄阶段的身体、大脑和精神所需要的体验。

在费尔霍普学校的课程里面，基本上没有强迫的事情、布置的功课和通常的考试。所以，孩子们不厌恶学习，没有对教师或者课本表示出不信任；然而，不幸的是，这些在普通学校的学生中间却普遍存在。学生出于自己的学习本能，丝毫 226
没有那种因为被迫把心思放在考试和升级之上而产生的自我意识。

聪慧的儿童常常对教室以及教室里的一切感到厌恶。这种厌恶是他们永远也摆脱不掉的，以后会阻碍他们的成长，甚至妨碍他们去认真对待大学的学习，使他们怀疑一切不是根据自己的课外体验而推导出来的东西。也许他们变得太驯服，以至于默许一切权威的言论，从而放弃自己的真实感受。我们告诉儿童，书本是世界的仓库，里面放的都是过去的遗产；如果没有这些遗产，我们就会变成野蛮人，所以我们必须教授给他们。可是，教出来的结果却让他们憎恶书本知识，怀疑老师的话。无能是一种普遍现象，其原因并不是因为人们小时候学得不够，而是因为他们不能也不会运用所学的东西。这是由于儿童小时候对学校以及与学校有关联的知识不信任的缘故，这种影响之大，怎么强调都不过分。

费尔霍普学校的学生永远不用与这种阻碍作斗争。他们都很快乐，而且总是欢天喜地地表示“热爱”学校。对于整个小组而言，学习是有趣的，而且没有任何一个孩子被迫去完成自己不喜欢的事情。每个学生只要不影响别人，可以做自己喜欢的事情。但是，孩子们并不是没有纪律的约束。只要上学，他们就必须参加活动，而且要学会不打搅同伴，还要在同伴需要的时候提供帮助。儿童不能以任性或者懒惰为借口而不遵守健康有用的学校制度。

约翰逊夫人感到，儿童在早期并不知道什么是道德的和不道德的。他们完全缺乏道德的观念，他们的是非感尚未萌发出来因此应该给他们足够多的自由。禁令和命令往往是没有用的，因为无论禁令和命令是针对自己还是同伴，儿童并不理解其后果，结果只能让孩子变得偷偷摸摸，学会撒谎。为儿童提供大量健康的 227
活动吧！该处罚的时候，不要借助于他不明白的观念；如果必要，可以通过让他感觉有一点儿疼痛的方式来向他表明，他对玩伴的淘气行为对他意味着什么。如果他想与家人和朋友分享好玩的和有益的东西，就必须通过行为让他们愿意与他玩。幼儿能够理解这种动机，因为他知道朋友何时对他好、何时对他不好。与基于道德的训练相比，这种训练计划不大可能强迫儿童逃避责任或者隐瞒错误，不大可能强迫儿童撒谎或者过分在意自己的行为，但在儿童看来，基于道德的训练只不过是一种强迫他做事的借口，其原因很简单：某个成年人希望如此。

快乐学习的积极收获，就是需要自我意识。约翰逊夫人的训练计划为让学生热爱学校、热爱学习作出了贡献；而热爱学校，热爱学习，正是全部教学致力于培养的品质。如果学习有趣，就没有必要用毫无意义的限制和琐碎的禁令来妨碍儿童做事。出于自愿，儿童会把学习和天性使然的事情联系起来。这无疑具有积极的道德价值，有助于培养一种自信乐观的工作态度，培养一种面对任务而不感到厌恶或者反感的能力，所以在性格塑造方面，比干苦活、难活或者强迫听讲和强迫服从等方式更具有实际的价值。

分成年龄组或者“生活班”的做法避免了过分强调学生的失败和缺点，但在以学生知识水平为分级依据的学校里面，这种过分强调学生的失败和缺点的做法是很明显的。不能让智力迟缓的儿童有耻辱感。不要把注意力引向他，不要刺激和责备他，或者让他“不及格”。由于没有意识到自己的弱点，他不断得到道德鼓励来支撑他的自信，他的手工作业和体育成绩常常为他带来名声，使他成为同学中的名人。约翰逊夫人坚信，普通学校里的死记硬背和考试，不过是把教师的工作变得更加容易的手段；对儿童而言，由于评分等级而意识到自己“知道”什么或者不“知道”什么，这是有害的，正如强调儿童的失败是有害的一样。

228 费尔霍普学校的课堂练习与死记硬背之间的反差尤其明显。在死记硬背的学校里，儿童一动不动地坐着，合上课本，经受老师提问的煎熬。教师提问是为了了解应该由学生单独“温习”的课程记住了多少。用卢梭的话来说：

> 他（教师）会特意证明他没有浪费时间；他把一套易于表现的本领教给他的学生，随时都可以拿出来夸耀于人……如果考核孩子时，老师就叫他把那些货物展示出来，炫耀一番，满足那些看货的人，然后他把他的东西收拾起来一走了之。问题问得太多了，我们大多数人都要感到厌烦的，尤其是小孩子更感到厌烦。几分钟之后，他们的注意力就分散了，他们不再愿意听你那些无休无止的提问，转而胡乱地回答一通。

孩子们在费尔霍普学校学习，教师的作用是帮助他们认知，而不是要他们交还已经记住的东西。考试常常是开卷的，因为考试的目的不是为了向老师展示儿童能记住多少，而是为了发现他在使用书本的能力方面有何进步。没有给学生布置功课，但每个学生的手里都拿着打开的书本；他们与老师一起讨论课文，

(1) 每天在“体育馆”运动 1 小时
(2) 沟壑是大家喜爱的教材(亚拉巴马州费尔霍普)

229

尽可能从中获取欢乐和知识。这刺激了学生对书本真正的热爱，结果根本不用给学生布置功课，课后他们会自愿地学习课文。他们不会受到诱惑去作弊，因为他们用不着炫耀自己。

这种训练和学习的体系超越了满足于“三要素”的学习，从对心智与道德的自我意识中解放出来，培养了儿童把与生俱来的进取心和热情投入学习的能力，锻炼了他满足自己天生的求知欲的能力，因此使他保持了生活的乐趣与自信，释放了所有的学习能量。结果他喜欢上学，而且忘记自己正在“学习”。因为学习只是作为体验的一种副产品形式而悄然出现，而他认为这些体验本身才有价值。

230 费尔霍普学校设计了下列活动以取代通常的课程：锻炼身体、观察自然、音乐、手工、野外地理、讲故事、感觉培养(sense culture)、数的基本概念、戏剧表演、游戏。2 班增加地图制作、描述性地理学，要求阅读，数字课改为数字知识。每门课都安排为具体的体验，有明确的目标，要让儿童喜欢，能满足其欲望。由于强调遵循儿童的生长规律，所以不出所料，每天学习的重要部分都是锻炼身体。每天上学的时间都有锻炼身体的科目，通常安排在上午的一二节课，因为这个时间儿童精力充沛。在 1 小时的时间内，课安排在室外上，即在孩子们称之为“体操馆”的草地里上。横杠、竖杆、跳马等分散在四处，有老师帮助他们进行身体锻炼，并确保活动的安全；但是，这里并不存在按照公认的词义去理解的正规体操训练。约翰逊夫人认为，学生的反感足以成为拿掉正规体操训练的理由；而且，由于生长发育中的儿童不断按照自己的意愿去寻找伸展四肢和锻炼肌肉的机会，学校只需提供这样的机会，并注意不让学生玩得过头而伤害自己。孩子们自然分组，有些要荡秋千、玩吊环，有些要爬高、跳跃，或者跑动、扔东西等。跑步一般以比赛的方式进行。一棵树被当作扔石头竞赛的靶子。孩子们自己也发明在器械上用的项目。“体操馆”里所度过的这一个小时，是一天中最繁忙的时间。由于这堂课的目的不是要让某块肌肉过分疲劳，也不是让学生按照别人的命令枯燥地重复毫无意义的动作，所以使学生受到刺激，急于去做脑力作业。除了这个常规锻炼的时间以外，孩子们还可以在户外学习，许多课就是安排在露天上的。室内上的课有游戏、手工、戏剧表演，这些对儿童的身体健康都有好处。教室里面没有限制活动的课桌，学生只要愿意，在哪里坐、怎样坐都行，甚至还可以在不打搅
231 同学的情况下，从一个地方挪动到另一个地方。上课是在一间教室里进行的，共有两组，每一组有 15 或者 15 个以上的儿童，学生保持必要的安静和秩序。

观察自然课和野外地理课几乎都在户外进行。孩子们到野外去，到树林里去，看树木花草，提相关问题，观察树皮之间、树叶之间、花朵之间的差异，然后相互说一说自己的观点，用书本来回答树木和植物留给他们的问题。他们通过采集花朵来学习辨别雌蕊、雄蕊和花瓣等词的意思，或者观察蜜蜂在植物之间搬运花粉。老师鼓励学生向全班讲述自己在家里所学的东西，鼓励学生从自家的花园里摘下花朵带到学校，或者讲述自己见过的事物。全班学生还参观学校隔壁的商品蔬菜农场，尽量辨认各种蔬菜，了解新品种的名称和特性。回到教室后，会写的同学把能够记住的所有蔬菜名称列出一个清单，这样把自然课和写作课结合起来了。学校有一个园子，学生在里面学习犁地、耙土、栽种，观察种子的发芽、生长、开花。在属于他们自己的一小块地里，他们可以观察植物生命周期的所有阶段。此外，由于他们做的一项工作需要持续几个月，需要他们动脑子、付出关爱，所以他们从中也受到了道德训练，而且获益匪浅。这一类活动占据了年龄最小的儿童的大部分课程，因为这类活动似乎特别属于儿童的世界，属于明显的具体物体的世界；这些物体就在他们的周围，每天都能看见，可以摆弄，可以用来游戏，而且还能唤起他们的好奇心。

野外地理课的方式大致相同。即便是年龄最小的儿童，通过直接观察，也非常熟悉岩石形成的不同类别，熟悉风雨和河流的作用。如果有教科书，也要等他们直接观察之后再使用，目的是解释或者补充说明学生以前见过的事物。学校周围的土壤是泥土，雨后形成的小溪流为解释河流、侵蚀、流域、洪水或者变化中的水流等提供了最生动的事例。为了讲解潮汐或者湾流，去一趟海湾非常重要。 232
学校校舍附近的沟壑不仅是玩耍的绝佳去处，而且可以当作教科书，用来了解山脉、峡谷、土壤和岩石的形成。所有这些都为以后开设描述性地理科目打下了良好的基础，并且提供了充分的实例。更高一级的地理科目主要是经济地理，学生们掌握上述科学背景之后，就更容易理解气候与农作物、工业、进出口、社会条件之间关系的真正意义。

费尔霍普学校特别强调手工课的价值，如同重视身体的生长一样。幼儿身体的发育如果要达到健康与效率的最高标准，必须学习用越来越多的技巧来协调肌肉的运动；而要做到这一点，做什么也比不过双手在制作物件时做出的那种有控制的、相当细微的动作。儿童制作物件这个过程，本身就为他提供了保持工作状态所需要的刺激，提供了不断付出脑力、手工、目力所需的刺激，也让他具有活动过程中的真实控制感。从效用方面看,手工的益处同样是巨大的。儿童学习如何使用生活中的普通工具,如剪刀、小刀、针、刨、锯等,也欣赏了艺术家的工具——颜料、黏土,这样的欣赏会伴他终身。如果他是一个具有创造精神和发明天赋的儿童,他会为自己的能量找到自然而愉快的宣泄途径。如果他喜欢梦想或者是不能脚踏实地做事的那种人,那么,他学会了尊重体力劳动并有所收获,从而朝着多重人格方面发展。男孩与女孩一样,要学做烹饪和木工活。这项工作的目的不是要训练他们为某个职业做准备,而是要把他们培养成为社会中能干快乐的一员。只要目的明确,或者与能够保持学生兴趣的其他活动有足够的联系,绘画或者泥塑活与木工或者缝纫活对于儿童产生的作用同样是很大的。儿童对审美还没有意识,因此,如果要使审美成为他们生活中一种真正的力量,
233 必须让他们触摸日常的物体,从而培养对美的感觉。因此,"艺术"是作为手工、讲故事、戏剧表演或者观察自然的一部分来教授的。在泥塑、绘画、编纸垫、制作纸玩具或者木玩具等过程中,即便是班上最小的儿童,也要求他尽可能表现自己想制作什么东西。随着技巧的掌握,物件的制作难度越来越大,9—10 岁的儿童可以用酒椰编织篮子、制作小船和玩具娃娃的家具。

讲故事和戏剧表演之间有着密切的关系,而且(到 10 岁左右时)取代了传统的啃书本的做法。老师给学生讲故事或者朗读故事,故事要有文学价值,题材要适合学生年龄,然后让学生把在校外听到的故事讲给大家听。9—10 岁之后,儿童已学会阅读,让他们默读或者给大家朗读书上的故事,然后全班展开讨论。希腊神话《伊利亚特》(*Iliad*)和《奥德赛》①是这个年龄的最爱,因此经常看到这样的情形:无须老师的指导,全班就能够表演一个完整的故事,比如《特洛伊城的陷落》(*Fall of Troy*)或任何特别能够唤起他们戏剧想象力的故事。学校认为,要让儿童热爱文学,学会欣赏文学,而不是仅仅学习书本中的生词和修辞法,这才是他们接近文学的真正途径。学生到 8 至 9 岁才允许使用书本,因为只有到这个时候,他们才迫切地认识到自己的需要,因此会希望获得学习上的帮助。学校废除了 6 岁儿童必须做的那种冗长、讨厌的机械练习。每个孩子都急于想读某一本书,因此没有或者很少有必要用机械练习来拴住他的注意力,或者坚持无休

① 《奥德赛》(*Odyssey*),古希腊诗史,相传为荷马所作,描写奥德修斯于特洛伊城攻陷后回家途中 10 年流浪的种种经历;又译《奥德修斯记》。——译者

无止的重复练习。约翰逊夫人还相信，如果尽可能地推迟学习写作和算术，则更加有利于儿童身心的自然发展。等学生意识到自己真正需要写和算，意识到写和算会给自己的日常生活带来帮助的时候再去学习。他们通过手工课所学到的关于事物的知识背景及其技巧，把学习的实际过程变得相对简单。约翰逊夫人确信，在她的学校里，10 岁以后才学习读写的儿童，到 14 岁学习写作拼写时与开设传统课程学校里的 14 岁学生的水平是一样的。

数的基本概念是口头教授的。年龄最小的儿童开始时相互数数或者数周围 234
的东西，然后让他们在黑板上把一条线一分为二、一分为三、一分为四，接下来让他们用物体或者黑板上的线条开始加减，拿掉四分之三，甚至使用除法。这类活动的口头练习连续不断，等孩子们对算术的基本过程完全熟悉之后，开始写个位数，或者了解加法和乘法符号的意义。大约 9 岁时，开始写数，并用常规的符号来重复练习，而不用线条或者物体。学校发现，通过这种方法，学生不再出现常见的那种痛苦挣扎，尤其是在学习分数及其运算时的痛苦挣扎。比较长的除法及其复杂的运算过程，要等到学生书写容易之后才教授；对算术公式的分析，也要等到重复练习使学生熟悉并熟练掌握运算过程之后才可进行。老师发明各种游戏和竞赛，以便把练习变得更加有趣。

感觉培养是指对儿童的身体和肌肉进行具体的训练，以便使他们对欲望作出准确的反应，从而完成明确的肌肉或者其他感觉动作，或者用术语来说，就是运动的协调感。除了手工和体育锻炼所提供的一般训练之外，老师还安排特殊的游戏来锻炼不同的官能；这种官能锻炼操，年龄最小的班相对做得最多。全班坐下来，身体一动不动，保持绝对安静。一个学生踮着脚尖，从座位上走到教室的任何地方；与此同时，让其他同学都闭上眼睛，说出他在哪儿；或者一个学生说什么，让别的同学通过声音来猜说话的是谁。为了训练触觉，让一个孩子用布把眼睛蒙起来，然后给他一些平常的物件，要求他通过触摸一一辨认。学校还发明了所有学生都十分喜欢的游戏，其中有一个游戏专门训练肌肉的准确性，让不同年龄的儿童分成若干小组，朝院中的一棵大树扔石子。这个游戏的竞争最激烈，它主要教会眼手的合作，又锻炼了全身。费尔霍普学校的学生身体控制能力异
乎寻常，这在木工车间得到了最好的体现。在那里，即便年龄最小的孩子，也能 235
正确地使用工具干活，能够使用锤子、锯子、刨子，但又不会把自己弄伤。木工车间有一架脚控线锯，有一个 7 岁的儿童，看样子个头太小，踩不到踏板；可他手里

把住一块木头，在线锯上翻转成形，没有伤了自己。看到这个场面，真是一种教益。

与普通公立学校的学生相比，费尔霍普学校的学生更加优秀。不论因为何种原因发生变化，他们总能与相同年龄的儿童一块活动，而且无须额外作出努力。他们的身体更健壮，动手能力强得多，对书本和学习怀有一种真正的热爱；同时，单纯就活动的修养而言，他们同样也很强。系统的课程内容已经完全设计出来，而且在最小的孩子身上运用了很长时间，但约翰逊夫人确信，她的教育原理同样可以很好地适应于中学的学生，并已着手对中学生进行实验。在她的指导下，学校取得了明显的成功。如果有更多的时间，无疑将会改正任何学校在实验阶段必然会出现的各种问题。学校为各小组学生健康自然的生长提供了条件，对于一个教师（作为组长，而不是作为讲授者）来说，小组分得够小以便了解每一个孩子的缺点，并按照个体的需求来调整活动。业已证明，儿童在学校完全可以像放学后在自己喜欢的家里一样，过一种自然的生活；可以在学校获得身体、心智和道德的进步，而不用借助人为的压力、奖赏、考试、升留级。同时，他们学会了对传统的学习工具和书本学习——读、写、算——的必要控制，能够独立地加以运用。

3.

自然生长的四个因素

梅里安①教授指导下的密苏里大学附属小学(The Elementary School of the 236
University of Missouri)位于哥伦比亚，它和约翰逊夫人的费尔霍普学校具有许多共同点。在基本的观念上，两校是相同的，即教育要遵循儿童的自然生长规律，但其组织运作方式却不同，因此有必要对之作一番描述。与大多数教育改革者一样，梅里安教授认为，过去的学校过分关注于把成人的事实教给儿童。由于要达到系统化和标准化，课程忽视了儿童个体的需求。他认为，学校的学习和游戏应该围绕儿童展开，儿童应该享受学校的教育。学校的生活应该跟校外的儿童生活一样愉快，甚至更加愉快。之所以说更加愉快，是因为他们得到了教师的帮助，学会如何正确地游戏和学习，学会与别的儿童一起活动玩耍。

> 儿童记得自己是如何学会说话的吗？他们肯定不记得了，可他们的父母替他们记住了。然而绝大多数人，包括孩子和大人，却不会忘记我们在学校学习读写时是如何痛苦挣扎的。我们之所以学会说话，是因为我们需要说话，或者有话要说。我们想要喝水，于是学会说:“妈妈，请给我一杯水。”我们并没有在每天上午9点练习这句话。密大附小的学生只有在需要时才学习读、写、画和其他的东西。学生在附小做的事与他们在家里做的差不

① 朱尼厄斯·L·梅里安(Junius L. Meriam, 1872—1960)，美国富有革新精神的教育家，主张以启发小学生自然兴趣的方法来教他们读、写、算。他对小学教育的研究成果，使他成为第一流的美国教育家。其主要著作有《师范学校教育和教学效率》、《儿童生活和课程》等。——译者

> 多，但学得更好。他们一边学习，一边玩耍。在家的时候，大部分时间里，他们做事都非常活跃，在学校也一样。

如果没有学校的话，这些孩子在自然状态下做些什么呢？梅里安教授的课
237 程便基于对这个问题的回答。他的课程只有一个科目出现在普通课程计划上，即手工。他说，学生在户外游戏，又是跑，又是跳，还扔石头，锻炼了身体；他们分为几组，聚到一块说话，讨论自己看见或者听见的事。他们会自制玩的东西，如小船、豆子袋[①]、玩具娃娃、吊床或者衣服。如果他们住在乡下，就会观察动物或者植物，整理花园，或者试着钓鱼。大家都承认，这样的活动对促进儿童发育所发挥的作用，与学校学到的东西对促进儿童的发育所发挥的作用是相当的；而且，他在课外学的东西更容易变成一部分有效的知识，因为这种知识是令人愉快的，他认识到了知识的直接效用。同样，这些活动都与生活经验息息相关。所以，我们把孩子送到学校去学习。那么，还有什么比用这样的内容来建构学校的课程更自然的呢？这就是梅里安教授的所为。一天的时间被分成四段，由下列四个单元去填满：游戏、讲故事、观察、手工。儿童的学习活动则完全来源于他们的生活环境，他们的学习时间主要用来进一步探究自己已经熟悉的事物。随着他们的成长过程，他们的兴趣自然会延伸到更远一些的事物，延伸到事物背后的过程及其原因，然后他们开始学习历史、地理、科学。

前三个年级的时间是这样分配的：9：00—10：30 观察；10：30—11：00 体育锻炼；11：00—12：00 游戏；13：30—15：00 讲故事；15：00—16：00 手工。

观察课用来学习一个主题，这个主题可能只需要上午那点时间，也可能要花数周时间。尽管有一年的整体课程计划，但如果孩子们把他们认为重要的东西带到学校，而且这东西又适合，那就让整体计划让位，教师会帮助学生研究自己的问题。这也许对今天的任何学习都适用，计划是灵活的，学校致力于满足儿童个体或者群体的需求。前三个年级的观察课用来学习花朵、树木、果实、鸟儿、动
239 物，学习天气四季的变化，学习节假日，学习镇里的杂货店或邻居的住所，以及孩子们在商店里看到的出售的衣服。学生在扩大活动的过程中感觉需要读、写、算，只有到了这个时候，才学习这些内容。自然课尽可能放到户外去上。老师领着

---

① 豆子袋(bean bags)是美国儿童用来投掷取乐的袋子，里面装有豆子。——译者

238

做游戏，要有运用肌肉的技巧和读、写、算的能力（密苏里州哥伦比亚大学附中）

孩子们散步，边走边谈一路上见到的树木、植物、动物。他们捞蝌蚪和鱼，把它们送到学校的水族馆；挑选一棵树来观察，并将一年的观察结果记录下来。对气候的观察同样持续一年的时间。他们观察四季的更迭：秋天万物是什么样？冬季来临又会发生什么变化？植物和动物冬天都做些什么？等等。他们用这个方法观察一年的全部循环周期，无意之中了解了气候与他们周围的植物和动物生命之间的关系。

对他们自己的食物、住房和衣服的观察研究，集中在一段时间内连续进行；如果有兴趣而且有时间，还可以观察研究与实际生活必需品无关的一些当地生活内容。他们通过观察研究珠宝店和马戏团来了解邻里的娱乐休闲生活，通过观察研究当地的消防部门和邮政局来了解他们父母的社区福利。

所有课程用的学习方法都是相同的。首先，在教师的帮助下，孩子们围绕即将学习的主题，说一说自己都知道什么。如果主题是食品，每个儿童都有机会说说自己能想到的任何食品，比如：自己的家里吃些什么？食品从哪里来？食品如何处理？他在杂货店里注意到了什么？等等。然后，教师带全班学生去参观杂货店，在那里逗留一上午的时间，每个孩子尽可能看自己有多少发现。在孩子们开始参观之前，老师会提醒他们注意有些东西是按夸脱[1]出售的，因为从这一方面来谈重量和计量这个主题，儿童似乎觉得极为有趣。一年级的有些孩子是极其敏锐的侦探，因为他们发现杂货店老板用数不清的手段来使物品的数量看起
240 来比实际的多。教师还鼓励学生留意价格、比较价格，并在家长愿意的情况下，把家里的食品预算拿到课堂上。回到教室，他们再次讨论自己的所见，能写的孩子把记住的所有物品的价格做成一个清单，或者写一篇参观记。老师口述孩子们的参观所见，孩子们据此写成参观记录。

不会读的学生画一幅杂货店的图画，或者用杂货店老板给的销售目录上一堂阅读课。然后，他们观察研究杂货店老板给顾客送货的方式，并对货物的来源进行一般性了解。他们从家里拿来杂货店老板寄出的账单，进行比较并把各项累计起来，然后讨论便宜食品和营养食品的问题。也许他们会用同样的方法去观察研究牛奶和面包生意，然后转入邻里住房的问题。同样的方法，用于对邻里住房、镇里的穿着和娱乐的研究。之后，全班访问消防部门和邮政局，了解各部

---

① 夸脱(quart)——液量单位，等于 1/4 加仑或者 2 品脱，或者美制的 0.946 升。——译者

门的职能及运作方式等等。对这些当地生活的观察研究，通常从三年级开始。不断运用读、写、算以及正确使用口头英语的机会，是显而易见的。梅里安教授认为，让学生观察研究生活的社区，对于学生的活动本身具有教育的价值。它绝非仅仅是教授的“三要素”的幌子；而“三要素”只有在对孩子们正在做的活动直接有益时，才教给他们。

专门为前三个年级开设的游戏课同样具有教育价值。儿童锻炼身体，学习控制身体，学习做富于技巧的动作，以产生某种具体的结果。这项活动允许有多样性和自由，教师只是观察者。孩子们玩的大多数游戏都是竞赛性的，因为他们发现，学生需要技巧与机会这个元素，才能拼命地玩游戏。豆子袋和九柱戏[①]都很受学生的欢迎。实际上，任何游戏只要可以记分，老师都充当孩子们的记分 241
员。老师等比赛结束把分数抄到纸夹里以便查看，同时也通过这个来了解学生的进步情况。他们玩得越好，就越喜欢那个游戏。所以，他们观察最棒的玩家，研究他如何移动、如何站立，而且还把这些画下来。老师把学生游戏过程中的东西写到黑板上，等游戏结束时，学生便有了一堂由他们自己创作、自己叙述的阅读课。当把这些抄到纸夹里，他们又可以上一堂写作课。做游戏的时候，孩子们可以随心所欲尽情地说笑，而这却是一堂语文课。游戏引入了花样繁多的项目，以鼓励学生自由地讲话。让学生用有趣的东西来做游戏，获得额外的刺激，比如彩球、玩具娃娃、漆得很花哨的不倒翁。每日记述游戏时，孩子们会使用游戏中碰到的新词和新词组；正是通过这种方法，他们的词汇量以一种自然的方式得到扩大。

讲故事，与其说是在读写课上进行，不如说是在一天活动剩下的所有时间里进行的。孩子们十分喜欢好听的故事，应该给他们大量的机会来了解故事。在这段时间里，老师和学生互相讲故事，但故事不是从《识字课本》上学到的，而是他们知道的、听过的或者出于喜爱读过的。每个儿童都喜欢别人听他讲，而且他们很快就发现必须把故事讲好，否则就没有听众了。有些故事，他们边讲边表演，有些故事则是边讲边画。他们很快就想学习一组新的故事，于是很自然地去学校图书馆，抓上一本便阅读起来。结果发现，一年级的学生一年中看了 12 至 30 本书，二年级的看了 25 至 50 本书。他们用这种方法学习阅读，学习读好书

---

① 九柱戏(ninepins)，是一种在木板球道上用球滚击九个木柱的滚地球游戏。——译者

（图书馆里没有别的东西），学习好好读书，因为他们总是急欲找故事讲给全班听，或者找到能够表演的故事。通过这种方式，他们很早便学会了对文学的欣赏，这种欣赏伴随他们的一生。年龄小的儿童总是喜欢那些经典的故事——鹅
242 妈妈①、汉斯·安徒生②、吉卜林的《平凡的故事》（*Just So Stories*）。如果学生在学校养成厌恶书籍的习惯，这会让儿童远离文学，转向垃圾。但是，如果学校允许并鼓励他们听故事、读故事、演故事，就像他们在家里一样——即纯粹为了从中取乐，那么，他们会保持良好的品味并不断地欣赏好书。梅里安教授说，儿歌是另一种故事。幼童唱歌是为了好玩，为了里面的故事。因此，唱歌是学校活动的一部分，而且为了获得更多的乐趣，儿童在学校很愿意学唱歌。

儿童们总是嚷着要“创造点什么”。于是，这给梅里安教授足够的理由把手工课程变成常规课程，而且每天上 1 小时；这 1 小时对于学生似乎太短，以致要把功课带回家去做。年龄最小的学生，不论男孩、女孩，都要去木工车间学习使用工具，学习制作东西：玩具娃娃的家具、船，或者是带回家的礼物。编织和缝纫让男孩和女孩同样感兴趣，并使他们对审美及其运用有了见识，所以他们做了不少东西。年龄小的儿童从织玩具吊床开始，学习粗一些的十字针形和钩针形编法。全班学生，特别是年龄小的儿童，通常同时编织一样的东西，当然，他们也可以提出自己的想法；年龄大一些的儿童，则有很大的自由。手工的种类及其复杂程度随着儿童年龄的增加而增加，随着使用工具的熟练程度的提高而增加。有些五六年级的男孩制作出很好的家具，学校时常还使用这些家具。因为要制作草图，手工课提供了又一个机会来学习绘画、熟悉色彩。

到了四年级，随着儿童兴趣的扩展，活动出现了明显的变化。一天分成 3 个阶段，分别上产业课、故事课、手工课。有组织的游戏不再吸引学生，他们要到户外去玩，或者在大的体育馆里自由地玩，因为在体育馆，他们可以玩更野更吵闹
243 的游戏；而且，他们也长大了，足以把比分用脑子记住。产业课取代了低年级的观察课，但活动性质相同，且保持不变。儿童知道了周围所见的物体的意义，知道了这些物体与自己以及朋友的关系，他们已准备要更进一步扩大这种知识，吸

① 鹅妈妈（Mothe Goose），1781 年英国伦敦出版的童谣集《鹅妈妈摇篮曲》假托的作者名。——译者

② 汉斯·安徒生（Hans Andersen，1805—1875），丹麦作家，童话大师，其主要著作有《白雪公主》、《卖火柴的小女孩》等。——译者

收自己看不见的事物、过程、理由和关系；因为这些事物、过程、理由和关系涵盖了整个社区或者更多的社区，最终还涵盖了整个世界。

通过同样的方法，低年级的儿童观察研究身边的环境，四年级的学生去观察研究街坊上的产业：鞋厂、面粉厂、麦田和玉米地。他们步行到工厂和农场，回到教室后的活动就围绕工厂和农场的见闻来进行。他们写的作文与所见所闻有关，阅读的书籍讲的也是农业和制鞋，算术涉及他们在农民或者工人的工作中发现的实际问题。这一切都是为了帮助学生理解自己所研究的产业。地理课的内容同样来自这种旅行，并回答这样的问题：他们为什么种大麦？附近哪里的大麦长得最好？原因是什么？等等。这所学校碰巧坐落在一个小镇里，这里的产业主要是农业；但显而易见，只要把农业换成周围街坊的产业，这种课程计划很容易便适用于其他社区。

五六年级继续上产业课，不过范围扩大到世界的主要产业。当然，此时，学生必须学会用越来越多的铅字代替以前的徒步旅行。学习内容与过去的学习有关，包括阅读、写作、数学练习，涉及的地理内容也越来越多。利用图书馆变得极为重要，因为老师并不向学生提供一本学习和背诵用的教材。这时的地理课以这个问题作为开端：镇里制造的东西如果自己用不完会怎么样？接下来的问题是：同样的产品，其他地方生产吗？生产的方法是否相同？其他地方还生产了什么？用什么样的方法生产的？再往后：我们从其他地方得到的东西是在哪里生 244
产的？又怎样生产？这些问题的答案，一本教科书是无法提供的；即便有，也与学校关于儿童要通过调查研究来学习的理念相冲突。孩子们必须从图书馆浩瀚的书籍中，找到论述他们所研究的那个特定产业的图书。每个孩子读的并不是同一本书，但每个人都尽可能地对讨论作一些贡献。正如在低年级一样，年龄大一些的学生自己制作一些纸夹，以便在上面记下对各种产业的描述，画出机器和生产的过程。

到七八年级，产业研究以历史课的方式继续进行，换言之，学生学习的历史涉及衣、食、住有关产业。学生对住所的历史研究以穴居或者灌木丛居为开端，然后是游牧部落的帐篷、古希腊和古罗马的房子，一直到今天的钢铁摩天大楼。学生了解未开化人使用的木制打谷棍到机械收割机的演化过程，学习有关农业的历史。这四个高年级的产业课都涉及对政府机构的研究：四年级研究当地邮局；五六年级研究美国的邮政体系，了解信件怎样送到世界各地；七年级研究政府中某些机构的历史。

在一年里，他们花一些时间来了解世界各民族如何打仗、如何组织军队。学习的方式是先阅读，然后就阅读的书展开讨论。学生们边学习，边做笔记，并就他所研究的每个国家的军队写一篇短小的论文，如果愿意还可以加插图。

四个最高年级上故事课时，继续开展低年级开始的活动。音乐和美术逐渐融进了故事课。孩子们继续阅读书籍，围绕看过的书展开讨论。每个学生记录下自己读的每一本书，用文字简短地叙述书中的故事，并说明自己喜欢这
245 个故事的理由。这些记录保存在图书馆的一个书架上，任何学生都可以参考，以便帮助自己选择书籍。即便是在中学，梅里安教授也不相信为作文而教作文的方法，不相信通常那种通过分析来学习文学的方式。学校的所有活动都是对英语的一种不断练习。教师帮助学生在学校的每时每刻都使用好英语，写出好英语；通过这种方式取得的成绩，显然比把内容集中到一个小时去进行正式训练要好许多。

法语、德语的教学也是故事课的一部分。学生通过这种方式愿意学习，因为他们能够用另一种语言交谈阅读，从中获得了快乐，况且对他们今后读文学很有用。由于这个原因，讲故事在以文化知识内容居多的课程中占有了一席之地：娱乐与快乐。唯一需要布置家庭作业的课程，就是以“故事”名义来安排的功课。儿童到学校是为了学习，让他们回家后继续学习是不对的。如果他们想从学校获得最大的益处，就应该渴望上学。上学是一种愉快的事，但是如果把完成一组任务与上学联系起来，学生在学校里学习的兴趣注定会减退。然而，如果认为有些学习活动是适当的休闲和娱乐，儿童自然应该在放学回家之后继续这些活动。

这所学校实施该计划已有 8 年，现有 120 名学生。学校的建筑不多，教室用折叠门隔断。同一间教室至少有两个年级（通常是三个年级）一起上课，只要不打搅同学，允许学生自由活动、相互说话。整个教室由一个教师负责，里面大约有 35 个孩子，他们分成几组，每一组的活动都是不同的。附近乡村有些公立学校的个别教师在一个年级中采用了这个课程计划，然后他们发现，到了年底，学生已准备好升级；而且，学生在下一个年级也能够同样轻松地学习，就像是按照常规的那种方式正式训练出来的一样。学校保存了小学毕业生的记录，他们中
247 的大部分进了密大附中，所以有机会对他们进行仔细的观察。他们并没有感到无法赶上常规的大学备考学习。他们的大学入学分数和年龄显示，其基础训练锻炼了他们进行艰苦的正规学习的能力，因此比一般公立学校的学生更有利。

(1) 通过印刷来学习语文(芝加哥弗朗西斯·帕克学校)
(2) 一年工作的基础(印第安纳波利斯)

246

梅里安教授同时是附中的校长，但除了语文之外，他并没有改变常规的大学备考课程。不过，他期望改变并相信，对这部分课程进行同样激进的重组，将会取得有益的收获。在中学，语文并不是作为一个单独的科目来教授的，但语文的学习继续遵循小学的路子。有一个课题研究了一定数量的密大附中的毕业生和同样数量的镇中学毕业生，其结果显示：在中学阶段没有接受过任何传统方式语文训练的学生，其大学语文各门课程的成绩比遵循传统训练的学生要好。

当然，依照学生是否能够"跟上"本教育实验改革来判断一个教育实验，并没有多少价值。本实验的目的不是要设计一种方法，好让老师在同样的时间长度内教授更多的知识，甚至不是为了让学生愉快地为大学的课程做好准备。相反，其目的是要把一种教育提供给儿童，这种教育将向儿童显示自己有什么样的能力、如何才能在所处的世界从物质与社会两方面锻炼这些能力，从而变成一个更优秀、更快乐、更能干的人。有一个学校正在尝试如何才能让学生在这一点上做得最好，如果这个学校同时又能够把在更为传统的学校所能学到的一切教给学生，那么，我们才能确信没有造成什么损失。学校教育教给学生的任何动手技巧或者身体力量，或者对日常生活的喜爱，以及文学艺术所带来的最美好的感受等等，都是另外一些实在的收获，立竿见影，能够量化。一切都有助于实现更大的目标。不过，学生的全部生活才是真正检验教育实验是否成功的唯一标准，而教育实验的目标是通过帮助完整的个体来造福全社会。

4.
课程重组

卢梭一面写《爱弥儿》，一面却抛弃了自己的亲生子女，忍心让他们在弃婴堂长大而丝毫没有得到父母的关爱。所以，他的读者和学生只关注他的理论及其对教育的贡献，而不关注他在塑造那个自命不凡的楷模——爱弥儿——时所采用的不切实际的方法，这就不足为奇了。如果卢梭去尝试教育现实中的儿童，他就会发现，必须把自己的理念变成一些具体的实施计划。他急于达到自己的理论所描述的理想，他关注的焦点是在不知不觉中在儿童个体身上实现其理想的教育方法。儿童应该把时间花在适合自己的东西上面。教师马上就会问：这些东西是什么呢？儿童应该有机会在心智、精神和生理方面自然发展，教师怎样才能提供这种机会？这种机会又在哪里？只有在最为简单的环境之中，即在教师本人能够提出理论的环境之中，才能在具体的内容和方法上不借助相当明确的理想来展开教学。因此，回顾一下近代教育改革的尝试，我们便自然发现：课程一直是重点。 248

斐斯泰洛齐和福禄培尔是两位教育家。他们十分热衷于把从卢梭那里获得的灵感变成教室里的详细活动，把自然生长的蒙眬理念具体化为教师可以日常运用的规则。两人最后都成了理论家，福禄培尔是禀性使然，斐斯泰洛齐则是出于需要；但两人都作出了积极的努力，把自己的理论应用于实践。他们不仅普及了教育的新思想，而且对学校实践所产生的影响比任何一个现代教育家都大。斐斯泰洛齐真正创造了小学教育的有效方法；众所周知的是，福禄培尔为因年龄太小而不能上正规小学的儿童创建了一种新型的学校，即幼儿园。 249

他们把理论与实践结合起来。因此，很重要的一点，就是要弄清楚他们在哪些方面把教育作为自然生长的理念发扬光大；同时，为了尽快制定人人都可以遵循的教育纲领，他们又在哪些方面回到了机械的和外在的方法。就个人而言，裴斯泰洛齐是生活中的英雄，一如卢梭是生活中的狗熊。裴斯泰洛齐以大公无私著称，卢梭则以感情上的自私自利闻名。也许正是因为这个原因，裴斯泰洛齐牢牢抓住了卢梭根本未曾洞见的一个真理。裴斯泰洛看到，人的自然生长也是一种社会发展过程，因为个体与他人至关重要的联系超过了与自然的联系。用他的话来说："自然通过社会关系教会人获得社会关系。事物在人的教育中所起的重要作用，相当于社会关系与人的密切程度，而人必须建立社会关系。"出于这个理由，家庭生活才是教育的中心，家庭生活以某种方式为教育机构树立了榜样。在家庭生活中，物体、桌子、椅子、园子里的树木、垒栅栏的石头等都具有社会意义。这些东西，人人都在使用，因而要影响人们的行为。

在现实社会作用的环境中，教育对于智力和道德的成长都是必要的。儿童通过进入社会环境来学习，他学的东西与社会环境的联系越紧密、越直接，他学到的知识就越地道、越有效。应付未来事件的能力，往往来自驾驭我们周遭的事件所获得的能力。因此

> 对于现实的直接感觉，只能形成于狭小的社会圈子——比如家庭生活这样的圈子。人类智慧真正的坚实基础乃是对周围环境的密切了解，以及训练有素的应对能力。这样所形成的思想品质既淳朴又敏锐，它之所以形成，是因为不得不应付矛盾的现实，从而可以适应未来的环境。它是坚定的、敏感的、自信的。
>
> 250 与之相反的教育是分散而混乱的，十分肤浅，仅仅漂浮于每一种形式的知识之上，而不是把知识应用于实践。这样的教育是混杂的、摇摆的、不确定的。

这段话的寓意很明显：只有积极投身于社会生活的活动，才能获得货真价实的知识，智力才能得到训练，才能有所作为。

这就是裴斯泰洛齐伟大而积极的贡献，它代表了他从自己的个人经验获得的一种洞察力。作为一个抽象的思想家，他并不十分突出。但是，他的贡献不仅超越了卢梭，而且把卢梭理论中的真理放到了一个坚实的基础之上。不过，这种

思想并没有什么系统性，也不适用于那些可以相互传授的方法。它的意义在他早期的事业中得到了体现。起初，他把 20 个流浪的儿童带回自己的家里，开始了对他们的教育。他的方法是：夏天教农活，冬天教纺纱织布，并尽可能把书上的操作指南与这些活动联系起来。这种意义后来再次得到体现，那是他负责管理一个瑞士村庄的时候。村子里的成年人因抵抗拿破仑的一支军队，基本上被消灭殆尽。有一个参观者曾经说过："哇，这可不是一个学校，这就是一个家啊！"在这个时候，裴斯泰洛齐感觉自己得到了最伟大的赞扬。

我们可以在裴斯泰洛齐更为正式的学校教学生涯中发现他的另一面。他在这里同样攻击当时小学教育中单纯依靠语言的教学方式，并努力用自然生长来取而代之。追求积极的社会生活要使用一些物件，比如家用的那些物件，不过，他并没有依赖对这类物件的接触，相反，他依赖的是与任何物件本身直接的接触。结果，裴斯泰洛齐的基本思想发生了变化。过去，个人的成长依靠个人的活动；现在，这种成长似乎要依靠教师展示的物体。他隐约地意识到自己思想上的前后不一，所以，他说，可以从人类特有的各种体验中抽象出某些固定的发展规律，并试图用这一点来克服自己思想上的前后矛盾。教育不可能紧跟某一特定时期儿童个体身上所出现的生长状况，否则会导致困惑、混乱、无序和不确定。教育必须遵循那些源于个体状况的一般规律。

对此，重点不在于参与事物的社会运用，而是在于对物体的依赖。在寻找从 251
特定体验中抽象出一般规律的过程中，他发现有三个东西是不断重现的：几何形式、数目、语言。当然，语言在这里指的不是孤立的语言表达，而是对事物性质的陈述。在这个活动阶段，作为一个教师，裴斯泰洛齐特别热衷于构建实物教学计划。根据这些计划，儿童应该学习事物的空间与数字关系，并学习表达其性质的词汇。小学教育的主要方式是给感官展现事物的实物教学，这个理念就出自裴斯泰洛齐。由于这个教学计划关注的是外在事物及其感官的表象，所以适用于具体形成的方法，几乎可以机械地相互传授。

在设计这些方法的过程中，裴斯泰洛齐想到了"自然的秩序"在于由简至繁的思想。找出每一科中各个观察主题的 ABC（按他的叫法，即基础知识）——即可以放到感官面前的最简单的要素；等基础知识掌握之后，学生转向这些基础要素的各种复杂形式。这样，在学习阅读时，儿童要从组合形式 AB、EB、IB、OB 开始，然后学习反向组合形式 BA、BE、BI、BO 等，一直到掌握所有这些要素为止。

接下来，他们会学习复杂的音节，最后才学习单词、句子。在教授数字、音乐、画图时，也从那些可以放到感官面前的简单要素入手，然后逐级建构更加复杂的形式。

这个程序被广泛运用，乃至于许多人对“方法”这个词的理解仅限于指这种对外部印象的分析和组合。时至今日，这一点依然是许多人对“教学法”大部分内涵的理解。裴斯泰洛齐本人称之为心理化教学，或者说得更准确一点，就是机械式的教学。他通过以下论述精辟地阐明了自己的思想：

> 252 在自然界，花蕾的缺点意味着成熟过程中的缺点，胚芽的缺点有损于花蕾的生长。在其组成部分发育的过程中，智力的成长与苹果的生长是一样的。因此，为了避免教育中的混乱和肤浅，我们必须注意要**尽可能正确和完整地留下物体的第一印象**。我们必须从摇篮中的婴儿开始着手，把比赛训练从盲目而好玩要的自然手中夺过来，让它接受一种力量的约束。这种力量是人类从自然的过程中提取出来的，而人类经过了多少个世纪的体验，才学会如何提取这种力量。

应该赋予这些话一个普遍的意义。所有教育改革者都理所当然地主张儿童最开始的几年很重要，因为决定他们以后成长的基本态度都是在这段时间里固定下来的。毫无疑问，如果我们能够调整儿童与其周围世界的早期关系，使他们学到的所有概念本身都是可靠的、实在的、确定的、正确的，那么，我们可以给他们一些不甚明确的知识标准。这些标准以后会产生一种完全不同于我们现有体验的功效。但是，几何形式的可靠性与确定性，以及物体个体的可靠性与确定性，都是通过认知达到的。正确性和完整性的获取，是以儿童与他人日常的体验相隔离为代价的。儿童能够学习正方形、长方形等各种性质，并知道它们的名称。除非这些正方形和长方形进入了儿童有目的的活动之中，否则，他们仅仅是在积累一些经院化的知识。毫无疑问，把名称与物体联系起来学习，比仅仅学习一串串词汇更加有效。但是，两者距离真正的教育发展是差不多的。两者都远离“牢靠的、敏感的、可靠的知识”。这样的知识，只有在为吸引儿童而使用东西的过程中才能产生出来。儿童在家里的活动中使用的东西，在整理园子、照料动物、玩耍和游戏时使用的东西，对他才具有真正的简单性与完整性。为了学习的目的，把直线、角和量简单地摆到他面前的方法是机械的和抽象的。

在很长的时间内，裴斯泰洛齐的实际影响仅限于把教学中依赖死记硬背与事物毫无联系的词汇的做法赶出学校，把实物教学法引入学校，把每一个主题分 253
解成若干要素即 ABC，然后逐级进行教学。这些方法未能提供学习的动机，也未能教给学生真正的能力。因此，许多教师认识到，即便儿童不理解周围的一切，对于儿童而言，对他有用的东西实际上比孤立的要素更简单、更完整。更加新型的学校出现了向他早期更重要的学习思想回归的做法，但是，这种回归并没有参阅裴斯泰洛齐的理论。他的早期学习观念是通过参与类似日常生活中的那些活动和任务来开展学习的。他周围的朋友从事的，也是这样的教育改革工作。

学校不同，解决问题的方法也不同。所有蒙台梭利学校仍在尽最大的努力，试图用看得见的内容来促进脑力的生长。在别的学校，比如在费尔霍普学校，其实验所采用的内容往往是随意的和非规范的，其课程针对学生的直接需求。

当然，大部分学校处于这两种趋势之间。儿童必须受教育，而且必须自然地受教育；但是，社会变得如此复杂，对儿童的要求又如此繁重，如此连续，结果学校必须教给他大量的东西。在现代生活中，自然是一个非常广泛又非常紧密的东西，它不仅包括儿童错综复杂的物质环境，而且包括社会关系。一个儿童如果要掌握这些，他必须涉猎广泛。那么，如何才能用最佳的方式做到这一点呢？使用的方法和材料本身至关重要，材料和方法必须完全能够向儿童展现一个小型的自然的全部，因为这个小型的自然构成了他的世界。儿童与课程是两种运行的力量，两者都在发展，又相互影响。我们在参观学校时发现，学校教师普遍觉得有意思、有益处的东西是方法、课程和学生使用时间的方式。换言之，在儿童与其环境之间进行调整的方式被凸现出来。

“做中学”是一个口号。这个口号几乎可以用来概括性地描述许多教师努力实现这种调整的途径。儿童必须学习而又最难的一课就是实践课，如果他还没有学会，那么任何书本知识也弥补不了：今后他遇到的，正是调整自己与邻里以 254
及与工作的关系问题。有一种实践方法自然成为解决这个问题最容易最有效的途径。从表面上看，各种学习——算术、地理、语言、植物知识等——本身就是经验。这些都是人类过去的积累，是人类一代又一代努力和成功的结果。普通的学校教育展现这个结果，但不是以一种单纯的积累来展示，也不是以分散的点滴经验之大杂烩来展示，而是以某种有组织的方式来展示。因此，儿童的日常体验，儿童日复一日的生活形式以及教室里的内容，都是经验的组成部分。它们是人类生活中的最初几步和最后几步。把其中一个拿去与另一个对立，就等于把同一个生长中的生命的婴幼期拿去跟它的成年期相对立，等于用同一个力量的变化趋势去反对最后结果，等于坚持认为自然与儿童的命运势如水火。

学习代表了儿童简单的日常体验中的最高发展。学校的任务在于抓住这些自然的体验，把它们有序地安排到科学、地理、算术或者任何课程中去。既然儿童已经知道的东西构成了教师试图教授给他的某一科目的一部分，那么，利用这种经验作为基石的方法似乎便是正常而进步的教学方法，因为儿童有意识学习的各科知识就建立在这个基石之上。如果力求使我们扩大儿童体验的方法近似于儿童获得最初的体验所用的方法，那么，显而易见，我们在教学效率方面就能取得巨大的成就。我们都知道这样一个常识：儿童只有在学校里面，才能学到对他的生活直接产生意义的东西。但是，他如何学知识这个问题，将为自然的学校教育方法提供线索。答案不在于通过读书或者听老师讲解火或者食品的性质，而在于通过儿童自己去生火，自己去品尝，换言之，通过做事情。于是，这个具有现代意识的教师说，儿童在学校里面必须动手去做事情。

255 一种教育，如果忽视儿童的这种学习冲动，很容易变成一种贬义的“学术”和“抽象”。如果教科书成了唯一的教材，教师的工作就会变得更加艰难，因为除了什么都要自己教之外，她还得不断地压抑并剪除儿童身上好奇的冲动。对儿童而言，教学变成了一种外在的展示，缺乏意义，缺乏目的。事实如果既非引向又非源自儿童过去的生活中占据重要地位的东西，则容易变成贫瘠而缺乏生机的东西，变成学生上学时非学不可的象形字。只有当儿童在校外，在现实生活的活动中，学到同样的事实，这些东西对他才具有意义。孤立的事实，比如出现在地理教科书里的事实，就会遭遇这种情形，因此要尽量减少采用孤立的事实。

对于任何一个学科的专业人员而言，材料都是分门别类和有序的，但在放进儿童的教科书里之前，难度必须减小，数量必须极大地减少。不要太过于刺激思维，要剔除条理化功能。儿童的推论能力、抽象及归纳的能力还不够。这并不是说教科书必须消失，而是说教科书的功能改变了，变成了学生节省时间并减少错误的指南。教师与书本不再是唯一的教员，手、眼、耳——其实全身——变成了知识的源泉，而教师和课本分别变成了开启者和测试者。没有任何书本或者地图能够代替个人的体验，因此不能取代真实体验之过程。自由落体的公式不能取代扔石头或者把苹果从树上摇落下来这一体验。

当然，做中学并不意味着用工艺训练课或者手工课取代教科书的学习。在学习书本知识的同时，只要有机会，就允许学生动手去做，这将大大地有助于保持学生的注意力和兴趣。

印第安纳波利斯学校系统的公立 45 中正在进行一些实验，可以说，学生是 257
在做中学的。学生所完成的学习符合该州的课程要求。学校的教师不断地发现新的方法，以免把教学变成书本知识的练习，或者把教学变成备考的方式。五年级的班级活动围绕孩子们建造的一个平房而展开。班里的男生在上工艺训练课时，建造了这个平房。不过动手建造之前，每个学生按比例画一个房子的平面图，然后在上算术课时计算出模型及实际房屋所需木材的数量及成本。他们解决了从房屋测量中获得的大量问题，比如计算地面面积、墙面面积和每间屋子的空间，等等。孩子们很快便为自己建造的房子杜撰了一个家庭，并决定把这个家安顿在农场里。于是，计算工作便根据整个农场来进行。首先规划种植，然后按比例设计平面图。他们根据模型农场搜集到的信息来提出问题：比如玉米地的尺寸是多少？种玉米需要多少蒲式耳[①]种子？谷物的期望收成有多大？利润有多少？孩子们对于提出问题，表现出极大的兴趣和创造性。他们提出的问题涉及自己正在学习的具体计算的过程，也适用于自己的农场。他们建起栅栏，铺设水泥人行道，砌一面墙，为农场做销售宣传，出售黄油、牛奶和鸡蛋，扣除火险费用。要贴墙纸时，面积的问题与采购、剪裁、对接等问题足以让他们在测量面积方面得到必要的练习。

语文课基本上也围绕平房的建造及其居民的生活。拼写课用的是与建房等有关的词汇。平房完整的设计计划、房子及装饰的描述，或者房子里的那家人的
生活等，为写作课提供了取之不尽的素材。写出作文的学生在班上朗读自己所 258
写的作文，而对这些作文的评论则变成了一堂修辞课；由于作文的句子描述的都是农场，所以甚至语法部分也变得很有意思。

美术课也在孩子们实际建造并装饰房子的工作中展开。学生们生怕自己建造的房子不漂亮，于是，关于室内及室外的色彩，他们提出了许多上色和处理方面的问题。然后，他们找到了很多设计的机会，譬如给房子制作墙纸，选择并装

---

① 蒲式耳(bushel)——谷物、水果、蔬菜等的容量单位，在美国等于 35.238 升。——译者

256

唱歌和游戏有助于学习算术（印第安纳波利斯公立 45 中）

饰窗帘和家具装饰用品。每个学生做一份设计，然后由全班来决定用哪一个。学生们还为卫生间设计地砖和墙砖，为花园的布局做设计。女孩子为房子里的玩具娃娃设计并制作衣服。全班学生特别喜欢图画课，他们装扮成这家的成员，像模特一样，相互摆出在农场做不同工作的姿势，让同学画下来。这个年级的表达课主要是把农场的生活表演出来，编排由孩子们自己完成。孩子们的“做中学”，不仅是指几乎所有的教学都围绕对学生具有实质意义和价值的活动来展开，而且活动的大部分倡议都来自儿童自己。他们提出自己的数字问题，提出建房的下一步工作，互相给作文进行评论，自己设计戏剧表演。

在学校里，几乎各年级的学生只要有机会都背诵课文。一个学生负责，让别的同学背诵课文。教师只是一个观察者，除非必要时必须出面纠正错误或者是确保活动不要跑题。在没有学生负责的时候，教师会用各种方法来让孩子们发挥其主动性，而不是把所有责任和主动性都控制在自己手里。老师鼓励学生相互提出问题，鼓励他们大声说出反对的意见并纠正别人，鼓励他们出现问题要自 259
己去整理头绪。要做到这一点，靠的不是用课本给全班上一堂固定的课，并以此来导入新问题；而是通过向全班提出问题，通过提问和讨论的方式，并且在可能的情况下，通过学生的实验来解决，以此来努力找到问题的答案，或者至少让学生在翻开书本之前明白是什么问题。

这个方法适用于各种课堂活动，不过，通过一堂地理课来作一个说明，特别具有启发意义。有一个年级在学习巴拿马运河知识的时候，很难理解运河的用途或者效用，尤其是水闸的用途或者效用。换言之，他们在知识上对老师讲的内容并不感兴趣。教师就完全改变教学方法，她从一开始，让学生假设日本与美国交战，假定学生们代表了美国政府，不得不供养一支军队。学生立刻就有了兴趣，他们发现，如果美国的船想要及时赶到太平洋去保护美国的海岸和夏威夷群岛，必须穿过巴拿马运河，而运河上的山脊似乎是一个不能逾越的障碍。这时再给学生解释水闸的作用，他们立刻就理解了。这样，很多学生变得非常感兴趣，以至于把在家里制作的水闸模型拿到学校来。他们对保卫国家不受侵略很感兴趣，用起地图来自如、准确。如果不是因为有个学生提了一个问题，即美国为什么不开辟一条横跨巴拿马地峡的运河，他们便不会注意到这个令人激动的游戏会与以前他们试图从书本上死记硬背的复杂知识有什么关系。

学校的教师使用学生身边所有实际生活的例子，只要例子适合那个年级的学习。于是，三年级的学生在教室里建立了包裹邮政系统。有一段时间，他们所有的语文课和算术课都围绕这个系统来上课，学习如何使用地图、比例尺和重量单位。一个零售鞋店给一年级的学生带来许多活动和乐趣。游戏和伴着儿歌跳
260 舞，为他们学习数字提供了很大的帮助。学校办公室的大部分家具是高年级男生在上手工课时制作的，几间屋子里面的装饰用模板的印刷图案是学生们在美术课上设计的。全校教授的算术课均围绕具体方面进行。幼儿用一盒一盒的牙签和纸计数器来做加减法；大一些的学生学习新的步骤时，可以撕纸或者画正方形。老师给学生一些东西来说明所教的步骤，然后由孩子们自己去分析已经做过的练习，最后才用纯数字来举例。

芝加哥的许多公立学校也在想方设法把教学变得生动起来，引进儿童能够掌握的课程材料，使他们能够主动地学习。这种教学嵌入了正规课程，但并不依赖于教师个体的独特性，而是在整个系统中实施，就像众多学校现已统一了教科书一样。这种教学主要应用于低年级的历史课和公民道德课，但如何在地理课和其他课中使用同样的方法，这不难设想。低年级历史课的教学，主要是通过沙盘的方式来进行。学生也许正在学习原始的建房方式，他们在沙盘上建造茅草屋、穴居、树屋或者爱斯基摩人的雪屋。一切都由儿童自己动手。教师插进来只是为了给学生提一些忠告，而且只是在学生需要的时候才提供帮助，这是为了防止实际错误；但是，建房的问题这个学习内容留给了学生，要由他们自己解决。三年级学生在学习芝加哥早期历史时，按照同样的方法使用了沙盘。他们用沙塑造了粗糙的街区地势图，然后用树枝搭建了最初在边疆安家落户时所建的要塞和小木屋，还有围桩之外印第安人的营地。他们往沙盘上的江河湖泊里灌水，水上漂着独木舟。其他年级的学生用同样的方法来学习美国最初定居者之间的交通史，学习木材采运和木材加工业。高年级学生在学习自己所居住的城市管
261 理时，用沙盘来说明市政府的不同部门：有一间屋子里设有救生站，里面有各类船只和救生索；另一些屋子有电话、邮车、邮包投递系统、街道清洁系统。孩子们尤其为这个清洁系统感到骄傲，因为他们复制了在校舍附近的一些小街小巷实际看到的情景。在肮脏的小街小巷旁——比如自家附近的那种，他们建造了装备有卫生垃圾装置的模范街巷。教师在介绍其他城市的街道系统时提到了很多信息，学生根据这些信息制定了最佳方案，然后又按照最佳方案制作了卫生垃圾

装置。

在另一幢建筑里，四年级以上的学生组织了公民俱乐部。他们把学校分成几个小的区域，每个俱乐部负责一个区域，对自己的区域进行勘察、绘制地图，计算路灯、街巷、垃圾桶和警察的数量，或者集中研究引起他们感兴趣的事情。每个俱乐部确定他们想为自己的区域做的事情，然后着手去完成，不论要做的是清洁较差的街巷，还是改善街道的照明。他们运用成年公民俱乐部使用的各种方法，比如写信给市政府的部门或者访问市政厅，此外还到街巷去打扫卫生。学生对这项工作的兴趣和热情是不同凡响的，现在他们又发起了一场运动：通过做广告和召开街坊会议的方式，为学校建一个操场。这些年级的语文课围绕俱乐部的活动来上。学生跟踪工作进展、制作地图并写信。

大多数手工课和劳动课（并不按严格的职业目标来教授）都说明了“做中学”所代表的原则。今天，几乎所有致力于进步教育的学校都在遵循这个原则。放眼全国，许多学校系统都尝试由学生来操作印刷机，并取得了巨大的成功。安装印刷机的目的，不是要把印刷行业的不同过程教给学生，而是为了让学生自己能
够印刷小册子、海报或者学校经常需要的任何出版物。除了学生对排版、操作机 262
器、出成品所表现的兴趣之外，业已证明，这项活动对语文教学特别具有价值。排版是一种训练拼写、发音、分段、语法的重要方法，因为要把一份稿纸印刷出来，本身就为清除错误提供了动机；而这样的动机，学生交给老师的练习绝不可能提供。校对同样也是一种练习。这样的学校会出版几乎一年之中需要的所有印刷材料，包括单词拼写单、大纲、学校文件等。

学校尝试各种实验，把语文课变得具体一些。教科书的办法，比如学习规则、定义，应用练习，已证明是失败的。大家都很熟悉这样一个故事：有个男孩为把正确的形式印在脑子里，在纸上写了 50 遍“I have gone”（“我走了”），然后他在这页纸的底端留了个便条给老师，开头一句就是“I have went home”[①]（“我回家了”）。语文课看来绝对需要有一个目的，因为学生依靠孤立的语法或者单词拼写训练所获的进步甚小；而且，他们发现自己最感兴趣的事没有取得任何成效。如果进步是作为学生其他活动的一个副产品而出现，情况就不一样了。给

① 正确的形式应该是“I have gone home”。英语现在完成式的构成应该是 have＋动词的过去分词，而这里“went”并不是动词“go”的过去分词。——译者

学生一个写作理由，一个做单词拼写、练习标点符号、分段落和正确使用动词的理由，进步就会变成对语文练习的自然要求。印第安纳州加里学校的沃特(Wirt)先生发现，这一点十分正确，所以州课程所要求的正规语文又增加了“语文应用课”。在这些课时内，上木工课和烹饪课的班级要讨论在做这些科目的活动时所使用的英语，并从语言的角度更正，作为其他活动的一部分的写作作业。有人听见上这种班的学生当别人纠正他的语法错误后，问道：“奇怪，上语文课的时候，他们干吗不教咱们这个？”他旁边的同学这样回答说：“教过了，可咱们不明白他们说些什么呀！”

在有些学校，比如芝加哥弗朗西斯·帕克学校和伊利诺伊州里弗赛德市
263 木屋学校，低年级的语文不是作为一个单独的科目来教的，学生上历史课时要写作文，远足要做游记，不用教科书的其他学习要做记录。这时的重点在于帮助儿童表达自己的思想。这样的作业，为完成大纲要求的写作技术性细节练习提供了充足的机会。在芝加哥公立学校的课程中，语法不再作为单独的科目出现；只要班上有任何人讲话的时候，只要有写作练习的时候，老师就顺便讲一讲语法。

不过，如果教师帮助学生通过分析来制定自己的语法规则，而且把这一点作为第一步而不是最后一步，那么，语法课的目的性就很强，甚至对于11岁的儿童来说，语法课也变得很有意思。这种方法在布林莫尔女子学院菲比·索恩实验学校取得了巨大的成功。课程里没有语法，但学生提出的语法问题之多，使老师决定让学生从自己的问题入手，发现自己的语法规则。语文课每周上两至三次，每次上课拿出几分钟让学生学语法。3个月下来，全班都能分析任何的简单句，能够一眼分清是及物动词还是不及物动词，能够全面熟悉系动词“to be”的规则。语法课成了最受欢迎的课之一；教师和学生一起发明了许多有助于语法练习的游戏。例如，一个学生的背上别上一张纸条，上面用语法术语描述一个句子，然后全班造句，所造的句子要符合这个句子，第一个造句的学生不得不猜出纸条上那个句子的意思。此课不用教科书，教师以句子开始，把句子称为一个镇，然后通过讨论来帮助学生把该镇划分为若干区，有单数、复数等。从这里入手，他们再推出其他的语法规则。不过，在今日的进步学校，总的趋势似乎是要废除单独的语法课，将语法和语文课的剩余内容（文学除外）变成学习其他课程的一部分内容。

学生自己动手建造校舍(印第安纳州因特拉肯学校)

265 在印第安纳州因特拉肯镇的男子学校，校训“教会男孩生活”是用另一种方式来表示“做中学”的。在这里，“做中学”与其说靠的是特别的手段，把课程变得更加生机勃勃、更加具体，靠的是废除内容过时的教科书，废除教师向学生灌输简单的东西；不如说靠的是给孩子们营造一个环境，里面的活动既有趣又有动力。

学校房舍是学生建造的，包括四五个大的圆木结构。画图纸，挖地基，打基础，做木工，上油漆等等，均由孩子们完成。电灯及供暖厂是孩子们自己管理的，布线、安装灯泡、维修也是他们做的。学校有一个占地600英亩的农场，里面有奶牛场、养猪场、养鸡场，还有待种和待收的谷物。农场里所有的活儿几乎也是由学生干的。大男孩驾驶收割机和割捆机，年龄小的男生跟随观察收割过程。室内的活儿同样由学生负责。每个男孩负责自己的屋子，走廊和教室里的活动由学生轮换负责。有一个湖，可以游泳、划船，学生有许多时间上传统的体育课。大部分男生都在为上大学做准备，但参加这些户外的、动手的活动，并不意味着他们为大学备考所花的时间比城市中学的男孩所花得多。

学校还从附近的乡村购买当地报纸，编辑并印刷反映当地及学校新闻的四开版的周报。孩子们搜集新闻，撰写大部分文章，完成所有的编辑、印刷工作；充当商务经理，拉广告，处理征订单。语文部的老师为孩子们提供学生所需的帮助。学生们做这一切，不是因为想了解某些过程，以便在毕业后找到一个生计；而是因为使用工具，从一种工作转到另一种工作，应付各种不同的问题，从事户外锻炼，学会满足个人日常需求等等，所有一切都会产生教育的作用。它们能够培养技能、进取心、独立性和体力，一句话，能够培养性格，拓展知识。

266 在全国各地，许多学校正在重组自然课的内容，目的是为了把教学变得生动起来，让学生在学习真正科学知识的同时，亲身感受植物和动物，而不仅仅是不无感伤地描述和吟诵一番。重组后的自然课不同于知识积累型的自然课，因为后者与其说是真正的理科型课程，倒不如说是文学型课程。过去上自然课，教师获取材料的方式多少有点大杂烩式的，所以教给学生大量孤立的事实；学生要学习一个又一个的物体，但物体之间却毫无关联，物体与总的教学计划也没有什么关联。孩子们即使是把与外面世界有关的大量事实都学了一遍，但所学的东西并不能把自然变得更为真实或更让人理解，因此收获甚微，甚至毫无收获。

如果把自然课上成科学课，对学生而言，这个科目的真实材料唾手可得；应该有一个实验室，便于做实验和观察。在乡村，这点很容易做到，因为自然就在教室的门窗之外。自然课的教学，完全可以按照前述费尔霍普和哥伦比亚学校的整体方式进行。

伊利诺伊州的里弗赛德市木屋学校和康涅狄格州的格林威治的林中小学都极为重视自然课。在前一个学校，学生有一个园子，他们可以在里面种植早、晚期蔬菜，这样，春秋季上烹饪课时便可以派上用场。在园子里，学生们可以做一些播种、除草、收割的农活。甚至更重要的是，学生们学习与动物们相处。他们养了一只稀有的鸟儿，鸟儿在学校生活的习性与儿童的大致相同。通过对鸟儿的照料和对其成长及习性的观察，孩子们对野生鸟儿的兴趣比过去强得多了。园子里有一只山羊，那是大家最宠爱的动物；孩子们从它很小的时候就开始喂养，现在仍然还在照料它。教师想方设法鼓励学生观察学校的宠物和他们在树林里发现的动物，并且要求写出观察报告。

在林中小学，户外教学是整个学校教学的基础。自然课在其中发挥着重要 267
的作用。学生分成若干小组，在树林里长时间散步。不分季节，不论天气，他们了解穿着各种季节衣装的树木，了解各个季节的花儿。他们通过学习了解鸟儿及其习性，他们用同样的方式研究昆虫，了解群星。实际上，他们花很多时间待在户外，所以获得了大量关于各个阶段自然界的第一手知识。学校校长把这种教学的基础叫做森林生活技艺（Woodcraft）。他相信，体验林区人的所作所为——骑马、打猎、宿营、侦察、登山、印第安人的技艺、划船，等等——将使年轻人变得强壮、健康、独立，并且具备发展良好的性格和对自然之美的真正感觉。于是，自然课变成了这另一种训练的一部分。教师与学生总是待在一起，无论是划船、散步，还是搞园艺，他们要给学生解释所搞的活动是什么以及为什么这样做，同时让学生去关注周围的事物。毫无疑问，这个学校的儿童，包括年幼的儿童，都了解自然，欣赏自然。这一点，即使在乡村儿童身上也是非常罕见的。

大城市上自然课所面临的问题是不一样的，因为大城市只有在公园和正规的庭院里才有植物，而且动物只有送货的马和街巷里的猫。见不到大自然，教师可能会为寻找教导学生热爱大自然的最佳途径而感到困惑，或者会对尽力培养儿童观察能力的价值表示怀疑，因为要求观察的事物在学生的生活中没有发挥任何作用，而且生长在很不自然的环境里。不过，尽管大自然、森林、田野、溪流等对于在城市里长大的儿童几乎没有意义，但即便是对于从未见过树或者牛的孩子，也有许多材料可以利用，可以把自然变得非常真切。现在的教师从学生熟悉的任何一件事物入手，比如笼子里的金丝雀、鱼缸里的金鱼、操场上灰尘扑扑
268 的树木。从这些入手，老师把儿童逐渐带入大自然，直到他们对“乡村”和“乡村”在每一个人的生活中所发挥的作用真正有了一些概念。对于大多数城市里的儿童来说，菜园子显然是一个起点。如果自家的后院没有一个小花园，邻居家总会有的，或者他们很想了解自己吃的蔬菜来自何处，又是如何生长的。

在印第安纳波利斯和芝加哥，公立学校认识到了这种活动对于儿童的价值。在印第安纳波利斯，园艺在七八年级和中学设有专门课程。市政府在市郊交通通达的镇里购买了一大片地，家里没有花园的儿童可以要求在那里得到一块花园用地，把园艺的理论与实践结合起来。地的大小足够学生得到许多体验，可以把课堂上学到的知识应用于实践。男生和女生都有自己的花园，而且与其他功课的考核一样，老师根据学生在花园里的成绩打分。在整个学校系统中，大家都千方百计地唤起学生对园艺的兴趣。从一年级开始，就要统计家里有园子的儿童的数量，不论是菜园还是花园；还要统计园子里栽种了一些什么。凡是想栽种新品种的儿童，学校发给种籽，儿童要向同学叙述自己是如何利用花园的。

这种课程在许多农村地区已经变成了理所当然之事。南部和西部的小学生都熟悉“玉米俱乐部”（“corn clubs”），他们还在土壤的潜在价值方面给农民树立了示范的榜样。许多小城镇把种籽发给想搞园艺的孩子，秋天举办花卉与蔬菜竞赛展，给学生颁奖。这是跟踪作业的一种方式，也是唤起社区合作的一个途径。为了改进农作物，增加社区的财富，当地农业团体确实把这类革新的工作大部分交给了学校，地方教育董事会正着手接管这项工作；不过，并不因为教育董
269 事会的功利色彩，自然课的实践性就会有所减少。用这种方式来上自然课，可以把自然课变成一种真正的科学教育，但绝不会妨碍关于美育和自然用途的教学，而这些则是老式自然课教学的目的。实际上，这恰恰是学校可以用来达到这个目的的最强大武器。每个人，尤其是儿童，对于自己最了解的事物最喜欢、最尊重。事物遇到识货的人，方显其真正的价值。一旦熟悉生长的事物，熟悉为一个民族提供食物的科学，对勤奋与观察的习惯注定要产生巨大的影响。一个园丁，只有观察过园子里植物的所有阶段和所有情形，不断寻找其中的原因，才会获得成功。除此之外，还有一个纯粹具有经济价值的收获，那就是让我们的年轻人在

270

用于城市自然课的花园实景(印第安纳波利斯公立 45 中)

成长的过程中学会尊重农民、尊重劳动。这种尊重，抵消了奔向拥挤城市的那个来势凶猛的人口流动。

芝加哥公立学校的教学没有按照印第安纳波利斯的方式去组织，但芝加哥市的一些地区极为重视通过园子来上自然课。许多学校都有自己的园子。学校把园子作为自然课活动的基地，所有的儿童都可以得到动手做园艺的机会，同时学到科学园艺的知识。这项教学被赋予了公民的特点，也就是说，园子对于儿童和街坊邻里的价值被展示出来：对于儿童而言，它是挣钱或者通过供应蔬菜来帮助家里的方式；对于社区而言，它表明园子是一种清洁和美化邻里的途径。居民如果想让自己的后院或者空地变成花园，便不能自己往里面扔垃圾，也不能让别人往里面扔垃圾。这种教学尤其改变了学校周边的街道。从儿童的兴趣和努力入手，这个社区对开辟园子产生了极大的兴趣，空地全部利用起来。这个地区比较穷，所以除了改变院落面貌之外，园子还在经济上给了人们真正的帮助。在学
271 校的帮助下，这个地区有一批成年人到城外租了相当大的一块地，种起了商品蔬菜。实验取得了巨大的成功。通过学校提供的上课机会，缺乏经验的城市居民学会了规划、干活、料理园子，并且从一开始就取得了成功。学校得到的好处同样是很大的，因为一大批移民学生的家长发现，学校是社区的一股真正力量；所以，他们与学校建立了密切的联系，愿意与学校合作。通常，由于胆怯和无知，或者由于感觉学校高高在上，社区中的这一部分人与孩子所在的学校总是保持着距离。

芝加哥的这门“公民自然课”，除了以上描述的那个地区之外，主要是由芝加哥师范学院推动的。学院的生物教师专为解决这个问题贡献了力量。除了让学生了解熟悉的商品蔬菜种植之外，学校还特别关注商品蔬菜的种植，在教室里栽种植物，陶冶对美的欣赏；提供科学的说明，对地理课提供帮助。但是，选择植物时特别考虑了当地的条件，同时也期望为美化学生自己的环境提供一种刺激。栽种适于室内生长的植物，利用纯科学理论来进行物种选择。学校发现，植物学的科学原理可以通过这些方式来教授。通过专门考察公园、操场和周边的院落，儿童们了解到美化城市的方法，并找到了一个获取知识的额外而实际的动机。他们把宠物养在教室里，比如大白鼠、鱼、鸟儿、兔。教师尽量用这些来说明动物结构与生理原理，也用它们来教导儿童仁慈地对待动物，对动物生命要胸怀怜悯之心。这个做起来很容易，因为儿童天生对动物比对植物感兴趣。对于儿童来

说，动物变成了实实在在的个体，因此其需求应该得到尊重。由于儿童们注意到居住条件对宠物的健康和活力的影响，他们自然会越来越关心个人卫生的问题。

人们观察到，自然课虽然是用来灌输科学知识的，但其主要用途是要培养学 272
生怀着同情心去理解生活中动植物的地位，并培养学生的情感与美学兴趣。大城市的状况与乡村的状况非常不同。成千上万的儿童相信水泥和砖块才是大地的天然外衣，树木与花草都是不同寻常的人造东西。他们认为牛奶、黄油、鸡蛋都来源于商店，除此之外，再不会想到其他；他们不知道牛和鸡为何物，以至于纽约的老定居者最近在纽约一个拥挤的社区团聚时，孩子们最好奇的是从乡下牵来的一头活牛。在这样的情况下，很难从有趣的自然课里发现科学问题。儿童的经历中缺少一种环境，所以事实和原理不能作为一种当然之事进入他们的体验之中。甚至天气的影响也不那么重要了，除了冬天需要更暖和一点之外，季节更替的过程对学生的生活没有什么特殊的影响。城市的自然课类似一种美术，比如绘画和音乐，它的价值在于美学方面，而不在于直接的实际方面。大自然在儿童的活动中仅仅是一个很小的因素，所以，除了公民教育的用途之外，很难赋予它“训练的”价值。城市学校的自然课之所以上得随心所欲、半心半意，其原因大概就是对这种事态缺乏清晰的感受。一个严重的问题是为城市儿童找到可供观察的材料，为他们提供乡村儿童能够获取的那些关于自然的事实。

在纽约市最拥挤的一个区，有一所由普拉特小姐执教的“游戏学校”(Play School)。这个学校以此为目标，进行着一项很有价值的实验。学校根本不对幼儿教授自然课。如果他们去公园，或者是养宠物，栽种鲜花，那是因为这些东西是很好的游戏材料，因为它们美丽而有趣。如果儿童提出问题，想对这些东西了解更多的知识，那就更好。教师并不跟他们讲树叶、青草、牛和蝴蝶，也没有刻意为儿童寻找观察这些东西的机会。老师利用儿童在街上或者家里所见到的许多 273
东西。街对面正在拔地而起的新大楼与公园一样，都可以用来观察和提问，而且是儿童熟悉得多的景象。他们去了解工人怎样把砖头和灰浆运到楼上；他们看着运沙的车卸沙；也许有一个孩子知道运沙的司机把车开到河边，从船上取沙。孩子们注意送货人穿过若干条街道，并发现他们购买面包的地方，而面包是给他们母亲的。儿童们看见操场上有孩子玩耍，于是明白这个地方不仅好玩且对身体有益。他们走到河边，观看渡船把人们送过去、接过来，观看运煤的驳船卸煤。与乡村生活里的东西相比，这些事实跟他们的关系更大。因此，更为重要的是，让他们理解这些事实的意义及其与自己生活的关系，同时，观察的准确性得到了良好的训练。这样的活动为学生以后即将学习的科学和地理打下了基础，因此同样很有价值。除了唤醒学生的好奇心和观察能力，这还为他们展现了社会生活的内容，而今后的学习就是要解释这些内容。

位于哥伦比亚的密苏里大学附属小学按照同样的原则来安排课程。儿童学习使用所有源于大自然的材料，这些材料都是他们在学校附近或者家里发现的。他们按照哥伦比亚的天气和季节变化来学习季节和天气。更为重要的是，儿童的活动围绕对自己城市的了解来进行，了解城市里的衣食住行，因此学习的基础不是教师所讲的课程，而是儿童自己在远足的过程中留心的东西。所用的材料与他们自己的生活密切关联，所以在教导儿童如何生活的过程中更加有用。把这样的东西教给城市里面长大的儿童，其理由等同于教乡村的儿童园艺基础和
274 当地土壤的潜质。通过理解自己所生活的环境，儿童或者成人学会衡量周围的美与秩序，学会尊重真正的成功，同时也为他们控制环境打下了基础。

5.

游戏

所有民族历来都依赖玩耍和游戏来对待儿童，尤其是对幼儿进行大部分的 275
教育。对儿童来说，玩耍是如此的一种情不自禁的自发性行为，乃至于那些探讨教育的学者们几乎没有人从理论上阐述清楚游戏在实践中的地位，也没有人试图了解儿童的自然玩耍活动是否可以给学校一些有用的启示。古代的柏拉图和现代的福禄培尔是两个伟大的例外。福禄培尔从卢梭和裴斯泰洛齐那里学会了作为自然生长教育的原理。然而与这两位伟人不同，他热爱知识的体系，而且对略微神秘的玄学情有独钟。于是，我们在他的理论与实践中发现了裴斯泰洛齐身上那种同样前后矛盾的地方。

自然生长说起来容易，但要找到办法来确保自然生长却不容易。很多儿童身上“自然的”东西，在成人看来却是令人讨厌的，似乎这些东西对于儿童的生长并没有什么帮助。正如许多人一样，福禄培尔怀着一种急不可待的心情要找到放之四海而皆准的根本方法，以便任何教师都可以运用。他企图设计儿童发展的“规律”以便所有的儿童都能够遵循，而不论各自的环境与经验是否一样。正统幼儿园遵循的就是这些规律，尽管这种幼儿园常常更贴近他的教育法却不贴近他本人。现在，我们发现，有人试图回归他的教育精神，只是所用措辞的激进程度不同。

福禄培尔对儿童的同情，加上他的个人经历，使得他特别强调儿童生命的本
能表现。尽管如此，他的哲学却使他相信，自然生长就是展现已包含在儿童身上 276
的绝对而普适的原则。他还相信，外部物体的一般属性与智力发展的性质之间存在一种准确的对应关系，因为两者都是对同一个绝对实在的表现。于是，必然

出现两种实际后果，这两个后果常常由于其本身原因而左右了他对儿童的兴趣。第一个后果是：既然发展的规律可以进行一般性阐明，那么，通过研究具体的儿童来发现自然发展由什么构成，终究便不那么重要了。倘使他们大大偏离了普适性规律的要求，那是他们的不幸，而不是“规律”的不幸。教师应该掌握已然在手的完整的发展公式。另一个后果是：根据规定的公式来展示和处理外在的物质，这是确保恰当发展的具体方法。既然这些物体的总体关系，特别是其数学关系，表现了发展背后的普适性原则，它们便是把隐藏在儿童身上的同一个原则彰显出来的最佳手段。他认为，即便儿童自发的游戏是有教益的，但并不是因为游戏本身——教益并不直接在游戏，而是因为游戏象征着全人类的一些法则。例如，儿童会围成一个圆圈，原因并不是因为圆形的组合有利于社会及实际目的，而是因为圆圈象征着无穷，而无穷将会激发儿童心灵深处无穷的潜力。

上述回归福禄培尔精神的努力，试图保留他的精华。他十分重视游戏、戏剧表演、唱歌、讲故事；而要做到这些，必须建设性地运用材料，运用儿童对他们之间社会关系重要性的深刻感受。他们保留的，便是福禄培尔所做的这些永恒的贡献。不过，他们也尝试去借鉴福禄培尔以来的心理学知识成果，去借鉴社会职业在利用这些知识成果时业已发生的变化，而不是间接地依靠玄学的转化，因为
277 玄学即便是真理，依然高度抽象。他们还在另一个方面回归福禄培尔，目的是反对他的许多门徒对其思想所做的篡改。福禄培尔的这些追随者把游戏与有用的活动或者工作明显地对立起来，结果幼儿园的实践改变了初衷，变得象征性十足，变得多愁善感。福禄培尔（他访问过后者的学校）与裴斯泰洛齐一样，非常期望儿童能够了解社会职业。例如，他说：

> 处于成长阶段的年轻人应该早些接受培训，以便具备从事普通工作、创造性工作和富有成效工作的能力。从工作中学习，从生活中学习，这是给人印象最深刻、最明智、最持续和最进步的地方。这不仅对于学习本身是如此，而且对于学习者所产生的影响也是如此。每个儿童和青年，不论其生活中的地位和条件如何，每天都应该把一至两个小时投入一些认真、积极的活动，完成某件具体的实际工作。学校按照现行上课学时数来安排相同学时数的实践活动，这是颇有裨益的，而且这个目标一定会达到。

福禄培尔的最后这句话表明，他是一个真正的预言家，因为他预言了本书讨论的这些学校所取得的成绩。

全国的学校目前都在利用儿童游戏的天性，把组织游戏、制作玩具，或者基于游戏动机的其他创造性活动融入正规的课程。这符合给课程注入活力的精神，而高年级正利用儿童的校外环境来给课程注入活力。如果让学生把自己在课余时间搞的活动搬到学校，从而把功课变得最有效，那么，对于年龄最小的学生，把游戏作为他们的主要活动，就再自然不过了。的确，对于年龄非常小的儿童，他们绝大部分的生活都是在玩耍。他们玩的游戏要么是从大一些的儿童那里学来的，要么是自己发明的，后一种游戏通常以模仿长辈活动的形式出现。所有的小孩都玩过家家，扮演过医生或者士兵，即便没有提供这种游戏的玩具，他们也会这样做。的确，游戏的一半乐趣来自发现并创造必要的东西。这种游戏的教育价值显而易见，因为游戏把他们生活世界的事情教给他们。他们玩得越 278
多，装备变得越丰富。整个游戏就是一幅图像，非常准确地描绘了他们的父母在家里的日常生活，只不过生活所用的语言和举止是儿童的。通过游戏，他们了解了成人世界的工作和娱乐。此外，由于注意到构建这个世界的元素，他们还了解到不少维系这个世界所必要的行为及过程。

这种游戏对于教会儿童如何生活具有真正的价值，而同样明显的是，它对拒绝变化也会产生强烈影响。通过训练儿童的习惯和特质，模仿性游戏使他们关注并思考这些习惯和特质，从而使得儿童去复制他们父母的生活。在玩过家家的过程中，儿童也容易把长辈身上粗俗的品质、错误和偏见当作好东西复制下来。在游戏的过程中，他们对事物的关注更仔细，结果他们更容易把周围生活的整个色彩固定在记忆和习惯里，这不同于单纯经历生活，但他们却不在乎。因此，尽管模仿性游戏具有极大的教育价值，可以教会儿童去留意自己身处的环境，留意保持这种环境所必须的一些过程；但是，如果环境不好，儿童学到的是糟糕的习惯、错误的思维和错误的判断方式，而这些方式，由于儿童通过游戏体验过，已固定下来，要想破除，就难上加难了。

现代幼儿园开始越来越多地认识到这一点。它们把儿童放学后玩的游戏利用起来，因为通过这种方法，不仅可以把儿童的学习变得有趣；而且由于游戏所涉及的活动具有教育价值，还可以教给儿童关于日常生活正确的理想和观念。儿童在学校里玩过家家和类似的游戏，在学校里使用玩具或者用材料来制作游

279

(1) 孩子们在操场上不做体操运动，而是搭建一个城镇（纽约市师范学院操场）
(2) 女生身着缝纫课制作的服装做体操、跳舞蹈（芝加哥豪兰学校）

戏所需的东西，那么，回家再去玩的时候，他们就会按照学校里游戏的方式去玩。他们不会想到要去模仿自己在家里看到的那些嘈杂而粗俗的东西，他们的注意力会集中于学校为他们设计的问题，而这些问题旨在教给他们更好的目标和方法。

一个参观者如果满脑子装的都是福禄培尔门徒所设计的那种教学方法，那 280
他根本不会承认哥伦比亚大学师范学院的幼儿园是一个幼儿园。这个幼儿园是这所大学培训学校的一部分，并从一开始就被当作学校系统的一个实在组成部分，当作教育的第一步，而不是当作可有可无的“多余”部分。为了给高等教育打下一个牢固的基础，学校当局一直在利用现行教育系统及其所做过的实验中所具有真正价值的东西来开发一套课程。为了发现什么才是真正具有价值的东西，学校进行了实验，以回答下列问题：

> 在儿童身上那些看似漫无目的、毫无价值的自发活动中，能否发现一些可以当作通向公认的价值起点的活动？是否存在这样一些天然的表现形式，它们经过恰当的引导，可以演变成美术和工业技艺的基础？保护儿童的个性与自由，在多大程度上需要自发的活动？教师是否能够确定一些带有足够儿童口气的问题和目标？这些问题和目标既要契合儿童生长的模式，又要鼓励他们以开展自发活动的热情而加以接受。

实验结果显示，最大的成功出现在儿童的天性活动及其社会兴趣与社会体验联系起来的时候。儿童的社会兴趣和社会体验是以自己的家庭为中心的。他们的个人关系，对于他们尤为重要。儿童对玩具娃娃的强烈兴趣，标志着他们重视人与人的关系。玩具娃娃就是一个最直接的起点。以此为动机，儿童期望做的，期望创造的东西就数不胜数了。于是，手工和建筑活动便需要有真正的目的，额外的益处是要求儿童去解决一个问题。玩具娃娃需要衣服，于是全班要做衣服，可孩子们并不知道如何缝纫，甚至连裁剪都不会。所以，他们从纸和剪刀入手，设计款式，进行修改，在玩具娃娃身上试验，而教师仅仅给他们提出建议或评论。一旦款式设计成功，他们便选择布料，开始剪裁，然后学习如何缝纫。即
便做出来的衣服不是很好，全班在制作衣服的过程中也得到了很多乐趣，而且接 281
受了为一个具体目标去工作的训练；此外，学会了使用剪刀、纸、针等，手的灵活

性得到了逐步增强，就像通过常规的剪纸、穿刺、缝纫练习来增强手的灵活性一样。

玩具娃娃需要一所房子住。教室的一个角落有一只大柜子，装满了积木，积木的体积很大，要全班齐动员才能搭建起房子，而且一天还建不完。有些平板的长积木用来作墙和屋顶用的木板，正方形的积木用来充当地基和窗框。房子搭建起来之后，里面的空间足够两三个儿童把玩具娃娃带进去玩耍。大家马上就会看到，这一定费了很多心思，经过了很多实验，才建成了一所真正的房子，立得起并能满足用途。接下来，房子还需要家具。孩子们学习如何操作木工工具，使用一方方木头和薄板来制作桌、椅、床。对于全班同学来说，给桌子装上腿是一个特别有趣的问题，经过反复实验，他们发现了把腿装上去的方法。因为玩具娃娃的家里需要盘子，这就为做泥塑和装饰提供了理由。给玩具娃娃穿衣、脱衣是儿童永远不会厌倦的活动，这项活动为扣纽扣、解纽扣、打蝴蝶结等提供了绝佳的练习。

一年的季节变化，儿童带入学校的一系列室外游戏，都给他们提供了生产的动力，满足了他们的真正需求。春天，他们需要弹子和陀螺。秋季，他们需要风筝，对手推车的需求则不限于任何一个季节。只要可能，就让学生解决自己的问题。如果需要弹子，他们就不断实验，直至找到一个好的方法，把弹子弄成圆的形状。如果整个过程明显地超过了他们的能力，加大了做事的难度，他们就会得到帮助。但是，这种帮助绝不是以命令的方式出现的，教师也不指挥他们按照顺序去一步步操作，因为这项活动的目标是训练儿童的进取心和自力更生的精神，是教给他们正确的思维方式，让他们自己解决问题。年龄大一些的儿童制作的
282 小车，如果非要让他们自己去设计并下料，那就超出了他们的能力。不过，如果把锯好的木板和做车轮用的圆形件给他们，经过尝试，他们就会明白如何把这些材料拼装起来，造出可以使用的小车。他们做袋子来装弹子，做围裙来保护衣服，以免油漆玩具娃娃的家具时，或者午饭后洗盘子时，弄脏衣服，这些都给缝纫提供了额外的机会。

儿童的兴趣从玩具娃娃的个体需求自然演变到一家的需求，然后扩展到整个社区的需求。有了玩具纸娃娃和纸盒，孩子们开始为玩具娃娃造房子搞装修，直到大家通过共同努力，造出一个完整的村庄。全班学生可能会在沙盘上搭建一个小镇，里面有房子、街道、栅栏、河流、树木，园子，园子里有动物。事实上，儿

童的游戏提供了更多创造事物的机会，而这样多的机会，仅靠一学年上学的那点时间是不可能提供的。这种建筑活动不仅让儿童充满兴趣与热情——对于好玩的游戏，他们一向兴趣盎然，热情高涨——而且教给他们学习的用途。在满足玩具娃娃及游戏需求的过程中，他们用微缩的方式去满足社会需求，而且学会了操作工具。要满足这些需求，社会实际使用的就是这些工具。女孩和男孩一样，对所有这些活动怀着同样的兴趣，不论是学缝纫、与玩具娃娃玩耍，还是制作弹子、做木工活。那种认为某些游戏活动适于男孩而另一些则适于女孩的观念，纯粹是人为制造出来的，是对成人生活诸多状况反映的结果。一个男孩不会想到，洋娃娃对于自己的姐姐而言是一种迷人的和顺理成章的玩具，而对自己却不是这样；但是，有人却把这个观念灌进了他的脑子里。

幼儿园的课程并非只有搭积木。搭积木占据了旧式幼儿园里折纸、穿针、缝纫和实物课等的位置，因此，每天把大量的时间留给儿童摆弄自己的玩具、照料室外的小园子、做集体游戏、讲故事、唱歌。

负责管理这个幼儿园的教师，在师范学院的操场上尝试着有趣地调动儿童游戏的动机。这里有一个室外操场，可以让低年级的儿童放学后使用。孩子们 283
在操场上不做体操运动，也不做集体游戏，而是在这里搭建一个城镇。他们用大的包装箱来搭房子和商店，两三个孩子负责一个。他们还会设计出非常详细的城镇组织，包括电话局、邮政局、警察局，有造钱的银行，还有保持现金流通的计划，设计很巧妙。他们的大部分时间用于木工活、造房子、修房子，用于造手推车、造装备几幢房子的家具，或者为两个商店准备货物。这项活动所提供的运动量，与一般在操场上的运动量差不多。这项活动以一种更加有效的方式让儿童忙碌、快乐，因为除了在空旷的地方健康玩耍之外，他们还学习在一个社区里发挥有益的作用和培养责任感。

匹兹堡有一个幼儿园，按照同样的思路管理。这个幼儿园也是匹兹堡城市大学的一个部分，取名“儿童学校”(School of Childhood)，重视儿童健康的生理发展。这里的活动围绕儿童的自然兴趣来展开。尽管这里的儿童显然没有像上述师范学院幼儿园那样开展很多的搭积木活动，但却有很多个体游戏。笔者没有参观过这所学校，不过，这所学校似乎有许多创新，一定会对关注教育实验的人们有所启发。

在纽约市普拉特小姐管理的“游戏学校”里面，一切活动均围绕幼儿的游戏活动来组织。用普拉特小姐的话来说，她的计划是：

> 为儿童提供一个机会，使他们找到自己在社区生活的方向，并表达自己个人的经验。本实验关注的是获取第一手素材。我认为，儿童有很多基本的知识，而知识每天都在增加，因此可以引导儿童的注意力，以便能够用一种更为关联的方式来获取知识；并且通过相关的玩具和积木，把这些知识应用于个体的游戏活动之中。同时，借助诸如图画、戏剧表演和口头语言这样的普通方式来表达自己的想法。

在这里，处于上幼儿园年龄的儿童，由于家里条件的限制，缺少开展真正的
284 活动的机会。游戏学校让每个孩子分到一块属于自己的空间，有一块毯子和屏风足以把他隔离起来。这样，他的活动就完全是个性化的。屋子里有一个小工作间，学生可以在里面制作或者修改自己做游戏所需的东西。工具的尺寸没有缩小，木头用的是边角废料。屋子周围的柜子里和架子上放有各种材料：各种玩具、大大小小的积木、塑泥、一块块的布、针线，以及一套蒙台梭利指南。每个孩子都有自己的剪刀、纸、油彩、铅笔，而且很自由，想用什么材料就用什么材料。他要么选择自己想造的单个物体，要么制定一些更庞大的建筑计划，比如火车轨道和火车站、洋娃娃的房子、小镇、农场。然后，他根据手边的材料制订实施计划。一项工作往往要持续几天，而且涉及大量的附带建设，如轨道、信号灯、泥塑的盘子、家具或者洋娃娃的新衣服。教师的作用是教给学生制作方法和使用工具的方法，但所讲的内容并不是预先安排好的，而是根据建设的需要来提供。教师利用每一个机会来发现个体的弱点和能力，并在恰当的时候给以指导或者刺激。学生通过摆弄材料，提高了运动控制能力，此外还不断增强了自己的创造力和进取心。

基础算术的教学是结合建筑活动来进行的。如果儿童表现出一种欲望，想要造出与自己的其他活动相关联的字母或者符号，教师就会帮助他，告诉他如何才能做到。手中的玩具就特别好用，比如半英寸厚的木板做的洋娃娃，有男人、女人和孩子；洋娃娃的关节可以弯曲，可以保持任何姿势；农场的各种动物和两三种适合洋娃娃的手推车；许多大块的积木，用木销固定在一起，以免用积木搭建的房屋和桥梁倒塌。一切按照最简单的方案来制作，而且做得很牢固。因此，

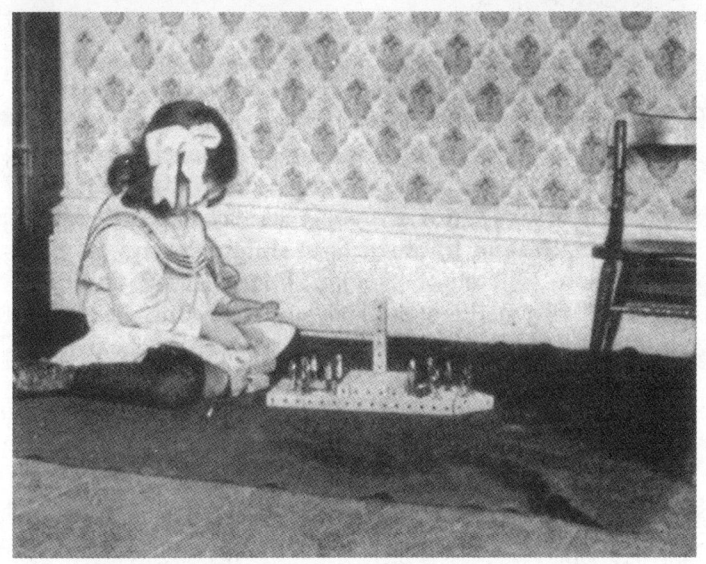

孩子们按照身边的所见构建微缩物件(纽约市游戏学校)

材料不仅可以任意使用，而且可以有效使用。每一次成功又刺激新的和更加复杂的活动。学校没有因凌乱的玩具而阻止学生使用。学生自己管理玩具，用时搬出来，用完又放回去。他们还负责整理教室，上午 10 点左右的加餐，全由他们
286 自己来摆放。这项活动连同建筑活动，开展得很自然，没有人工的痕迹。建造的东西几乎总是学生在自己社区看到的那些东西的微缩版，这些建筑来源于他们自己的观察（这点前面第 273 页已提到[1]），并为他们讨论自己所看见的东西提供了话题，从而去进行新的、更加广泛和更加准确的观察。

当然，儿童这种天生的游戏欲望在低年级可以得到最大的利用。不过，学校也在高年级利用游戏天性中的一个要素，即戏剧表演的本能，用动作来说服别人的本能。所有的孩子都喜欢假装自己是别人或者别的东西，都喜欢假装一些样子来营造出一种环境，弄得跟真的似的。抽象的概念难以理解，儿童根本无法确定自己是否真正理解抽象的概念。让他把抽象概念表演出来，概念才会变得真切起来；否则，他一表演，就会显示出还没有理解。动作是对理解的检验。这简直就是用另一种方式来表明，做中学比听中学好。戏剧表演不同于前述活动之处，在于儿童学习的内容。过去，他需要借助**物品**来使一种行为取得成功，现在他不再需要物品，只是与**概念**打交道，而概念必须靠动作才会变得真切。学校通过各种不同的方式来开展戏剧表演，从而把教学变得更加具体。对年龄大一些的儿童，“戏剧表演”这个词基本上是按照其严格词义来使用的，就是说，让学生去表演，这是一种把英语或者历史变得更真实的手段，要不就是为了使教学活动更加富有情感和富于想象。对于年龄小的儿童，戏剧表演是一种在教授历史、语文、阅读或者算术时辅助教学的手段，常常与其他形式的活动结合起来使用。

许多学校在教授所有科目的最初几步时，把戏剧表演当作辅助手段，尤其在低年级。例如一年级的一个班把常规阅读课的题材表演出来，每个孩子扮演故
287 事里的一个角色，角色可能是动物，也可能是人。这样，故事情境作为一个整体的概念得到了保障，阅读也不再单单是识别孤立的词和短语并把音发准的问题。再者，故事情境引起的兴趣支撑着儿童去关注语词的难点，如果孤立地讲解这些难点，只会让学生灰心丧气。戏剧表演对于阅读和表达具有巨大的帮助。教师总是不得不敦促孩子们读得“自然”一些，“要读得像他们说话那样”。然而，如果

---

[1] 这里的页码是英文原版书的页码，即本书的边码。——译者

儿童知道老师有课本，所以故事讲得比自己好，结果对于在课文中看到的东西会缺乏交流的动机，那么，这种“自然”也就很容易是被迫装出来的。每一个观察者都知道，儿童一旦摆脱千篇一律的调子，常常学会只是展现一种表面的、急促的生动和装出来的活泼。戏剧表演既要保证学生关注课文的思想，又要关注其自发的努力，摆脱矫揉造作和自我意识，说话的声音要足以让别人听见，能够清晰地列举事物。同样，如果引导儿童自己去想象一下发生的事情，他们讲的故事会更加生动，比简单重复学校常规的某种东西时所讲的故事更有意思。人们发现，儿童在把整个动作和造型的场景画下来的时候，发生在前的动作具有很大的帮助。关于身体的造型，人们常常发现，做过造型的儿童比那些仅仅是旁观的儿童要画得好。他对环境有一种“感觉”，等他后来再现这个环境时，这种感觉马上就会影响他的手和眼。我们时常发现，在低年级，学生做算术时遇到解不开的具体问题时，如果采用把具体情况“表演出来”的办法，便可以迎刃而解。真正的困难并不在于数目，而在于没有把握住使用数目的具体意义。

前文说过，高年级的文学和历史常常通过戏剧活动来强化。印第安纳波利斯学校六年级有一个班为了排演《睡美人》，不仅自己编台词，写舞台脚本，而且自己创作歌词、歌曲。通常，只有在独立的学习中，才追求这种对于单一学习目 288
的的专注，因此这种专注会刺激各科的学习。与那种把写作本身当作目的的教学相比，其文学表达会更加生动，思想的措辞会更加精细和灵活。当然，尽管写出来的音乐可能不太精彩，但它所蕴含的清新感和魅力却超过同样的学生在单纯的音乐创作课上写出来的音乐。

二年级的鞋店为几天的学习活动奠定了基础。孩子们搭建了一个鞋店，挑选几个学生分别担任店员、鞋匠、买鞋的一家人。然后，他们表演一个母亲带着几个孩子去鞋店买鞋的故事。算术课和语文课以鞋店为基础，学生写出关于鞋店的故事。这个班的同学还根据一个简单的调子演唱一首小诗，小诗说的是一组数字，加起来等于 10。这些同学也用心算的方式来解决问题，比如他们几乎马上就算出 74 加 57 等于多少，而这样的作业通常远远超出二年级的水平。要不是因为参加了这么多戏剧表演，他们的进步也许不会这么快。戏剧表演还有助于把抽象的问题变得很真切。在解决鲍德温太太购鞋的问题时，他们认为数字具有某种意义和目的，所以一旦碰到一个以纯数字形式出现的问题，他们一点犹豫和彷徨都没有。五年级有一个班建立了包裹邮政局，他们自己制作钱和邮票，把包裹拿到学校，然后表演邮局的故事。两个男孩扮演邮递员，称包裹重量，查邮资，找顾客零钱。于是，重量表不再是死记硬背的语言形式，查看地图变成了一种需要，乘法表也变成了一种需要，成功地开展活动所必备的系统与秩序得到了强化。

许多学校把学生对戏剧的兴趣调动起来，帮助历史课的教学。弗朗西斯·帕克学校就是其中的一所。四年级学习希腊史，布置给学生的作业包括搭建一所希腊式的房子，写一些关于希腊神话的诗歌。孩子们制作了希腊样式的服装，每天上课都穿。用任科教师霍尔小姐的话来说：

289 孩子们扮演雕刻家，把自己喜欢的神捏成小泥塑，铸造人物，用塑像来讲故事。他们在沙盘上塑造了迈锡尼[①]，然后把迈锡尼变成废墟；之后，把废墟覆盖起来；最后，又扮演发掘者，让迈锡尼的宝藏重见天日。孩子们写出献给酒神的祝福辞，还按照自己的想象，把奥菲士[②]可能唱过的歌编成故事。孩子们玩希腊的游戏，穿希腊式的服装，不断地把自己喜欢的故事或者事件表演出来。今天，作为特洛伊城的英雄，孩子们在课间休息的时候会用木剑和桶盖来打仗。他们在课堂上举办酒神节，念颂词，唱歌跳舞。他们还把自己分成两派，一派当雅典人，一派当斯巴达人，围绕哪个城邦更令人向往这一辩题展开唇枪舌剑；或者充当雅典的自由人，用大无畏的方式回答了傲慢的波斯人的最后通牒。

除了这些日常的戏剧活动，孩子们还把特别吸引自己的一些历史事件编成小话剧，向全校师生表演。用这种方式教儿童历史，给历史课赋予了意义和情感的内容；孩子们欣赏古希腊的精神和造就一个伟大民族所必需的因素。历史变成了孩子们生活的一个组成部分，他们把历史作为个人的经历保留了下来，而不是死记硬背的课本知识。

弗朗西斯·帕克学校把戏剧表演的社会价值用到了早操典礼之中。单单学习书本知识，是一种孤立的、不合群的表现。学生可能学习了书本中的词句，但

---

① 迈锡尼(Mycenae)，希腊南部古城，被认为是希腊大陆青铜器时代的主要遗址。——译者

② 奥菲士(Orpheus)，希腊神话中太阳神阿波罗与史诗女神卡利俄珀(Calliope)的儿子，具有极高的艺术天分，不仅能谱能曲，也能弹能唱。——译者

却没有学会与别人协调行动，没有学会控制并安排自己的动作和想法；而学习这些，是为了让他在一种共同的体验中，得到平等的机会去表达自己的想法。如果全班学生用动作来再现从书本上学到的东西，让所有的成员都扮演一个角色，他们将学会共同珍惜并培养自己表达的能力，以及塑造戏剧形象和情感形象的能力。他们为全校师生表演，获得了为自身努力的价值，同时又有助于培养全校团结合作的精神。所有学生，无论年龄大小，对其他班级的戏剧活动都很感兴趣，并学会欣赏别人所做的简单而真诚的努力，无论这种努力是一年级还是高年级的学生做的。为了引起全校师生的兴趣，演员们学会了简单明了，直截了当；而 290
且，他们看到了自己的表演给别人带来的价值，从而对自己的工作表现出一种全新的尊重。任何年级都利用早操典礼对各科学习的戏剧活动进行总结，而且，只要觉得有什么事会引起其他儿童的兴趣，都可以拿到早操典礼上去说一说。戏剧的作用有时候是很小的，比如在描述远足、描述算术课的奇特过程或者地理课的某些话题的时候，戏剧帮不上什么忙；但是，儿童必须思维清楚，表达顺畅，否则听众便无法理解。这时候，要尽量借助地图、图解以及各种说明性的材料。此外，有一些练习纯粹因为戏剧性吸引了孩子们，比如四年级学生写希腊剧本或者把西塞罗[①]反对喀提林[②]的演说搬上舞台。

由毕业班来排演话剧，或者为了特定的目的而排演话剧，这当然是一种大家熟知的方式，可以吸引学生，也可以宣传学校。不过，近来除了吸引学生和宣传作用之外，学校还给话剧和庆祝活动赋予了教育的价值。无论演什么话剧，在演出过程中，由于要对观众说话，要有效地活动身体，要与其他孩子一道为一个共同的目标而合作共事，于是，儿童们得到了宝贵的训练。学校通常尽量让孩子们的作品具备一些文学价值。不过，直到最近之前，学生们日常排戏用的资源并没有受到重视。过去，放学后演话剧是为了愉悦公众。而现在，学校正着手利用年轻人的这种自然的愿望来为延伸课程，“表演一些东西”。许多学校把相当复杂

① 马库斯·图利乌斯·西塞罗(Marcus Tullius Cicero，前106—前43)，古罗马政治家、哲学家、演说家，被誉为“拉丁语雄辩家”。其主要著作有《论善与恶之定义》、《论法律》、《论国家》、《为米洛辩护》等。他传播了希腊的思想，给以欧洲一套哲学术语，现今的不少哲学概念都来源于他。——译者

② 鲁齐乌斯·塞尔吉乌斯·喀提林(Lucius Sergius Catilina，前108—前62)，公元前1世纪罗马政治家，以“喀提林”阴谋闻名，企图推翻罗马共和国，特别是推翻贵族元老院政权。——译者

291

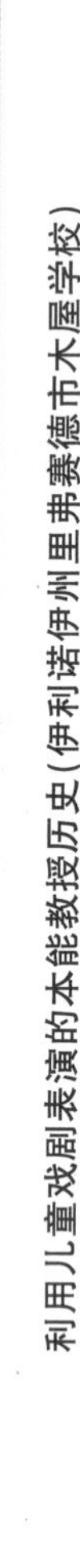

利用儿童戏剧表演的本能教授历史（伊利诺伊州里弗赛德市木屋学校）

的角色搬上戏剧舞台，进行公演，题材来源于语文和历史两科，而编剧又为语文
课提供了机会。戏剧排练取代了口头表达课和演讲课，而且给学生学习如何控
制自我的机会。舞台布景和服装在工作间和艺术课上制作，计划和管理也由学
生完成，教师只是帮助学生避免错误，防止学生灰心丧气。在里弗赛德学校，有
一个班在文学课时，读了托尔斯泰(Tolstoi)写的"有爱就有上帝"(Where Love Is
There God Is Also)。同学们把这个故事改编成话剧，拿到语文课上排练，全班 292
同学都来当指导和批评家。随着兴趣的高涨，同学们制作了服装，安排了舞台布
景，最后为全校师生及学校的朋友们进行公演。还有一次，同一个班根据《奥德
赛》的故事编了一个简单的话剧，并搬到户外演出。斯派尔学校(Speyer School)
在上美国史时，学生把拓荒时期的一些历史事件编成话剧。排练期间，几乎所有
的同学，不论男女，不论个人条件如何，都试演了戏中的角色，演员最终由全班来
选定。五年级学习欧文[1]的《见闻札记》(*Sketch Book*)时，将历史课和文学课的
内容结合起来，把瑞普·凡·温克尔(Rip Van Winkle)的故事改编成话剧，自导
自演，自己制作服装。

豪兰学校(Howland School)是芝加哥的一所公立学校，坐落在一个新移民聚居区。去年，这个学校奉献了一部大型纪念性话剧。学校的校长编写并排演了一部讲述哥伦布[2]故事的露天历史剧，全校都参加演出。这个故事简单地勾勒了哥伦布的生平。戏中增加了几个场景，以表现拓荒时期最动人的事件，突出民主国家的主题。大部分服装由孩子们自己制作，还融入了当年在体操课上学到的各种舞蹈。这样，整个表演既呈现了一幅极好的美国历史轮廓的画面，又体现了美国的精神，同时对一年的工作是一个有趣的总结。这项活动颇具价值，在团结社区居民方面产生了影响。这项活动除了教给孩子们新移民国家的一些历史知识之外，还给观众中的家长一个机会，让他们亲眼看一看学校能够为他们的子女和社区作些什么贡献。这种活动所具有的爱国主义教育价值大于日常的升旗仪式和朗读爱国诗歌，因为孩子们亲眼看到了自然所唤起的爱国情感的东西，于是懂得了自己应该热爱什么。

---

① 华盛顿·欧文(Washington Irving, 1783—1859)，美国作家，被称为"美国文学之父"，代表作《见闻札记》，其中包括著名的《瑞普·凡·温克尔》、《睡谷的传说》等。——译者

② 克里斯托弗·哥伦布(Christopher Columbus, 1451—1506)，意大利航海家，新大陆发现者。——译者

节日纪念活动比老式文艺活动更有意思，更具价值。老式文艺活动通常包
293 括学生背诵诗歌，大人发表讲演，重点是用一种社会方式来表现学校的工作。社区居民更感兴趣的，是知道自己的孩子参加了节目制作；而儿童更感兴趣的，是他们共同参与了自己喜欢的工作，并且都是他们自己干的。现在，许多学校的毕业典礼就是用戏剧的方式来检阅一年的常规工作。每个年级都可以参加，把自己在语文课上写的话剧搬上舞台，跳一些在体育课上学的民族舞蹈或者新奇的舞蹈等等。许多学校举办感恩节庆典，各个年级在舞台上再现普利茅斯(Plymouth)第一个感恩节的场面，或者用戏剧的方式把各民族丰收节庆的情景搬上舞台。同样，圣诞节的文艺节目通常包括各年级同学表演的歌咏、诗朗诵等，节目也可能仅由一个年级表演，但都是语文课和音乐课上布置的功课。按照这种计划所安排的话剧、庆典、露天历史剧是没有止境的，因为总是可以找到题材，使儿童在阅读、拼写、历史、文学，甚至部分地理课上得到充分的训练，而这种充分的程度并不亚于常规课本中干巴巴的事实所能提供的训练。

6.

自由与个性

读者无疑会想到，为了完成本书所描述的所有功课，一定要让学生享有大量 294
的自由，可这样一来，便不符合传统学校制定的纪律要求。对于绝大多数教师和家长而言，学校这个字眼等同于“纪律”，等同于“安静”，等同于一排排学生一动不动地坐在书桌前，静静地听老师讲课；只有在老师叫到的时候，学生才可以讲话。于是，缺乏这些基本特征的学校必定是差学校，在这种学校里面，什么也学不到，学生随心所欲，却又不知道自己喜欢什么；而且，学生的所作所为对自身有害无益，也令别的同学和教师反感。

每个儿童必须通过学习来积累知识，否则，长大后便是文盲。这些知识主要与成年的生活相关联，因此学生并不感兴趣，这一点不奇怪。然而，学校的任务是要确保学生了解这些知识。那么，怎样才能达到这个目标呢？显而易见的方法是：让学生坐成一排一排的，相互间隔开足够的距离，这样就不容易相互讲话；然后，雇佣最有效的人来教授这些知识，向儿童灌输知识，让儿童不断重复知识，并最终能按照期望大体记住这些知识，至少在他今后“晋升”之前必须如此。

同样，应该教会儿童服从。学生的成就是按照要求去有效地完成功课，诚如完成枯燥无味、毫无吸引力的任务是对性格的塑造一样。应当教育学生要“尊敬”老师，“尊重”学习；如果学生不能安静地坐下来，不能怀着敬意地面对老师和
学习，又怎能教会他课文呢？就算他的接受能力不强，至少也要保持安静和接受 295
老师的教育吧。有人提倡通过教师的权威来确保“纪律”，按照他们的观点，一旦取消约束，学生就会变得无法无天、破坏财物、粗暴无礼、高声喧哗，而且经常都是如此。这就证明纪律是管住学生的唯一办法，因为没有这种约束，儿童就会整

天像出现短时纪律真空时那样随心所欲。

上述就是严格纪律信奉者所描述的情形。如果说这个陈述听起来比较残酷，有些赤裸裸，那么，请想一想参观“怪异学校”的人们事后说的话；考虑一下他们是否没有强迫不带偏见的观察者得出这样的结论，说他们关于学校及学校教育的思想只不过是这样一桩残酷而赤裸裸的事务。关于学校自由与权威纪律(authoritative discipline)的讨论，最终演变成一个已被接受的教育理念的问题。我们是否应该遵从严格纪律信奉者的观点，相信教育是一个把小野蛮人变成一个小成年人的过程？是否应该相信必须把许多事实及美德教给所有的儿童，以便他们尽可能达到成人的标准？抑或我们应该信奉卢梭的观点，相信教育是一个弥合出生时的婴孩与愿望中的成人之间差距的过程？应该相信“儿童有自己的观察、思考、感觉的方式”？应该相信，为了满足成人的需要，通过训练的方式让儿童自己去检验周遭的世界？

我这里特意使用“权威纪律”这个说法，因为纪律与自由并非是水火不容的概念。下面引自卢梭的话极为清楚地表明，甚至他所说的自由也是一个多么严厉的监工，而这种自由经常被人们理解为目无法纪和纵容。

> 千万不要对他(学生)采取命令的方式，不论什么事情，都绝对不能以命令从事，甚至也不要使他想象你企图对他行使什么权威。只需使他知道他弱而你强，由于他的情况和你的情况不同，他必须听你的安排；要使他感知到这一点，学到这一点，意识到这一点。要让他及早明白，在他高傲的脖子上有大自然强加于人的沉重的枷锁，在沉重的生活需要这种枷锁之下，任何人都要服从这种枷锁的约束。要使他从事物而不从人的任性去认识这种需要；要使他认识到他的行动受到约束是源于他的体力而不是别人的权威。

296 在培养品性和才能方面，什么纪律也比不上大自然那么严厉、那么恰当；但在制造无序与懒惰方面，若论恰当的话，纪律绝不比大自然差。事实上，人们之所以对学校的自由反感，其真正的原因似乎是一种误解。批评者把身体的自由与道德智力的自由混为一谈。因为学生在走动，或者坐在地上，或者把椅子散开摆放，而不是排成行，因为他们的手要动、嘴要动，于是参观者便认为学生的思想是松懈的，认为他们在干蠢事，身体与思想道德一样，都没有受到约束。迄今为止，学校的学习一直是与驯服或者被动的大脑联系在一起的，因为这个有用的器官没有运转起来或者发出声音，但观察者却认为儿童绝不能这样做，否则会影响学习。

教育改革者认为，教育的功能就在于帮助年幼无助的儿童成长为一个快乐的、道德的、能干的人。假定这种观点是对的，那么，要促进这种成长，与这种观点一致的教育计划就必须允许儿童得到足够的自由。孩子的身体必须有活动和伸展的空间，有锻炼肌肉的空间，并在疲倦的时候得到休息。每个人都认为，把襁褓期的婴儿包裹起来，对宝宝来说是一件坏事，因为这限制并妨碍了身体的功能。对学童来说，直背课桌的限制，头朝前面，双手交叉，这些都是约束，甚至是对神经的折磨。学生一天几个小时这样坐着，一旦解除限制，难怪他们会突然爆发而陷入毫无节制的喧嚣和打闹。既然学生的身体能量没有正常的释放通道，那就只能囤积起来；而另一方面，由于要压抑未曾得到完美训练的躯体的作用，神经一直受到刺激，因此，一旦机会来临，能量便猛烈地爆发势不可当。儿童需要的时候，给他活动和伸展的自由，从早到晚都给他真正活动的机会，这样，他的神经便不会过度疲劳，等到自由活动的时候也不会变得急躁和瞎闹。如果训练儿童做事，在没有限制性的监督时，他才能够集中精力做事，同时又顾及他人。 297

只要儿童被当作一个批次，即当作一个班来对待，便不可能产生真正科学的教育。每个儿童都有强烈的个性，而任何一门科学都必须用其独特的方式来判断一切事实。每一个儿童都必须有机会表现他真实的一面，这样，教师才能够发现他缺少什么，才知道如何把他塑造成一个完整的人。一个教师，只有在熟悉每一个学生之后，才有希望理解儿童；唯有理解儿童，才有希望制订出达到科学标准或者艺术标准的教育计划。教育者如果不懂得独特的事实，就根本无法知道自己的假说是否具有价值。可是，教育者如果把材料都变成一个模样，乃至于各部分都没有差异，又如何了解材料的特性呢？如果把学生排成行，然后再给他们传授知识，同时又期望他们以统一的方式反馈知识，那么，教育者根本不可能了解任何一个学生。相反，如果每个学生都有机会表达自己的想法，都有机会展现自己的特质，教师就获得了构成教学基础的材料。

既然儿童生活在一个社会性的世界里，而在这个世界中，甚至最简单的行为或者言语一定与邻居的言行密切相关，因此没有丝毫理由相信，自由会因反复无常而牺牲别人的利益。自由并不意味着解除自然和人类加在每个人生活上的约束，并不意味着个人可以放纵那些违背自己作为社会一员之福利的冲动。然而对于儿童来说，自由是检验所有冲动和倾向的机会，这些冲动和倾向关乎儿童自身所处的事物与人的世界。只有经过足够的检验，才能发现这些冲动和倾向的特征，才能剔除有害的冲动和倾向，才能培养对人对己都是有益的冲动和倾向。教育如果把所有儿童的冲动等同于成人社会（人们对其弱点和失败不断地哀叹）中普通人的冲动，那么，这种教育一定只能继续复制这个普通的社会，甚至无法
298 发现这个社会是否需要以及如何才能变得更加美好。只有真正了解儿童的教育，才能塑造自身，才能够去伪存真，去莠存良。与此同时，如果仅仅从外部来抑制坏的方面，这同样也抑制了好的方面的表达，结果会带来很大的损失。

假定我们还没有实行因材施教，同时又要求给儿童以自由，那么，教育又如何利用自由来让儿童受益呢？给儿童自由，让他根据自己的体力，并根据邻座同学给予帮助的方式，去发现自己能做什么、不能做什么。他不会把精力浪费在做不了的事情上，相反，他会集中精力做力所能及的事。儿童好动，好刨根问底，应当通过积极的方式把这种能量和好奇心疏导出来。这样，教师便会发现，学生可以自发、活泼、积极地参与教学，而不是像在高压体制中那样，制造麻烦，因而必须加以抑制。如今，课堂上干扰教学的那些事将会变成教师着力培养的积极品质。要让儿童保持对成人有用的那些品质，养成独立和勤奋的习惯，除此之外，如果要让学生真正地做到“做中学”，就必须给儿童这种自由。大部分要求儿童做的事，如果是以命令和规定的方式按部就班地提出，那只会导致表面的肌肉训练。可是，如果把儿童天然的好奇心和对行动的热爱用于解决有用的问题，用于发现自己的需求，并知道如何根据自己的需求调整环境，那么，教师就会发现，学生们不仅把功课做得好与以往一样，而且还学会如何控制自己的精力，并把它用于有益的目的，但这样的精力在普通的课堂上只不过用来制造麻烦。除非学生去做一些真正的工作，从而通过感官和肌肉的运动来锻炼大脑，否则，教师便不可能放弃通常在处理纪律问题时所采用的种种方法。这是因为，如果教师上课的时候不停地讲，学生被动地听讲，然后回答问题，那么，允许学生爱呆在哪里就呆在哪里，四处活动，或者相互说话，这就很荒唐了。在教师的角色已转变为帮助者和观察者的地方，在每个儿童的发展成为教育目标的地方，自由是必要的。这就好比在儿童只能死记硬背的地方，要求儿童安静同样是必要的一样。

学习在典型的社会生活环境中生存(纽约市师范学院)

300 有些学校把自由作为儿童完成功课的必要条件。关于这类学校，目前讨论得最多的，就是意大利蒙台梭利夫人学校及其门生在我国开办的那些学校。蒙台梭利夫人以及我国的许多教育家认为，如果教师想了解每个学生的需求和能力，如果儿童要在学校接受全面的培训，从而使自己的头脑、性格和体格都得到最佳的发展，那么，儿童在课堂上就必须得到自由。一般而言，她坚持给儿童这种自由——这种自由构成了她的教育方法的基础，其理由与前面所勾勒的是一致的，只是有一点不一样。她认为，要创造科学的教育，就必须给儿童自由，因为没有自由，教育原理的基础材料便无法采集；此外，学生的身体健康离不开自由，要培养学生的独立性，使其形成最佳的性格，也离不开自由。这位意大利教育家与我国大多数改革者的不同之处，在于他们对使用教具和自由的价值看法不一。关于这一点，容我们后面再议。

蒙台梭利夫人相信，学校压抑儿童的身体活动，教给儿童被动思维和驯化思维，这是对学校职能的误解，实际上对儿童造成了伤害。科学的教育不仅需要给儿童自由，以便他们采集材料；而且，自由本身就是科学教育的基础。“自由即活动”，蒙台梭利夫人在其名为《蒙台梭利法》(*The Montessori Method*)的书中写道。活动是生活的基础，因此，训练儿童移动步法，活动身体，就是在训练他们如何生活，这才是学校的职责。自由的目标是最大限度地有利于整个团体，这就是给儿童自由的目的。凡是不利于这个目标的，都应该受到抑制；同时，必须万分注意，要用有效的方式培养每一个行为。要尽可能给学生提供最大的范围来从事这种有用的活动，为此，课堂上要允许他们有大量的自由。他们可以四处活动，互相说话，随心所欲地安排桌椅。更重要的一点是，每个学生可以选择自己
301 要做什么事，可以根据自己的意愿来决定做一件事的时间长短。她说：“在我看来，这样的教室才是真正具有良好纪律的教室：儿童可以在里面活动，自愿做一些智力活动，但又不做出任何粗鲁或者粗野的动作。”概括地说，纪律就是独立做事的能力，纪律并不是压服。

积极的纪律允许学生有自由的空间，去做有用的事，而不是去抑制儿童自发的冲动。为了建立这样的纪律，必须摈弃通常维持纪律的种种方法，设计一种新的方法，强调纪律积极的一面，而不是消极一面。对于这种方法，蒙台梭利是这样描述的：

> 至于惩罚，我们经常碰到这样的情形：有的儿童干扰了别人，我们进行了批评，可他却根本不听；于是，把他送到医院检查。检查结果证明，这是一个正常的儿童。于是，我们在教室的一个角落摆一张课桌，把他安置在那里，让他坐到一把舒舒服服的小扶手椅上去。这样，把孩子隔离起来，让他看看其他同学是如何学习的，同时给他一些最能吸引他的游戏用具和玩具。这种隔离可以让孩子安静下来，而且几乎屡试不爽；从他的位置，他可以看到全班同学，观察同学们怎样做功课。这种直观教学比老师可能用的任何言语都要有效得多。他会慢慢发现，加入到眼前忙着做功课的同伴当中去有好处，并且真切期望回到同伴当中去学习。

教师首先采取的更正行为，绝不是以批评的形式展开的；教师悄悄地告诉那个孩子，说他做的事不礼貌，影响了别的同学，然后告诉他应该如何做才能变成一个讨人喜欢的同学，或者把他的注意力引到一件事情上。孩子们按自己的选择做事，而且自己想做，做的过程中可能会走动、讲话，以免疲倦和紧张，因此，任何"惩罚"都是没有必要的。除了因真正犯错误而受到隔离的那种情况，比如上述引文中蒙台梭利提到的那种，我们去她的一所学校参观，发现惩戒的纪律在学校用得很少。教师纠正的学生行为，几乎都是举止或者粗心大意等小问题。 302

建立在自由基础之上的活动是蒙台梭利学校的指导原则，儿童的活动集中在两种活动上。蒙台梭利相信，儿童需要日常生活的实践活动，例如应该教会他如何照料自己、满足自己。有一种活动就是针对这个目的的。蒙台梭利相信，儿童具有天生的禀赋，应该得到充分的发展，因此，另一种活动就是为了充分表现这些禀赋而设计的。在这两种活动中，她认为，最重要的是为培养儿童的内在潜力而开展的活动。儿童必须了解如何调整自己适应环境，才能变得独立和快乐。如果儿童的禀赋没有得到完全的发展，他的生活也就不可能得到完美的发展。因此，教育的真正目的，乃是为儿童生活的正常展开提供积极的帮助。蒙台梭利夫人认为，儿童发展的这两条路线各不相同，因此，锻炼实际生活能力并不能发挥旨在训练儿童的禀赋及感官之运用的功能。

人们设计锻炼实际生活能力的方法，是为了教会学生独立自主，满足自己的需求，用技能和良好的行为来表现日常生活的举止。学生一旦用完教室，就会整理打扫教室，复原桌椅，收拾每一块材料。在搞活动的时候，学生们全靠自己动手，把要用的东西搬出来，寻找适合的地方搞活动，随心所欲地使用活动的用具；一旦使用完毕，又会把用具收拾好。有些学校并不提供寄宿，只是提供午餐。除了烹饪之外，摆餐桌、端饭菜、收拾餐桌、洗盘子等事务均由孩子们承担。所有儿童不论年龄大小，都要共同承担。3—4 岁的儿童很快便学会端盘子，拿杯子，传
303 送饭菜。这些学校只要有可能，都开出一块儿童喜爱的园子，养一些有用的宠物，比如母鸡、小鸡或者鸽子之类。甚至年龄最小的孩子也自己穿外衣，把围裙和便鞋扣上或者解开；如果自己做不了，就互相帮助。蒙台梭利非常强调尽早让学生学会照料自己的必要性。为了帮助年龄最小的儿童学好这一课，她设计了几种装置，好让他们去实践，最终学会照料自己。这些装置是一个个的木框，木框绷着一块布，布的中央开了个口，口的边缘有纽扣、钩、扣眼或者丝带等，供学生做练习。他们可以根据情况，把开口解开、扣上、钩上、系上。

蒙台梭利学校把这些装置看作是沟通两类应用型练习的桥梁。这些装置标志着教育原则的转变，即从大多数教育改革者普遍使用的原则转向与蒙台梭利夫人所设计的方法具体联系的原则。对于这种方法的理解，我们可以从她的第一部著作的这段话中找到线索：

> 只有采用一种实验的教学方法，才能毋庸置疑地把感官训练摆在最突出的位置……我的方法是用教具来做一个教学法的实验，然后观察儿童的自然反应……对于幼儿，我们必须从试验入手，必须选择儿童感兴趣的教学用具……不过，我相信，我已经挑选了能代表满足实际感官教育最低要求的教具。

蒙台梭利夫人的教师生涯始于医院，她在塞甘①曾经工作过的几家医院给有缺陷的儿童当老师。开始，她教正常的儿童。后来，她把有缺陷的学生使用过的教具拿来做实验，这是顺理成章的事。同样，在有缺陷的学生身上行之有效的许多教具，也适用于智力中等的学童。普通学校的方法用于有缺陷儿童时，如果

---

① 爱德华·塞甘(Edouard Séguin，1812—1880)，法裔美国精神病医生，为智力严重迟缓的儿童首创了现代教育方法。其主要著作有《白痴的精神治疗、卫生及教育》、《白痴及其心理治疗法》等。——译者

进度放慢一些、耐心一些，就会取得成功。同样，蒙台梭利夫人发现，过去仅仅用
来教有缺陷儿童的许多装置用在普通儿童的身上，取得了显著的成功，只不过用 304
的时候速度要加快，自由度要大一些。因此，她的“教材”包括许多通常用来开发有缺陷儿童的感知意识的东西。不过，使用这些教具时，并不完全依照固定的顺序，也不需要在教师的指导下进行；相反，要允许正常的儿童完全自由地使用这些教具，这是因为，在这里，教具不再是用来唤醒尚待开发的能力的手段，而是用来锻炼儿童不断控制所有日常行为的能力，以便能够越来越准确和娴熟地控制自己的行为。

这种开发儿童脑力的特殊练习，是为了训练鉴别与比较的能力。采用自行设计的装置，几乎可以锻炼所有的感觉器官，锻炼儿童为了一个目的做一件事情的能力，比如做纽扣架。学生不必按照某种固定的顺序来使用这些教具，也不必在规定的时间里盯着做一件事。对年龄最小的儿童，只让他们做非常简单的练习，除此之外，其他的儿童可以随心所欲地选择做任何事，而且想做多久就做多久。蒙台梭利相信，儿童一旦有了准备，任何练习都会去做。锻炼触觉的教具是最简单的，用一条条粗细不等的砂纸和一块块质地不同的布料铺在一块块小木板上，让孩子们把眼睛蒙起来，然后用手去摩擦砂纸和搓布块，鉴别其中的差异。有一种专门教儿童区别形状和大小的装置，依靠触觉来锻炼目测的能力，非常有益。这种装置使用一些木块，并在上面打了一些孔，孔的直径和深度不同，每一个孔配一个圆柱。儿童把圆柱都抽出来，用手指去感知圆柱和木孔的边缘，然后把圆柱放回恰当的孔里。判断大小的能力还可以通过搭积木的方式来锻炼，给儿童一组由大至小的积木，让他去搭建塔楼；再给他一组积木，让他搭起楼梯。此外，通过各种形状的木昆虫来开发儿童鉴别形式的能力，这些木昆虫原先镶嵌在一块薄板上的一个个孔里，儿童把木昆虫从孔里取下来，用手去感知，然后再
把昆虫归位。之后，老师给儿童各种几何形状，让学生去触摸，同时告诉他们每
一种形状的几何名称，触摸一种，说一种，然后让学生用名称来区别这些形状。 305

木板制作的各种形状也可以用纸板和金属饰板来制作，饰板的中央有一个孔，正好是一种形状。这些东西有一种游戏用得着，这种游戏的玩法是用不同材料制作的东西去搭配相同的形状，或者在纸上画出形状，再用彩笔去填色。

教读写的方法是用触觉来强化学生用眼、耳学到的功课。把砂纸做的 26 个字母贴在一块方纸板上，发给学生。他用手指去摩擦字母，仿佛在写字一样，边

摩擦边读出字母。待儿童熟悉了所有字母后才使用活动字母，用活动字母来组成一些单词。用这种方法来学习时，写通常要先于读。儿童拿起铅笔或者粉笔时，由于眼睛和肌肉都熟悉了这些字母的形式，因此可以轻而易举地写出这些字母。

听觉的锻炼是通过两组铃来进行的，一组是固定的，给出音阶；另一组是活动的，便于儿童通过对比固定的音阶来发出自己的音阶。儿童们玩的几种游戏要求他们尽可能保持安静，表演简单的动作，小声发出老师给的指令。还有一些拨浪鼓，里面装着沙子、砾石和谷物，让儿童通过声音来猜猜摇的是哪个鼓。对色彩感的培养，同样是通过特别设计的装置来进行的。这是一些缠绕着彩色丝绸的小木牌，各种颜色和色度都有，可以根据学生的年龄和技能程度按照不同的方法来使用。年龄最小的儿童学会辨别两三种颜色，区别色度深浅。年龄大一些的儿童熟悉了各种颜色，掌握足够的操控技能，所以能够看一眼小木牌，然后走到教室的另一边，按照老师的要求拿来一个颜色和色度完全相符的或者颜色相同和色度稍深或者稍浅的木牌。

306 学校给儿童大量的时间和做自由体操的器材，让学生做游戏，跑跑跳跳，从而达到锻炼肌肉的目的。同时，儿童要操纵训练感官的装置，可以持续锻炼更精确地协调肌肉。通过练习单词和音节的发音来训练儿童的言语能力。教读写的同时，教授数的基本概念。除了用砂纸和无色纸板做的数字之外，还有一系列木条，长短不一，最短的 1 厘米，最长的 10 厘米，供儿童在学习 1 到 10 的数的组合时与数字联系起来使用。

上面对教具的描述只是一个大概，十分简略。对于许多常用的和不太常用的装置，这里的描述难免挂一漏万，不过足以说明儿童功课的性质与目的。对于那些特别钟爱的教具，学生们操控起来技巧娴熟，甚为显著，四五岁的儿童轻而易举就学会了写字。事实上，蒙台梭利夫人相信，智力中等的儿童能够接受许多过去通常要等到六年级才学习的概念，因为这些概念六年级时学起来要更加容易一些。她还相信，这样的教学体系让学生有备而动，因而不仅结果更完美，而且可以为儿童今后节省大量的时间。

学校设计的每一件教具，使儿童通过一套固定的动作，专门训练某一特定的感官。因此，如果因为自由会随心所欲而引起混乱的话，这种方法必定会有它非常严格之处。儿童使用教具时，是有自由的。前面已经对学生的课堂自由进行了描述，教师的角色必须与这种自由一致。教师所接受的培训使她不会去干涉儿童任何自发的活动，也不会人为地强迫儿童把注意力放在什么上面。如果儿童出于自愿转而操控某一个装置，教师会教他正确使用的方法；或者在罕见的情
况下，如果看起来学生倾向于过分专注于一件东西，那么，教师可能会努力把他 307
的注意力引向不同的活动。不过，假定教师的努力失败，他也绝不会固执己见。事实上，教师绝不会以任何方式让儿童去关注自己的弱点和失败之处，也不会去唤醒儿童大脑里任何消极的联想。蒙台梭利夫人说：

> 如果他（儿童）犯了一个错误，老师不要去纠正他，而应该当即中断上课的内容，换一天再接着上。为什么要去纠正他呢？如果孩子没有成功地将一个名称与一个物体联系起来，成功的唯一方式就是重复那个感官刺激的动作和那个名称，换言之，就是重复课中的这个部分。但是，既然孩子已经失败了，我们应该明白，我们期望在他身上诱发那种物理的联想，可此刻他并没有为此做好准备，所以，我们必须另找时间。如果我们一定要纠正，对他说："不对，你错了。"那么，这些话就会以一种责备的形式对他产生打击，其强度超过任何其他的方式，而且会一直留在他的脑海里，对他学习那些名称造成延迟。相反，在儿童犯了错误之后，如果老师保持沉默，儿童的意识里则是清澈透明的；下一次再上课的时候，他就会顺利地接上上一次课的内容。

教学用具的性质增加了教师角色的简单性和被动性。一旦儿童学习了与装置关联的名称，教师就不再教了。就孩子而言，教师变成一个单纯的观察者，直到孩子准备练习下一个装置。这样的转变缘于蒙台梭利教具的性质，即她所谓的"自我纠正性"。就是说，每一个装置的设计宗旨都是为了让儿童用它只能做一件完整的事，而且假定他犯了错误，装置便无效了。这样不用告诉操控装置的儿童，说他做错了，要如何纠正。如果碰到一个明显的问题，靠他对教具的处理就能把问题解决。儿童自己就教育了自己，因为他看到了自己的错误并纠正了错误。所以，完成的结果很完美，不可能出现部分成功或者部分失败。

以最简单的一件教具——一块有孔木块和与其配合的实心圆柱——为例。

圆柱有 10 个，大小都不同，比如就长度而言，每一个与旁边的一个都有四分之一英寸的差异。儿童把所有的圆柱都从木块的孔里抽出来，把圆柱混在一块，然后
308 把它们放回原来的位置。假定他把一个圆柱放入过深的孔里，圆柱就看不见了；如果孔太浅，圆柱又会冒出来；如果每个圆柱都放对了，儿童就会重新看到一个实心的木块。所有几何形状的昆虫具有一模一样的自我纠正作用。就连年龄最小的幼儿都知道，用木框架来练习扣纽扣和系绳时自己是否做得对。儿童用积木来搭建塔楼时，除非按照体积逐渐减小的方式来一块一块往上堆砌，否则便无法搭起一座塔楼；同样，不用相同的原则来操作，楼梯也搭不起来。使用彩色小木牌时，儿童需要做更多的准备。不过，一旦他学会鉴别八种颜色中某一种颜色的八种色度，他便能够把这些色度打乱，然后再按色度的深浅来排列；可如果他弄错了，会发现顺序弄错的色板会显得很不和谐，像个污点。通过一种颜色，一旦他明白其中的道理，就可以独立完成另外的七种颜色了。由于不允许学生只玩一种装置，他的脑子里总想着要完成一套正确的动作；于是，他认为失误就表示事情还没有做完，必须再试一次。蒙台梭利夫人期望，通过其教具的这种自我纠正性来达到这样一个教育目的：引导儿童高度关注自己所玩装置的组成部分之间的差异，就是说，为了达到既定的目标，必须去比较和鉴别两种颜色、两个声音、两个维度等等。感官训练对智力发育所具有的价值，恰恰就在于这种比较之中。儿童用一种装置来锻炼某一特定的官能或者感官，而通过关注事物之间的**关系**，这个官能或者感官变得灵敏起来。一种知性的感觉之发展，靠的是提高感觉器官这种比较与鉴别能力，而不是靠教儿童认识各种维度、声音、色彩等等，也不是靠做某些动作时不犯一点错误。蒙台梭利宣称，智力的训练结果把她的教育方法与一般幼儿园的训练方式区分开来。

309 如前所述，蒙台梭利的方法与美国教育改革者们的观点相左，原因并不是因为两者对自由的价值意见不一，而是因为在关于最有效地利用自由的概念这一问题上各不相让。就身体而言，蒙台梭利班的儿童比本书所讨论的大部分美国教育家班里的儿童更加自由；但就脑力而言，却没有那么自由。儿童可以随意进进出出，可以学习，也可以无所事事、随便讲话，还可以随心所欲、到处走动；活动的目的，是在活动中学习知识技能。每个儿童都通过一件可以自我纠正的教具来学习。儿童并没有获得创造的自由。儿童可以自由选择使用哪一个装置，但却不能选择自己的目标，不能根据自己的计划改变教具的用

途，因为教具的用途是限定死的，只能用来做某些事，而且只能按照某种方法来操作。大部分美国的教育家认为，只有使用能给儿童带来现实问题的教具，才能培养儿童正确思维和判断的习惯；只有通过校外的生活体验，才能衡量现实。儿童在适应自己所生活的世界的过程中，要与人和事物打交道，因此必须学习两件大事：身体的调节和大脑的调节，前者指控制身体的能力，后者是一种洞察事物之间关系的能力、透过表面看本质的能力，看出单个事物与群体之间的意义。一位美国中学教师说："确保儿童学到这两种调节能力的最佳途径，是给儿童提供更加真实一些的环境，这些环境代表了他们在校外必须应对的那些环境。"

在校外的环境中，儿童必须按照自己的需求不断地改变物质的东西，并要不断地达到他人的要求，因为他要与别人生活在一起。如果他和别人要成功地做到这一点，他就必须学会看清事物的本来面目，必须能依靠自己的感官来正确理解事物对于他的意义，理解他人对于他这个社会一员的意义。因此，学校必须给予学生面对问题、解决问题的自由，这种自由足以等同于他在校外的环境中面对 311
问题、解决问题时所拥有的自由。然而，蒙台梭利夫人却相信，儿童可以在非典型社会生活的环境中学到生活的技能；她相信，通过营造环境，锻炼某些特定的官能，可以培养儿童的鉴别和比较能力。

观点上的这种分歧，演变为如何看待人的智力性质的分歧。与老一代心理学家一样，蒙台梭利相信，人天生具有一些现成的能力，可以对之进行训练和培养，然后推广应用，不管这种训练除了训练之目的外还有什么意义。儿童天生具有一些能力，但尚未开发；不过，通过恰当的应用，可以使之充分展现，然后便能够随心所欲地运用。最新的心理学理论则认为，离开使用的工具，离开为达到特定的目的而制作的物件，便不可能掌握技能。对于这种理论，本国的大多数教育家都表示认同。如果一种练习能使儿童区分抽象的性质，但又不问事物本身是什么，比如长度和色彩，那么，它可能会让儿童掌握完成某种特殊练习的技巧，却不一定能保证在真实的生活环境中碰到类似性质时能成功应对。从整体上训练比较与鉴别的能力，使其放之四海而皆准。但是，儿童在这方面的训练却少之又少。儿童并非天生具有现成的能力，只待去实现；相反，儿童天生具有一些特殊的行为冲动，只有通过运用才能得到开发。运用这些冲动是为了保存并完善社会及物质条件下的生命，因为生命的延续依赖于这个条件。

310

学生模拟校外的情形来解决学校的问题（芝加哥弗朗西斯·帕克学校）

在美国，实施进步教育的学校通常没有给予儿童那么多自由，让他们在课堂上随意走动，或者在做功课时随意选择时间。这些学校之所以没有这么做，并不是因为对于自由价值的信念不足。相反，这些学校把重点放到了更大的自由之上，让儿童在代表典型生活的环境中运用并检验感官和判断力。由于这些环境是社会性的，要求儿童必须为共同的追求更加紧密地团结起来一块工作；也正是因为这种社会性，允许并要求教师提供帮助，正如一个人在处理生活日常事务时 312
争取帮助一样。不要把他人的帮助看成是对自由的侵犯因而害怕帮助，相反，应该害怕的是这样一种帮助：它在选择和改变教具用途方面限制了儿童自主运用智力的能力，结果儿童无法形成目标，无法运用天赋，无法发挥其首创精神和发明精神。在美国的教师看来，为了进行共同的活动，必然要求儿童与他人合作；与之相比，把教具局限于锻炼某一个别官能的做法，对自由会造成更大的限制，因为后一种做法所需的环境在实际生活中并不存在。理想的目标是：儿童不仅应该学会在别人实现目标的过程中不要进行干涉，而且应该学会用一种明智的方式与其他人进行合作。因此，教具的范围不应该局限于训练单一感官的比较与鉴别能力（幼儿目前还不能开展合作性活动，而且他的主要任务是掌握和运用器官的能力，这正是该训练的主要理由）[①]，而应该提供足够多的训练，以便应对更多的典型问题。因为在实际的日常生活环境中，必须运用这种比较与鉴别的能力，才能解决问题。为了实际的用途，学生确实能够有所创造。为了了解校外生活中的活动和用具，也需要训练几个孩子干同一件事情，并且是连续地干同一件事情。

蒙台梭利认为，人天生具有一些能力，经过专门设计的特殊训练，便能推广应用，而且该训练得到的结果不应该仅仅发挥次要作用。虽然在是否存在这种能力的问题上，本国的教育家与蒙台梭利存在分歧；但是，他们仍然欢迎她为了确保这种程度的课堂自由所作出的努力，因为促使教师去熟悉儿童的真实能力和兴趣的正是这种自由，而且它为提出科学的教育方法所需的材料提供了保障。她提出，违反自然的限制条件使教师无法真正地了解自己所用的教具，结果教学 313
只能局限于对传统过程的重复。关于这一点，我国的教育家很钦佩她的说服力。她坚持认为，触觉与肌肉运动相关，因此是学习读写的一个因素。我国的教育家

① 很有意义的是，许多用这种装置进行实验的人认为，其价值对于3—4岁的幼儿最大。

把这种观点看成是对基础授课技术的一个真正的贡献。任何真正的教育都离不开自由，在传播这种自由准则的过程中，它是最重要的因素。

人们越来越广泛地理解知识自由以及道德自由的意义，伴随着纪律的那种消极思想和思想压制逐渐破裂，教师运用自己的能力去进行观察和实验时面临的主要障碍将会消失。教师们对儿童的幸福成长满怀同情，兴趣盎然，这种兴趣将越来越带有科学的色彩。这就要求个人去进行观察、思考和实验。学习与动手相结合的教育，将取代灌输式教育。不论灌输式教育如何适应封建社会，在此基础上开展的教育与一个民主社会是格格不入的。封建社会期望绝大部分人对上级的权威不断地表现顺从，而民主社会的准则是创造性和独立性，每个公民都应该参与管理共同利益的事务。今天，我们广泛地认同教育自由的理想，这表明民主精神的发展是多么的广泛，而把这个理想唱得最为嘹亮的是意大利人。

7.

学校与社区的关系

从根本上说，工作的性质是社会性的，因为人们从事各行各业的工作是为了 314
满足人的需要，达到人的目的。这些需要和目的关涉着维持人与事物及人与人的种种关系，这些关系组成了我们生活的这个世界。即便是与维持生命有关的行为，也要安排得当，才能适应一种社会结构。这种社会结构能够修正人的一切行为和思想，它的一切都依赖于人们共同完成工作的能力。倘若工作完成得好，社会就能够达到平衡、快乐、繁荣。没有这些职业，文明便不可能延续。各项工作从根本上看，就是社会生活，即人类生活。既然每个人都必须学会适应他人以及整个社会，社会教育便应运而生。然而，这种教育一旦受制于环境，尽管很必要，却是危险而片面的。我们送孩子上学，理应让他们系统地学习构成生活的各行各业知识；可是，从教学方法和教学内容上看，学校在很大程度上忽视了生活的社会基础。学校并没有把教学集中在事物的具体方面——人际方面，而把重点放在了抽象方面。结果，教学变得很学术，变得脱离社会。教学不再与从事各行各业的群体有关，变得很孤立、很自私、很自我。教学的基础是一种早已脱离现实的社会观念，也就是人不为己、天诛地灭的观念，然而，流行这种观念的社会一百年前便不复存在了。普通学校的课程忽视了今天这个科学民主的社会，忽视了这个社会的需求和理想，还在继续教育儿童个人奋斗以适应生存，只不过增加了一些供个人享受的知识"文化"，把个人奋斗变得温和了一点。

我们国家的学校创立于我们的先驱创业的时代。在那个时代，地广人稀，人
口分散，机会无限，尚待发掘。先驱们自力更生，抓住机遇，利用大自然的资源获 315
得了成功。他们独自生活，只为自己活着；并不依靠别人的关系，因为地大物博，

人口稀少;社区生活没有形成组织,没有传统,也没有什么制度。国家的幸福依赖于"出人头地"这个学说的传播,所以人人为己。于是,新学校必定要反映这种理想,必定要通过教学来提供教训,这太自然不过了。我们的早期定居者来自具有文化和"学问"传统的国家,自然指望学校保持这些移植过来的理想,以便与自然抗争。对于他们而言,文化并非是指儿童所有能力的和谐发展,而是指储存历史事实,获取过去的知识和文献。同样,学习并不意味着去发现周围的事物,也不意味着去发现世界其他地方所发生的事情,而是指温习过去的成就,学会阅读业已死亡的语言,而且所学的语言死得越早,"学问"的名声也就越大。因此,学校开设课程的主要目的是让学生把目光转向往昔,只有从过去才能发现值得学习的东西,才能发现审美与知识进步的精华。"三要素"的知识,再加上一点"精明",这就是儿童跨入社会所需的装备,就是儿童开始在世界上出人头地所需要的全部准备。儿童一旦有了这个装备,学校便转移重心,开始为他传授文化知识。

不论这种文化对于个人如何有趣,如何具有启迪的作用,显而易见,公立学校的头等大事是教会儿童如何在世界上生活,是让儿童明白自己在世界上的责任,并在适应世界的过程中有一个良好的开端。只有在这些方面取得成功,才能有培养纯知识爱好的时间或者愿望。

316 公立学校从唤醒自由和民主的精神入手。越来越多的人认识到,如果科学知识能迅速改变整个社会及其行业发展,而这些知识却只被极少数人完全控制,那么,人们便不可能获得均等的机会。于是,这类大众学校开办之际,在课程设置和组织方面自然向业已存在的老学校求助。然而,老学校的办学目的并不是为所有人提供平等的机会,恰恰相反,是为了在阶级之间划出一条更加明显的界线,为了给有闲及有钱的阶级一些别人得不到的东西,为了满足他们与众不同的欲望,为了给他们找一些可做的事。

人们祖祖辈辈生活在同一个地方,在同样的条件下干着同样的事。他们的世界太狭小,所以在学校教育的教材内容方面,似乎不可能有多少贡献,能够奉献的也主要是对生计的关注。可是,这种老学校却是为那些无需养家糊口的人而设立的,这些人期望有所作为,期望变得有教养,在社交方面引人注目,因此其教材是抽象的、刻意脱离具体的、有用的知识。文化与教育的理想,过去完全建立在贵族及有闲阶级的利益和需求的基础之上。令人诧异的是,这种状况至今依旧未变。既然有了这样一种现成的文化理想，公立教育的先驱们自然会复制以这种理想为办学宗旨的学校的全部课程，甚至在今天，当办学宗旨是为所有人提供一个平等就业和进入社会的机会的时候，情况依然没有改变。从一开始，我国公立学校的课程内容反映的，便是正在迅速消亡的社会条件，即依赖于贵族阶级的封建社会所提出的教育理想。

科学应用于工业所带来的社会巨变，加上导致法国大革命和 1848 年欧洲革命的那些变化，几乎重构了文明的所有制度，造成了人的大量死亡，也催生了更多的生命。这种变革的一个结果便是诞生了大众教育，同时，随之又诞生了公立学校。然而，公立学校的形式并不适应新的条件，只是复制了旧学校的内容，因 317
此学校为适应新社会的重塑过程仍在持续，而且人们对此才开始有所意识。民主社会把繁荣与福利建立在科学应用之上，因此便不可能期望卓有成效地应用极权社会的教育体系，因为后者是为统治阶级而发展起来的，而且极权社会使用人力仅仅是为统治阶级的产业和财富服务。对于这样的学校，对于正在起步的商业培训及工业培训，人们越来越不满意。这是对于抱残守缺的抗议，而抗议是创立新教育的先声。新教育根植于儿童所生活的这个世界，因此将真正给每个人一个平等的机会。

学校如果要反映现代社会，就必须从三个方面改变旧式学校：第一是教学内容，第二是教学方法，第三是学习方法。改变教学内容，并非只是更换名字。读、写、算、地理总是必要的，但其中的实质内容要有很大的改变和增加。首先，现代社会认识到身体的呵护和成长与头脑的发展同等重要，甚至更为重要，因为后者依赖于前者，因此，学校将变成儿童在生理和心理上学习生活的地方。而今，我们同样需要知道如何读、写，才能够应对最简单的日常生活，比如正确地乘坐公交车，避开危险的地方，与我们看不到的人和事件保持联系，换言之，做一切几乎与我们的职业有联系的事情。但是，学校所教授的读、写依然把它看成是目的，是单纯的奢侈品，学生学习读、写是为了个人的修养。地理课也存在同样的问题：学生学习国界、人口、河流的知识，仿佛就是为了储存大家不可能知晓的事实。然而，在一个铁路、蒸汽船、报纸、电报等已把全世界变成了邻居的社会，在一个自给自足之社区已不复存在的社会，这种真正想了解邻居的渴望是显而易 318
见的。换言之，因为机械的使用，我们的环境和我们的习惯发生了变化，结果，我们的世界极大地得到了扩展，变得更加复杂，我们的视野变得如此宽阔，我们同情心变得如此敏感，以至于一个学校的课程如果不反映这种变化便不可能取得全面的成功。学校的教学内容必须扩大，必须包括社会的新元素和新需求。通过第二和第三方面的必要变化，就能够达到这个目标，同时又不增加学生的负担。

通过科学发现，我们加深了对万物的认识。因此，由于机械的使用和事实的增加，知识出现了类别的繁杂和数量的剧增，要想掌握哪怕一门学科，几乎都是不可能的。想一想在教授我国地理时的一切有关事实，比如气候和地质方面的事实、人种方面的事实、工业与政治方面的事实、社会与科学方面的事实，我们便开始体会到要传授清单上的事实时所感受到的绝望。地理包含了差不多全部人类的知识和努力。学校课程中其他科目的情况也大致如此。任何一个分支都有大量的事实需要我们处理，仅仅对主要的事实进行分类，看来只是一种权宜之计。因此，教师不应该让学生对课本的事实采取先阅读再背诵的方式，而应该改变教学方法。每个人碰到的事实不胜枚举，但有用的不是对事实的命名而是理解事实的能力，是看清事物之间的关系和相互作用的能力。因此，教师必须从西塞罗式的人物[①]和独裁者的角色转变为看护者和帮助者的角色。教师在学校看护学生，要确保每一个人的思维及推理能力得到最充分的发展，确保每一个人把读、写、算的课堂当作训练判断和行动能力的手段。这样一来，儿童的角色也应该发生相应的转变，从被动的角色变为主动的角色，从答问者变为提问者，同时变成一个敢于尝试的人。

单纯依靠聆听事实便可理清关系或者得出结论者，总是凤毛麟角。大多数
319 人必须通过眼睛看、动手做，才能明白事物的性状及其意义。因此，教师的角色发生了改变，教师要确保学生获得恰当的材料，确保学生用各种符合实际的方式来使用材料。所谓符合实际的方式，代表了实际存在于教室之外的关系与条件。这不过是换一种方式来表达。在一个人人必须自己照顾自己的社会，在一个人人应该拥有个人自由和行动自由的社会，在一个自由可能会伤害他人的社会，很重要的一点就是人人都应该做到行为得体，也就是说，能够正确地照料自己。社会为着自身的生存，我们训练儿童，不能阻碍儿童形成准确而迅捷的判断力，否则，不等儿童上学，其判断力的迅捷度与准确性就已变得迟钝了。假定出现这种

---

① 西塞罗式的人物(cicerone)，指像西塞罗一样具备古代文化知识和口才。也可译为“导游”，因为导游需要具备丰富的历史知识和良好的口才。——译者

情形，拖整个社会后腿的无能之辈就会数量大增。种种教条的方法规训了学生，使他们变得驯服和被动，但在现代社会，这些方法不仅无效，而且实际上还阻碍了社会最大限度的发展。

卢梭之后的教育改革者们，都把教育看成是复兴社会的最佳手段。封建时期和近代初期的教育理念均认为，良好的教育能够让你我的孩子高人一等，能够为个体提供又一个武器；有了这个武器，就可以驱使社会为他们的钱包和享乐作出更大的贡献。对于这个理念，教育改革者们一直都在反击。他们相信，之所以要提出种种促进人的各种能力和谐发展的办法，推出最佳的教育，其真正的理由恰好是为了克服这个传统。要达到这个目标，应该使教育社会化，使学校成为积极生活的真实部分，而不是让学校各行其道，闭关自守，故步自封。福禄培尔、裴斯泰洛齐及其追随者一直致力于促进这种社会联系，以便培育每个人的社会精神。不过，他们没有办法把自己的学校变成雏形社会。大众教育的需求依然很小，所以社区不愿意把学校看作是社区的一个组成部分；而决不能把孩子看作小
大人的思想还很新奇，因此尚未找到成功应对成群儿童的方法。要把学校变成 320
举足轻重的地方，社区的作用与学校的作用同等重要。如果一个社区把学校视为一个孤立的机构，视为一种必要的惯例，那么哪怕教学方法再精巧，学校也不会发生什么改变。但是，如果一个社区要求学校提供看得见的东西，承认学校为全社区的福利发挥作用，一如承认警察局和消防队一般，如果社区利用好年轻公民的能量和兴趣，而不是在他们准备成为公民之前仅仅控制他们的时间，那么，这样的社区便会拥有社会性的学校；而且，不论社区的资源如何，社区的学校都将具有社区的精神和利益。

对于印第安纳州加里市的公立学校系统，近来出现了大量的评论文章，而且还特别提到了正在制定的学校管理规定的创新特点，有些文章强调了职业培训的种种机会。不过，支撑这些新特点的却是最重要的思想，这就是关于社会与社区的思想。差不多在这个钢铁城市创建之初，教育局长沃特先生便参与创建了这些学校，而且从一开始，他就想把事情办好。他并没有参观过全国最富盛名的那些学校，也没有邀请最棒的学校建筑师，相反，他就呆在家里，忘掉其他地方做过的或者没有做过的事情，他努力为加里市创办最杰出的学校。当时他试图回答的问题是：为了把加里市的孩子变成好公民，变成幸福而富庶的人，他们都需要些什么？现有教育经费如何才能满足这些需求？关于这些学校的职业培训稍

321

学生从托儿所到中学都待在同一幢楼里(印第安纳州加里市)

后再谈，不过，这里可以顺便指出，建立这些学校的目的并不是要培养钢铁公司所需的好工人，也不是为了给工厂节约培训费，而是为了学生参与工作的教育价值。同样，如果认为加里市的这些学校之所以有如此举措，只不过是企图接纳没有希望的移民儿童，然后把他们变成自食其力的移民，或者企图为了满足工人阶 322
级的需求，提供某种培训，那也是错误的看法。

沃特先生无意中当上了美国一个市的教育局长，负责管理成千上万来自各种环境的孩子。他面临的问题是要用某种方式照料孩子们数年，而且每个孩子毕业时都能够找到工作，还要能胜任各种工作——无论是给机器喂料还是做生意，是照料家务还是坐办公室，或者是教书。他的任务不是为每个人提供工作细节所需要的特殊知识，而是要让儿童保持自然兴趣和热情，使每个人能够学会控制自己的大脑和身体，确保他们今后能够自立。我国公立学校为学生确立的目标是：成功做人，做好一个美国公民。学会谋生，就是这个理想的一部分。要使更广泛的培训取得成功，前提自然是学会谋生。达到这个目标的最佳途径是什么？围绕这个问题需要考虑许多因素，譬如每个儿童的个体特点、让谁来教这些学生所居住的邻里、为学校提供经费的社区。沃特先生充分利用每个因素所起作用的价值来形成总体计划。每个因素都具有促进作用，都是一笔财富，缺少其中一个，其他因素便不可能发挥作用。因此，如果忽视其中任何一个因素，结果都会出现缺陷。

有位批评者一直在监督学校，以确保经费的使用能够最大限度地让孩子们和纳税人受益。他认为，在普通公立学校组建的过程中，粗看起来，浪费是十分惊人的。开学时，学校教学楼里的全部设备、校园以及日常用品等有半天是闲置的，更不用说暑假和周六了。教学楼很昂贵，可是在一大部分时间里却毫无用处。这本身就是一种浪费。想一想城镇公立学校的普通儿童放学后度过时光的 323
方式，想一想他在上学时间所接受的那一点不完整的教育，想到这些，我们开始认识到这种浪费有多么严重。沃特先生决定让加里市的学校全天开放，这样孩子们就不会被迫跑到拥挤的大街角落和小巷里玩耍。在这种地方游荡，无异于把游手好闲的人置于危险之中，从而危害他们的健康和道德。每天有好几个小时的时间，一年有许多个星期，教学楼都是关闭的。于是，他作出决定：为了公共的目的，出资建造这些教学楼的纳税人应该有机会在这段时间内使用学校的建筑设施。因此，加里市的学校开设了夜校、周六班、暑假学期。在学校建筑的维护方面，这种方式比一年只用几个月的做法要昂贵得多，因此必须找到一些办法，可以更经济地管理这些设施。

儿童不可能在课桌前一动不动地坐一天，可是大部分学校的儿童要像这样坐 5 小时。因此，在上学的 8 个小时之内，应该给他们别的事做，让他们忙个不停，保持身体健康。同样大小的教学楼，加里市的学校比其他地方学校的使用率高出一倍，通过这种方式，达到了必要的节俭目的。每幢教学楼供两个学校使用，一个从上午 8 点至下午 3 点，一个从上午 9 点至下午 4 点。每一个学校岔开时间轮流使用常规教室，余下的时间则用来做各种行业的工作，这就是加里市学校的独特之处。这种办法节省下来的足够的资金，正好用来装备车间，支付常规课程之外所设科目任课教师的薪酬，支付额外学期的薪酬。结果，加里市的人们用数额不大的税费办起了学校。这些学校安排了孩子们的时间，为孩子们提供了较多的学习设施，同时为社区的成年人奉献了夜校等特殊课程。目前，在加里市，使用学校教学楼的成人数量超过了孩子们的数量，当然，他们上学的时间要短得多。在每幢教学楼举办复校，每间教室通常要节省一半的费用，这样便得到
324 足够的资金，可以为孩子们在一天 8 小时内安排健康的活动，同时又使学校在晚上、假期和周日得以向成人开放。

每幢教学楼都配有体操馆、游泳池和操场，此外还配有体育老师，8 小时内负责照料学生。与别的功课一样，体育训练也是学校常规学习的一部分，除了每个学生的课程里规定的体育课外，学校每天开放操场 2 小时，学生只要喜欢都可以使用。学生不用跑到大街上去玩，相反，他们可以留在学校里，利用学校提供的玩耍机会。大部分体育训练都采用指导下的运动器械的方式。与许多别的地方一样，这里的实验表明，学生对于正规的小组锻炼并不怎么感兴趣，即便做了也是迫不得已，结果益处损失过半。因此，游泳池、网球场和器械基本上取代了体操训练。体育教师确保每个人都得到必要的特别锻炼，防止锻炼缺乏章法和缺乏效果。与此同时，除了获得适于自身需要的身体发展之外，每个孩子都有一个健康、愉快的玩耍之地，否则，他们也可以到户外去玩。

上学期间，加里市的学生要保证身体的健康，在其他方面也不能掉队。每个孩子都由一个医生来检查。由于功课的压力，如果学生身体不够健壮，解决的办法不是把他送回家，等到变得健壮以后再回到学校。相反，学校让这个学生留在

学校，让他上符合自己身体强度的课程，上课的时间削减到最小，大部分时间花在操场上或者体育馆里，按照医嘱做一些强健身体必要的活动。身体的成长与脑力的成长同等重要，关照孩子的身体，就像关照他在每个年级的学习进步一样。学校在这方面帮助很大：把自己变成了一个小小的社区，为一种正常的、自然的生活提供每一个机会。

学校每天开放 8 小时，年级教师仅上 6 小时课，体育指导要 8 小时在岗。8 325
小时的安排是：4 小时在常规教室或者实验室上课，1 小时在礼堂，1 小时“应用
课”或者玩耍；剩下的两小时，孩子们只要愿意，可以使用游戏设施，而且确实要
求使用。由于班级轮流上课，不用增加教师。这样，孩子们可以从专业上经过特
别训练的科任教师那里受益。每个学校把学生分为若干组，这里的班级比大部
分公立学校的小。上午的头两个小时，即 8:15 至 10:15，由一个学校使用教室、
工作室、车间、实验室，第一组头一个小时在背诵室，第二个小时在车间；第二组
则倒过来，从车间开始。另一个学校头一个小时使用操场，但不强迫出勤，第二
个小时一组去礼堂，另一组在留在操场上，系统地学习体操，或者上“应用课”。
然后，10:15，第一个学校的去礼堂操场上课，第二个学校的则到教室车间里呆两
小时。一至五年级每天在常规教室上两小时的课，内容包括语文、历史、文学、数
学。六至十二年级每天则要上 3 小时这样的课，多出来的那 1 小时从游戏和应
用课扣除。一至五年级要做 1 小时的科学实验或者在车间里做职业培训，30 分
钟上音乐课或者文学课，30 分钟上体育课。六至十二年级则要花整整两小时接
受职业培训、做科学实验或者上音乐课及绘画课。

根据班级和学校轮流上课的计划，通过用专业教师教授小班的方式，一个教
学楼接纳了比寻常多一倍的学生。除职业课的教师外，还有负责教授法语、德
语、历史、数学、文学、音乐、美术、自然、科学的教师。两个学校轮流使用教学楼，
节省下来的经费收到了额外的功效。每个年级的教室至少有 4 个班在使用，所 326
以孩子没有固定的课桌来存放自己的东西，但每个人都有一个衣物柜可以放书。
上完 1 小时课，又换教室。教师并不为任何一组学生负责，而是为自己的工作负
责；同样，学生也为自己负责。显然，这样的计划要求学生和教师具有一种真正
的合作精神，同时还要求有良好的管理。

沃特先生相信，正是因为缺乏这个，所以公立学校失去了加里市的学校正在利用的机会。从实用的目的来办好一个大型机构本身就是一项艰难的任务，沃

特先生感到，期望校长和视导员[①]一方面要贯彻教育计划，另一方面要经营，这使他们受到了极大的限制。他相信，校长或者视导员应该既是公司经理，又是学校或者城市的行政管理官员。学校的教育政策、计划、方法应该由不承担具体行政管理事务的专家来用心推行。不应该任命这些起督导作用的教育工作者去负责学区的工作，而应该任命他们去负责各个科目，并不时地把他们的办公室从一个学校搬到另一个学校。这样，他们才能实际接触自己所负责科目的所有工作，同时不会出现某个学校偏科的情况。视导员应在其办公室所在的学校担当一段时间的校长，全体视导员应为所有学校安排课程。加里市的学校太少，还不能完成这样的计划。不过，现有的机构显示了同样开阔的胸怀和愿望，要与学校里面的教师合作，包括新上任的助理和局长，都要实现他们所有工作的价值。

在纪律、社会生活、课程等方面，加里市的学校正尽其所能与教会和家庭合作，用好每一笔资金，发挥社区的作用，达到最佳的教育目的。就纪律方面而言，
327 学校是一个小社会，而且是一个民主社会，里面的功课安排良好，孩子们都想上学，因此没有必要让逃学查处官去打扰他们，或者摆出一副严厉的权威架势吓唬他们。一旦到了学校，他们感觉如同在家里一样，对学习怀着同样的兴趣和责任。每个孩子都知道别的孩子和别的班级在做什么，因为他们经常在衣帽间碰面，或者下课交换教室时在过道上碰面。学校礼堂、参观班级的制度，以及由学生维修和制作学校设备的做法，都是创造那种流行于学生中的精神的一些重要因素。每个学校都有一个由学生选举产生的学生委员会，专门维护全体学生的利益和教学楼的秩序。校医通过学校的印刷所、语文课、礼堂活动来展开卫生教育运动。孩子们对这些怀着浓厚的兴趣，干得很努力。结果，学龄前儿童中患传染病的百分比高于上学的儿童，尽管后者传染的几率应该比前者高。学校当局并没有简单地强制执行卫生法，而只是告诉孩子们什么是卫生法、为什么要制定卫生法、卫生法又怎样有助于降低传染病和各种疾病。上化学课和烹饪课时，教师教给学生关于病菌和生理学的足够知识，好让他们理解传染病和脏东西是什么意思。结果，孩子们自己采取各种措施预防疾病。班里的同学生病时，他们确保检疫得到强制执行，并通知校医。

这些学校用同样的方式展开了纯洁牛奶的运动。学生把家里的牛奶拿来做

① 视导员(supervisor)，是美国学区或者公立学校负责指导教师备课的人。——译者

化验，并且在发现污染物时监督家长采取措施。一场灭蝇运动一直在进行，而且得到孩子们的切实响应。在卫生问题上，这些学校不仅把自己当作整个社区的一个部分尽义务，而且充当了卫生委员会的助手，消除城里医生的偏见和恐惧； 328
在新移民居住社区，偏见和恐惧是很常见的，所以很难控制疾病，也很难去关照学校的孩子。一旦城市的医生得到孩子们的合作和谅解，处理学生所患的腺样增生或者眼疾就不是难事了。即便家长不明白，孩子们也明白为什么必须采取这些措施，而且他们会确保不让父母干涉，并让父母提供一些帮助。

在拥有外来人口的工业社区，公立学校面临的另一个困难是：在孩子们到达应该离校的法定年龄后，继续把他们留在学校。加里市的学校着手解决这个问题，就像解决公共卫生问题一样，但解决问题的方式不是靠制定更多的规则，不是靠强制措施，而是让孩子们提供帮助，把学校变成一个对每个人都明显有用的所在，从而让孩子们自愿留下来。加里市没有“中学”！学生从进幼儿园的那天起，到准备上大学或者进公司或者进工厂，都在同一幢教学楼里。上完八年级，学校不举行毕业典礼，也不颁发文凭。学生进入九年级后，课程就不同于过去的计划安排，否则无法让孩子相信可以满足自己的需求，也无法让他们相信从现在开始学到的不再是花里胡哨的奢侈玩意。老师并没有调换。教历史、语文、文学的，还是原来的老师；在车间里，学生学东西还是同样的，只不过现在是全面地学习罢了。学生并没有怀着恐惧去期待最后 4 年的学习（因为这通常是对无用的苦读的恐惧），相反，他们把它视为自己学校生活的继续，并且随着年龄的增长，一年比一年更加刻苦。尤其是，他们把这段时期看作是接受培训的机会，而且看到了培训的直接价值。学校用来说服学生留在学校的理由很实际，很有说服力，都是学生看得清楚的东西。学校的印刷所不时印一些公告，向学生及家长解释加里市的学校用普通教育和特殊培训的方式所提供的机会。公告提供有关不同 329
工作行业的就业统计信息，用数字向男女学生表示中学毕业生的相对职位和工资情况，以及那些 14 岁的离校生参加工作 1—2 年甚至 10 年后的相对职位和工资情况。公司会派人到学校给学生们讲解，宣讲公司为毕业生和非毕业生提供何种机会，以及公司为何需要受过更好教育的雇员。加里市的学校保存学生的学习情况统计，也向学生展示。通常在八年级和高中之间出现的那种突变，在这些学校里并不存在，因此，家长认为没有必要把孩子从学校领走。他们发现自己为了把孩子留在学校所做的牺牲，还可以再持续几年。如果孩子留在学校比离开学校更能学好一门手艺，如果孩子渴望留在学校，并且对于未来有着明确的计划，那么，即便是最贫穷的家长，也不愿意影响孩子的发展。众所周知，在大城市，学生 14 岁离校的比例是惊人的，普遍的理由是父母需要孩子在收入方面有所帮助，但真正的原因是学生本人对学校不感兴趣。对于“你为何离开学校”这个问题，孩子们几乎一成不变的回答是：“因为我不喜欢学校。”这个事实加上家庭贫穷，足以让他们一有机会便离开学校。给孩子提供有趣而有价值的活动，给他玩耍的机会，他就会迅速忘却对学校的厌恶感。

普通公立学校那种死板的运作方式往往会把学生推出学校，而不是留住他们。课程不适合学生，而且如果不打乱学校的整个组织，便无法让课程适应于学生。一个失败使学生在学习上受到挫折，他很快就会感到自己是否努力并不重要，因为学校机构运转的速度是一样的，并不会顾及学生的个体差异和学习差异。几乎可以肯定地说，这种不感兴趣或者厌恶感产生的原因是由于学生感到自己的学习无法引起别人的关注，感到他为之付出努力的机器根本没有受到什
330 么影响，机器的运转也不取决于他付出的努力。在加里市，学校组织的运转方式适合每一个孩子，而且足够灵活，即便是最困难的学生都不能打乱其运转。孩子们与学校共同进步。在前面的段落，我们解释过复校二部制运转的方式，以便个体可以在任何一个科目上多花时间或者少花时间，或者完全退出。身体差的学生，在操场上花的时间多一些；而算术或者地理差的孩子，两部的算术课和地理课，他都可以去上，甚至可以到低一年级去上课。同一幢教学楼里，数百名孩子都可以对学习计划进行同样的改变，而且不会影响井然有序的学校常规管理。如果一个学生在学习科目中有一科比其他科强，他可以到更高一年级去听这门课。对学校失去兴趣或者大部分学习落后的学生，或者一开始就嚷着要离开学校的学生，并不会因此受到降级的惩罚。他的任科教师会发现他擅长什么，然后给他大量的时间去做他擅长的事，让他在其中进步，这样便激发了他学习的兴趣。如果后来他醒悟过来，对学校常规课程产生兴趣，那就更好。学校会为他提供各种设施，让他的各科都赶上同年级的同学。如果这种觉悟没有出现，学校仍然将这个学生（无论男女）留在学校，直至学会一样东西——也许是一样最适合他能力的东西，而不是让他离开学校，也不让他每一科都留级，否则，他擅长的那种能力也将丧失殆尽，自我感觉完全失败。其结果，他既没有接受培训，也没有得到因成功而获得的那种道德激励。

331

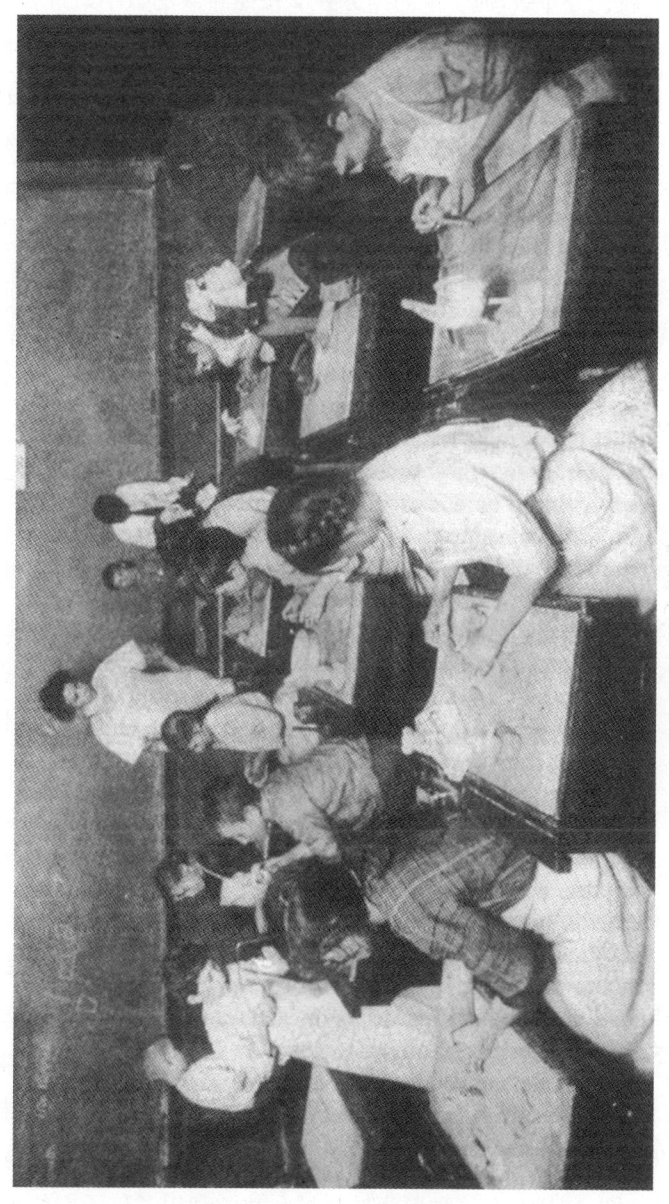

自始至终由专门的教师教授特殊的科目（印第安纳州加里市）

学校的课程计划每两个月调整一次。每逢调整时，学生可以全盘改变自己的计划，用不着非得把太难或者太易或者安排不恰当的科目痛苦地学半年。为了便于管理，学校仍分年级，但学生的划分并非按照年级的数字来进行，而是按照“快班”、“普通班”、“慢班”学习者来划分。快班的学生大约在16岁完成12年的学校教育，普通班的要到18岁，慢班的学生则要到20岁。这种分类没有描述
332 学业的质量。慢班学习者比快班学习者可能成为更缜密的学习者。这种分类不是为了区分学习者的能力，而是为了利用儿童自然生长的规律，使其学习与生长可以同步。快班的孩子尽可能快地从一个年级跨到另一个年级，而不是拖他的后腿，等他失去学习的动力。慢班的学生则不能拔苗助长。这种灵活的体系真的奏效吗？或者说，它只能产生松松垮垮、随随便便的教育吗？我们只要到这些学校去参观一番，便会发现：学生在刻苦地学习，每个人都为自己一天的活动负责。最终，我们确实信服了，因为孩子们很快乐，对学习也很感兴趣。此外，我们查阅了学校的记录，从教师和教育者的观点看，答案更加积极有利。在加里市所有年满13岁的学龄孩子中，57％在念七年级或者更高的年级。这个结果比大多数工业社区要好，这意味着加里市的学生绝大多数与准备上大学的普通学生一样，能够以同样的进度念完中学。更突出的一点，是从加里市的学校毕业后进入更高一级的学校或者大学的学生数字。在加里市的学校学了8年后毕业的学生，有三分之一目前在州立大学念书，比如工学院、商学院。如果我们回忆一下，加里市的人口主要由钢铁厂的工人构成，而且60％是外国移民，拿这个与国内通常招收移民第二代的学校的历史比较一下，我们便会知道，沃特先生多么成功地创建了一个满足学生需求的教育体系。当地的居民很喜欢这个教育体系，希望继续学习，接受教育，而不是仅仅满足于基本的教育。

这种变化背离了常规课程，而这种变化背后的动机一向都是社会性的。沃特坚信，如果恰当地强调学校的社会性目标，教学方法自然会跟上。公立学校必
333 须研究学生的需要和品质，必须研究社区的需要，以及社区为学校的福利所贡献的机会。我们看到儿童的体育生活和社区卫生如何融入学校的课程，这样，学校的课程变得更有意思，而且有利于社区居民。学校的学习与社区的其他利益和日常生活问题之间，同样存在这种紧密的联系。教学利用了孩子们的每一个社会本能，没有把每个年级孤立起来，也没有把年龄小的儿童与年龄大的分开，两者尽可能地组合在一起。低年级使用实验室和车间，但如果高中的学生不利用

同一幢教学楼里的实验室和车间来进行技术培训，低年级的这份奢侈是没有保证的。他们一开始上科学课和手工训练，就使用这些实验室和车间；而且在高年级同学使用的时候，他们还当助手或者观众。于是，四五年级的学生到车间、工作室、实验室去给七年级、八年级、九年级的学生当助手。

因为要关照低年级的同学，高年级的同学学会了责任与合作；而低年级的同学因为要当助手，要观察，要向高年级的同学提问，他们围绕有关科目所学的知识量是惊人的。高年级与低年级都会了解学校发生的事，由此产生了一种很好的伙伴关系。同时，低年级同学增加了学习兴趣，找到了留在学校的理由。只要可行，高年级学生的学习成果用到了低年级的教学里。绘画课上制作的地图和图表，用到了低一级的自然课或者地理课上。印刷所给全校制作拼写清单和问题清单。在卫生运动中，校医请上艺术和语文课的学生帮助制作招贴和宣传手册。学校的大厅里挂着各种展现学校活动的通知，挂着特别优秀有趣的绘画或者地图，还有关于各个车间都在制作什么的消息，或者是关于全校应该看到或者了解的事务信息。

另一个制造公共舆论的重要场所是学校礼堂。每个学生每天都要在里面活动1小时，有时候是合唱，有时候是聆听高年级介绍一个有趣的物理实验，或者 334
从烹饪的角度了解便宜的营养菜单，或者听校医谈谈学校如何才能改善社区的卫生条件。礼堂也供社区使用。市里的牧师、从政者，或者任何人，只要做了什么有趣的事，都可以到礼堂来跟孩子们说说。学校还邀请邻里的各种社会机构来做同样的事情。

应用课的目的是相同的。孩子们到最近的公共图书馆去查阅功课需要的参考资料，或者单纯去听“如何使用图书馆书籍”的课。他们也可能去附近的基督教青年会大楼，使用里面的体育馆或者听讲座；还可能去教堂，接受家长权威那种宗教方面的教导。学校是邻里街坊的社会交流中心。应用课在车间里或者操场上，都是具有应用价值的活动，目的是为了补充常规教学之不足。这样一来，算术课可能是在操场上给一座房子打地基，变成了一堂应用数学课，或者在学校的商店——布置得像一个杂货店——里呆1小时，练习心算和口算；或者通过扮演“角色”来练习语文。应用课也可以上成别的方式，比如给学校干点活。年龄大一些的学生，要是学了速记法和打字或者记账，就可以到校办帮助职员干1小时活儿。五年级的男孩就利用这个时间去看守学校仓库，负责全校的供给，清点教育局送来的物资，把物资分发到教师和看门人手里。学生在各车间学习的记录，由别的学生上应用课时完成。一个拿薪饷的记账员总管一个办公室，学生们把由车间教师填写的印刷单拿到办公室，把单子换算成学生在某项技能所花时间的学分。学生职员根据学生本周的成绩记录给出学分，并保留成绩记录。学
335 生还管理教学楼里的邮局，笔者就曾看见一个六年级的男孩在教学楼里分送工资支票和取收条。干这种活的孩子，不仅要学算术和记账，而且需要有相应的责任感和诚实感。他们重视学校的荣誉，对学校的福利有着广泛的意识。他们知道自己实实在在地代表着学校，就是学校的利益。

学校的午餐厅由烹饪部管理。埃默森学校（Emerson School）建校之初，装备有普通烹饪学校的那种桌子、独立的燃气炉、桌子和衣物柜。这一切后来变成了正规的餐桌，由学生招待来端送学生烹饪的饭菜。对同学们来说，这可是真正的午餐。学生到收银处付账。低年级的女生上烹饪课的方式是到高年级女生的烹饪课上去打下手，去观察。食谱由女生拟定，采购和记账也由女生完成。她们必须支出用度，按照化学部确定的标准来提供饭菜。她们把食品拿到化学部去进行分析，配备出比较有营养价值的午餐。结果是热腾腾的饭菜，既有营养又烧得好，价钱还非常便宜。每天的食谱都挂出来，上面有每一项目的价格及营养价值。午餐厅的墙上贴着招贴和显示食品相关营养价值的图表，有便宜餐和营养餐的食谱范例，也有不健康食品的展示。这一切均由烹饪学校的学生来提供和准备，这就是教育实验的结果。

在加里市的学校，公民道德并不是照本宣科。学生协助教学楼的维护，针对自己在各种公众场合的行为制定行为规则，到图书馆参观，聆听由建设加里市的人讲述加里市的故事。通过这些方式，他们学习公民道德。他们模仿竞选过程，并通过政党、学生会的初选、投票站、秘密投票等来学习公民道德。学生依靠自己的双手制作家具，铺设水泥路，了解成本是多少，所以不会去破坏道路或者家
336 具。由于他们有了这段经历，由于他们了解了自己提供和改进服务的价值，等他们成为纳税人时，便不大容易受骗上当。卫生运动、把学生带到城市社会机构的应用课、能够从中更多了解加里市的礼堂大课等，都给公民道德课增添了吸引力。学生用自己的眼睛来观察事物，通过做一个好公民来学习公民道德。

这种通过具体行动来体现公民道德的方式，有着双倍的巨大价值。这是因为，大量学生的父母是外国移民，他们对于自己所生活的这个城市的政府或者组

织一无所知，对身边的见闻也不理解，所以不了解政府或者组织能够提供的机会，也不了解其局限性。他们在法律上很无知，犯了法也不知道；对公共卫生也是一窍不通，结果危害了公共卫生；对社会资源毫无概念，有需求也不知道找谁。所以，他们自然怀疑政府，怀疑社会的权力。因此，非常重要的一点是：让他们的孩子拥有知识，以便作出更明智的判断。除了这个，学校还努力把美国的生活标准教给学生和学生家长。入学时，除了姓名、年龄、家庭住址，每个学生要把一些家庭情况的信息提供给学校，包括人口状况、经济情况以及住宅的性质等。登记的材料由学校保管，如果学生从所在学区转出，材料也跟着转走。年级的每个老师负责分管学区内一定数量的街区，由他们把街区的图形画下来。孩子们制作高比例地图，上面标有街道、路灯、邮箱、每幢房屋、仓库或者棚子的位置，还有空地的位置。如果实际发生了变化，地图也要做相应调整。每个孩子丈量家里的房间，把丈量结果拿到学校，然后把自己家的楼层平面图画出来。这些图形与老师的区域地图一块保存。这样，老师就有了一幅有关辖区的完整地图，也清楚了辖区内每个孩子的家在哪里。只要把这些拿去与家庭状况登记材料进行比较，要弄清楚某个家庭是否居住在很差的道德及卫生环境之中就十分简单了。

每个老师负责的街区很小，所以对其了如指掌，而且尽可能认识居住在街区 337
内的孩子。假定家境差是由无知或者贫穷所致，老师会想办法解决，并确保这个家庭学会如何依靠自力更生来改善状况。假定状况极为糟糕，就由街区的其他孩子去把公共舆论调动起来。有时候大礼堂的课就用来展示这些地图，指出街区里和街道上哪些地方好、哪些地方差。孩子们总是把有关的新闻带回给父母，就像租金和住宿条件可以自由讨论一样，这些报告也是采取措施的基础。学校鼓励家长到学校来了解信息，不止一次，有一些刚来的家庭按照同样的租金从过分拥挤的破屋搬到舒适的公寓。这是因为，家长通过孩子才了解到，他们恶劣的居住区是不应该存在的。由于学校做这项工作是为了提供帮助，因此，学生和家长都理所当然地把这项工作当作学校正规课程的一部分来接受。学校给家长提供关于改善条件、卫生、房屋大小及舒适程度、租金等方面的信息。如果一个街区很差，学校就会把附近条件更好而租金不变的好街区展现给他们。这样，学校不仅教授关于良好的公民道德和社会条件的理论，而且还为孩子们提供真实的事实和真实的状况，以便他们能够明白问题出在哪里，以及如何才能改进。

加里市的学校尽可能地利用社区的资源，把社区作为教育实验的贡献者。

因此，学校以直接的结果作出了良好的回报，这还不包括在提供有效明智的公民教育方面作出的更大回报。加里市的条件并不理想。这里的学校也不如其他同等大小的城市那么有钱可供支配，这里的教师在任何别的城镇都能够找到，大部分学生的家庭未给孩子提供任何训练，而且父母还在为适应全新的环境而进行自我调整。可是，这些学校做了大量的工作，显示了良好的经营管理，而且用一种经济的方式来使用纳税人的钱，以便为年轻的一代提供尽可能多的设施，让他
338 们有益地使用自己的时间。学校教学楼和操场展现了这个学校系统的有效运行。敏捷而快乐的学生、学生历年的成绩统计、学生毕业后的职业生涯等更加令人鼓舞，这是因为，任何公立学校都拥有取得这一切成就所依赖的资源。

8.

学校作为一个社会街坊文教馆[①]

全国的学校都发现,振兴学校教育最直接的方式就是与当地的福利和行业 339
建立更紧密的关系。在美国的学校教育史上,曾有一段时期致力于建立整齐划一的教学内容、教学方法和管理模式,这样必然忽略了具有地方环境特征的一切方面;但如果要关照这一点,则又意味着偏离一致性。时间上久远、空间上遥远和性质上抽象的事物,最容易变得整齐划一,然后按剂量分发给大量的儿童。不幸的是,经常出现这样的结果:本来的目的是想用一模一样的教育弹药去击中所有的孩子,可是却没有一个孩子受到真正的触动。于是,把学校的教学与学生的经历有机结合起来的尝试应运而生,学校调整教学内容,以满足当地生活的特殊需求,以适应当地生活的具体状况。

学校与周围邻里街坊的环境紧密联系,这种做法不仅丰富了学校的教学,强化了学生的学习动力,而且增加了学校对社区的服务。如果一个学校的教学不能影响街坊的人们,它便不能利用街坊的活动来进行教学。譬如到当地去做调查研究,为改善当地的状况作贡献,并通过这些方式来学习公民道德,学生肯定能影响当地的生活,而从课本上泛泛而谈所学到的公民道德就不大可能具有应用价值。反过来,社区也看到学校给当地产生的功效,并认识到学校为社区的福祉所提供的服务并不遥远,并非要等到学生长大成人才会出现,而是作为常规的日常教育课程之一部分。"学校为民主而存在,为有利于公民权利而存在"这句

① 街坊文教馆(Settlement),指美国为城市等贫民区居民提供教育、娱乐等社会服务的团体或者场所,又译街坊文教团。——译者

340 话变成了一个显而易见的事实，而不再是一句空话。一个社区，如果看到自己的学校在公民活动中所起的重要作用，就会以延长使用其设施（如加里市的情形）的方式，或者需要时以劳动、金钱或者物资的方式来提供支持与援助，回报学校。

印第安纳波利斯公立26中的校长，正在进行一项与众不同的实验，以便把他的设施变成一个真正的学校。也就是说，在这个学校里，街坊的孩子在经济及社会方面都变得健康、快乐、能干；而且，孩子和家长都将直接看到教学与社区生活的联系。瓦伦丁（Valentine）先生的学校坐落在该市一个贫穷拥挤的区域，这里居住的全是有色人种，学校里的学生都是有色人种。这个学校并不是解决“种族问题”的一个尝试，也不是仅仅适合于有色人种的实验。学校的一切完全符合任何类似区域的实际，即学生的家庭资源有限，周围环境恶劣。参观这所学校的人们在离开之际，无不期望我国所有的大城市都开始这种尝试——在任何一个社区，要唤醒人们的社会觉悟，必须开始这种尝试。譬如说，如果他们要想为社区的最大利益作贡献，就必须学会如何谋生，学会为了自己和邻居如何在工作时间和闲暇时间使用资源。瓦伦丁先生的学校是一所为有色人种的孩子开办的学校，但这仅仅是指学校的教学安排与街坊的条件相关而已。这修正了特定学童的需求。然而，这个实验的成功，意味着为解决“种族问题”和任何移民聚居区的特殊问题真正朝前迈出了一步。瓦伦丁先生的兴趣并不在对这些要点进行理论阐述，而在于弥合学生家庭生活的鸿沟，给学生机会去为更美好的未来做准备，为学生提供许多健康的工作和娱乐，确保学校的教学在改善街坊条件方面作出迅速的反应。

341 的确，瓦伦丁先生的学校只是一个社会街坊文教馆，但却比一般的街坊文教馆更具有确定无疑的优点；因为这个文教馆每天要在学区内居住的所有孩子的身上发挥数小时的作用，而大多数文教馆在孩子们身上一周才零星地产生几个小时的作用。学校比大多数文教馆的影响大，因为学校是一个公共的机构，使用这个机构的人付出了自己的那一份，因此感到自己与学校是一种经济的关系，而不是一个慈善问题。由于这种经济关系，学校才能够真正地传授社会福利的知识。无论是哪一种街坊文教馆，倘使应用它的人们感觉自己接受的东西没有付钱，感觉为他们解决问题的人在财政上比自己好，那么，工作总会受到阻碍。可是，如果通过学区的公立学校来为社区提供用于特殊学习和娱乐的设施，而社区又缺乏这样的设施，那么，工作的基础便不一样了。学校就是本地区居民的财产，人们感到多少应该为学校里的事负责。从某种程度上说，一个学校所开展的任何广泛的活动都是街坊居民的事。所以，只要能够利用这个学校的房屋来满足自己的需求就好。

瓦伦丁先生的学校周围的街坊是印第安纳波利斯最贫穷的，一度无法无天，秩序混乱，恶名远扬。多年来，这个学校艰难挣扎，无论是作为整体的社区，还是作为个体的家长，对学校的支持均微不足道，或者毫无支持。逃学率很高，每年有大量的学生被送上少年法庭。孩子们总体上对学习没有兴趣，极端无序的情况乃是家常便饭。有一个学生因为受到应得的处罚，企图用杀猪刀向老师报复。在另一个案件中，为了给邻里的居民一个教训，法庭不得不逮捕一个男孩的父亲。除了这种敌对的情绪和厌学的态度外，学校还得与恶劣的周围环境抗争，结果只得采取措施，把学校的教学楼与居民的房屋隔开。最终，教育局买下了学校教学楼周围的大片土地和木制的廉租房。最初有人建议把这些旧建筑拆掉，但后来当局被说服，把旧建筑交给了学校使用。学校无意中拥有了一个大操场和 342
三幢条件糟糕的经济廉租房。教育局作出规定，增加的这部分财产一旦购买，操场一旦清理完毕，便不再叫市里掏钱，而且决定把这些建筑用作社会和工业目的。其中一幢由学生和感兴趣的邻居布置成了手艺训练大楼，大楼里有一个木工车间、一个缝纫车间、一个上制鞋课的房间。每个年级每周都花固定的时间去学手工，而且放学后有机会进其他的手工班。这种学习直接而且实用，所以其吸引力从未间断，同时学习的安排也符合学生个体的需求。

木工车间全天开放，既有供男生上的班，又有供女生上的班。学生只要有空，随时可以去车间，很自由。学习并不局限于训练孩子使用工具，每个学生制作自己需要或者想要的东西，即真正对自己有用的东西。教师通过学生手里做的一件活儿来教学生制作过程和使用工具。这是在学校完成的所有手工课程的基础。由于制作方法对学生今后有用，教学并不忽视未来生活的目标；但是，对于孩子或者学校而言，使用的材料总是具有一些直接的价值。男生制作了学校教学楼里需要的一些东西，比如桌子、柜子和书架，还维修教学楼；他们通过这些活动，学习了木工活。女生学习缝纫的方式是为自己和兄弟姐妹做衣服，为学校做窗帘、台布。她们学习烹饪的方式是给学校及其邻居的午餐烹饪热汤，为全班同学烹饪全套午餐。女生除了烹饪和缝纫班以外，还可以进女帽制作和钩编工艺班。开设这两个班是从商业角度来考虑的，是为了教会女生做一些能够挣

343 点儿钱的活儿。在女帽制作班，学生从给自己制作并装饰帽子入手，学习制作女帽的不同工艺。班上的女生，谁的手艺最好，就允许她从朋友和邻居那里承接订单，为别人制作并装饰帽子。除了材料的成本之外，购买的人另外支付数目极小的加工费，这笔钱进入学校的金库。女帽制作班与街坊邻里做了相当数量的生意，生产了一些非常好看的帽子。钩编工艺是作为一个行当来教的，任何想挣点钱的女生都有机会学习如何钩编网眼织物、桌上的小垫和各种钩编件，比如头巾等，这些都将出售。女孩们一边学，一边编织一些自用或者家用的东西。

男生的学习也是按同样的方式来安排的。除了学习木工和维修之外，还有男子烹饪班、补鞋班和裁缝店。男生比女生更欢迎烹饪课。补鞋店在学生放学后也办班，男生在这里学习修补自己的鞋。专业的鞋匠就是教师，修补必须做得很利落。男生从补自己的旧鞋开始，等技术有了进步，就获准从家里带鞋来修补，或者为女生和低年级的男生补鞋，不过，要收一点费用。裁缝店的管理同样根据学校的计划来进行，目的是让学生做一些活儿，教学生养成个人整洁和勤奋的习惯。干完这些活，学生可以掌握一些技术，学会使用工具。这个班的教师是一位裁缝，男生学习缝补自己的衣服，学习如何擦洗衣服上的污迹，学习如何把衣服熨平。出勤完全是自愿的，这个班要等放学后才上课。在懂得如何保持整洁之后，班上男生的外表和习惯有了显著的改善。这不仅影响了整个学校，而且影响了街坊邻里。对于教师提出的干净整洁的要求，男生不再觉得反感，因为他们已经意识到了这些习惯的好处。

344 烹饪班和家政班设在学校接管的一幢未经修缮的经济廉租大楼内，不过，烹饪设备由市里提供。修整大楼的其他工作，譬如清洁、粉刷、修缮、配备家具、装潢等，则由学生完成；而且，费用也由学生支付。不过，也得到使用大楼的社区各家俱乐部的帮助。大楼里有一个很大的烹饪操作间，还有一个餐厅、一个起居室、两个卧室，充当样板。女生不仅学习烹饪真正的饭菜，而且学习如何伺候进餐，然后还要照料样板间。家政班的上课内容包括采买，比较食品的价格和质量、食物的化学成分及营养价值，以及大量的烹饪。家政班的学习与厨房结合起来进行。一组女生需要在厨房学习足够长的时间。她们配食谱，搞采购，炖出靓汤。汤可以卖给学生和街坊邻居，3 分钱一碗。她们把所有的账目都记下来，所挣的钱不仅支付了成本，而且能够有所盈余，供学校使用。一年下来，她们赚取的利润足够支付示范间配备家具的大部分费用。除了教会学生彻底、轻松地做家务外，样板间还有一个目的，就是提供一个范例，告诉人们通过何种办法把本地区的常规经济廉租房变得舒适、迷人，而所花的费用并不比大部分居民装饰家庭所付出的多。家具非常简单，价格很低，但很结实，单色调，容易保洁。粉刷和糊墙纸都由学生来做，所有的窗帘和台布由缝纫班制作，家具的木料则来源于包装箱。廉租楼里面的房间，除了用来上课，还用作学校女生社交中心的场所。

矗立在操场上的第三幢大楼由学校当局买下来，如今成了男生俱乐部。大楼里有一间健身房、两间活动室，还有一间淋浴房。学校购进时，大楼的状况很差，需要维修；可学校没有钱，也没有多少木料。但是，学校的男孩子们想有一个俱乐部，房子交给他们时也没有完工，可他们并没有因此而感到灰心丧气。他们 345
自己动手，开始修缮，就像过去在手艺训练和家政大楼所做的一样。他们在手艺训练课老师的指导下，撕掉破旧的墙纸，扒掉残败的灰浆，拆下高低不平的地板，拆除房间隔断，然后铺地板，上漆，重新装门，修窗户，制作家具和体操器械。有些活儿，他们不会干，例如糊灰泥、修管道，就去找朋友请求出钱或者帮忙。住在学校附近的水管工和泥水匠都跑来学校贡献他们的时间和手艺，帮助男生们把大楼弄得妥妥帖帖，另一些朋友则拿出足够的钱帮助完成了工作。街坊邻里中的男人们挖了一条很长的沟，一直穿过学校，与排污管连接起来。他们逐步增加了体育器材和简单的淋浴设施，而房屋的打扫和保持清洁继续给学生提供了从事有益活动的机会。

前面提到，学校对附近地区家庭所产生的反射性影响是很明显的。当地教育局购买这块地时曾打算拆掉这三幢经济廉租楼，但瓦伦丁先生看到了机会，他认为可以为社区带来他们需要的东西，还可以唤起家长和学生之间的合作互利精神。可他说服教育局把这些大楼交给学校时，此地的风气却是互不信任、相互敌对。他告诉学生们，可以用大楼来做什么，请他们助他一臂之力。他立刻得到了热烈的响应，然后他跟随孩子们来到这个地区，向家长们进行宣传，并寻求帮助。改装第一幢大楼——手艺训练车间——时，他去找家长帮忙，得到了他们慷慨的回应；后来又要家长为男生俱乐部提供帮助，也得到了同样慷慨的回应。社区的技术人士贡献了时间和物资，此外，社区还捐献了350美金，这对于贫穷的居民来说绝不是一个小数目。社区居民和男孩子们特别渴望在里面学习，而且为了得到学习的机会，愿意以金钱和务工的方式来偿还。这证明了大楼里所做工作的价值，也证明了在改变大楼面貌时，男孩们所接受的培训的价值。虽然让

346 学校和当地做如此巨大的奉献无疑是一种痛苦，但给学校和社区带来的利益却因此变得更大。改造大楼的工作改变了学校与学生的关系。孩子们现在喜欢上学，可在过去，他们是在逃学监督官的威逼之下上学的，如今他们在学校的表现大有进步。家长同样改变了态度。他们不仅督促孩子上学，而且希望孩子上学，因为他们很感谢学校给了孩子自立所需要的东西；此外，家长也明白了一个道理：如果要让孩子在学习上成功，自己也应该承担起一份责任。通过本地区越来越多的公民参与及社会活动，学校促进了社区精神的提高。随着出勤率的上升和纪律的改善，按照在校学生的比例计算，被移交少年法庭的案件数量下降了一半。与此同时，这些工作的教育价值无疑大于车间和厨房工作的实用价值。

学校正通过明确的工作来唤起学生对社区和街坊邻里的责任感。其中一项重要的内容就是，学校要尽量给学生自由和责任。学校要求高年级的每个学生关照一个低年级的学生。在操场上，他们要确保领头的学生保持游戏的公平性，确保自己表现良好。他们要确保年龄小的同学上学时干净整洁，必要时自己要为他们洗补衣服。这项工作特别成功，因为它革除了大孩子以大欺小的恶习，唤起了他们个人的自豪感和责任感。年龄小的同学比过去受到更好的照料，而且有许多机会向年龄大的和高年级的同学学习。学校还鼓励高年级同学想方设法帮助开展各种校外活动。为使夜班的学生都能到校学习，他们分头访问，或者打电话，写纸条；他们还遵守学校的规定，使男生俱乐部保持有序的气氛。学校提
348 出一项政策，要公开讨论本地区的贫穷问题，敦促学生尽可能自立并挣钱帮助父母，对此，所有教师都表示赞同。每个年级都对它的成员挣钱的数目及方式做了记录，账上数额最大的年级会感到这一年取得的成绩很有价值。

学校里设有一个储蓄银行，其目的是要学生养成节俭的习惯。学生们在该银行存钱的数额不限，哪怕是 1 分钱也可以存。存钱的学生会得到一个存折，上面贴着表示存款数量的邮票，而钱则保存在市里的一家储蓄银行。学校还有一个图书分馆，教会学生如何利用图书馆。一部分操场变成了学校的园子，高年级的每个学生都在这里分到一小块园地，还得到一个操作指南，使他能成功地种植一些常见的水果和花卉。这项活动设计得很实用，学生经营的园子颇具使用价值，而且还有观赏价值，仿佛是他们自己家的后院一样。学校还在社区发起了一个建设家庭花园的运动，宣传工作主要由在学校有园子的学生来做，他们告诉建园子的人该栽种什么，并提供实际的帮助；他们先用自己的园子来做实验，等到

347

(1) 男生比女生更喜欢烹调
(2) 学生自己修鞋,学习补鞋(印第安纳波利斯公立 26 中)

经验比较成熟后再去指导别人。通过这些方式，教师们努力把全校学生变成胸怀抱负且富有责任心的公民。学生在学校里学到了比家里更高的生活标准，还学会了一些手艺和操作步骤，这些将至少开辟他们通向繁荣生活的道路。此外，学校还唤起了他们对整个社区福祉的责任感。

所有这一切都是作为学校正规教学的一部分内容来完成的，而且在很大程度上，是在正规上学的时间里完成的。但是，还有许多别的活动，尽管没有直接对孩子的教育作出贡献，但对于整个社区的福祉却是很重要的。学校为社区里那些想继续学习的人们办了一个夜校，车间同时用作教室。一些对夜校特别感兴趣的人，组成了一个促进夜校兴趣的俱乐部；该俱乐部让社区的人们知道，夜
349 校为他们提供了一个在就业、知识及使用英语方面完善自己的机会。俱乐部的成员居住在学校附近，并对学校和社区的需求有足够的敏感性。为了让本地区的居民了解学校为社区的福利做了什么以及能做什么，他们刻苦工作，兢兢业业。结果，人们对夜校的要求越来越多。除了设法使夜校的学生人数不减少以外，俱乐部还为学校的福利做了很多工作，譬如为改造大楼筹款，赠送学校一个昂贵的留声机。俱乐部由居住在本地区的人们组成，他们的孩子使用学校的设施，他们本人也许正在上夜校。当我们想一想这些，就会认识到，作为一个社会中心，这个学校是办得很成功的；而且，建设这样的中学是十分必要的。

学校还在夏季为附近的孩子开设了一个暑期班。暑期班上一点课，而大量的时间是在操场上和车间里度过的。学校的校友会很活跃，时常用学校的大楼搞社交活动，而且追踪毕业生情况。家长俱乐部也办了起来，它帮助学校取得家长对学校工作的合作，并作为了解街坊邻里需求的一个途径。通过各年级在一年中邀请家长出席茶会，家长与学校的联系变得更加紧密。每个年级每年都在家政班的教室为学生的母亲举办一次茶会。孩子们在家政课上学习茶道，在语文课上学习写请柬。教师也利用这些茶会的机会做家访，认识学生的母亲。教师如果了解每个学生的家庭环境，知道学生的优缺点，就能为适应学生而调整自己的教学。对于那些贫穷、操劳过度的母亲，这样的社交聚会简直就是一个重大的事件。

通过学校生活，学生获得了教育的机会，也获得了社交的机会。学校男生俱乐部的大楼几乎每晚都向当地的男生俱乐部开放，其中有些是学校的组织，有些则是独立的组织。有些房间可供男孩子们开会、玩游戏，还有一个设施完美的体

育馆。教师轮流去照料晚上的聚会。相对于大楼的接待能力来说，来的人是比 350
较多的。给男孩子们提供一个地方，搞一些健康的活动，这极大地有助于戒除男孩子在街上游荡、拉帮结伙的恶习，而这一点过去在本地区司空见惯。女孩子们利用家政教室来进行社交活动。两个营火少女团[①]分会在大楼里举办常规会议，并向教师寻求咨询。每一个家政班都致力于教会女孩子如何过一种舒适而自尊的生活，以及如何做家务。因此，它成为女孩子们的社交中心。女孩子学习烹饪既可口又便宜的食品，而且学习如何伺餐。然后，她们一块坐下来，享用自己烧的饭菜。她们对老师讲自己的问题，也对同学讲，相互提供许多实际的帮助。家政班的教师帮助那些掌握一些烹饪手艺的女孩子找到课后临工，使她们能够自助，而自助就是助家。教师还帮助毕业生找到稳定的工作，与她们保持联系，鼓励她们继续为了更好的工作做准备。

这个学校街坊文教馆工作取得的成功表明，学校是街坊的一个天然而顺理成章的社交中心。与其他地区相比，这里的教师与学生和家长的接触更紧密更自然。

这里的经济社会生活标准如此低下，以至于居民都不是特别出色的公民。这样的地区存在着将学校与地区街坊文教馆融合在一起的经济需求。使用同一群建筑物来达到两者目的，通过这种方式，学校与街坊文教馆的设施都得到了扩展。与大部分街坊文教馆相比，该街坊文教馆所使用的车间和教室更大更好。学校将这些房间用于社交用途，参与社交活动，把自己变成了一个社区。学校与一个区域内几乎所有的家庭都接触，结果它比过去更容易发挥社区的作用。然而，比这些需求更重要的，是一些源于下列事实的意义深远的结果。这个事实就是：该校的街坊文教馆是一个民主的社区，它真实地反映了社区的情况。

用校舍举办任何活动，无论是通常一天上八节课，还是为社区提供各种机会 351
而举办活动（这是加里市的学校和瓦伦丁先生的学校正在做的事），社区的人们感到，他们为了自己的目的使用公共设施，而这些设施是他们以纳税的方式付了钱的。他们要的是看得见、摸得着的结果。随着地区公立学校校舍的增加，随着

---

① 营火少女团（Camp Fire Girls），于 1910 年建立，参加者为 7—18 岁的少女，旨在促进少女锻炼身体、培养良好品德及发展互助精神。——译者

家庭生活变得更加富裕和充实，公民的环境更加完善。由于这些学校从名称到事实都是公立的机构，对于学校是否切实满足了自己的需求，人们心中是有数的；而且，他们也愿意努力，使学校名副其实。学校街坊文教馆具备为明确的目标去努力的所有优点，也具备与作为一个机构的社区开展讲求实际合作的所有优点。尽管瓦伦丁先生的学校由于缺乏资金，受到一些限制，以及学校做的某些特殊的工作仅仅适合某个特定的地方人群，但是，从学校与家长的关系以及从学生对学校的态度来看，街坊邻里所发生的变化表明，当公立学校不再是一个孤立的学术机构的时候，它在街坊邻里具有何等的分量。

为了从生理上、智力上和社交上满足社区孩子们的特定需要，加里市的学校和瓦伦丁先生的学校对学校实施了彻底重组。这两种学校都期待着更高的社会理想，都期待着这样一种社区，在那里，公民将富裕而独立，没有贫困交加的人群，只有良好的公民。尽管实现这个目标必须首先改变社会环境，但是，这些学校相信，他们提供的这种教育是一条自然且最有保障的途径，有助于改变社会环境。只有从小就教会人们清晰地思考，自己管理自己，才是保护人们不受剥削的最佳方式。

许多学校都在做类似的工作，把社区的活动当作丰富课程的手段，把校舍用
352 作街坊中心。前面描述过的芝加哥公立学校，其市民俱乐部就在致力于实现同样的目标：怀着改善社区的愿望，为了学生在社区的生活，更好地使用知识来武装学生。伊利诺伊州里弗赛德市木屋学校的学生都来自富裕的家庭，学校开设了一个类似的俱乐部，俱乐部对于学生很宝贵，对社区也有实际的用途。该校由学生组成一个市民联盟，以学校为单位，负责城市里某些街道的环境。学生不仅打扫卫生，而且努力让全市都来关心街道环境的问题。建立在政治组织基础上的模拟选举和“自我管理”，就是该校努力满足培养良好公民道德需求的例证。把校舍用作社交中心，这就是承认必须进行社会变革，承认社区有责任帮助实现变革。

扩大校舍用途的这种尝试，与其说是为了培训年轻人，使他们能够担当起改善自己状态的重任，倒不如说是为了给街坊邻里一些自身缺乏而又唾手可得的娱乐、交往和提高的机会。用学校校舍来举行这些活动，既顺理成章，又方便可行。每个社区都有权期望并要求公立学校尽可能广泛地满足社区的用途，因为公立学校是用公共财政来支撑的，是为公共目标服务的。教育社会化

的尝试获得了如此大的成功，而且受到学生如此热烈的欢迎；结果，这些尝试作为教育工具的价值得到了确立。因此，让社区的人们真正参与到以学校为中心的各项活动中来，并使用学校的设备，这是一条最保险的途径。通过这条途径，可以使他们具有更加明智的公共精神，更加关注正确教育这片土地上的青年。

9.

工业与教育的重新调整

353 一切教育改革的主要目的都是为了重新调整现行学校机构及其方法，使其适应社会和知识环境的总体变化。与人类的其他机构一样，学校也有其惯性，也倾向于继续做过去留下来的事情，而不顾及目前的需求。现行教育中，有许多内容和方法可以追溯到今天已经不复存在的社会环境之中。由于传统和习惯，它们保留了下来。我们的教育机构尤其如此，因为其占主导地位的理想和观念都是在过去确立的，而那时的生产方式与今天的生产方式迥然相异。在这些理想和观念产生的时代，劳动的地位远不如今天这么重要；而今，几乎所有的政治和社会事务都与经济问题联系在一起。在这些理想和观念形成的时代，科学与物质的生产、分销运作之间不存在积极的联系；但在今天，制造业、铁路、输电及所有提供日常生活服务的机构体现了如此多的应用科学。经济变化使人们相互依存的关系更加紧密，而且强化了相互服务的观念。这些政治上、智力上和道德上的变化，把与劳动教育有关的问题变成了美国当今公立教育中最重要的问题。

我们今天使用的“学校”（school）这个词源于希腊语，本来的意思是闲暇（*Leisure*），这其实已经暗示了业已发生的本质的变化。诚然，无论在哪一个时代，教育都意味着从不得不谋生的压力下解脱出来。年轻人接受教育的时候，应该多少是由他人来养活的。他们绝不应该受到为物质生存而挣扎的冲击。与反
354 对使用童工同时采取的措施，是向全国所有的受监护人提供公立学校的设施。学生必须有闲暇接受学校的教育，而决不能拖着疲乏的身体来学习。此外，如要在学习中运用想象力、思维和情感，必然要求头脑排除谋生之虞。如果要实现真正的博雅（Liberal）教育，或者说自由教育，就必须有一个悠闲的氛围。

在这些方面，今天与过去以闲暇观念来命名学校的时代是一样的。但是，曾几何时，人们以为在有闲阶级和劳动阶级之间有一条永恒的分界线。至少在基础阶段之后的教育只是为前者提供的，其教学内容和教学方法是给那些不必为生计奔波的富裕之辈设计的。附着在体力劳动之上的污名是异常明显的。在贵族和封建的国度里，这种体力活由奴隶或者农奴来承担，社会地位的低劣感附属于这些阶级，这自然会引起人们去鄙视他们的工作。社会提供给他们的培训只是一种顺从教育，但博雅教育针对的是自由人，而自由人是上流社会的一员，不必为了安身立命或者养家糊口而去从事体力劳动。反对劳动最后演变为反对一切需要用手去完成的活动。除非是为了消遣或者战争，一个“绅士”是不会动手的，也不会让手去接受技巧训练。动手是为了做有益于别人的工作，而为别人提供个人服务，那是一种在社会和政治上处于依附地位的标志。

说起来似乎很奇怪，然而当时有关知识和心智这些观念本身确实受到了社会贵族秩序的影响。一般说来，身体尤其是手和感官用得越少，智力活动的等级就越高。能够产生真知识的真思想完全是在头脑中进行的，而根本无须躯体的参与。所以，只有那些极少运用躯体活动的学科，才叫博雅教育。从顺序上，首
先出现的是哲学、神学、数学、逻辑学等纯粹脑力的东西，接下来的是文学、语言、 355
语法、修辞学等等。即使我们称之为艺术的东西，也要降一个等级，因为要在绘画、雕塑、建筑方面达到成功，必须受到技术和手工方面的训练。只有音乐不受到鄙视，部分原因在于声乐不需要训练手，部分原因在于音乐是一种奉献。此外，教育应当训练人们去欣赏艺术，而不是去制造艺术。

产生这些观念和理想的政治及工业条件早已消退，但这些观念和理想却一直留在教育的理论和实践之中。一切与文化和文化教育有关的概念，基本上都诞生于有闲阶级理所当然比劳动阶级优越得多的时代。优雅、教养、审美情趣、古典文学知识、精通外国语专门科学等都被看作是有文化的标志，就像他们有闲暇、有大量财富的标志一样。这些知识只能通过“纯脑力”的手段来学习，而不必诉诸实践。即使需要高深学识的职业，比如神学、法学、医学（在较小的程度上），这种观念也被纳入高等教育的范围，因为给别人提供服务时，动手的程度远不如其他工种那么大。与博雅教育相比，职业教育受到鄙视，因为其目标是为了给别人提供服务。在很长一段时间里，医学处在一种中等的和受人怀疑的地位上，原因就在于医学要求个人去关注他人的身体需要。

人们反对把自然科学纳入高等教育，不仅是因为保守派害怕引入自然科学会改变现成的制度，而且因为这些科学强调运用感官（感官是身体器官），强调运用物质的设备以及运用操作所需的手工技能。甚至数学界人士也赞同文学界人士的观点，认为自然科学肯定比类似地质学、代数、微积分这样的科学知识缺少
356 文化，而后三种知识可以用更为纯粹的脑力的方式来进行研究。即便由于社会变迁所带来的进步，把越来越多有用的学问放进了课程设置，学问的文化价值的等级思想依然故我。与管理家务、制造物品、农业种植相比，由于银行和商业这样的行业涉及较少的体力活动，也较少直接为别人提供个人服务，因此学习后者至少比学习前者更加“斯文”一些。甚至现在还有许多人把脑力活动与这种观念联系在一起。

最先是小学教育打破了这个思想秩序。随着 18 世纪民主思想的传播，诞生了一种思想，即教育既是上流社会的特权，又是芸芸众生的需求和权利。在阅读卢梭和裴斯泰洛齐著作的时候，接受了普及教育民主思想的美国大学生不大可能注意到，他们关于所有人的教育发展是一种社会必然的概念，甚至比他们所主张的特定方法更具有革命性。可是，情况的确如此。甚至连约翰·洛克这样具有启蒙思想和自由主义的人，在撰写关于教育的文章时也提到绅士教育。他认为，劳动阶级的培训应该是极为不同的一种教育。有一种思想认为，社会所有成员的能力都是可以发展的，社会依赖这种发展，依赖其成员能够确保自己得到这种发展。那时候，民主革命如火如荼，而这种思想正是这场革命的第一个伟大的知识标志。值得注意的是，卢梭出生在瑞士，在他写作的时期，民主政治的思想盛行于法国；而裴斯泰洛齐不仅生来是个瑞士人，而且就在那个共和国进行自己的事业。

为了发展为大众服务的公立小学，教育必然强调课程的实际用处；尽管如此，公立学校的课程和方法在发展过程中依然深受有闲阶级教育遗存思想的影
357 响。由于小学教育面向的是大众，因此被当作是一种必要的政治和经济让步，而不是一个严肃的教育事业。在有用的课程与为少数人提供的以纯粹文化为目标的高等教育之间，划出了一条严格的界线。教授读、写、算，即“三要素”，是因为它们有用。个人需要读、写、算，以便能够自食其力，能够更好地“发迹”，最终能够在变化了的商业条件之下提供更好的经济服务。人们理所当然地认为，一旦掌握了这些工具的实际用途，大量的学生就可以离开学校。

对于许多学生而言，初等教育仍然是一种实际的社会需要，而不是一种内在的教育措施。最好的证据就是，绝大多数学生大约读到五年级便离开学校，而这个时候，学生只掌握了读、写、算的初级技巧。有社会影响的人反对在“三要素”之外开设任何别的课程(也许地理和历史除外)，而且出现了一种倾向，即把别的东西视为“花哨的摆设和新奇的时尚”。这些都证明人们如何看待初等学校教育。只有富裕的人，才允许学习文学、科学、艺术等更充实更广泛的文化，而大众在教育上的发展，却只限于学习使用一些成为有技能工人所必要的工具。在物质的生产及销售环境发生了变化的情况下，初等教育取代了古老的师徒制，这一点尽管人们通常不承认，实际却可以这么说。从根本的意义上说，人们从未把后者视为教育；前者也只是在部分内容上算是纯粹的教育事业。

文学和“智力”教育占主导的陈旧理想之中，有些部分已经侵入并俘虏了新兴的小学教育。对小部分可能继续接受更高一级教育——文化教育——的学生而言，读、写、算只是学习的工具，是获取知识不可或缺的工具。他们都关心语
言，也就是事实和思想的**符号**。这个事实深刻地揭示了关于学习和知识的流行 358
观念。知识是由别人已然发现的现成材料构成的，掌握语言就是掌握了进入这个知识仓库的手段。学习就是从这个现成的仓库里去取一些东西，而不是靠自己去发现什么。教育改革者可能会继续攻击灌输式的教学方法和被动接受的学习方法，但是，只要关于知识性质的这些观念还在流行，他们便不可能取得任何进展。把心智活动与用于直接观察的感官活动分开，以及与用于建设和操控的手的活动分开，就会使教学内容变得很学究气，离现实很远，迫使学生被动地学习教科书和教师传授的东西。

长期以来，对于美国人而言，在学校的书本学习与更直接、更重要的校外生活学习之间，存在着天然的劳动分工。我们不能夸大我们的先辈在一般生活追求的历程中花了多少时间来进行智力训练和道德训练。他们忙于征服新的土地，首要的是勤奋；而且拓荒者的环境与众不同，要求他们具有首创精神，需要心灵手巧，要有勇气。人们主要是为自己干活，倘使要为他人干活，心中想的也是尽快成为自己事业的主人。虽然旧世界君主国家的公民对政府的行为并不负责，但我们的先辈却致力于尝试管理自己的政府。他们参与管理自己所理解的公民事务和公共事务。生产那时还没有集中在拥挤的中心城市的工厂里，而是分散在农村。市场就在当地，而不是遥远的地方。制造的方式还是名副其实的

手工，用的是当地的水利电力；生产并不是由大机器来完成的，而一旦用了大机器，“手”就变成了附属的东西。日常生活的各行各业都要求有想象力，对天然材料及制作方法要具备丰富的知识。

随着儿童们长大，他们要么直接从事，要么紧密接触着纺织、漂白、染色、制
359 衣、木材加工、皮革、锯木、木工、金属制造、蜡烛制造等。他们不仅目睹播种与收割，而且熟悉村里的磨坊，熟悉如何给牲口备料。这些就在他们身边，制作过程全都是公开的，可以观察到的。他们知道东西从何处来，是如何制作的，又往何处去；他们通过自己的观察来了解这些东西。他们参与有用的活动，从中获得训练。

尽管他们有太多繁重的劳动，但除了解各种材料和制作方法之外，还需要刺激他们的想象力，还需要训练独立判断的能力。在这种情况下，学校只得把重点放到书本上，放到教学生如何使用书本上。在大多数社区，书本是一种稀有品和奢侈品，是走进村子以外的伟大世界的唯一手段。尤其在这种时候，书本及其使用方法更是学校的重点。

然而，条件发生了变化，但学校的教学内容及教学方法却没有改变，没有与时俱进。人口转向中心城市。生产变成了大众的事，且是在大工厂里进行，而不再是家庭作坊的玩意儿。蒸汽和电气运输的增长，为远方的市场甚至为世界市场生产产品，这已变为现实。工业不再是当地和街坊邻居关心的事。通过复杂的劳动分工而产生的体系，使制造变成各式各样互相分离的过程。即使是某一特定产业的工人，也鲜有机会去认识全部生产过程，局外人实际上只能看见原材料和成品。机器的作用依赖于复杂的事实和自然的原则，除非接受过特殊的知识训练，工人对于这些是认识不了的。与过去的手工业者不一样，开机器的工人盲目地服从别人的智力，而不是服从自己关于材料、工具和制作方法的知识。随
360 着拓荒环境消逝的，还有那几乎每个人都期望未来能够掌控自己生意的岁月。芸芸众生的想法只是为了薪酬，要永远为别人工作；除此之外，他们没有其他奢望。财富的不平等现象越来越严重，结果对童工的需求给正统的大众教育造成了急切的威胁。另一方面，富家子弟则失去了源于家庭义务的道德训练和实际训练。对于大部分人而言，在令人厌恶的童工与丧失道德的儿童游手好闲之间，特别在大城市里，没有什么选择的余地。称职的当局所做的调查显示，在人口集中的中心，儿童玩耍的机会很是缺乏，大部分儿童甚至不能把空余时间用来开展

健康的娱乐活动。

当然，这些调查并没有提到目前的社会环境与我国的早期学校设施所适应的社会环境之间的差别。不过，调查指出，如果要使教育与当代社会生活保持有机的联系，就必须对教育进行一些明显的改革，唯有如此，才能产生一种旨在塑造有能力、有自尊的社会成员的教育。随着变化的出现，印刷品的价格锐减，销售印刷品的商店设施剧增。调查如果没有注意到这些情况，那就更加不完整了。图书馆数量不少，书籍繁多，而且便宜，杂志、报纸随处可见。结果，学校不再像过去那样与书籍和书本知识保持特殊的联系了。校外的环境尽管失去了很多原有的教育特色，却为阅读内容和阅读兴趣提供了巨大的营养。我们不再需要或者不再期望学校专门致力于这方面的教学，但却比过去更需要学校注意培养学生读书的兴趣，引导学生阅读有知识价值的东西。

尽管纯粹学习语言符号的使用和养成阅读习惯这一重要性已非昔日可比， 361
但运用的能力及其习惯这一问题却变得更加重要。学习使用书本的内容，意味着学校要唤起学生的兴趣和疑问，使他们无论在校内还是校外都去寻找历史、科学、传记和文学的各种内容；而且，文学应该是具有内在价值的那一种，不要浪费时间去看泛滥成灾的垃圾文学。学校如果不去培养学生对内容怀着浓厚而关键的兴趣，而是去关注语言的形式，便绝对不可能做到这一点。教育理论家和学校当局投入更多的时间，去直接关注语言和文学。他们企图通过这种方式来改正许多年轻人毕业时所养成的种种可悲的阅读习惯，但这是一项得不偿失的任务。扩大知识视野，唤醒问题意识，才能确保有益地使用书籍和杂志，因为当代环境给我们提出了问题。如果阅读书籍本身变成了目的，那么，只有高度专业的一小部分人才会去看真正有用的书。如果人们对社会事务怀着兴趣，有一种敏感，那么所有具备这种感觉的人自然就会转向能够培养那种兴趣的书籍，诚如去关注他们感觉有必要关注的其他东西一样。

我们认为，要适应目前的环境，教育必须进行重新调整，而调整的普遍问题从劳动的角度才看得最清楚。以上便是这种观点的部分理据。就内容而言，可以总结为三个一般的道德原则。第一，每个人都应该能够从事自尊、自立、**理智的**工作，每个人都应该自己谋生并养活家人，而且应该明智地认可自己谋生的方式，对做好自己的工作怀着明智的兴趣，这一点从未像今天这么重要。第二，个人的工作从未像现在这样在如此广泛的范围内影响别人的福利。

现代商品生产与交换的条件，把全世界变成了一个前所未有的世界。今天的
362 一场战争可以导致距离战场数千英里之外的银行关闭、贸易瘫痪。这不过是用简略而夸张的手法来展示一种相互依存的关系。这种相互依存性正悄悄地、持续地影响着文明世界的每一个地方，影响着每一个农民、工人和商人的活动。结果，出现了一种前所未有的要求，即我们判断和评价学校所有教学内容的方式，应该取决于教学内容对社会活动网络所产生的影响，而这个社会活动的网络把人们捆绑到了一块。过去，人们生活在相互没有多少关系的小团体之中，那时仅仅以追求知识理论为目标的教育所造成的危害相对较小。因为人是孤立的，知识可能也是孤立的。但是，今天脱离知识的社会意义去单纯地积累知识，则比没有知识更糟糕。学习各种技术却又不知道如何运用于社会，这应该受到谴责。第三，今天，工业方法和过程在很大程度上要比过去更多地依赖自然科学和社会科学的事实和法律的知识。我们的铁路、蒸汽船、牵引车、电报、电话、工厂、农场，甚至普通家用电器，它们的存在都取决于我们对复杂的数学、物理学、化学和生物学的深刻理解。它们最终的最佳用途又取决于我们对社会生活中种种事实和关系的理解。工人大众只要不想变成自己所操作机器上的无名螺丝钉和齿轮，就必须对自己所处理的材料、器具背后的物理事实及社会事实有所了解。

这样一说，问题似乎可能变得太大、太复杂，以致无法解决。不过，我们必须记住，我们正在应对的是一个重新调整的问题，不是一个原创的问题。重新调整要逐步进行，要经过很长的时间才能完成。现在主要的问题是要启动，而且要朝着正确的方向启动。于是，各种业已采取的实验性步骤就变得极其重要了。而且，我们必须牢记：通过重新调整带来的变化，关键不是积累更多的知识，而是要
363 形成某些看待事物和处理事务的态度、兴趣和方法。如果说教育的重新调整意味着学生必须对涉及日常生活方方面面的全部科学和社会内容都有所意识，那么，问题是绝对无法解决的。但是，在现实中，完成改革就意味着要在目前条件下减少对纯粹知识的强调。

我们的目标是：让学生养成一种习惯，能够把所学的有限知识与生活活动联系起来；让学生具备一种能力，能够把有限的人类活动与成功的处理方式所依赖的科学原则结合起来。这样所形成的态度和兴趣自然会发挥作用。如果把算术或者地理视为与社会活动和社会运用毫不相干的科目，那么，教学的目的便只能

是死记硬背所有的内容。只要做不到这一点，就是学习中的缺陷。但是，如果我们教育工作者关心的是让学生认识到他们所学的数字和地理知识与重要的社会活动息息相关，那么，这样的教学就不会有什么缺陷。问题已不再是单纯的数量，而是学习的动机和目的。问题不是让学生去完成一个无法完成的任务——了解数的知识的所有社会用途，而是设法让学生明白，自己在数的知识方面所前进的每一步都与人类的需求及活动联系在一起，从而看到所学知识的意义和应用的方法。任何开始学习数字的儿童，都会有一些涉及数字的经验。教他的时候，把算术与他已体验过的这些日常社会活动联系起来，教学社会化的问题便迎刃而解。

教育的劳动阶段当然已经来到，这是因为，这些社会经历涉及劳动方面。这并不意味着学生的算术学习将变得很功利很粗俗，或者从金钱及其得失的角度来看待所有的问题。相反，这意味着将把金钱的因素降低到恰当的位置，意味着将把重点放到有关金钱、重量、形式、大小、测量、数量等知识在开展生活活动的 364
作用之上。重新调整教育，使之适应目前的社会环境，目的不是要用挣钱谋生来取代获取知识，并把它作为教育的目标；而是要武装男女学生，使他们毕业时能够明智地进行自己所从事的活动。不过，这种智慧的一部分要去处理面包和黄油在当代生活中所占的位置，这是不可或缺的。有些人认识不到这一点，因为他们有意无意地沉浸在贵族社会的知识偏见之中。但是，首要而根本的问题不是培养个体去从事特定的行业，而是要让他们明白：如果不想做社会寄生虫，那么，对于自己必须从事的行业就应该怀着极大而真诚的兴趣，并且应该了解那个行业社会的及科学的意义。教育的目标不是要培养谋生的人。但是，既然芸芸众生一般需要谋生自立，就必须明智地操持家务、照料孩子、管理农场和商店，以及在劳动至伟的民主社会中明智地从事政治事务。

因此，重新调整教育的问题就是要在两个极端之间前行，一个极端是古老的书本教育，另一个极端是狭窄的所谓实用教育。有人嚷着要保留传统的教学内容和教学方法，其理由因为它们本身就是自由的、文化的，这样口头说说倒是很容易。有人敦促要为那些假定会在现行经济体制内砍柴挑水的人①增加狭隘的

---

① 原文“drawers of water and hewers of wood”（挑水砍柴的人），典出基督教《圣经·约书亚记》。应为“hewers of wood and drawers of water”，指“做苦工的人”。——译者

职业培训，这也相对容易办到；但却没有触及现行的书呆子型的教育，而这种教育是为那些不必在家里、商店或者农场从事体力劳动的幸运儿服务的。可是，既然真正的问题在于对一切教育进行重组，以适应伴随工业革命而在科学、社会、政治上发生了变化的生活环境，那些致力于这个更加广阔目标的实验就尤其值得人们怀着同情去承认，带着智慧去审视。

10. 借助劳动的教育

为了让孩子们明智地参与生活中的一切活动，包括谋生这样的重要活动，我 365
国的一些城市进行了教育实验。这些实验给正在开展的劳动教育改革提供了重
要的范例。我们选择其中一些城市来进行描述，包括加里、芝加哥、辛辛那提。
本书没有关注那些专门为学生提供一个专业领域知识教育而设计的学校或者课
程，也就是为一个特定的企业或者职业培训人员的那种学校。诚然，迄今为止，
我国在劳动教育方面所进行的大部分实验，都把街坊邻里中最大的技工企业所
提供的材料用作教学内容的基础，因此也为其中一个或者更多的行业培训了学
生。不过，只要实验是源于对教育和社区的福祉怀着真诚的兴趣，至于实验在哪
里实施，并不是本书关注的问题。教师的兴趣并不在于任何企业的福利，而在于
社区年轻人的福利。在一个社区，如果物质的繁荣几乎完全归功于一至两个企
业，那么，显然社区个人的福利与这些企业有着非常密切的关系。于是，这些企
业成为培训的内容，而且是其中绝对功利之部分。通过这种方式，最容易达到教
育的目的——培养孩子们最明智地运用自己的能力，最明智地利用环境。普通
公立学校的教育问题不在于为一个行业培训工人，而在于利用儿童的整个环境，
给他们的学习提供动机和意义。

在加里市，这一点比任何其他地方都进行得彻底。沃特局长对儿童肌肉及
感官训练的价值深信不疑；为了达到这个目的，他没有安排人为的练习，相反地， 366
他让孩子们做的事正是他们的父母做的事，要求他们运用肌肉的技巧和精细的
协调性，以及在日常生活活动中良好的协作精神。加里市的每个孩子，不分男生
女生，上学的时候眼前有装备良好的车间；一旦到了足够的年龄，他们可以在里

面尽自己的能力去管理教学楼，维持秩序。除了一个没有高中生的学校，所有学校都有一个午餐厅供女生学习烹饪，有一个缝纫间供女生学习制衣，此外还有一间印刷所，有木工、电工、机器、模具、锻造、浇铸等车间。男女学生只要想学，都可以在里面学习制作他们每天在身边见到的大多数东西。学校还有油漆部、金工间、记账班、速记班。科学试验室则有助于孩子们理解在自己所生活的世界中发挥作用的原理和过程。

通过运行前面所描述的“复校二部制”，装备及运行这些车间的资金通常是从一般规模学校的财政预算里节省下来的；此外，学校通常用于维修的费用和支付给承包商的费用也节省下来，花到了这些车间上，并用来支付在车间里教学的熟练工的工资。与那些仅在暑期才维修教学楼的学校相比，这里的教学楼维修得更好，因为只要有什么地方需要维修，在需要维修工种的车间里面学习的学生就会在教师的指导下完成维修。无论从哪个角度，都不应该把这些车间视为毫无必要的奢侈品，因为使用这些车间的还有专门从事某一类工作的中学生和上职业课的夜校和暑期学校。在谈到这个计划的成功之处时，学校的管理人员说：“当你提供了一个校舍，孩子们一天 8 小时可以在里面过一种完整的生活，在里面工作、学习、玩耍，允许孩子们到车间里，在训练有素的男女教师的指导帮助
368 下，担当起操作设备和维修校舍的职责。这样，在没有增加纳税人额外花费的情况下，我们为每个孩子提供了一个学会劳动和经商的学校。”

一到三年级每天花 1 小时做手艺训练和绘画，这些都是以简单的手工课的形式进行的，而且不在车间里上，而是由接受过专业培训的教师在特别装备的房间里授课。学生们绘画，刷油漆，做泥塑，缝纫和做简单的木工活。四到八年级花在手艺训练和绘画上的时间要多一倍。年龄小的孩子可以到车间去做帮手和观察员，而且去的时间与他们去科学实验室一样多，对理论和操作步骤的学习与高年级的差不多。美术和较为简单形式的手工继续保留，以专门训练控制能力和从独立处理问题中获得方法。由于年龄小的孩子特别热爱创造，所以继续学习美术和手工，直到他们长到一定的年龄，能够选择去哪个车间做老师的徒弟。六年级的孩子在年龄和体力上都有资格开始实际从事修理和维护教学楼的工作，因此，他们不再做观察员和帮手，而成为真正的工人。分发学校的物资、保持学校记录、照料园地等，都由这个年级的学生在校办或者植物实验室的指导下完成，而且这些工作和油漆或者修电灯一样，构成了一门车间学习的课程。学校的

367

学习铸造，制造学校的设备（印第安纳州加里市）

热力电厂也是学生的实验室。由于他们要做很多与维持电厂运行有关的工作，所以用完全符合实际的方式在厂里学习供暖和照明的原理。

学校的工业课和科学课一年只占三分之一的时间，然后是为期5周的更短的试听课程。学生根据教师的建议，选择自己要上的劳动课。如果第5周结束时，他们不喜欢这门课，可以换课，一年可以换两次。通过这种方式，劳动学习就不会失去教育的性质，不会单纯变成让少年工人来维修学校的方式。一个学年
369 学三门劳动课，只能让学生肤浅地了解其中任何一种工作的理论和操作步骤。不过原本应该如此，因为学生学习这些课程并不是为了成为木匠、电工、裁缝等，而是为了解世界上的工作是如何做的。他们从一门课转向另一门课，按照自己年龄阶段的理解力去学习劳动的理论，同时也保障了全面的肌肉和感官训练。把成长中的孩子在太长的时间内局限于同一种肌肉活动，对其身心两方面都是有害的。为了保持生长发育，他做的活动要能够锻炼其全身，要能提出新的问题；要教给他新的东西，培养他的推理能力和判断能力。任何体力劳动，一旦完全掌握，习惯成自然，便失去了教育意义。

在加里市，刚刚从东欧农业地区来到美国的移民孩子，与受过良好教育的美国人的孩子一样，有机会为一个职业做准备，换句话说，有机会真正了解自己适应新环境的各种能力。从他进入公立学校的第一天开始，不论是上日托所、幼儿园或者是一年级，他就来到了这样一些人的中间，他们致力于让他实事求是地看待事物，教他如何做事。在日托所，他玩的游戏教会他如何控制身体；在他得到悉心照料的过程中，他不知不觉地学会了一些个人卫生和合理生活的原则。等到他进了幼儿园，身体训练活动继续进行，以便让他生长中的身体做出有用和准确的动作。在一到三年级，教学的重点是教他读、写，并为学习书本的理论知识奠定一个良好的基础。他身体的成长则在操场上进行，他每天在操场上活动两个小时，做一些有助于他整个身体自然发育的活动，玩一些游戏，好让他满足游戏的欲望。与此同时，他迈出了更加具体的职业培训的最初步子，这种培训涉及
370 生活中实际谋生的一面。他学习摆弄处在文明基础层面的材料，很像原始人使用这类材料的方式，因为这种方式适合他所能达到的技能和理解的程度。他在小的手织布机上织一块粗布，用泥土做盘子或者他熟悉的其他东西，用芦苇或者酒椰编篮子，用铅笔或者油彩笔画一些好玩又好看的东西，使用针线缝制一个包或者围裙。所有这些活动都是教会他制作物品的最初步骤，而这些物品都是我

们生活中所必需的。织布和缝纫让他了解衣服是如何制成的，泥塑和绘画给他的学习带来了一些艺术特色，为他提供了一种表达自我的必要方法，同时又让他明白，生活中即便最简单的东西也可以变得美丽。

到了四年级，学生不再制作孤立的东西，因为制作的价值完全在于过程，而东西的价值仅仅在于引起孩子的兴趣。不过，无论他拥有什么样的艺术天赋，他仍然有时间去培养，仍然可以通过音乐和艺术来熏陶他天性中的审美品质。但是，余下的手工进一步转向了职业培训。现在，手工课的时间全部用来对某一工种或者企业进行集中的有用的学习。此时，学生对游戏不那么感兴趣了，所以玩耍的时间比过去减少，而花更多的时间去搞制作。女生到制衣部，从为自己制作衣服的生产者的角度学习缝纫。由于她还小，不能长时间做一项难做的活儿，所以开始的两年只当帮手、做观察，听七八年级或者九年级的理论课，帮助他们干活。女生可以从一开始就选制衣课，等 3 个月结束时换到其他部，比如到学校午餐厅帮厨并了解健康食物，以及食品化学的知识，为期 3 个月。或者，如果她喜欢绘画，可以把时间都用到某个车间，培养自己那方面的才华。

男生用同样的方式选择到某一个车间去学 3 个月。在木工车间，他要等到 371
足够大的年龄才能为自己制作一些教学楼里需要的简单物件。如果他选择去铸造车间，就有机会帮着钉马掌，或者帮助大一些的男生浇铸课桌的铁腿。通过这种方式，他了解到原来铁这么广泛地用于最常见的物品。到了五六年级，几乎所有的男生都至少选一门仓库保管课程。他们和看门人一道去学校的仓库，手里拿着物资清单，开包检查来自学校各车间及校外的物资。如果学校需要用这些东西，他们便根据办公室的要求分发物资并记账。他们学习实际记账，并在仓库学习期间，承担有效管理物资供应部的责任。由于他们了解所有物资的成本价，学会了保管和分发物资的方法，于是对一个城市支出税收的方法和商店经营的一般方法会有一个清楚的了解。男女生都要学习关于记账及办公室管理的初级课程。他们到所谓学校银行，记录学校所有学生在车间学习的情况。

学生在毕业之前，已在学校各种车间完成了一定学时的学习，结果令人满意。为了满足每个学生的需要，学分的多少并非仅仅取决于某一门课为期 3 个月的考勤，而是由教师根据学生完成一件活所花的时间给出学分。工作的进度是标准化的，以确保所有学生得到比较公平的训练。学得慢的学生也得按工作完成情况来确定学分，而不论他花了多少时间。学得快的学生即便超过中等学生，他的学分也将根据他做的所有工作来计算。一定量的"标准小时"可以换算成"1 个学分"，然后学生据此获得一个学分证书。等拿到 8 个这样的证书，他便
372 完成了加里市的学校毕业所要求的职业培训学习。所有与保管这些学分证书记录有关的工作，由学生在一个高年级学生的指导下完成。

从七年级开始，学生就成了各车间富有责任心的学习者。如果一个学生知道自己读完八年级便要离开学校，那么，他从现在起就要开始专门学习一个行业的工作。如果他希望做一个印刷工，可以到学校的印刷所去学一年。如果他觉得办公室的工作能吸引自己，可以把所有的劳动课时间都投入到记账部。女生则担负午餐厅的工作，为食谱做所有营销和策划工作，而且还做记账工作。缝纫课包括制衣业越来越复杂的东西。女生学习画纸样，学设计，许多人还选修女帽课。办公室管理的课程现在有了扩展，增加了速记、打字和操作方法。艺术课也拓宽了，增加了设计和金工。这些年级的劳动学习与职业部的中学学习没有区别，除了随着学生长大，他自然会倾向于选择将成为他终身职业的工作进行学习。职业部门的功课与学术部门的功课处于完全同等的地位。学校采取一个宽松的态度，即认为一个打算上大学的孩子需要在大学学几年，想当木工或者油漆工的学生就在学校里呆几年。结果，有极高比例的学生升入高等学校学习。

在大城市，劳动阶层的子女一般认为，只有那些想当老师的人才需要在 14 岁以后继续上学，至于离开学校去工厂还是商店并没有什么区别。但是，在加里市，新生从上学的第一天起，便看见毕业班的男女生还在学习如何干活，可他原本以为大概要等自己最终参加了工作才会去学习。他明白了：这些学生在车间里比自己的优势大得多，今后挣钱更多，工作的层次更高，做得也更好。通过学
373 校车间里上的理论课，他对自己所选行业的机会和可能性有了总体的了解，而且更接近教学目的的是，他知道这个行业还需要更多地学习哪些东西。他熟悉这个行业工人的情况，知道不同技术等级的工资情况，以及额外的培训可以把一个人提高到什么地步。对自己想从事的行业，他掌握了全面的信息，也有自己的展望。因此相对而言，加里的学生离开学校的非常之少，而且那些不得已离开的又回来上夜校或者周日班，这就一点也不奇怪了。

在加里市的一个学校上完 4 年中学的学生，无论是否继续上大学，都很清楚自己学习的目的。如果今后想坐办公室，他便围绕这个目标来选择该学习什么课程，甚至也许在拿到语法等级证书之前就已经决定了。但是，他不会仅

仅因为已经学会办公室工作的基本内容而走什么捷径。只要能够开阔眼界，他什么都愿意做。当然，他学的东西有打字、速记、记账、会计、整理文件等，他还需要在语文、语法、拼写等方面有足够的实践，才能把工作做好。此外，他还需要学习历史、地理、科学，这样他才会觉得学习有意思，并具备一般知识的背景，而一般知识将丰富他的一生。准备上大学的学生则学习入学考试必需的功课，同时也上很多手工课，但大部分中学不要求高考的学生花时间上这种课。用脑子工作的人了解工厂的工人是如何从事生产的，这很有价值。同样，让后者了解自己所操作机器的图案是如何画出来的，了解控制工厂电力供应的原理，也很有价值。在加里市，学习在任何意义上说都是职业教育。离开学校之前，学生有机会了解众多职业中任何一个职业的具体工作步骤。但是，从入学的第一天起，他就一直在学习如何在现实社会环境中从事劳动的动机和原则。因此，无论今后他做什么，那都将真正成为一种职业、一种生活的事业，而不是拿钱干活的例行公事。

这里的学习都富有成效，这极大地提高了学生训练的价值。所有的车间都 374
是加里市这所学校的制造厂，学校办公室变成了学习管理的实验室。在学习制衣的过程中，女孩子制作了自己需要的衣服；在学习烹饪的过程中，她们为自己也为他人烹调午餐。科学实验室用车间里的工作来说明理论。化学课程变成了食品的化学，植物学和动物学包含了料理学校的园子和动物等内容。绘画课增加了设计以及房屋装修，或者为金工车间制作模具。算术课解决木工班的问题，语文课强调学生在印刷所里工作必须了解的东西：通常，有释义、拼写、标点符号。与把所有时间都扑在书上的做法相比，这种合作更有效地发挥了作用。对大多数人而言，现实世界是一个真实的世界，可是当看清观念的世界与行动的世界之间的联系之后，观念世界变得极其有趣。由于学习名副其实，所以，为了贯彻满足学生个体需求的教育政策，学校不断为学生提供机会。前面已描述过，不论是职业部还是普通文化课部，都按照快、慢、中来分班，这使学生可以在准备好的情况下再去学习，而不用被推着走，也不给同学拖后腿。慢班同学与快班同学学到的东西是一样的，学得快的同学不会因为学的东西不足而得过且过。但是，如果由于任何原因，一个学生不适合这种分班的常规课程，学校也不会强迫他相信这个学校没有他的位置。因为身体的原因不适合坐在课桌前学习的孩子也来学校上学，但其所有的时间都是在户外度过的，由一个老师来帮助他变得健壮起来。

同样，复校二部制使算术弱的孩子赶上来，而又不会在其他科目上退步。他就跟着两个年级听算术课。在车间，差生在一个项目上学的时间更长，但由于他
375 的进步并不与全班的进步捆绑在一起，所以没有什么关系。对待那些认为自己厌恶上学的学生，或者因为太笨无法继续上学的学生，其方式并不是威胁和惩罚。他的老师会理所当然地认为，一定是课程计划的针对性不好，所以会主动帮助他修改学习计划。

对于毫无理由便匆忙退学的孩子，如果想回来，学校也允许，并让他把时间花在自己喜欢的事情上。通过这种方式，学校经常赢得学生的赞许，因为学生在自己喜欢的车间或者艺术工作室干了几个月后，发现自己需要更多的书本知识才能继续工作下去，于是要求回到原来的年级学习。学校为了应对大批移民学生而采取的方式更有效。这类新生集中学习语文、阅读、写作，一直到能够进入与其年龄自然匹配的年级为止。对于只希望经过学校短期学习便去工作的学生，如果他需要什么就安排他去听什么课，而且不问年龄和年级。教学楼周围的工作，如果不能在车间或者部门负责人指导下由学生完成，也不用从外面雇帮手来干，而是把工作交给两种学生来完成：一种是对这项工作感兴趣的，另一种是准备离开学校的。对于这种工作，学生只做几个月，等到在这里已经没有什么可学，或者在外面找到了更好的工作，工作便会停止。学生助手得到的报酬略低于在外面工作所挣的，但这个计划常常有助于学生继续接受学校的影响和教育，否则为了挣钱，他也许在结束技工培训之后马上离开学校。

加里市很幸运，能够建立这种全面的教育体系；并在其所辖的学校以一种近乎完整的形式，让这个体系运转起来。这个城市实际上是从一片荒沙丘上突然冒出来的，发展得很迅速，很快就变成了一个繁荣昌盛的城市。也有许多城市越来越强烈地认识到，必须把学校的课程与学生的生活更紧密地结合起来，给孩子们提供生活的一般培训和生活的世界观，等他们长大成人以后，这样的生活将适
377 合他们在世界中的位置。近来，芝加哥公立学校在一些教学楼引入了职业教学，职业中学除了行业培训外，也开设职业课程。当然，一幢大楼的车间，如果中学和公立学校各年级都不去使用，要求像加里市那样装备复杂的设备，这是不现实的。芝加哥市二十几所学校的教学楼都配备了上科学课所用的实验室、木工车间、烹饪间和缝纫间。这些学校都有一个园子，学生可以学习如何搞实用的城市

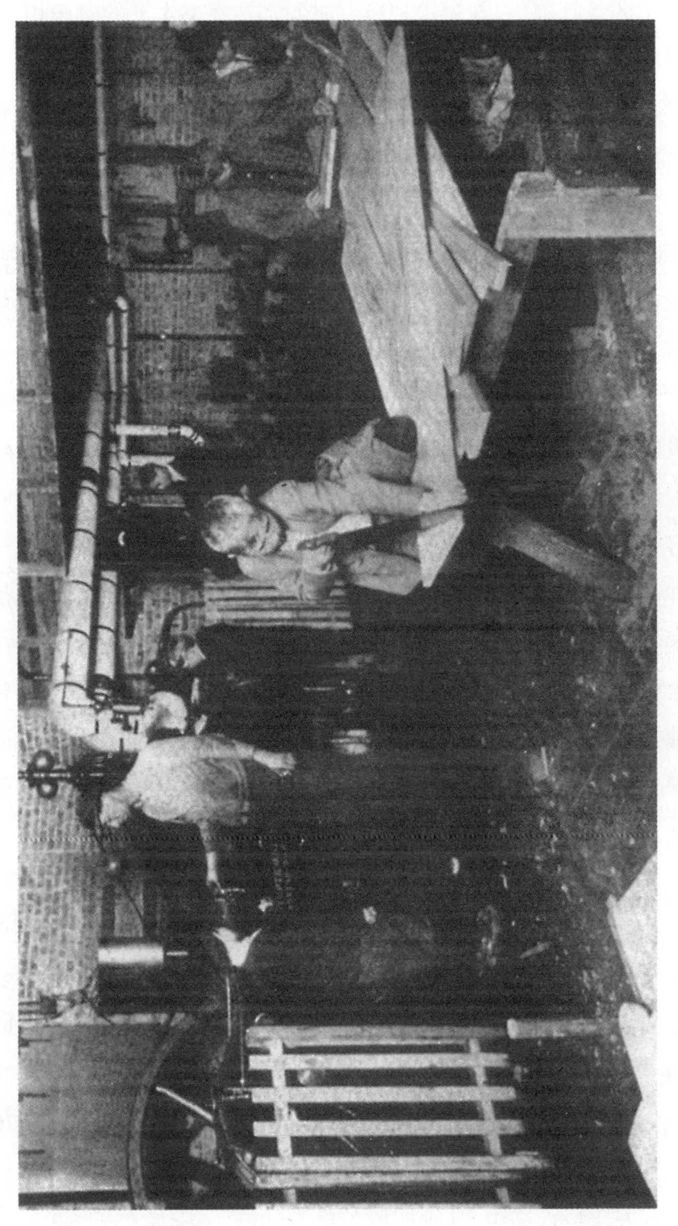

从五年级起，在实践车间进行实物操作（印第安纳州加里市）

376

园艺。学生手艺训练的时间从四分之一到二分之一不等，但不像市里的其他学校那样只占八分之一。这二十几所学校在其他方面仍然遵循常规课程。改革前就在学校工作的教师确信，与过去把所有时间都花在书本上的时候相比，学生读书一样多，但由于动手课程激发了学习动机，学生的学习比过去更好。

这些学校开设的课程并非整齐划一，但大部分学校为男生开设了机械制图、纸样制作、金工、木工、印刷等课程，为女生开设了缝纫、织布、烹饪、女帽制作、洗衣、家政课程。男女生都开设有设计、陶艺、装帧、园艺课程。为满足街坊的需求，各校的课程略有不同。大楼的资源状况不同，也因地制宜。不过，在同一所学校里，所有学生的课程都是相同的。因此，学生从其中一所学校的八年级毕业的时候，对两至三个行业的原理和操作步骤已经有了初步的了解。这些特定的动手课程，加上音乐、艺术等常规课程，再加上缝纫、织布和陶艺等基础训练，构成了低年级的学习内容。这些训练的目标，是让孩子能够理解那些满足人的日
378 常需求的工作内容，从而弄清自己社区生活的方方面面。教会学生了解并熟悉一些技工行业，目的并不是为了把他们限制在街坊上的企业里。

在这种学习中，用于学习科学基础的实验室发挥了极大的作用。学生通过实验室来学习理解现代工业的基础，而且对自己的环境有了一个总体的认识。如果缺乏这种全面的视野，真正的职业培训是根本不可能成功的，因为学生不断了解不同种类工作的地位及其相互关系，他才能真正选择自己今后的职业。学生学习物理、化学、植物学的基础课程，这种学习对他们在车间所做的工作有着明显的意义。植物学与园艺课结合起来教。女生学化学，是以食品化学基础的形式来教授的。有一个学校开设电学实验课，学生在实验室课堂上把所学的定律应用到劳动之中，讲到电流的时候，学习如何布线；讲到磁铁的时候，学习如何制造发电机等等。所有学生都学习科学基础课，以便对事物运动的方式有一个真正的基本认识。毫无疑问，即便是在试验阶段，这些职业学校也已证明取得了确定无疑的成功，使学生的书本知识学得比过去好。把知识和日常生活的事物结合起来，给书本知识赋予了意义和趣味，同时对他们今后作为成人谋生时所需要的东西提供了心理和身体的训练。

芝加哥有五所技术高中，其中四所为男子学校，一所为女子学校。所有这五所学校以及另外三所学校，都开设了以“职业前培训”闻名的课程。这些课程是为这样一种学生开设的，他们达到了法定毕业年龄，但由于学习太差未获准毕

业，而他们因为自己太差又不愿意留在学校。这些课程再一次证明，这种为城市
孩子提供日常生活的实际事物训练具有很大的价值。分到这些班的男女学生绝
不是有缺陷的孩子，只是因为这样或者那样的原因，他们不能照常在普通学校继 379
续学习；通常是健康原因，或者是因为孩子不停地转学，或者是因为普通课程没
有什么吸引力，所以不能专心学习。职业前培训学习班包括六、七、八三个年级，
大部分时间用来培养学生动手的技能；同时并不忽视书本知识，学生仍然要达到
普通学校的标准，只不过讲授的内容没有那么多。由于中学有设备，所以在这里
学习比职业语法学校更多样化。此外，学生的抱负受到激发，很大一部分学生还
学习额外的课程，然后转到正规技术高中学习。尽管过去学习很差，但转过去
后，他们与正规学生学得一样好。要是在过去，他们中是不会有任何人进入高中
学习的。

女子技术高中跟职业语法学校差不多，只是学得更全面，这样毕业生更具备
到企业工作的条件。烹饪课的内容有：在学校的午餐厅学习管理、营销培训、家
庭菜园管理、管家概论。职业班要花大量时间来学习烹饪、管家、餐厅管理。在
缝纫课上，女生学习如何给自己做衣服，同时也学习在一个好裁缝店工作应该掌
握的东西。对于想学机器操作的女生，学校也开设了相应课程。更高一级的课
程教授图案制作和设计，这些都是开店所需的。不过，最重要的区别在于这里强
调妇女的传统职业艺术的一面。女生学习裁缝时要学习绘画和色彩。在管家
部，如何把家变得舒适是一个关键问题，艺术部装饰了一个样板房。任何作品的 380
图案和着色，无论是待绣的中心装饰品、衣服、陶罐，还是织物，都要由制作者本
人到艺术部去精心设计，然后才能到车间去制作。女孩子并不只是学习如何更
有效地做单调乏味的家务，而是要学习如何把它变成一个职业。

男子技术高中的职业课继续学习常规文化科目，同时让学生到装备精良的车间学习。学习的内容有印刷、木工、锻造、金工、机械制图，还有机械加工车间的内容，再加上艺术部的内容。学生并非专攻一项，而是接受全面训练。语法学校职业课程的目标是：针对学生身边的不同工作，给学生一个轮廓，使他们对今后想做的任何工作都有所准备。这里的学习与加里市很相像，都注重文化。这些课程成功地挽回了学生，成功地让其他学生赶上了功课，成功地把学生留在了学校。这些都清楚地说明，对于许多学生而言，至少把有些学校的课程和日常生活的活动联系起来学习，是很有必要的。

技术高中为那些无力在学校学四年的学生提供两年的课程。这些课程在设计的时候，就针对某个确定的职业来培养学生，同时又要足够宽泛，等同于高中头两年的课程，以便学生后来有能力继续读完后面两年的课程。在莱恩学校，两年的课程有模具制作、机械加工、木工、电工、印刷、机械制图，上这些课的同时还需要学习语文、算术演算、绘画和生理学。学四年的学生根据自己的期望，可以选修其中的3门。技工课程也为高考做准备。建筑课程使学生具备到建筑部门工作的能力，贸易概论可以让学生马上进入企业。学习的前两年，学生把时间花
381 在普通科目上，后两年主要用来学习直接与学生选择的职业有关的课程。学校并没有给本来应该学四年的学生提供捷径，因此两年的课程并没有减少总的出勤率。相反，学校把另一种类型的学生吸引进来，这些学生本来是想直接参加工作的，后来又乐意作出牺牲，再学两年，因为这两年是一个机会，可以专门用来为选定的职业做培训。所有这些技术高中的成果说明，只要能够看清学习的出路，男孩女孩都喜欢进学校，都喜欢学习。让年轻人学习自己想学的东西，这是一种比逃学监管官或者法律更能有效留住他们的方法。

在莱恩学校，不同部类之间的课程联系是很紧密的，以便让学生看清任何一种工作与自己所做的每一件事之间的联系。教师让一组学生解决一个问题，比如制作汽油发动机或者真空吸尘器，不同的课会针对不同的元件提出答案。以真空吸尘器为例，由于每个学生在某种意义上成了发明家，那么，要制定出除了有关吸尘器的观念外的每一样东西。因此，学生在有能力试图制造吸尘器以前，必须具有一定程度的物理学和电学的知识。在熟悉了吸尘器的原理后，他们画草图，然后在机械加工车间对草图展开讨论，进行修改，直到草图变为现实。上机械制图课时，学生要准确地画出整体和每一个局部，然后到模具车间根据图纸制作模具。学生自己做模子，自己搞浇铸；等所有的部件都齐备后，再到机械加工车间和电气车间去制作真空吸尘器。汽油发动机的问题也用同样的方法解
382 决。由于给学生的所有功课都是按照其教育价值和实用性来选择的，所以学生自己完成与生产有关的一切，在实验室或者教室里弄明白理论到拧紧最后一颗螺栓。理论与实践相结合，不仅使前者具体易懂，而且防止动手的工作变得乏味狭窄。学生解决这种问题的同时，也增加了知识，增强了能力。他检验了自己学过的东西，明白了如何运用知识以及知识代表什么，他变成了有用之才。这种学习还培养了他独立运用自己智力的信念。

辛辛那提市教育局从略微不同的角度做了一些尝试，试图为该市的学生提供更好的教育，使他们能够为将来做好准备。辛辛那提四分之三的在校儿童像许多城市那样，刚到 14 岁就离开学校，其中许多人没有读完五年级。他们之所以这样，是因为他们感到必须去工作，以补贴家用。当然，14 岁的五年级学生只适合做最简单最机械的工作，所以报酬非常低。一旦进了工厂或店铺干活，就很少有机会得到发展，或者成任何行业的企业主，或者独立门户。他的学校教育教给他的仅仅是初级水平的读、写、算，通常对自己所从事的工作的理论和实践一窍不通。他很快就会发现，自己再也学不到什么了。在这种条件下，能够继续学习并跻身老板或者负责人位置的只是凤毛麟角。经济上陷入工作最低等级的人，对自己作为公民的生活不会表现出多少活力或者智慧。辛辛那提的学校在引入手艺和劳动训练方面所做的实验，就是为了通过学校的努力来医治这种不幸，即只要可能，就设法把想留下的学生留在学校；如果不可能，则给他提供边工作边接受教育的机会。

俄亥俄州的法律规定，除了非工作不可，否则，儿童必须在学校呆到 16 岁。
16 岁时，他们会得到一个证书，允许他们为自己找到头一份工作。每换一个工 383
作，就必须更新一次许可证。因此，学校总是把学生留在学校里，直到他找到工作。如果出于什么原因，他没有工作，学校会同他联系并设法让他重返学校。辛辛那提市还开办继续学校，凡是在 14 到 16 岁之间离开学校的学生，每周必须回到学校来学习几个小时，接受关于自己所从事的工作的理论指导。收银女孩要学商务英语以及工作中需要使用的算术和推销技术，并接受 定数量的关于自身行业的一般性培训。学校为 16 岁以上已工作的人开设自愿继续学习班，任何车间或者商店都可以通过自愿继续学习班来使用公立学校的设施，为自己的员工提供更多本行业的理论知识，使员工的工作更加有效。

继续学习班，对那些不能回到学校的雇员无疑具有极大的价值，但学习班并不是要让他认清当今那些能够让他明智选择最适合自己工作的问题和情况。学习班使他在某一特定的行业得到提高，但这个行业可能是偶然选中的。这些学习班的作用，是为那些年纪轻轻就要出门挣钱的孩子有所补偿。辛辛那提全面试行的合作计划不是一种权宜之计，而是对教育的显著贡献，迄今为止都很成功，具有很大的提示性价值。与其他职业培训计划相比，这个计划更多地利用了社区支柱企业的教育价值。市里工厂的车间变成了学生的学校车间。许多工厂表示愿意与市里合作，做第一年的实验。实验的结果很成功，乃至更多的工厂急于用这种方式招收学工。从某种意义上说，这回归到了手工制造时代盛行的老
384 式师徒制，因为通过到市里工厂干活挣钱的方式，学生在工作和车间环境中学到了手艺，从而得到了必要的实践机会。

随着计划的进一步深入，工厂和店铺将不再是唯一为市里的学生提供实验室的社区机构。市立大学将启动一个计划，让学家政的学生去市立医院实习，做护士、厨师、管家或者记账员，让学工程和农业的学生去市里的机械加工车间和抗旱指挥部去实习，从而得到实践机会。尽可能把市政府的部门用作学生的车间。在不能提供学生所需工作机会的地方，学生将去办公室、店铺或者条件达到市教育委员会规定标准的工厂实习。迄今为止，该计划仅在市内中学选修技工课程的男女学生身上进行试验。结束了头两年学习——相当于任何条件较好的技术高中的学习——的学生，开始轮流去学校和车间学习。学生选择自己今后希望从事的工作，并在与学校合作的工厂或者店铺得到一份工作。他拿的是学工工资，在车间主任的指导下做常规工作，同时对车间主任负责。他在行业的环境中工作一周，遵守工作的要求，下一周他回到学校上课；在他不在的这一周，厂里的空缺由选择同一个行业的学生顶替。在学校里一周的课程，完全是理论学习。学生继续学习英语、历史、数学、绘画、科学，还系统地学习有关企业的生产流程、科学知识、产品使用、历史、产品销售以及企业史，从而丰富他对本行业的认识。在工厂和车间轮流的工作和学习，在中学要持续到最后两个学年；在大学则贯穿到整个课程，当然，前提是学生继续在市立大学选修技工课程。

385 从职业指导的角度看，与把学生一直留在教室直到永久地走进一个工厂的做法相比，这种方法具有一些明显的优势。他在工厂的实践学习，带有实验的性质。如果他的第一个选择是一个失败，他不会感到道德上的挫折；但一个自食其力的人，则会有这种感觉。学校采取这样的态度：如果学生没有作出准确的选择，学校会与学生合作，努力使其在第二个工厂的体验更接近他的能力和兴趣。学生在工厂的工作和课堂上的学习都有详尽的记录，这两方面的成绩相互影响、密不可分，不会分开来评价。如果他的课堂成绩好而工厂记录差，说明他选择的工厂不合适；课堂学习的性质通常会作为一种线索，提示学生应该换哪一种工作。如果他两方面的成绩都一般，就需要更换工作；在已经更换了工作的情况下，就要显著地提高其理论学习。学生有机会检验自己的兴趣和能力，有机会发现

386

(1) 孩子们对自己想了解的事物很感兴趣(印第安纳州加里市)
(2) 女生在缝纫课上做自己的衣服(印第安纳州加里市)

自己对这两者的判断是否正确。如果是不正确的，他便有了一个形成正确判断的科学依据。

这项工作并非从行业的角度来开展，就是说，学校的目标不是培养已在一个行业完成了两年学徒学习的工人，不是为这个特定的工种培养技工；而是让学生了解贸易和企业的实际环境，以便自己有一个标准，并据此作出最终的明智抉择。课堂学习是为这种抉择提供培训的必要条件，因为这种学习对于一个男生的兴趣爱好，与他在车间里取得的成功一样，都是一种指导。课堂学习把他的判断从单纯的好恶提高到基于实践和理论的知识水平。对于真正明白自己需要什么并渴望实现目标的杰出学生，这个计划也提供了一种明显的优势。他在车间里工作的时间满足了他渴望工作的欲望，在课堂上，他对行业更广泛的方面及可
387 能性有了足够的了解，所以认识到额外的理论培训对满足自己的实践目的所具有的价值。

计划实施一年后，大批起初对这个计划无动于衷的工厂要求用这种方式接受学徒工。此外，许多学生决定继续上大学，但上中学时如果所有的时间都花在课堂上，他们不可能有这个打算。女生的技工课程仅包括传统上应该属于妇女的那些工作，因为这些工作都与持家有关。她们可能继续在学校学四年，不过，这段时间的学习变得很实际，比如让学生们点缀帽子，自己做衣服，搞烹饪挣钱，学习与烹饪有关的采购、销售和记账。或者，她们也可以像男生那样，在最后两年轮流半工半读。到目前为止，女生只去女帽厂或者缝纫厂工作；在工厂里，她们跟其他男生一样，在实际的行业条件下工作。与男生一样，女生工作的目的是为了帮助她找到终身的工作，为了让她在心理和道德上适应工作，为了培养她对自己所从事的职业及其社区抱着一种理智的态度。在工厂工作的经历本身并不是目的，而是达到这些更大的目标的手段。

11.
民主与教育

前面描述的这些学校之所以入选，并不是因为我们坚信它们代表了我们国家正在进行的最有成就的改革，而只是因为它们表明了当前教育的总趋势，并且因为它们似乎较好地代表了不同类型的学校。出于需要，我们省略了大量材料，而省略的那些材料与呈现在这里的内容无疑具有同样的启示意义。我们没有试图触及振兴农村教育的重要运动：在范围和目标上，这场运动与当前进行的任何教育改革一样具有深远而有益的意义，因为其目的是为了克服封闭的缺点——这种封闭阻碍了乡村学校的教师，为了利用儿童的自然环境以便给儿童提供职业教育，而且利用的方式与城市学校利用非自然环境的方式是一样的。此外，一些教师个人或者学校尝试用最有效的方法来教授传统课程，然而，除非他们的工作说明了更重要的教育原则，否则，我们没有必要关注这方面所做的工作。为了使学生能够取得好的成绩，有些教师采取了一些手段和巧妙的方法。尽管对于教师而言，这些手段和方法似乎常常很有提示作用，甚至鼓舞作用，但是，如果他们只是更好地利用传统教育的一般内容来进行教学，便不适合本书的计划。 388

我们一直关心更为基础层面的教育改革，关心学校的觉醒，以便学校能够认识到：自身的工作应该是培养儿童，应该为儿童未来的社会生活做准备。有些学生将在追求知识的过程中度过一生，并且将在生活的实际方面从家庭环境里接受必要的训练。从数值上来说，这样的学生总是一个小因子，以致学校没有采取明智的措施来为他们设计学习内容。我们所讨论的学校都摆脱了那些仅仅适合 389
一小部分特殊阶级的课程，从而转向了切实代表一个民主社会的需求及其环境的课程。

尽管这些学校都很相像，都反映了教育的新精神，但它们为获得期望的结果而使用的方法却存在很大的差别，它们的周围环境及学生也不同，这足以表明即便目标一致，当地的条件必然对其方法产生影响。对于一个深感教育存在民主问题的教育工作者而言，最迫切的任务似乎是要尽可能把儿童与其环境全面而明智地结合起来，这既有利于儿童的福利，又有利于社区。当然，由于社区的条件和教育工作者的性格及信念不同，实现这个目标的途径也不同。不过，虽然在不同的学校之间、在密苏里州哥伦比亚市的梅里安先生所制订的计划与芝加哥公立学校的课程之间存在着巨大的差异，但是，如果分析一下这些看似极端不同的观点背后的观念，我们就会发现，相似之处似乎才是最根本的。这是因为，这些最根本的相似之处说明了教育改革的方向，而且其中许多相似之处是现代科学和心理学在改变我们看待世界的方式时所产生的直接后果。

奇怪的是，这些相似之处大多可以在卢梭所倡导的观点中找到出处，只不过这些观点作为理论以外的东西而受到欣赏则是非常晚近的事。第一个相似之处，是重视学生的身体健康。现在人们已经认识到，必须保证所有年轻人身体健康，因为身体健康是其他品质和能力得以培养的基础，不能指望在虚弱、缺乏营养或者无法控制的身体里培养其他品质和能力，这一点已经变成了一种常识，毋
390 需在此赘述。无论从个体的角度看，还是从社会的角度看，健康都是重要的。因此，重视健康对于一个成功的社会就更加必要了。

虽然所有的学校都认识到学生的身体健康很重要，但却未必理解通过儿童的活动来增强儿童体质在实现教育总目标方面的潜在价值。迄今为止，只有教育的先驱才认识到幼儿是在何种程度上通过运用身体来学习的。一种教育制度，如果不运用身体来教大脑，也不运用大脑来教身体，便不可能指望它能够保障智力的总体发展。这简直就是在重申卢梭的命题：幼儿的教育主要取决于是否允许他“自然生长”。前面业已指出，约翰逊夫人在何种程度上把学生身体的成长作为发展学生智力的工具，以及肌肉的技巧在蒙台梭利夫人的教育体系中所起的重要作用。想一想，小宝宝为了理解周围环境中最熟悉的物体，摆弄触摸东西时要付出多大的运动量。要记住，儿童及成人与非常小的幼儿一样，运用同样的大脑机制来学习；于是，运动似乎不仅是顺理成章的，而且是十分必要的。机体在能够说话和走路之后，它的运动方式便没有什么区别了；唯一的区别在于活动变得复杂得多，但没有起初的锻炼便不可能出现这种复杂性。现代心理学

指出，人的那些天然的本能就是他学习的工具。一切本能都要通过身体来表现，因此，教育如果抑制身体的活动，就是抑制了本能，也就是抑制了学习的自然方式。就在教育中应用这个事实的程度而言，本书所描述的学校都把学生的身体活动，即身体发育的手段，当作训练判断能力和正确思维的工具。换句话说，学生在做中学。用这种方式来教学，除了心理学的原因之外，这是认识到儿童身体健康的重要性之后必然出现的逻辑结果，自然会给课堂教学内容带来变化。

学生怎样才能学到东西呢？如果没有明确的目的，活动只能增强肌肉的力 391
量，而不能影响学生的脑力发育。这些学校采用基本相同的方式回答了这个问题，尽管它们解决的具体问题不同。儿童必须参加具有某些教育内容的实践活动，就是说，要再现真实的生活情境。不论是学习几百年前发生的事情，还是用算术来解决问题，还是学习刨木板，都要求学生这样做。呈现给学生的历史事实必须是真实的，不论学生是根据历史事实编话剧，还是建造一艘北欧海盗船，学习的中心思想和细节必须符合已知的事实。学生在做中学的过程中，实际上是在精神和物质上复活一些业已证明对人类重要的经验。他像原先做这些事情的人一样，在脑海里经历了一遍。正因为做过了，所以他明白那个结果的价值，也就是事实的价值。仅仅口头上说一遍，即便是事实，并不能揭示事实的价值，或者真理的意义，即事实就是事实的意义。如果儿童仅靠书本知识来喂养，一个"事实"与另一个事实没有区别，他们就没有判断或者信念的标准。以儿童学习重量和计量单位为例，课本上说 8 夸脱等于 1 配克[①]，可是教师都知道，等他举例时，习惯于用 4 来代替 8。很明显，他在书上看到的并不代表书本之外的事实，所以他脑子里留下什么数字(或者是否留下)是一种偶然。但是，当杂货店的男孩一夸脱一夸脱地计量过配克，就会**十分明白**。如果有同学说 4 夸脱等于 1 配克，他一定会笑他。这两种方式有什么区别？学校里的男孩没有经过实践便得到了结果，可这个结果必须通过实践才能获得。对于杂货店的男孩而言，经过实践之后，书上的话才有价值，才是真理，因为这是一种经验的结果——这是一个**事实**。

有人认为，实践活动在课堂教学中仅仅具有一种效用的价值，甚至主要是一
种效用的价值。现在我们明白，这是一种谬误。如果学生要理解教师期望他学 392
习的内容，如果他学的知识是真实的而不是停留在文字上的，如果对他的教育要

① 配克(peck)，英美谷物、水果、蔬菜等的干量单位，等于 8 夸脱或者 2 加仑。——译者。

提供判断和鉴别的标准，那就需要实践活动。对于成年人而言，大多数现实生活的活动不过是或多或少满足基本需求的手段，这是毋庸置疑的真理。这些活动，他做得太多了，以致它们作为各种人类知识的意义已经消失。但对于学童而言，却不是这样。以在学校厨房干活的孩子为例，他准备午餐不仅是因为他要吃饭，他还学习了一大堆新的东西。在按照食谱指南操作的过程中，他学习了如何把事情做得准确，饭菜做得是否好吃是对学生成败的绝佳检验；在度量的过程中，他学习了算术和计量表；在混合配料的过程中，他发现物质受到控制时是如何表现的；烘烤或者煮东西时，他发现了物理学和化学的一些基本事实。做这些动作需要调整肌肉和大脑的控制能力，成年人具备这种调控能力，再重复这些动作，就会给肤浅的思想者这样一个印象：学生这样做不过是在浪费时间。杂货店的男孩用配克量过东西，所以知道 1 配克等于多少，但他的知识储备并没有增加；由于他不断用配克来计量，很快便到达了知识的顶点；但与此同时，这种知识发现也就结束了。于是，单纯的操作代替了知识的发现。学校正是在这一点上，能够确保学生的知识继续增长。工人的活动，如果单纯是为了立竿见影的实际效用，那就变成了一种机械的活动。对学校学生来说，这种具体的经验已经足够了；只要他需要，只要他理解了一件事所证明的原理或者事实，他就知道如何做这件事。该是他继续往前去接受别的体验和学习别的价值事实的时候了。如果学生学会了如何按照食谱操作，如何配料和使用炉子，他就不会继续重复同样的基本步骤；他开始扩大学习，吸收更多的烹饪内容。烹饪课的教育价值仍在继
394 续，因为他现在要学习诸如食品价值、菜单、食品成本、配料的化学和烹饪等问题。厨房变成了学习人类生活基本方面的一个实验室。

一种积极的教育形式的种种道德优势，强化了教育在智力上的益处。我们已经看到，这种教学方法必然给学生更大的自由，而这种自由对于学生的知识和道德的成长是一种积极的因素。同样，用实践活动来代替通常孤立的课本学习，也取得了积极的道德效果；对于两种方法都使用过的教师而言，这些效果是显著的。在以积累书本事实为标准的地方，记忆力是获取知识所必须依赖的主要工具。教师必须刺激学生记住事实；至于他记住的是原话还是意思倒无多大的区别，因为无论哪一种情形，都是为了让他储存知识。那不可避免的结果是：学生的记忆力好就得到奖励，记忆力差就受到惩罚，记忆力不太好的时候就得低分。

干有用的活儿来训练手、眼、脑(印第安纳州加里市)

这样，重心就从学习本身的重要性转向了学生学习时外在条件的成功。既然任何人的表现不可能是完美的，因此不及格就成了明显和强调的事情。学生觉得自己永远也达不到别人期望的标准，就会灰心丧气，但又不得不经常与之搏斗。他的错误不断受到纠正，不断被指出来。如此他所取得的成功并不是特别令人鼓舞的，因为他只不过是复制书本上的课文而已。在好学生身上所培养的美德是服从、温顺、屈服，而这些美德是苍白和消极的；他抱着一种完全被动的态度，他的能耐更多的是把从教师那里听来的或者从书本上看来的东西再还回去。

奖励和高分不过是人为的追求目标，却使学生习惯于期望在学习结果的价值之外再得到点什么。学校被迫依赖这些动机的程度表明，它们多么依赖与真正的道德活动无关的动机。但是，在儿童通过做事情来获得知识的学校里，知识
395 是通过他们所有的感官来呈现给他们的，而且变成了行动；它并不需要动用记忆来留住他们发现的东西；肌肉、眼力、听力、触觉以及推论过程，所有这些联合的结果变成了儿童身上一部分有效的知识。成功使人感到取得积极成就的喜悦，因此不再需要人为地劝导学生努力学习，学生会出于热爱学习而学习，学习不是为了得到奖励，也不是因为害怕惩罚。活动需要有积极的美德——充沛的精力、积极性、创造性，这种美德甚至比执行命令时所表现的绝对忠诚更具价值。学生看到了学习的价值，由此也看到了自己的进步，而进步又刺激他去追求进一步的结果。这样，他的错误不会受到不合适的重视，也不会让他灰心丧气。他能够积极地把错误当作教训，让下一次做得更好。既然学生不再为获得奖励而学习，作弊的诱惑也就降到了最低的程度。不再存在搞欺骗的动机，因为结果就显示出儿童是否做了功课，是否认识到唯一的结果。为了完成一项任务而学习，其道德价值当然比为奖励而学习更高。尽管一种突出独立和积极之学习习惯的环境可能改造不了一个真正的坏人，但是，在这样的环境里，软弱的人会变得坚强，坚强的人不会养成一些坏习惯，坏习惯乍一看觉得无所谓，但累积起来就严重了。

当前大多数改革者共有的一个观点，即他们在如何看待学校功课的问题上不同于传统，都试图寻找学生感兴趣的功课。过去认为这个问题无关紧要，而且认为一定数量的枯燥无味的作业对于塑造学生的道德品格是非常有益的，因为枯燥的作业甚至比其他作业具有更大的纪律作用。强迫学生去完成一项对他没
396 有吸引力的任务，可以培养其毅力和坚强的品格。毫无疑问，承担一项令人厌恶的任务是一种非常有用的成就，不过，其用处并不在于令人厌恶本身；事物并不

会因为它令人厌恶或者不愉快便是无用的或者不需要的,情况恰恰相反。仅仅因为一种功课具有“纪律”价值,就让学生做这种功课,这与其说是无视过分的道德热情,不如说是无视道德的价值,因为这种习惯终究不过是以瑕为瑜。

然而,如果说缺乏趣味性不能作为选择课堂作业的动机,那么,对趣味性不能作为一个选择标准的观点持反对意见也是合理的。如果我们狭义地理解趣味性的意思,认为只是指“因其娱乐性而逗孩子乐和吸引孩子”,那么,这种反对意见很有道理。听到别人说学生应该对做的事感兴趣时,对教育的新精神持批评态度的人很容易臆断趣味性指的就是这种狭窄的含义。于是,他用符合逻辑的方式指出,这种教育体制缺乏道德力量,满足孩子心血来潮的古怪想法,实际上是在总体上削弱社会的品质,是在满足人贪图安逸的欲望。但是,学校并没有为了学生而降低功课的难度,也没有企图给传统的课程罩上糖衣。就性质而言,这种变化更加涉及根本的问题,而且以正确的心理学理论为基础。学生上的功课已经发生了变化,而这样做的目的并不是要把学生所有的功课都弄得很有趣,而是依据功课对儿童的自然吸引力来选择功课。趣味性必须是选择的基础,因为儿童有了学习的需要,就会对所需要学的东西发生兴趣。

一个婴儿会长时间不断地重复同样的动作或者触摸什么物体,两三岁的儿童怀着强烈的兴趣搭积木,或者往桶里装沙子,我们对这些情形都很熟悉。他们做这个不是一次,而是几十次,而且每次都同样地全神贯注;这是因为,这些对他们来说是真正的功课。他们处在生长的过程中,尚未发育的肌肉还没有学会自然协调的动作;目标明确的动作必须在儿童大脑有意识的指导下不断重复,直到 397
他能够完成这个动作而不再对自己所做的感到要去适应为止。由于幼儿必须使周围的事物来适应自己,他的兴趣和需要是一致的;如果不是这样,他便不可能生活。随着幼儿渐渐长大,他对各种需要的控制迅速变得自然,而我们就很容易忘记他仍然像婴儿一样学习。他所需要的东西仍然是调整的能力,这将是他终身的需要。良好的调整能力意味着一个人的成功,所以较之别的事,我们从本能上对学会调整更感兴趣。现在,儿童对于通过身体的活动来调整遇见的事物,为了生活,他必须控制他生活的自然环境。凡是引起他兴趣的事物,就是他需要学习的事物。因此,在为任何一组儿童选择功课时,明智的做法就是从儿童当时所处的环境中引起好奇和兴趣的事物中去寻找功课。显然,随着儿童的长大和他对身体和自然环境的控制能力增强,他会去探寻他周围的生活中更为复杂的和理论的方面。

但是,用同样的方式,课堂的功课有了扩展,吸收了一些事实和事件,但这些事实和事件并不以任何显而易见的方式存在于儿童的周遭环境之中。这样,以兴趣为选择标准而不以任何方式限制教学内容的范围。有些功课,学生喜欢,觉得值得一试;有些功课,给他们以希望,对他们有益,但做的时候同样需要坚持和专注,就像纪律训练最严厉的鼓吹者对学生提出的要求一样。他们要求学生为自己看不见的目标奋斗,所以设定人为的目标、分数和晋升制度,把学生封闭在大脑和感官不能随时听从生活召唤的环境之中。可是,生活强烈地吸引着学生。解答一个问题,就会使他立刻有了一种成就感,就会觉得好奇心得到了满足。所
398 以,学生带着问题,把自己所有的才华全部用到学习上,目标本身便足以形成必要的刺激,使他完成艰苦的学习。

传统型的教育训练儿童驯服和服从,训练他们认真完成强加的任务,反正是强加的,会导致什么结果不用管。这种教育适合于极权社会。这些特征属于这样的社会,在那里由一个领袖来规划和看护人民的生活和制度。但是,在一个民主的社会,这些特征妨碍了社会和政府的有效管理。我们关于民主的著名而简短的定义是"民有、民享、民治",它为民主社会的内容也许提供了一个最佳的线索。社会和政府管理的责任系于社会的每一个成员身上。因此,每一个人必须接受培训,才能够担当起这个责任;必须了解环境和人民的集体需要,必须培养一些特定的品质,才能确保他们的行为公平地分担政府的工作。如果我们训练自己的孩子被动接受命令,训练他们做事而不问缘由,不给他们为了自身利益去行动和思考的信心,那么,我们在克服目前教育制度缺陷的道路上,在树立民主理想真理的道路上,就等于设置了几乎无法逾越的障碍。我们的国家是建立在自由之上的,但是当我们在培养未来国民的时候,却不给他们以自由。学校的儿童必须得到自由,这样,当他们成为管理主体的时候,就会明白自由意味着什么;必须培养学生的诸如进取心、独立性、随机应变等积极的品质,这样,民主的滥用和错误才会消失。

传播对民主与教育关系的认识,也许是当前教育发展趋势中最为有趣和最具意义的一个方面。由于这种传播,人们对大众教育的兴趣越来越浓,用科学和心理学来促进教育变化的论点(这一点前面已做了勾勒)得到了增强。毫无疑问,依靠教科书的教育方式很适合一小部分儿童;由于环境的原因,这一小部分

儿童不必从事实际工作，他们对抽象的概念又很感兴趣。不过，即便是对这种类 399
型的人，这种教育制度也给他们掌握知识留下了极大的缺陷。这种制度丝毫不重视行动对于智力发展所起的作用，它虽然是按照学生的天然禀赋来提供教育的，却无法培养实际动手的能力，而惯于抽象思维的人通常就缺少这种能力。对于绝大部分不喜好抽象思维的人，由于他们只能以实际工作为生，通常要依靠双手来做工作。所以，我们必须运用一种教育方法来弥合生活中纯知识、纯理论的方面与其实际运用之间的鸿沟。随着民主思想的传播，随着人们对于社会问题的觉醒，人们开始认识到，每一个人，无论他恰好属于哪一个阶级，都有权要求得到能够满足自身需求的教育，而且国家必须满足这种需求。

直到不久前，学校教育仅仅满足一个阶级的需求，这个阶级的人包括那些仅对纯知识感兴趣的人、教师、学者和研究人员。需要向从事体力劳动的人提供培训的这种思想很新，就连学校也才刚刚开始认识到，控制物质生活方面的方法也是知识。直到不久前，学校还在忽视人数最多且为整个世界生产生活必需品的那些阶级。究其原因，相对而言，民主还是一个新生事物，在其到来之前，绝大多数人——用双手干活的人——要满足自己更大精神需求的愿望从来就没有得到过承认。他们的作用以及存在的理由，似乎就是为了满足统治阶级的物质需求。

在过去的150年里，有两个伟大的变革改变了人类的生活和思维习惯。我们业已看到，其中的一个变革是民主理想的发展，它要求教育发生变化；另外一
个是科学发现带来的变革，这些应该在课堂上得到反映。面对蒸汽机和电力的 400
发现，如果只是把历史知识串连到一块来，大致反映社会的状况，便难以充分描绘这些发现以及类似的发现给社会带来的根本变革。从教育的角度看，最具意义的可能就是事实的剧增，任何人要想成功地适应生活的环境，就必须把这些事实变为大脑储备的一部分。这些事实数量之大，企图用教科书在课堂上教授全部的事实，是十分荒唐可笑的。相反，本书介绍的这些学校，坦诚地面对变革，改变课程；勇敢地坚持尽可能多地教授事实，教会学生如何从这个世界学到东西。这些学校推出创新计划，增加利用事实的机会，带来了教育的改革。不过，科学所提出的变革更为激进；这些学校遵循的都是本书所提到的基本思路。正如这些不同学校的课程所显示的那样，这个思路就是不单纯教授那些一经发现便改变了社会面貌的科学定律，而是教给学生生活事实以应付实际工作；不是教学生去学习和记忆分门别类的书本事实，用前者去取代后者。

如果学校欲承认各个阶级的学生的需求，如果学校欲为学生提供训练，确保他们成为成功而有用的公民，其教学不仅要使学生体格健壮，道德高尚，对国家和邻居抱着正确的态度；而且要让他们具备足够的控制物质环境的能力，从而达到经济上的自立。职业的准备一直备受关注。我们看到，过去忽视了对产业工人的培训。科学发现使现代工业变得复杂起来，因此，要想培养出真正有能力的
401 工人，就必须打好普通教育的基础，并在此基础上提高技术能力。人与人的差距很大，因此，学生应该熟悉那些适合自己口味和能力的工作。本书关于普通教育原则的论述，仅限于满足这种需求的劳动教育或职业教育。但是，关于具体行业及职业的培训却完全不属于本书论述的内容。不过，狭义地说，这场推进劳动培训的运动的某些事实对于上述问题具有直接的意义。因为随着这项工作的展开，目前存在着一个巨大的危险，即由于人们偏爱行业培训，反而忽视了正在加里市和芝加哥市展开的真正的基础教育工作。

那些举足轻重的公民往往只关注熟练工人应该具备什么能力，却忽视对普通教育进行重新调整。通过亲身体验，也许还出于自己的兴趣，熟练工人理解了作为一名熟练工人应该具备什么能力。德国把技术行业培训变成推进这个帝国商业竞争的一种国民财富，其重视技术行业培训的程度令我国那些举足轻重的公民佩服之至。有些 14 至 18 岁的工人在更早的年龄便离开了学校，要提高他们的素质，看来最直接、最具实效的办法就是建立一个继续教育学校（Separate Schools）体制，并且单独设立专门为各个工种直接培养工人的学校；与此同时，让现有的学校基本上保持不变，为高等学校和较少需要体力劳动的行业培养学生。

继续教育学校很有价值，也很重要，但却仅仅是止痛片，是权宜之计；它解决的是本不应该存在的问题。儿童不应该在 14 岁就离开学校，而应该留在学校直到 16 岁或者 18 岁。儿童应该学会明智地使用自己的精力，学会恰当地选择工作。只要接触过 14 岁辍学去工作的学生，无论其数量大小，教师及工人都知道，辍学的原因与其说是经济的压力，不如说是他们对学校能够带来什么益处缺乏信心。当然，有时候孩子喜欢上学，但为了挣钱不得不一有机会便离开学校。不
402 过，即便是这种不多的情况，通常更明智的做法是继续那种流行的家庭安排，让孩子在学校度过 14 岁的生日，哪怕是借助慈善捐助的计划。十四五岁孩子的工资很低，仅仅能改善那些生活在匮乏状态的家庭。

与留在学校的孩子相比，这种毫无希望的状况更糟，因为这些孩子挣钱的能力提高得很慢，其最高工资也非常之少；从长远来看，孩子本人及其家庭所遭受的损失超过了暂时的、毫不稳定的收入。但是，学生提出的最常见的辍学原因是不喜欢上学，所以急于找些实际的工作来做。他们辍学，并不是因为自己已经为工作做好了准备，也不是因为自己已经完成了什么培训课程，而完全是因为上学似乎无用，学校很难满足他们的兴趣，结果他们抓住第一个机会来改变状态，去做一些更加实际的事情，去做一些能够带来可见结果的事情。

因此，为满足这类学生的需要，必须对普通学校的教学进行重组，使学生为了学习内容的价值，愿意留在学校。目前的体制既不得力又目光短浅；继续教育学校弥补了这个体制的一些缺陷，却不可能完全克服，也不可能使学生获得迟来的知识增长。在知识增长的过程中，一旦小学的调整出现错误，这种增长就会受到抑制。理想的做法不是把学校当作现有劳动体系的工具，而是用劳动来重组学校。

存在一种危险，即生意人的共同利益及其在公共事务上的影响力会分解劳动培训，从而损害民主和教育。教育工作者必须坚持教育价值观念优先，但并非是出于教育工作者的利益，而是因为教育的价值观念代表了社会——尤其是一个建立在民主基础之上的社会——更为根本的利益。劳动在教育中的地位，不是为了具体的行业而仓促加快培养学生。劳动应该（就像在加里市、印第安纳波利斯和其他地方的学校一样）为每个学生必须掌握的理论知识提供实际的价值， 403
应该让学生理解自身所处的环境条件及其制度。一旦做到这一点，学生就会具备必要的知识和智力，从而正确地选择工作，并努力获取必要的技能。他的选择并不会因为他已经知道如何做一件事（唯一的一件事）而受到限制，决定他进行选择的将仅仅是他自己的本领和自然倾向。

行业学校和继续教育学校招收的学生年龄都不太大，他们对自己的选择能力也没有足够的了解，仅在一个狭窄的方面接受理论与动手技能的培训，结果，学生会发现自己仅仅对某一种工作具备足够的能力。如果这个工作后来证明不合适他做，那也仍然是他唯一受过培训的工作。这种体制不能为个人能力的最佳发展提供机会，而且容易把人固定在某个阶级里面。

那些在起步阶段招收熟练工人的企业似乎受益最大，可一旦进入难度更大的工序，就会失去这种优势；因为这些工人不具备一般的知识和广泛的经验，而技术高中或者职业中学的毕业生却具备。由于各个行业都需要利用环境，因此，为了驾驭环境，把行业的内容引入学校，这将大大有助于培养大量民主社会所需的有独立精神、有知识文化的公民。

对形成固定的阶级采取默许的态度，这对一个民主社会来说是致命的。财产的差距、大量无技能者的存在、轻视体力劳动者、不能为促进人生发展的培训提供保障，等等，所有这一切都共同促成了阶级的产生，并且扩大了阶级之间的鸿沟。在消除阶级分化的问题上，政治家和立法机构应该有所作为。明智的慈善机构也可以有所作为。但是，公立教育系统才是唯一能够一劳永
404 逸地解决这一问题的基本组织。过去，美国在成分多样的人口中培养了一种团结互助的精神，共同的利益感和目标感压倒了力图把人民划分为不同阶级的强大力量，每个美国人为这些方面所取得的成就感到自豪。我们的生活变得越来越复杂，在社会的一端，是财富大量的聚集；在社会的另一端，则是差不多仅有维持生活必需品的状况，这使得民主的任务变得更加艰巨。过去只有一个社会体系，个体混合在这个体系之中，它所提供的东西足以满足人们的需求，可这样的岁月正在迅速消失。因此，教学的内容和教学的方法必须积极主动地适应民主社会的目标。

有钱人家的孩子属于一个系统，劳苦人家的孩子属于另一个系统，这样的情况是不能允许的。尽管这种安排所强加的结构性分割不利于培养一种应有的相互同情之心，但还不是最坏的。与其相比，更坏的是一些人接受书本教育，另一些人接受“实践”教育，由此造成理智习惯与道德习惯的分离，并导致理想与世界观的脱节。

注重学术的教育所培养出来的未来公民，对体力劳动丝毫没有同情心；也绝对没有接受过有关的培训，所以无法理解当代最严重的社会及政治难题。与没有接受培训时相比，行业培训培养出来的未来工人可能掌握了更多立竿见影的技能，但他们的头脑并没有得到拓展，他们对自己所从事的工作的科学意义和社会意义缺乏洞见，他们所接受的教育并不能帮助他们在探究中前进，也无助于他做出独立的判断。把公立学校系统一分为二，让一部分采用传统方法，而用传统方法来改进教学是很难的；让另一部分培养未来的体力劳动者，这意味着我们制订了一个命定社会成员的计划。这样的计划与民主的精神是格格不入的。

民主社会宣称，机会均等是民主的理想，这就要求建立一种教育体系，让学习与社会运用、思想与实践、工作与对工作意义的理解等从一开始就结合在一起，而且向所有人开放。我们在本书中所讨论的这些学校说明，机会均等的理想如何变成了现实。这样的学校正如雨后春笋般在全国兴起。

杂　记

教授的自由

理事会能够辞退的教师从道义上讲是公共雇员[①]

哥伦比亚大学,1915 年 10 月 11 日

致《纽约时报》编辑:

每当大学学者的调查结果让他们质疑整个现有经济秩序的时候,《纽约时报》(*New York Time*)就会感到,这些大学教授是"享有特权的语言浪子","大放厥词喋喋不休",毫无疑问,这种态度是相称的和自然的。对于这些问题,《纽约时报》的立场无疑是坚定的、明确的。我相信,没有人会反感这样一个合格媒体对于经济问题的关注。 407

10 月 10 日,贵报就学术自由问题发表了题为"费城殉难者"的社论,其中有些说法和影射值得商榷。在我看来,贵报显然认为,现代大学如同工厂一样,是社会公共机构。无论何种缘由,无论在校内还是校外,倘使教师发表的言论引起了理事会的反感,自当缄默其口。这种观点实际上把理事会变成了一个私有企业的拥有者。也许,我对《纽约时报》的立场理解有误。我希望是如此。不过,贵报社论说理事会不再续聘尼尔林博士是"正确的";许多教师发表的观点"激怒了校务委员会那些生性严肃的成员","理事会没有义务对解雇人出具理由"云云,此等言论给人如是感觉。

究竟该把现代大学视为私有和私营的机构,还是看作本质上对公众负有责任的公共机构?《纽约时报》把这个问题提出来讨论,无论如何应该受到欢迎。 408

大学教授无疑要依附其工作和工资。即便他们像《纽约时报》影射的那样特

① 首次发表于 1915 年 10 月 22 日《纽约时报》,后重印于《学校与社会》(*School and Society*),第 2 期(1915 年),第 673 页。标题为"对大学的控制"。

立独行，我也确信，除了合法管理之外，如果承认现代大学在各个方面都是社会公共机构，对公众负有责任，那么，由于大学管理面临许多困难，教师乐于接受任何调整。他们也极为清楚地意识到，在我们许多高等学府里面，从法律上说，有一个机构(其成员都是教育的门外汉)有权解雇任何发表带刺观点的教师，而且不必出具任何理由。不过，教师都训练有素，他们把对真理的追求和表达看作是代表其道德上的雇主——整个社会——的利益来行使公共职能。因此，如果按照雇主与雇员关系的观念而武断地行使一种法律权利，他们对此将感到遗憾，而且，这种遗憾将迅速变为愤慨。他们并没有为自己要求特殊的豁免权，也没有要求什么特权。出于自保的目的，如果任何一种制度能够保护现代大学与公众整体的关系，他们便心满意足了。

美国大学教授联合会主席

约翰·杜威

犹他大学的形势[①]

致《民族》编辑：

编辑先生，鉴于犹他大学的 17 名教员以他们“不能保持自尊和无法留在学 409
校”为由辞去了教职，美国大学教授联合会理事会已任命了一个调查委员会去了解情况并提出报告。应本联合会主席的要求，联合会秘书长最近在盐湖城逗留了 4 天，调查该校的情况，搜集相关的证据，以提交调查委员会。联合会秘书长给犹他大学校长写了一封信，现摘录片段，扼要说明调查的目的及范围：

> 犹他大学的事态发展，引起了国内那些关注美国大学状况的人士的极大关注，尤其引起了大学教师的极大关注。然而，报刊关于此事的报道支离破碎，而且相互矛盾，多为**片面**之辞。旁观者很难确信自己能从中搜集到有关此事的真相。因此，在美国大学教授联合会主席看来，明智之举是派遣一名代表前往犹他大学，以获得一份与有关事实相符且不偏不倚的报告……
>
> 大学教授联合会对于此事性质的关注，也许是需要一番解释的。所有
> 的大学教师，无论在哪个高校供职，都有权了解所在大学终身教授的任职条 410
> 件、大学管理的方式、在自由研究和自由教学方面的政策及其具体实施情况，这正在成为一个大家公认的原则。大学教师要求他们的职业能够得到一种尊重，可以提供一种社会义务感，可以追求大学的理想。如果他们对于

① 首次发表于《民族》(*The Nation*)，第 100 期(1915 年)，第 491—492 页；同时以“犹他大学的境遇”为标题，发表于《科学》(新丛刊)，第 41 期(1915 年)，第 685 页。

这些方面都缺乏了解，也就不可能判断他是否接受或者延续高校的教职。因此，对于大学教师来说，重要的是，当有责任感的人对任何机构组织，如我所提到的相关行为或者对政策问题提出批评或者指控时，则应该由完全超脱于地方纠纷或者个人纠纷的某个委员会——在某种程度上，由整个大学教师的代表，本着公正明断的精神，仔细查明真相。正是本着这种精神并出于这些目的，我们针对目前的情况搜集了信息。

我们将在可行的情况下，尽早完成并公布调查委员会的报告。该委员会的目的是在报告中提供相关真相，做到材料充分，以便让大学教师就大学的管理方法和教授任职条件等作出自己的判断。现发表本声明，以便任何人在考虑接受大学职务或者推荐他人就任大学职务时，可望在不久之将来充分了解犹他大学的真实情况；并在作出最终决定之前，如若他认为此乃明智之举，暂缓立即采取行动。

美国大学教授联合会主席　约翰·杜威
美国大学教授联合会秘书长　A·O·洛夫乔伊
调查委员会主席　埃德温·R·A·塞利格曼
4月30日

教育与行业培训:答戴维·斯内登[①]

先生:确实因为我辞不达意,经斯内登(Snedden)博士一解释,我似乎是在 411
“声援和安慰那些反对更加广泛、更加丰富、更加有效的教育改革的人”,否则,斯内登博士自己便成了“职业”一词模棱两可之义的牺牲者。他认为,教育应该是职业的教育。我的理解可能比他还要宽泛,不过,我是以真正的职业教育的名义,反对把职业与18岁或者20岁之前能够学到的手艺等同起来;反对把教育与学会管理机器的特殊技能等同起来,这种等同付出的代价就是忽视以科学为基础的劳动知识,忽视对社会问题及其状况的认识。我反对将职业教育视为一种培训,因为它没有把推进理智的进取心、创造性和执行力作为最高目标,而这些品质和能力将把工人变成自己辛劳生活的主人。我不相信神学的得救预定论(predestination),这种信条把决定一切事情的预定力量归结为一个无所不知的存在;我也坚决反对通过狭隘的行业培训而把社会命定的力量(social predestination)赋予一些不可靠的团体,无论这些团体的意愿如何良好。没有撞上心怀歹意的人,就算他斯内登博士好运气了。他坚持认为“利益集团”是刺探隐私者编造出来的神话,没有任何“利益集团”企图控制教育机器。

斯内登博士对拙文的诸多批评,措辞笼统,不得要领。我提出,把青少年的 412
职业教育与普通教育分隔开来,势必使教育变得更加狭窄,变得毫无意义和毫无效果,还不如对传统教育的训练内容进行重组,以发挥当今环境下的劳动知

① 首次发表于《新共和》,第3期(1915年),第42—43页。此函所回应的信,参见本卷第460—465页。

识——那些积极的、科学的和社会的东西。假定斯内登博士能够指出，这种分隔如何才能把教育变得“更加广泛、更加丰富、更加有效”，那他就差不多抓住了我的论点要领。假定他愿意担此大任，就会言之有物。为了把讨论变得有的放矢，我建议他向《新共和》的读者坦言自己对加里市教育体制的看法，并针对这个体制的重要特征说一说：如果不对普通教育和劳动教育的内容进行相互解释，他认为这个体制是否能够存在？可以把他的文章解释为向伊利诺伊州库利法案道歉，因此我想问一问：他是否熟悉正在芝加哥市开展的教育重组？如果芝加哥的学校接受双重领导，由一个机构负责传统的书本教育，另一个机构负责机械手艺的具体培训，这对重组有益还是有害呢？我还想问，除了让各类学校延伸其教学，复制另一类学校的教学，如何才能避免这种教育的分隔呢？

除了说清这些具体问题之外，我被迫得出这种结论并为此感到遗憾：我们之间的分歧主要不是狭义的教育问题，而是深层次的政治社会问题。我关注的，不是让工人去“适应”现有劳动体制的那种职业教育；因此，我对这个体制缺乏热情。我认为，凡不想在教育上混日子的人，都应该抵制每一个朝此方向发展的计划，并为这样一种职业教育而努力，它首先将改变现行的劳动体制而最终改变这个体制。

我发现，那些务实的行政管理者对社会进步的缓慢常常缺乏耐心，急于找到
413 一条达到其期望结果的捷径。他应该得到那些不必面对这些眼前问题的人们的同情。不过，只要还存在众多可以争论的问题，而斯内登博士也承认这些问题确实存在，只要条件还像他指出的那么多变，那么，我们这些身处行政管理第一线之外的人就要说：应该考虑那些尽管更加遥远却更为根本的问题，从而慎重地核查旨在解决眼前问题的具体措施。

约翰·杜威

给威廉·巴格利及《学校与家庭教育》全体编辑的信[①]

1915年9月20日

亲爱的先生们：贵刊9月号刊登了一篇评述我的教育哲学的文章，至于文章是否准确地陈述了我的教育哲学，苛评是否贴切，最好留待研究本人著作的学者去判断。为了对其他人公正起见，我愿意谈谈其中的一个事实问题。巴格利(Bagley)博士提示我的著述对那些学校管理者是一种鼓舞，我与女儿所写的《明天的学校》一书描述了这些学校管理者。他甚至还提到了"他(杜威)如此详尽地描述了那些努力把它(我的理论)运用于实践的追随者"。我要声明，书中所描述的尝试并非是我的功劳，这不是出于谦逊，而是出于对事实的尊重，出于对一种认识的尊重；因为我认识到，这些形形色色的实验的重要意义在于，实验是在方方面面的支持下自主地涌现出来的。至于约翰逊夫人的有机教育，并不是她那所公立学校的经验，而是受到了汉福德·亨德森博士著作的鼓舞。从表面上看，梅里安博士的计划是他独立完成的。至少书中提到的两个学校，显然是从帕克上校的著作中得到的启示。另一所我们用了大量篇幅描述的学校，肯定与雷迪博士和利特等人的著作有关。只要想到沃特局长数年前多次造访芝加哥实验学校，并且从中得到了不少帮助，我就感到自豪。然而，就算我因别人的吹捧而异想天开，也不能把他视为实践我的理论的追随者。事实就是如此。 414

我还感到遗憾的是：巴格利博士居然从我的言论中得到一个印象，认为我不 415
了解书本知识，说我对之采取嘲弄的态度，并且说"杜威对要求孩子吸收他人经

① 首次发表于《学校与家庭教育》(*School and Home Eudcation*)，第35期(1915年)，第35—36页。此函所回应的信，参见本卷第466—470页。

验这一观点很反感”。我感到惋惜，因为我以为这是他强加给我的立场；可以毫不夸张地说，这种行径无异于是精神错乱。我之所以致力于为在校学生创造机会，使其能够获取直接而积极的经验，主要就是为了让他们能够更好地“吸收他人的经验”——达到这个目标非常重要，同时也非常困难。

诚挚的约翰·杜威

对查尔斯·P·梅根的“教会学校教育”的回答①

先生：对于我复述的那些不真实的报告，我要表示道歉；在梅根先生明确发表声明之后，我从自己个人了解的程度也否定了我曾经肯定过的报告，我很高兴撤销了这个报告以表示歉意。 416

在撤销报告并作出道歉之后，我本想此事应该告一段落。然而，梅根先生竟有如下的评论：“杜威教授问道：‘为什么不支持呢?’这就是说，每一个德行端正的公民都应该反对这个措施；只有天主教徒支持这个措施，而支持的理由也不难理解。”文中另有数处暗示，正是反天主教的情感影响了我的论点。在我的文章中，对此既无任何的陈述，也没有任何的一点暗示。任何人只要把原文拿来看一看便会发现，梅根先生截取“为什么不支持呢?”之处的语境，与他无中生有和穿凿附会的意思竟有天壤之别。我过去是今天还是这样认为，与其说天主教教徒有着工业利益的考虑，不如说他们有更好更有力的理由来要求对学校的资金进行分别划拨，对学校的管理也分开进行。我为公立学校的任何这样分隔感到惋惜，讨论中的法案又把天主教徒公民推到了更有利的位置上面，他们更加要求进一步划分，这也恰好构成了我们反对这个法案的充足理由。

我不清楚梅根先生对这个问题持何立场。无疑，梅根先生知道，有人不断地强烈要求按一定的数额把拨给公立学校的资金分给教会学校。我不明白他是不是为了自己和支持者而否认类似的欲求；也不明白他是不是代表天主教会来拒

① 首次发表于《新共和》，第3期(1915年)，第72页。梅根的信函，参见本卷边码第471—472页。梅根信函中提到的杜威文章“分隔学校体系”，参见本卷第123—127页。

417 绝任何推进这一主张的意向。如果他真有代表教会进行否决的权威,那他的信函就显得极为重要了。我们认为,这种基金的划分从教育的角度说是轻率的,但却丝毫没有认为天主教教徒是不受欢迎的公民,也没有认为他们除了要求公平对待之外还有任何别的什么企图。

约翰·杜威

对威廉·欧内斯特·霍金的“德国的政治哲学”的回答[①]

先生：与霍金教授提出的问题相比——如他所说，是一个有关我们美国人自 418
己的政治思想问题——我对德国思想倾向的历史演变所做的阐述，尽管内容上正确但却不够有趣。我们的政治哲学应该是经验的，还是先验的和绝对的呢？我写的《德国的哲学与政治》面向的对象，当然是美国读者而不是德国读者；我是希望拙著能够略尽绵薄之力，让国人意识到我们的活动要旨与理论及其表达是不相符的。我感到理论的具体运用并不是那么容易的，因为我发现，在如何应对当前国际局势的方法问题上，威尔逊(Wilson)总统与布赖恩[②]先生之间有分歧。他们都共同假定有一些“永恒原则”，都随时要求将这些永恒原则强加于国际局势之上；他们之所以出现这些分歧，乃是因为律师出身的威尔逊先生认为，这些原则已经体现在法律之中；而感情用事的道德主义者布赖恩先生则认为，这些原则体现在一种利他主义的人性的伟大热情之中。我只能认为，如果我们从一开始就认识到问题在于要弄清楚我们真正需要的是什么，顺应国际局势的推动力量是什么，怎样在权衡利弊之后明智地达到既定的目标，我们的境况就会变得好一些。

然而，霍金教授并不同意我的观点。他发现，美国的问题是我们太实用，我们太依靠经验和实验；而德国人的行为给我们上了一堂直观教学课，让我们知道

① 首次发表于《新共和》，第4期(1915年)，第236页。霍金的信函，参见本卷第473—477页。

② 威廉·詹宁斯·布赖恩(William Jennings Bryan，1860—1925)，美国政治家、民主党和平民党领袖，曾任威尔逊总统的国务卿，后由于与威尔逊意见不一致而辞职。——译者

419 了一种可以指引方向的哲学；他大概在提醒我们要回到某种绝对的、永恒的准则上面去——不过，他没有告诉我们是什么准则。看来，我对德国人的思想素质的准确描述与我们之间的争议是有关系的。霍金教授并没有理解我的立场。我没有说过，德国统治者的行为受到了一种唯心主义哲学的支配。我的意思是（我也说过）：那是一种*现实政治*（*Realpolitik*）——对不起，它是非常讲究实际的。事实也是如此；唯有行动，才是讲究实际的。但是，也有一种唯心主义哲学甚嚣尘上，它讲的是责任、意志、终极观念、终极理想，讲的是德国历史中存在着为人类赎罪的绝对观念。这种哲学披上了一种伪装，所以，德国民众并不了解德国领袖们所做的事情的本质，而领袖们的政治又要取决于民众的支持。霍金教授难道相信，德国人支持这场战争是因为他们认为这场战争完全是一种“实际的权宜之计”吗？果真如此的话，他的证据是什么？他的证据在哪里？我怀疑的是：那些德国代表性人物在兴奋状态下所说的话，能否作为反映客观事实的充分证据？我认为，这些话倒是完全反映了他们的心态。这种心态自然流露出来的是康德哲学，是绝对命令，是德国传统的唯心主义。霍金教授能够否认这一点吗？倘若不否认这一点，他从中又得到什么启示呢？

我再重申一遍，我得到的启示是：德国人不是存心要做伪君子，但在一个人人讲求实际的世界里，死抱着一种与行动的事实相左的哲学是危险的，因为这种哲学会遮住人们的眼睛，使他们无法看清自己活动的真正本质这种哲学既鼓励人们去从事一种活动，又让他们觉得支持这些活动的是截然相反的一种观念。我发现，在像德国这样一个强调组织的社会中，阶级分层和组织有效的从属等级制度为求助先验观念提供了某种有力的支持。“永恒原则”不过是伴随着实际的社会组织的情感升华而已。德国人在求助一种绝对哲学的时候，并没有在理智上出现不确定和混乱的情形；但美国人如果这样做，则不可避免地会出现混
420 乱——在我看来，美国人总是那么浅薄，那么不切实际，令人可悲。

我们不要以为承认——或者断定——德国人的行为是讲究实际和经验的，就会暴露其混乱之处。问题的关键是要把两种活动区别开来，一种活动是人们了解其性质，清楚其目的，正视其后果，并承担其责任；另一种活动是求助于纯粹唯心主义的永恒原则和赞美辞藻，对集体意识掩盖了它的性质。最后，让我用改写霍金教授的一个句子来结束吧：

由于受到一种浪漫主义的唯心主义的影响，德国时下流行的哲学对以“永恒原则”之名而采取的狭隘自私的措施进行了辩护，对缺乏同情心和人性的行为进行了辩护。他们实施这种行为时，还理直气壮地说是有利于人性的根本进化的，这种进化只有在一个赞赏纯粹唯心主义真谛和纯粹责任意义的民族的领导之下才能完成。它还为背弃种种法律的永恒的和暂时的义务进行了辩护，它是一种无条件的义务，即作为绝对的工具去完成一种历史的使命。

约翰·杜威

希特勒国家社会主义的世界大同[1]

421 第一次世界大战结束之后，德国的形势出现了迅速而全面的倒退，这大概是历史亘古未见的。这个转变无论从性质还是从数量方面来说都非常巨大，结果便提出了一个问题：德国的古典哲学对于国家社会主义时代的德国是否还适合？我们可以根据一个貌似可信的事例得出结论：将希特勒送上权力巅峰的哲学与随着时代出现的各种哲学是完全一致的，原因就在于它们都相信日尔曼人固有的优越性和注定要决定其他民族命运的权利。我们可以想一下，导致这种形势出现令人瞩目变化的人，并没有接受过多少正规的学校教育，他大概从来没有读过康德、费希特或者黑格尔的只言片语。那么，我们就要考虑这种古老观念与这种变化的关联性。

从表面的事实看，人们无法找出既有的德国哲学传统对希特勒的信条所产生的**直接**影响。不过，缺少直接的传递途径并不能抹掉这种一致性，因为历史已经证明，在希特勒的诉求措辞与德国人产生的响应之间存在着不可思议的、几乎是一对一的一致性。没有这种一致性，希特勒至今还是一个默默无闻的煽动者，他的价值充其量是让人觉得讨厌。唯有万事具备的土壤和非常有利的舆论气候，才可能结出希特勒种下的果实。我们可以不无道理地认为，缺少直接的影响
422 途径只能进一步准确无误地说明，在德国人的信仰态度（德国人一直在这样的信仰态度中被动地接受灌输）与希特勒式的呼吁措辞（只要看一看他们迅速取得的

① 首次作为《德国的哲学与政治》（纽约：G·P·普特南出版公司，1942年）第二版的“导言”发表，第13—49页。

胜利，必然就能判断这些措辞符合德国人的思维）之间存在着一种既定的和谐。

毫不奇怪，希特勒这个无名之辈取得了不同寻常的成功，这使他相信自己受到上帝、命运、自然（他不时转换自己的用词）的重托，下凡人间执行使命，去唤醒沉睡中的德意志，让它意识到自己的存在和内在力量。希特勒相信或声言，他受到神的召唤，要唤醒德国人血液中沉睡的东西。我们也许有理由认为，他归因于血液和种族的东西，事实上就是文化和培养的产物；在其形成的过程中，古典哲学家就是教育的力量。有一点是确定的：希特勒最强调的一件事，是他成功地领导一个小党夺取了德国的权力；这个党建立的时候，他只不过是第7名成员。他是为了让他统治的德国能够扬言——并承诺——一定要统治全世界。他反复引用这些事实来证明，他是奉神谕而下凡的真正日尔曼精神和血统的化身——他问道，否则，还有什么可以解释他本人和德意志的胜利崛起呢？

希特勒的信条与德国古典哲学传统之间有一种延续的血缘。最有效地掩盖这种血缘的因素，是他选择并运用手段的那种不同凡响的灵活性与追求目的的那种疯狂的刻板性；按照他自己的说法，他把这两者结合起来了。希特勒把机会主义发挥到了极点。我们都知道的一个事实，就是他对时机的把握，其标志就是他对邻国接连不断的入侵。在1922年和1933年之间，他所采取的一些措施同样表现了他对时机的把握。他通过这些措施先后变成了党内无可争议的领导人，并使他的党变成了德国无可争议的领导者。当时的人们都鄙视他，这也是促成他成功的一个重要因素。这给了他时间和空间来灵活地改变他的诉求方式，从而赢得了工人及其数百万社会主义政党成员、银行家、大工业家、军队领导人 423
和旧时贵族地主对他的目标和政策的支持。

他的机会主义天赋还有一个同样高超但不太显眼的方面，表现在凡是碰到什么思想，只要能够加强他诉求的任何方面或者阶段，他便借用过来，或者经过改编，为我所用。我认为，无论如何都不能把他称为尼采、张伯伦、特赖奇克①或者斯宾格勒②的门徒，正如不能把他称为康德或者黑格尔的门徒一样。他对于用作武器的思想有着很好的时机把握，他决不会去考虑逻辑上的连贯性，这样就

① 海因里希·冯·特赖奇克（Heinrich von Treitschke，1834—1896），德国历史学家和政论家，强权政治的鼓吹者，著有《19世纪德意志史》。——译者

② 奥斯瓦尔德·斯宾格勒（Oswald Spengler，1880—1936），德国历史学家及哲学家，著有《普鲁士人民和社会主义》、《德国的重建》、《西方的没落》等。——译者

不会妨碍他去盗用任何思想来充当他的一种武器。也许，他用得着斯宾格勒的地方比上面提到的哲学家要少。“西方的没落”这一观点，与他计划要让西方在他的领导下上升到新的高度是冲撞对立的。但是，他肯定从斯宾格勒下面的这番话得到了鼓舞：“只有用生命力才能推翻金钱并摧毁它的力量。生命就是一切。生命也只有生命，即生命力的特质和意志的胜利，才有历史的价值。”

“机会主义”这个词的意思太弱，还无法表达我想说的意思。如果说艺术的实质就是掩藏艺术的痕迹，那么，使希特勒的诉求获得成功的形势的实质，在于它唤醒了符合所有德国民众基本信念的希望与渴求，同时又没有表露出一种明显的哲学观念。他所接触到的每一个群体都有隐蔽的愿望和暗藏的野心，对此，他有着超乎寻常的洞见，这使得他能够充分利用德国民众内心所认可的东西——这里“认可”的意思，不仅是指当时形势下的认可，而且还包括坚持和进一步发扬的意思。

在希特勒的信条与他诉诸的德国人的主要倾向之间，存在着一致性、和谐性和相互适应性，我对这个问题不可能谈得太多。由于存在这种一致性，因此很有必要考虑一下德国民众的态度、惯常信仰和既有思想，诚如有必要考虑希特勒的言行一样。德国哲学代表人物的学说已经渗透到德国大众的态度和习惯中，由
424 此我们发现，在德国人的态度习惯与构成希特勒强大诉求的诸因素之间存在着一种看不见的连续性。

众所周知，战后的德国是一个被打败的和受屈辱的国家。这种形势给希特勒的诉求奠定了一个实实在在的基础，这也是大家熟悉的事实。德国之所以没落，是因为它软弱；只有使其强大，德国才能崛起。正是希特勒在每一个可以想象得到的场合，用每一种可以想象得到的方式，将这个简单的想法吹奏出来。德国要履行它在世界上的使命，力量和权力是实现这一应尽义务的绝对先决条件。力量是美德，而美德就是权力；从根本上说，软弱就是一种堕落。希特勒的著述和演讲以及有关他的丰功伟绩的流传，形成了一种力量的信条；这种信条在疯狂无情的打击、野蛮的恫吓和残酷的迫害之中达到了顶点，这也是我们大家所知的。大家也知道，在他掌权之后，压制各种批评之声的政策（最初是靠流氓去破坏其他政党的公共集会）得到了发展，演变成对于新闻、宗教、集会、电台、学校和每个表达促成舆论的机构（甚至包括私人谈话）进行严格有力的控制。

在实际的行动和信条的宣传中，强硬的力量在希特勒的现行秩序中占据着毋庸置疑的位置。希特勒始终如一地贯彻他在1922年一次讲演中的格言：“人民需要自尊心和意志力，需要蔑视和仇恨，除了仇恨还是仇恨。”他坚称，用这种态度去塞满德国人的脑子，是国家社会主义党为把德意志民族从软弱变得强大而进行的“清洗”过程的一个重要组成部分。他告诫说：“意志是永恒的因素，是所有其他存在的条件，是不论敌方如何训练有素而打赢战争的条件。”他通过意志来理解行动中的绝对力量。他在一次后来的演讲里面使用了这样的字眼：“在上帝和世界的面前，向来只有强者才有权利实现自己的意志。整个自然界就是 425
一场强弱之间的伟大斗争，就是一种以强制弱的永恒胜利。”

这样的段落可以无限地复制，希特勒的行为与他在诸多演讲里所阐明的那些信念从来都是始终如一的。没有理由怀疑绝对力量的教条在希特勒的阴谋之中的地位。绝对力量最终创造了一个拥有绝对权威的政治国家，因为它垄断了所有自然的和文化的权力工具；国家领导者的动力是“狂热的奉献和无情的抉择”，而臣民唯一的美德就是绝对的忠诚服从。不过，希特勒的信条在大众当中的体现通常给人一个错误的观念，所以才能牢牢控制住德国民众。这个错误的观念在于把力量的信条看成是他的全部信条所在。像德国这样的国度，即便在战败和萧条的状态中，为了转型需要的也不仅是狂热、残暴和歇斯底里（希特勒经常把这个词和他所赞扬的狂热联系起来）。

听起来似乎有点奇怪，希特勒反复地说造成德国失败的软弱的根源是“精神的”(*geistige*)，因此挽救德国首先必须从精神方面入手。首先需要的，是唯心主义信念的重生。在《我的奋斗》(*Mein Kampf*)一书中，希特勒在颂扬力量的同时，也明确指出力量（包括军事和经济的力量）要从属于观念和理想。没有与“唯心主义”哲学家的这种延续的纽带，就没有理由料想德国民众会产生目前这样的反应，而唯心主义哲学家正是德国民众的教育者。

希特勒在掌权后不久（1935年）的一次演讲中说道，甚至在德国人中间也还有人不理解国家社会主义党之所以存在和取得胜利的理由。他们不知道仅仅借助“其内在的本能和良心”就可以统治德国民众，所以唯心主义的力量“就足以完成推动世界的任务”。他坚称，人民聚到他的周围，“是因为受到一个来自内心深处的声音驱使；如果单纯依靠理性，他们反而会受到劝阻，但是仅凭压倒一切的 426
唯心主义信念就可以发号施令了”。

有些人对希特勒赞同绝对力量作用的哲学固有的残暴一面往往听之任之，并沉醉于希特勒言论中“唯心主义”的方面，还在其言论中看到了“未来的浪潮”正在兴起。我们不需要去讨论这部分人为何变得如此地缺乏理性，除非我们一味地错误估计希特勒在德国的力量来源——这种估计会对我们的和平政策造成危害，否则，我们就需要考虑德国民众对于希特勒所作所为的理想作用所持有的信念，并对这些理想作用的存在予以充分的认识。

用*哲学*这个词去联系希特勒的言论时，我们几乎不能不对此加上引号。然而，希特勒在强调德国的软弱和重振雄风的“精神”原因的时候，毫不迟疑地使用了“*世界观*”(*Weltanschauung*)这个词，这就与哲学联系起来了。不仅如此，他还说，缺乏统一的*世界观*正是德国战败的原因，而培养世界观正是德意志重新崛起的先决条件。这个词与许多德国哲学的用词一样意思含混，而且与许多哲学术语一样，就因为其模糊性而产生了相当的影响。英语通常把它翻译成为“world-outlook”(世界观)，这个译法当然译出了原词的部分含义。但是，这个词也可以翻译为“world-intuition”(世界的直觉知识)。欲“外观”则必先“内省”，这才是德国哲学的典型做法。在哲学话语中，直觉是一种内省的方法，它可以揭示基本的和终极的真理原则，尽管这些真理原则总是有些模糊。

不管怎么说，希特勒对一种*世界观*作出了纯粹德国式的贡献。他在努力把自己的政党推向权力的过程中，对其他政党提出了许多严厉的指控，其中一项指控是这些政党集会时从来就没有提出过*世界观*的问题。1932 年，在他上台之前不久对实业家所作的一次演讲中，他谈到了理解纳粹主义的“唯心主义”方面的
427 头等重要性。众所周知，希特勒直到最后都认为德国军队是战无不胜的，因此把 1918 年德国的战败原因归结为被人“在背后捅了一刀”。这个观点为他向普通民众进行宣传起到了很好的作用。不过，这还远远不能表达他对德国战败原因的真正解释。在上面提到的那次演讲中(比他大部分的演讲都要理性得多，也少了一些情感的调子)，他明确表示，《凡尔赛和约》让德国陷入了痛苦，但把它视为罪恶之源是一个错误。他接着说道：“我始终认为，如果我坚信德国民众能够对改变这种不幸的状况施加影响的话，那么，整个德国就必须对所发生的一切担负起责任来。”他坚持这样一个完全符合逻辑的观点：如果把国家不幸状况的原因归结为外在的东西，那么，医治的办法就必须从外部去寻找；如果可以从自身内部产生良方和自救的办法，那么，德国人也必须对德国的软弱和受辱状态负责。

“那些人是错的，”他说道，“他们从外部去寻找德国陷入困境的原因。我们的处境当然不仅仅是外部事件所引起的结果，我几乎可以这样说，也是我们自身内部偏离精神、相互纷争和自我崩溃的结果”。他驳斥了这种观点，即认为可以忽视德国所经历的这场灾难的“精神”方面，然后重申他对“断定《凡尔赛和约》是我们不幸原因的那些人”的抗议。因为这个“和约”只不过是“我们自身慢慢走向内部混乱和偏离精神的**必然结果**”。他用同样的断言补充了上述的主张，认为唯有改变德国民众的**世界观**，才能使德意志恢复统一和重振雄风。他站在历史的基础之上，进一步解释了他不断称之为“内部纷争”、“内部冲突”、“内部偏离”和“精神崩溃”之所以发生的原因[①]。

他将德国的衰落和复兴的方法解释如下：

> 德国一度拥有一种统一的世界观。因此，具备了用一元化原则来实现 *428*
> 大规模组织和宗教共同体的条件。当新教的兴起粉碎了这个基础之后，国家的力量就从外部的冲突转变为内部的冲突，**因为人性的内在需要迫使他要在一个共同世界的直觉知识（或者世界观）中寻求一个基础**。否则，人性就会一分为二，并且陷入混乱而不能将其力量引向外部。

正因为德国没有取得精神上新的统一，“它的力量就转向了内部，被内部所吸收并且被最终耗尽”。由于德国忙于应付自己“内部的紧张状况”，所以对“具有世界意义的外部事件无法作出反应”。

我在25年前曾谈论过德国文化的“两个世界图式”，我想，我们可以用他的这个论述来证明我当时的观点。正如人们经常所指出的，由于缺乏任何可以与法国大革命相比拟的东西，德国的“革命”只是发生在观念之中，是与实际的行动和制度相脱离的。于是，希特勒得出了这个结论：德国能够复兴的唯一方法就是达到内外的统一，因为这是集合国内和国际力量的前提条件。

> 除非德国能够在世界观（或者世界的直觉知识）中消除其内在的分裂，

① 给许多德语词汇增添了感情色彩的模糊性，在 *geistige* 这个词里也很明显，这里译为**精神的**。这个词有一般说的**思想的**和**心理的**意思，许多人在“精神的”标签里发现了其高度尊崇的意义。

否则便不可能遏制德国民众的衰退……我们不是各种条约的受害者，相反，条约是我们自身错误的结果。如果我期望改善这种景况，我就必须首先改变全体国民的价值观。

他的演讲以诉诸这种全体国民潜在的唯心主义而告结束。这种唯心主义认为，“物质”即经济利益，与更高的“精神”利益是完全对立的。依赖前者只能导致内在精神的逐步消散，依靠内在精神才能产生统一的世界观和力量。“另外，你越是把民众拉回到信仰的和理想的世界，他们就越不把物质的困境当一回事”。他接着问道：曾几何时，德国人民“为了宗教，为了理想，为了信念，根本不考虑什么物质利益”，不是也掀起过150年的战争吗？他最后说道，如果全体德国人民
429 对国家的使命都怀着相同的信念，也就是驱使冲锋队愿意去牺牲自己（包括在街头和反对党集会上使用暴力）的信念，那么，德国在世界上的地位将会今非昔比。简言之，希特勒的使命就是要消除“内在”与“外在”、理想与实际、构成“德国两个世界”的精神信念与残酷现实之间的分裂。因此，我觉得把本章的标题取名为“希特勒德国的世界大同”①是顺理成章的。

有一位柏林教授因反对德国第一次世界大战的政策而离开了德国，他于1917年以《作为一种烟幕的哲学》(*Philosophy as a Smoke-screen*)为题写下了下面的话：

由于德国人具有强烈的宗教倾向，文艺复兴在这里便消弭在宗教的分歧之中。名副其实的人文主义者在这里没有产生多大影响……人们太沉醉于宗教的自由，结果忘了还有公民的自由这样的东西……首先，德国人养成了一种习惯，就是把自己所依赖的世界视为一个遥远的东西、一个浮在云端的东西，凡“在人世”或“在尘世间”的东西都是瞬息即变的……德国天才所需要的是：在一个自由的“思想的世界”里面，每一个人都能够主宰自己，尽管他在现实的世界中只得被迫屈服于地位比他高的人。

在这个问题上面，即在对德国不幸的原因进行诊断上面，他与希特勒的分析是相

---

① 此处疑为作者笔误，为了忠于原文，译者未作修改以与文章标题一致。——译者

同的。作者进一步写道：

> 讨人喜欢的说法是："如果你不想做我的兄弟，那么，我就揍扁你的头。"这已经成了德国人的一句谚语。德国人认为，他凭借这个准则就能拯救世界……法国人是决不会明白这个的。法国人太轻浮，太讲求物质主义[①]。他以为死人就是死人，窒息弹就是窒息弹。可德国人却知道，这两者的后面还隐藏着别的什么——一种观念……潜藏在事物背后的观念才是一切事物
> 的原因。在炸弹背后，每一个德国人都会去寻找并发现心中的目标。基督 430
> 徒寻找自己的上帝，哲学家寻找自己的康德，慈善家寻找对人类的爱，平庸的公民寻找普适的秩序。

我们可以回想一下，黑格尔攻击康德对现有与应有、现实与理想的区分。他宣称，凡是现实的东西都是合理的，凡是合理的东西凭借自身的活动而变成了现实的。不过按照其辩证法的图式，哲学中的同一性认识仅仅是作为绝对精神的最终呈现。同一性的任何外在显现，都必须排列在绝对精神那辉煌前行的队伍之中。依照希特勒的哲学或者世界观，眼前要实现理想与现实的同一性，就要把理想的信念与彻底组织化的力量结合起来；理想在召唤着德国民众去服从他们的命运，力量则在控制着生活的每一个方面，比如经济的、文化的、艺术的、教育的、军事的和政治的方面。

我这里不再去重复引用他的话。希特勒始终认为，他成功地实现了把德国从一个软弱、分裂、屈辱的民族变成一个强大、自豪、统一的民族；而他之所以成功，是因为他明白德国人心中潜藏的唯心主义，知道如何把它激发起来，然后化为实际的行动。他的"整顿"政策，他的极权主义政策，都代表了他把社会大统一彻底付诸实践的"理想"。用他自己的话说，"在一个有众多的政党、社会阶层和社交圈的地方，兴起了一个单一的共同体。你们放弃了你们各自的政党、社交圈和联盟，但是作为回报，你们却获得了一个伟大而强健的帝国。"废除工会，废除联邦州，废除阶层(*Staende*)、等级和"阶级"，废除不同的政党，目的就是为了最

① 作者可能来自莱茵兰(德国莱因河以西地区的通称。——译者)，那里的文化与法国、德国的相当。

终根除宗教教派组织的分歧；对学校、新闻、广播、公共集会和私人聚会进行管制，这一切都是为了实现一个共同体的“理想”，即拥有“内在精神”的统一和力量。这一切只不过是希特勒用来消除冲突和分裂的具体手段。他认为，人们对于两个世界图式的容忍就是因为这种冲突和分裂。

431 他在战争开始以后发布一份宣言说，德国对其发动战争的那些国家的“理想”是“为财富而奋斗，为资本、为家庭财产、为个人利益而奋斗”——总之，是披着尊重个人自由的外衣，为了一个独立“阶级”彻底的“物质”至上而奋斗。他说，这些国家向热爱和平的德国发动战争，这是因为它们憎恨德意志内在精神完全统一的理想。另一方面，德国致力于创造一个完全亲密无间的世界，“一个共同工作、共同努力、共同关心、共担责任的世界”。在这个过程中，“我们的任务是帮助我们的人民更紧密地团结起来，创造一个真正意义上的共同体”。希特勒仿佛受到一种内心紧切需要的驱使，要进一步地完善他那种将唯心主义与无情力量结合起来的哲学，他补充道：“如果有人不愿意合作，我们将为他们举行国葬。”在被占领国，他对那些谢绝“合作”的人实施屠杀就显示了其政策的一致性。

在反对极权主义的民主斗争中，有人满足于把岌岌可危的原则界定为对抽象的人格的尊重，也就是说，不考虑具体的社会环境，似乎仅仅是人的自我原则就会自动产生其恰当的社会环境。等他们终于发现，在尊重“人格”的事业中，谁也不及希特勒本人那么热心的时候，一定会大吃一惊。譬如他曾经说过：

> 在国家衰落时期，会出现两个密切相关的因素：一个仅仅是用数量至上——即民主的平等化思想来取代人格价值至上的思想；另一个是否定普通人的价值，即它否定不同民族在天赋能力以及成就上的差异。

而且，“荒唐可笑的是在经济生活中承认人格原则的权威，而在政治领域又否认人格原则的权威。我必须把人格的权威放在首位”。同样“存在着两种截然
432 对立的原则：民主原则和人格原则。民主原则只要听之任之，就变成了毁灭的原则，而人格原则却是成就的原则”。

我不想去解释这些表白，说它们是在口头上服从康德的人格原则——人就是“目的本身”。希特勒赋予个人的是一种进取的或者充满生命能量的权威；这种权威就是表现在他自己生涯中和他的那些部下身上的残暴力量。然而，这些

段落表明,用哲学和神学的形式去维护至高无上的“人格”价值显得那么的空洞,就像希特勒的其他言论表明用宣言形式的唯心主义与社会危害的恐吓结合起来是何等的贫瘠。按照正当的常识,一种“理想”能够引导人们在现存状态中努力去推动未来的具体变化;只有这样,它才是有意义的。在德国哲学的两个世界图式中,这种理想就是把未来拉到现在,这个未来如同遥远而美妙的天空——虽然有些阴霾但却无比的壮丽。到了希特勒的手中,这个理想变成了用武力方式来缔造一个完全统一的“共同体”。关于**理想**和**人格**的空洞化和形式化,并不仅仅限于德国哲学,它在我们国家和大不列颠的哲学学说中同样找到了栖身之地。正像希特勒能够为形式上的正当性而感到自豪,他是以符合宪法的形式把国家社会主义推上了权力的巅峰。这样一来,原本与经验分析和对具体社会状况的经验发挥相分离的唯心主义和人格,比不着边际的纸上谈兵还要糟糕。它们确实是代表了“现实”,但这些现实只不过是披着高尚外衣而企图控制他人行动的那些人的计划和欲望罢了。希特勒在德国的成功以及给世界人民所造成的威胁,向我们提出了一个悲剧性的警告:相信抽象绝对的“理想”,必然会产生危险。

我现在来总结一下构成国家社会主义信条的社会统一哲学的要点。希特勒掌握政治权力(在 1934 年)以后不久,在一次演讲中概括了这个信条,然后在 433
1941 年又简要重复了这个信条的要点。这个要点在他自己的解释中得到了表述。团结和统一在德国唯心主义的周围,是至高无上的需要。这种唯心主义分为两个相互对立的阵营,因此必须把它们统一起来。大众和工人要献身社会主义。也许他们还不十分清楚社会主义的重要性,所以要把社会主义作为一个必要的和明确的目标展现给他们。与这个庞大群体相对的,是献身国家主义理想的一个小团体。其间的分裂是严重的,因为这基本的和庞大的群体代表了工人、手工业者和国民生产力,而国家主义者则是这个群体的大脑。希特勒致胜的力量和希望来自这样一个事实,即他首先而且独自看到了潜藏于这两种理想中的一致性。“最纯粹形式的社会主义就是自觉地将人民生活的利益和要求抬高到个人的利益和要求之上”。另一方面,“最高形式的国家主义则表现为无条件地把个人献给人民”。简言之,真正的社会主义和真正的国家主义显示了同样的终极理想,但它们到达目标的途径以及看待目标的视野却不相同。从一面看到的是社会的要求高于一切,从另一面看到的是个人对社会的顺从与奉献。尽管两者具有内在的一致性，但是“摆在党面前的无比艰巨的任务，是要把理想世界和抽象思想世界的认同转变为实实在在的现实”。

在回顾了1941年以来党的工作之后，他说到了取得的累累硕果，消除了社会主义与国家主义的分离，将它们的内在亲缘关系变成了铁的事实，所以“今天这个民族国家的演变被视为是理所当然的。可在1918—1919年的时候，它却被视为一种病态的异想天开的虚构之物”。然后，他接着说道：“国家社会主义的意
434 识形态代表着对个人主义的征服，但并非是在遏制个人禀赋或者抑制个人首创精神的意义上，而是把共同体的利益放在个人自由和个人首创精神之上。”——不过，这里所说的共同体利益，当然是指由希特勒自己建立的这个特殊“共同体”的利益。

希特勒的国家社会主义代表了与德国传统政治哲学的决裂，这是一个很重要的问题。与人们常说的相反，希特勒并没有对国家或政治组织进行神化。如果用人民或者**民族**国家的术语来理解的话，他称为**社会**的东西是至高无上的；在国家社会主义的理论中，国家尽管不可或缺，但被降格为一个促进共同体安全和幸福的工具。开始的时候，他几乎不可能有任何其他的观念，他一直处心积虑地试图推翻现存的国家，因为这个国家根本不能行使它的社会职能。但是，他随着时间的推移越来越认为自己是受神的重托，他必须代表人民和国家共同体去创造一个政府或者国家。将他的血统种族论与神秘的人民概念联系起来，远比国家的活动简单得多，因为国家的活动常常使人感到是一种负担，比如不得不缴税。

希特勒还对社会主义理论进行了异乎寻常的改造。无论贴的是何种社会主义的标签，以前那些自称为社会主义的信条都把经济因素放在了首位。希特勒站出来，断然把经济利益和经济事务放到了从属的地位。代表共同体——当然是希特勒式的共同体所展开的工作和生产劳动，才是唯一重要的经济因素。对于希特勒式的共同体而言，所有技术层面的经济问题和困难完全处于从属地位；就规模或者立竿见影的成功而言，没有什么比操纵资本家和劳动者更能展现希特勒的机会主义了。劳施宁[①]说过，希特勒将银行、工厂、各种行业和私有财产

① 赫尔曼·劳施宁(Hermann Rauschning，1887—1982)，德国人，纳粹党员，曾任参议院议长，后逃离德国，反对纳粹，著有《虚无主义的革命》等。——译者

的社会化视为鸡毛蒜皮的事，因为重要的事情是人的社会化。这完全符合希特勒公开演讲的主旨，尽管在调子上，这比他鼓动社会主义工人党的那些演讲更 435
加直白。

除非用来为国家的统一服务，否则，经济活动都是外在的和“物质的”。我们没有理由怀疑，他在这个问题上对马克思主义的布尔什维主义的攻击是发自内心的。这是他成功地让数百万信奉社会主义的选举人归附其事业的一个因素。社会主义者归附他还有更重要的原因，这就是他将德国现行的经济条件从属于强力政府和强力军队的发展。用他自己的话说，“除非在经济活动的背后站着一个坚定的国家政治意志，它随时准备实施打击而且是严厉的打击，否则便没有经济生活可言。”如果德国没有作为一个政治大国而复苏，甚至连农业也不可能得到复苏。只有通过同样的手段，对外贸易也才可能得到发展。甚至是对于一个“国内市场，德国的生存空间(*Lebensraum*)问题首先要通过把德国变成一个政治大国才能得到解决”。

共产党将国际主义作为赢得贫苦劳工和数百万失业者的手段，然而与希特勒对他们的承诺相比较，国际主义的吸引力就显得抽象、苍白、遥远——希特勒用“宁要枪炮不要奶油”这一美妙的词藻来文饰他的战争经济——如果他们愿意帮助建设起一个强大的日尔曼政治民族主义国家，他就能做到这一点。如今共产党人似乎已经吸取了教训，可能主要是从斯大林把苏联从国际社会主义变成一个高度民族主义国家的范例中吸取的——愚蠢的自由派经常把斯大林的这个转变看成是向资本主义经济回归的举动。不管情况怎么样，美国的共产党都相当愿意让美国利益去从属于外国利益，而他们可是把这个外国作为一个“社会主义”国家的具体典范来高扬的。

理想种族社会的明显特征，是将统一最终归因于血统或种族。有人可能把希特勒说的每一句话都读了，但对种族的理解却依然不得要领。根据非常可靠的文献资料，有一个批评家曾说他对于构成日尔曼种族结构的科学事实的知识并不比任何人多多少，希特勒当即很不耐烦地进行了驳斥。如果把“神秘”界定 436
为用压倒一切的情感来彻底淹没事实和观念，而这种情感又是为了揭示比冷冰冰的知识所能涵盖的更高真理，那么，毫无疑问，他正是在一种神秘的意义上使用“血统、种族、土地”这些字眼的。下面这段引文可以让我们部分了解希特勒所渲染的血统和种族的作用。

> 首要的是一个民族代代相传的内在价值，但是，如果充当价值维护者的民众改变了其内在的由血统决定的构成要素，那么，这种价值就会发生改变。只要一个民族的本质，即它的由血统决定的状态不发生改变，那么，它的性格特征必定会被重现。除非血统发生根本改变，否则，这种价值是不能摧毁的。因此，这种价值**是我们民族生存的所有希望的主要源泉**。否则，成百上千万人盼望一个新德意志那令人敬畏的希望便将无法理解。

与简明易懂的象征相比，关于种族的科学事实是微不足道的；因为这个象征可以被当作一种武器，从情感上唤起人们去采取狂热的行动。除了在宣传上作为一个有效的技术工具之外，希特勒鄙视知识标准和科学，这从正面表明了他相信可以赢得大众的情感力量，表明他相信一旦“知识分子”出现情感的波动，就会蜕变为劳苦大众。强烈情感的特征是不问青红皂白；情感要么就是一切，要么什么都不是。我们充满恐惧和仇恨；情感天生就是极权主义的。一旦让情感保持亢奋状态，便可以控制信念，控制知识活动的所有表现。希特勒把麻木不仁和无动于衷称为他的头号敌人；兴奋，始终去寻找兴奋的新源泉，这是他前后不一的政策中最为一致的品质。既然情感是绝对的，所以只知道黑与白，不知道中间的色差。于是，就需要用日尔曼血统的理想价值来有效地展现一个极端的和深褐色的对立面。

有报道说，希特勒曾经说，如果犹太人被消灭了，就有必要编造他们。我们有充分的理由相信这个报道。正如他总是把稍带社会主义色彩的政权视为最极端最危险的马克思主义的共产主义而力图推翻一样，正如他把代表社会民主党
437 的共产主义者视为社会法西斯主义的叛徒即社会主义的最大敌人一样。事实上，他是把德国所有其他的政党都视为全世界犹太人的最高代理人。他之所以平步青云而一步登天，是因为他让德国大众相信，国际金融资本主义和致力于推翻资本主义的共产主义不过是同一支毁灭之师的左膀右臂。对于象征符号娴熟的情感操纵，大概在希特勒这里长时间地达到了登峰造极的地步。有时候，他自称是病态的。如果此话当真，用街头口语来说他“精得很”，因为一旦他自己的情感出现骚动，便会在别人身上引起类似的骚动。如他谈到自己的学说时说道：“知识分子的智力看不到的东西，头脑简单的原始人依靠灵魂、依靠心、依靠本能，就能一下子抓住。”他又补充道，作为有效的措施，未来教育的任务是要“抓住

感情与理智的统一，自觉地回归原始的本能”。

在希特勒的词汇中，血统、种族、本能、激情都可以作为生命和活力的代名词；它们都是一种驱使人们共同采取行动的代名词；与此同时，高高在上的领袖通过娴熟的技巧来实施绝大多数人赞同的组织控制方法。大众并不是一种新出现的现象。独裁主义领导也不是一种新出现的现象。它的新颖之处在于：这个大众不再是一个缺乏组织的乌合之众，而是将组织化的作为与群众心理学相结合而产生了最不同凡响的和行之有效的技巧。对于国家社会主义的所作所为，我在 25 年前写下的句子还是完全可以照搬过来的：“德意志文明特有的主要标志，当然是自觉的唯心主义与无与伦比的技术效率及其组织的结合”，只是“唯心主义”的中心和它的组织的代理人发生了改变。

那些充实并且支撑着唯心主义的内容，从理智的（或者半理智的）变成了情感 438
的，变得激情奔涌，但并没有丢失技术效率与组织化的结合。这一点确实是新出现的现象。正是这个变化，导致了德国的胜利，而这又要归功于希特勒的意识形态。可以实事求是地说，这种转型，海涅早在 1833 年便预料到了。我再次引用我原书第二章的一段。他说道，首先出现的一个阶段是德国人将忙于构建他们自己的哲学体系，待这个阶段完结之后，一场政治革命将接踵而至。他接着说道：

> 让绝大多数人感到害怕的，是那些主动搅和进来的自然哲学家……自然哲学家之所以可怕，是因为他与自然的原始力量结成同盟，是因为他能够施行魔法，让德意志泛神论的妖魔鬼怪各显其灵，然后唤起古代日尔曼人的那种好勇斗狠和以兵为乐的渴望……不要以为我是痴人说梦而嘲笑我的判断……思想先于行动，就如同闪电先于雷霆……这个时刻将要来临。

1914 年这个时刻没有来临，当时似乎看不到将要来临的任何迹象。就海涅脑子里装着的谢林[①]哲学的那种形式而言，这个时刻到现在也没有来临；无疑，

---

① 弗里德里希·谢林（Friedrich Schelling，1775—1854），德国古典哲学的主要代表、客观唯心主义哲学家。一般在哲学史上，谢林是德国唯心主义发展中期的主要人物，处在费希特和黑格尔之间，著有《论哲学的可能性及形式》、《先验唯心论体系》、《宗教与哲学》等。——译者

希特勒并不知道什么谢林哲学。不过，海涅的这番言辞的精神在希特勒的学说及其行动中得到了体现。理查德·瓦格纳(Richard Wagner)在其回归原始条顿神话的过程中，其作品比其他人对希特勒的希望与野心的形成产生了更大的影响。不管怎么说，根据劳施宁的报道，希特勒在谈到日尔曼民族早期自然崇拜即将复活时所说的话，几乎就令人马上想到了海涅的预言。劳施宁说，他所在那个地区的农民在表面的基督教信仰之下保留了往昔继承下来的信仰。希特勒在听了这话以后，回答道："我指望的就是这个。我们的农民没有忘记自己的真正宗教。这个宗教不过是给掩盖起来罢了……我们将会告诉他们，基督教会从他们身上剥夺过去的东西——关于自然、神灵、无形存在、魔鬼的全部秘密知识。"

439 然而，我们不必相信这番话，也不必相信希特勒动摇路德教和天主教会根基的实际企图，更不必相信他所卖弄的由罗森贝格[①]提出的思想，即认为有必要回归到原始的日尔曼诸神及其崇拜。"宗教植根于自然与血统"(用希特勒的话说)的思想与他的全部诉求和努力产生了观念上的共鸣，他要为他的国家社会主义提供强烈的感情、象征符号以及一种宗教仪式。在创立和传播一种新兴而且狂热的宗教方面，穆罕默德与希特勒之间的相同之处要胜过表面上的东西。

希特勒关于"血与土地"的全部哲学，他为在新德国共同体中恢复日尔曼血统所投入的斗争热情，他为德国人争取定居和建立家园所需的新土地而进行的激烈斗争，所有这一切都源自他对"自然"一往深情的信仰。这样一些陈述，正是他的诉求所特有的东西。他把德国的重生归结于德国对其诉求的反响，这个诉求"最为重要的是代表了血与土地的永恒价值，**这种价值观已经提升到了支配我**们生活原则的层次"。他又说道："我们的敬神活动仅仅在培养自然的东西，**因为自然的东西才符合神的意志。**"

只有在这样的语境中，我们才能理解希特勒的强烈信念，他坚信自己是神派来的救世主，他的任务不仅要为德国而且要为全世界建立一个"新秩序"。他强调那些"具有历史意义的"价值观已经老掉牙了；它们完全是人为的，完全缺乏"自然"的支持。它们注定要被生物学的价值观所取代，被血统的也就是生命力的价值观所取代。他不断地贬低"理智"，断言德国人受教育过度，重申要借助原

---

① 阿尔弗雷德·罗森贝格(Alfred Rosenberg，1893—1946)，德国"第三帝国"的"纳粹思想家"，纳粹刊物主编，纳粹战犯。——译者

生的原始本能，借助冲动和不假思索的能力，他极度地相信自己至高无上的领袖能力。所有这一切都反映了他的自然哲学，反映了他所理解的自然。

为了赢得工业界巨头和社会主义工人党（还包括废除他们的工会），为了赢得农民和贵族地主、旧式特权阶级和流氓暴发户、顽固的民族主义者和拥护联邦制但又要维护州权的支持者，这就需要一种极力贬低德国传统哲学中“唯理智 440
论”的世界观。“理性”必须与“自然的最原始表现方式”成为一体。在开始阶段需要的是精英；由于精英的统治，一个强大且欣欣向荣的德国建立起来。但是，由于德国的战败和蒙耻，精英的大权逐渐旁落。希特勒天赋过人，他抓住了这样一个事实。德国土生土长的评论家们在分析德国事件时已经注意到，德国在工业和政治中出现的总趋势，是要打破阶级界限，创造一股新的力量，创造一个多少难以归类的大众。德国的大萧条，连同德国民众一贯在面对政治问题方面的不称职，再加上那些受过科学教育的德国人主动远离政治生活，这一切都极大地凸显了德国的这种现象。事态的发展业已表明，在希特勒娴熟的操纵之下，这种现象变成了一个决定性的因素。这完全是一种颠倒的民主，最顶端是极权主义的绝对领导，最下面则是被驯化的和唯上是听的大众，中间是一个等级森严的下级领导者，这构成了纳粹德国的政治格局。这是一种“颠倒的民主”，人们在其中的地位与级别取决于他们在指挥与服从中所表现出来的狂热坚定的程度，而不是取决于德国尚未抛弃的许多封建传统。热情、奉献、狂热主义的表现，就是希特勒所理解的“权威人格”，而权威人格在他的信条之中表现出血统或者自然生命力在不同人身上的强度。

从**内在性**的首要性转向行动的首要性，并非表面上体现的那些东西。还有什么比“血统”更加“内向”呢？还有什么比希特勒成功唤起的冲动和激情更加内在、更加原始和更急于表达呢？在他的诉求与黑格尔的政治哲学和历史哲学之间有一种连续性，这种连续性并不是表面上可以看到的。黑格尔一直使用**理性**和**精神**这样的字眼，并给予了逻辑（按照他对逻辑的特殊理解）所谓至高无上的 441
地位，这些都欺骗了未来的这位当选者。要看到表面之下的东西，我们必须抓住黑格尔区分理性（*Vernunft*）与理解（*Verstand*）的意义。用来验证思想和理论的反思、探究、观察、实验，我们所有这些比较低等的被称为才智的东西，在黑格尔的体系中仅仅属于“知性”的东西；然而，理性对知性是嗤之以鼻的，并在崇高的飞翔之中把后者抛在了身后。

在黑格尔的《历史哲学》(*Philosophy of History*)的学说中，特别重要的地方就是在反省的才智与理性之间作出了严格的区分。“知性作为一种思想模式，它寻求的是明确性并将区别固定下来。”因此，知性适合于科学(仅仅是黑格尔所说的科学)，适合于一切计算问题。现代经济生活正是以“知性”的表现形式为标记的。计算与度量是其决定性的因素。黑格尔由此把社会发展的资产阶级阶段与知性的作用等同起来。他认为，在组织化的社会结构里面，知性是必要的但只能处于从属地位。在其下面和上面则是理性的创造性工作，理性透过差别达到一致，然后超越差异达到统一。

历史正是这种创造性理性的体现。历史上有名的民族在其形成过程中，创造了自身那些具有鲜明特征的制度，理性在其中无意识地发挥了作用。人类的行为受到自身的冲动、激情、欲望和自私自利倾向的支配。人类以为，自己是在尽本分和履行命运安排的职责。实际上，他们是神圣的绝对精神的工具和代理人，他们是在实现绝对精神的目标。只有在绝对的理性意志完成了它的工作之后才能进行思考，才能看到它具有真正哲学意义的成果。可是，才智并不具备创造力；它只能在其拙劣的激情、欲望和“有限的”人类目的中记下绝对理性创造的结果。反省的才智如同“只有在夜幕降落时才展翅飞翔的密涅瓦的猫头鹰”——也就是说，只有当创造性的理性通过其无意识的创造性工作而完成了一个历史阶段之后，它才会飞翔起来。

442 理性是按照黑格尔说的“逻辑”步骤起作用的，但就理性的执行者而言，其活动则是盲目的和无意识的，因此就为黑格尔所高度颂扬的理性与希特勒所依赖的本能之间建立了一种天然的联系。当我们看到，绝对精神至高无上的历史表现就是它创造了各个民族；在世界历史之中，“一个特定民族总要在某一个时代占据主导地位，就它作为绝对精神之现在发展阶段的承担者而具有的绝对权利而言，相比之下，其他民族的精神便失去了权威而在历史上也就无足轻重了”，这种连续性的联系便得到了进一步的证实。要想把黑格尔经常称为“民族”的国家翻译成希特勒的民族共同体，这并不存在什么困难，何况希特勒经常赤裸裸地把自然、生命、血统与理性等同起来。

然而，其中主要的关联性在于，黑格尔的理性实践活动毕竟是通过人的或者“主观”的意志的冲动、激情、欲望、野心来体现的，而这些意志是无意识地执行了绝对精神的意志，或者说是黑格尔的“上帝”的意志。也许值得注意的是，黑格尔有一次在提到“日尔曼人含糊而未开化的精神”的时候，继续说道：“如果他们一旦被迫抛弃自身的懒散，如果他们觉醒过来采取行动，使其内在的生命与外在的事物紧密地联系起来，那么，他们也许会超过他们的老师”——从上下文来判断，这个老师应该就是大革命和拿破仑时期的法国人。希特勒可能会自诩为是黑格尔所预示的这个使命的执行者。一个显著的变化就是：他用“人民的社会”代替了政治的国家——黑格尔所用的“民族”这个词意很宽泛，因而也可以这样转换。

我们在前面的讨论中附带地提到，希特勒认为民主的原则就是多数人统治
的原则，因此要让“个人服从绝对的多数”。他将这种民主观与它的政治方面连 443
接起来，民主在其社会发展阶段是与经济个人主义密切相关的，这样就摧毁了所有社会统一的机会，从而削弱了那些民主国家，使他们成了统一的和“社会化”的德国的囊中之物。美国的民主精神通常没有使外国人了解到，它的实践哲学就是一种生活方式。希特勒关于民主的言论是为了达到其宣传的目的，但上面的引文则体现了他对于民主的实际信念。

希特勒不赞成用民主方式来推进社会统一的哲学，他反过来把独裁主义的绝对力量作为实现社会统一的唯一方式。事态的发展业已证明，在德国的文化和教育（希特勒称之为血统）之中，有某种东西阻碍德国人去领会并尝试通过民主方式来达到社会的统一，从而激起他们通过相反的武力方式来达到统一。一位与德国人交往多年的敏锐观察家对我说，绝大多数德国人不会通过讨论和交谈的方式来解决知识的问题。他们依赖武断之言（*ipse dixits*），习惯于等某个人来最后拍板，习惯于要么发号施令、要么听命于人。说到这里，让我想起一个接受过欧洲教育的工程师对我说过的事：他与一个负责管理一家大型生产企业的美国工程师交往了10年，才认识到美国人那种经过你来我往和反反复复的讨论最终作出决定的方式所具有的力量，这个最终决定代表了所有参与者的想法，因此是有效的。他说，在达到这个结论之前，他一直觉得努力让别人接受自己的观点就够了。

最后，我想表达这样一个信念：正是这种方法，即通过自由和开放的沟通过程来达成一致的方法，构成了美国民主生活方式的核心和力量，我们民主的弱点
均说明我们未能到达这种方法所提出的要求。经济地位的、种族的、宗教的偏见 444
危及民主的生存，因为它们造成了交流的障碍，改变和扭曲了民主的运转。这里

不能详谈工业生产和分配的社会化与获得真正民主生活方式之间的关系。不过，我们至少可以肯定，只要商店、工厂、铁路、银行的管理方式是专制的，那么，对民主就是一种危害，因为这种管理方式阻碍了有效的、你来我往的交流、讨论、协商、交换经验和集思广义的过程——这是一个完全自由的交谈过程。

“科学”的分隔(compartmentalizing)是德国人的生活的显著特征。正是这种分隔伴随着德国高科技的发展，使得希特勒把各种形式的科学，无论是自然科学、心理科学还是社会科学，都变成执行纳粹政策的纯粹工具。民主得到的教训是：科学提供给我们非常有价值的资源，是为了让我们把交流的过程变得更加明智，使我们的理智走出偏见的疆界，走出“权威”的最后定论和武断之言。尽管把科学方法和科学结论降格为外在于社会生活的一个分隔部分是德国人所特有的做法，但这种做法并非仅仅限于德国。我们也接过了这种倾向；这种倾向是有害于民主的，因此无论何时何地，当我们面对所有需要社会决定来解决问题的时候，都没有采用科学的方法而使得交流变得更加理智。

迄今为止，我们还没有足够成熟的美国哲学，因为我们至今还没有说清楚民主生活方式的方法和目标。完全凭借武力来实现社会统一的理想，至少应该提醒我们看到，还有一种达到社会统一的持续发展的民主方法。可以系统说明这种方法的哲学，将是这样一种哲学：它承认沟通的优先地位，这种沟通与全面仔细的观察和持续实验的检验过程紧密相连，这些过程体现了科学的人文和社会意义。

445 在25年以前写下的那些章节的结束部分，我强调当时的局势“呈现出了整个国家主义哲学在政治、种族、文化等方面的崩溃景象”。我还表明了，我们国家也未能免于膨胀的国家主义的罪过。这里就不必再提“孤立主义”与“干涉主义”的问题了，因为历史事件已经作出了判断；但值得注意的是，孤立主义者之所以高喊“美国第一”，是因为受到了一种毫无节制的国家主义精神的推动，而这种国家主义精神把世界拖入了目前的悲惨境地。尽管在现代生活的每一个方面，各个民族之间越来越相互依存，但这并不会自然而然地导致理解、和睦、相互依存的人群的合作。世界的现状证明，相互依存可能会制造紧张和摩擦，这些紧张和摩擦会让每一个人群马上退回去，通过武力征服对立的人群来建立和平和统一。

把沟通作为建立统一的手段，这个民主原则适用于一国之内的和各个民族之间的关系。我认为，重复一下多年前所发出的危险警告并没有什么不妥。当时正是战争结束而以法西斯国家告败之际，我警告说要完全依赖于司法的和政治的政策和作用是很危险的。它们是很有必要的。在即将到来的和平中，如在1918年所谓的和平中一样，它们要产生效力就只有通过一定的手段和方法，把相互依存这个不可回避的事实变成我们生活中一个积极的和建设性的现实，“突破阶级、种族、地理和国家的限制，以提高人类交往的效率”。我们可以在这项工作中发挥自己应有的作用，我们要在我们自己社会生活的方方面面，在国内和国际的范围内真正实现自由的交流。

在前面的篇幅里，我试图根据希特勒自己的说法来分析他的纳粹主义的理论及其实践。这种分析必须采取冷静的和不带偏见的措辞。但是，分析的结果可能而且应该产生一种情感上的反应，因为这种分析的基础是对我们不得不面 446
对的敌人的本质的理解。与一个极权主义国家进行战争，就是与一种侵略性的生活方式进行战争，这种生活方式只有依靠不断地扩大侵略范围才能维持。这场战争是为了抵御一种有组织的力量对于生活方方面面的入侵；这种入侵，把它在德国的成功看成是在全世界范围内取得更大成功的有效保证。使用同样的方法，使科学的每一方面和技术的每一种形式组织化，硬给一种顺从的奴性约束的措施带上一顶社会统一的高帽子。面对一种民主生活方式所涉及的方方面面带来的挑战，我们有义务去利用知识、技术和各种人类关系，并通过自由交往和自由沟通促进社会的统一。民主的生活方式要求我们付出不懈的努力去打破那些使人类相互疏远的壁垒，即阶级的、机会不平等的、肤色的、种族的、派别的、国籍的壁垒，这一点比过去任何时候都更加清楚了。

附　　录

1.

生物学的哲学[①]：生机论与机械论[②]

拉尔夫·斯泰纳·利利(Ralph Stayner Lillie)

尽管生物学与哲学之间有着非常密切的联系，但与数学家和物理学家相比，生物 449
学家对哲学思想的贡献很小。近年来最为典型的例子就是德里施[③]。他试图从哲学上作出一些评论和阐释，但总体看来，他的这些尝试似乎既不能让哲学家满意，也不能让生物学家满意。柏格森(德里施称他为“生物哲学家”)将其学说建立在生物学文献的基础之上，而哲学家似乎也越来越频繁地使用这些文献。近来，专业的生物学家越来越表现出一种倾向，那就是进入哲学研究的领域；而且，值得注意的是，他们通常都采用一种生机论的观点。霍尔丹[④]的《机械论、生命与个性》(*Mechanisim, Life and Personality*)一书就是这种倾向最近的一个例证，约翰斯通的近著也是一例。作者说，他论述哲学问题的观点和方法主要来自德里施和柏格森。该书篇幅不大，共分八章，其标题分别是：概念的世界；作为机械论的有机体；有机体的活动；生命冲动；个体与物种；物种进化论；进化的意义；有机物与无机物。书中还有一个附录，简要地介绍能量学的主要原则。在目录部分，还简要和完整地概述了各章的内容，结果是省了
书评家的事，不用再去概括全书，直接集中地评论作者的主要论点，尤其是作者用来 450

---

① 首次发表于《科学》新丛刊，第 40 期(1914 年)，第 840—846 页。杜威对这篇文章的讨论，参见本卷第 3—13 页。

② 詹姆斯·约翰斯通(理学博士)：《生物学的哲学》，剑桥大学出版社，1914 年。

③ 汉斯·德里施(Hans Driesch，1867—1941)，德国生物学家、哲学家，新生机论者，著有《有机体的科学和哲学》、《秩序理论》等。——译者

④ 约翰·斯科特·霍尔丹(John Scott Haldane，1860—1936)，英国生理学家、哲学家，主要以阐明呼吸时的气体交换而著名，著有《生物学的哲学基础：1930 年都柏林大学唐奈兰讲座》等。——译者

支撑其生机论的那些理论依据。

第一章讨论了概念推论与现实的关系。柏格森从本质上把心智视为一种生物的功能，作者对此表示赞同。这种生物的功能以其特有的方式对现实状况作出反应，并且出于实践的需要，又或多或少地把现实状况武断地区分成不同的元素，这种区分是为了对部分有机体产生明确有效的作用。从本质上说，科学方法遵循一种相似的轨迹。我们对自然过程进行的那种科学的描述和阐述，是一种概念化的图式，必然会造成简化和图解化，因此也就无法完全对应于真实的自然界，这是不可避免的。然而，在现实中，我们不能把自然看作是一个个分离过程的组合，因为这些过程处于分离状态时，可以用知识的术语来对其进行准确的描述；而且，这些过程以同样确定的方式和定量测定的方式相互联系着。但是，自然是一种连续不断的或者绵延不绝的整体运动，它展现了一种进步的和不可逆转的趋势。因此，现实的时间与物理学家概念上的时间是有区别的。心智在进行其特有的概念转化的时候，忽略、忽视甚至歪曲了真实世界的许多基本特征。结果，生机勃勃的有机体被当作了机械论：生理学家用物理-化学过程的系统概念来替代真实的和生机勃勃的有机体，而且以固定不变的方式把这些过程看成是相互联系的。这样一来，从根本上将有机体看成了一种物理-化学的机械论。但是，我们必须注意到，他用来建构其有机体科学观的概念内容必然决定这个最终概念的性质——它只能是物理-化学的，或者是机械论的。这是因为，他的方法不允许他把有机体视为其他的东西，而只能视为各种物理-化学过程的相加和综合；同时，这些过程又构成了其综合体的要素。这样的结果，使他实际上根本没有抓住生命存在最典型的特征；所以，他得到的观点既不能用于科学研究，又在根本上脱离实际本身。他在用物理-化学方法去分析许多生命过程时所遭遇的失败，即是例证。

451 关于研究生命现象的种种公认的科学方法，作者进行了根本性的批评。在该书的其余部分，他运用这个基本观点，或者叫做柏格森的观点，阐释了有机体及其进化过程的特征。他注意到有一种独特的力量在生命中发挥作用，这种力量相当于柏格森哲学中的“生命冲动”(élan vital)，或者德里施哲学中的“生命原理”(entelechy)，其典型的作用方向与无机过程所特有的方向恰恰相反。后者朝着同一性和能量耗散的方向发展。与此相反，对于充满生机的有机体，进化则朝着多样性的方向发展，生命活动可以补偿甚至扭转那些有增无减的混乱趋势。

> 如果用能量学的观点来看待生命，那么，生命就表现为一种趋势，而这种趋势与我们所看到的无机过程特有的趋势正好相反……我们称为无机的那种运动

> 是要废除多样性,而我们称为生命的那种运动却是要维护多样性。这两种运动在方向上是截然相反的(第 314 页)。

正是在这一点上,作者的观点特别受到了科学界的批评。他说,热力学第二定律并不能始终适用于生命的过程,可这种说法显然证据不足。恰好有实验证据表明,第一定律(能量守恒定律)适用于有机体。通过叶绿素,太阳的能量得以保存,这是第二定律不能回避的事实。事实上,在作者的某些论点中似乎存在着一种根本的误解。他认为,在适当的环境下,生命可以充当麦克斯韦妖[①]的角色(第 118 页)。作者为其观点进行辩解的理由是:从其本质上说,分子物理学的定律在统计学上有意义;而且,假如能够控制单个分子的运动,定律还会有所不同。这就意味着,对于生命原理而言,实施这种控制是可能的。然而,对评论家而言,把第二定律应用到气体和液体中,这只不过意味着自由运动的分子朝向统一分布运动的趋势。但是,通过增加或者减少系统局部的能量,又可以防止最终的同质性。即使是麦克斯韦妖,也不得不进行一种分隔,以对抗速度更快的分子的冲击。这种观点表明,对分子进行任何协调或者整理本 452
身都涉及功用的表现。然而,约翰斯通的见解是:不必改变系统的总能量,生命原理便能够控制并引导单个分子原本杂乱无章的运动。他还认为,单个有机体生命及整个有机体或者进化过程的这种目的性和方向性取决于这样一种力量,而且确实典型地表现了这种力量的活动。因此,约翰斯通实际认为,除非我们设想存在着这种生命特有的引导性力量,而且这种力量能够改变物理-化学过程的性质、强度和方向,并对之进行协调从而有利于有机体,否则,生理过程便无法理解。这种"生命原理"能够把差异性赋予各种生命现象。

长期以来,评论家们认为,对复杂的和精致的功能所进行的这种生理学的分析是失败的,或者说是有缺陷的,但还不足以成为否定在根本上存在着缺陷的这种研究方法的理由。然而,生机论者却喜欢这种抨击。通过引证一些例子,霍尔丹和约翰斯通认为,在不受一种生命原理引导的情况下,物理-化学过程居然能够形成生命力的基础,那简直是天方夜谭。目前,我们对于胚胎发育生理学和某些形态控制的认识还非常不全面。人们引用得最多的就是这种现象,以证明物理-化学分析方法的缺陷。本书所引德里施的"生机论的逻辑证明"(logical proof of vitalism),就是这种倾向的一个例证。相对而言,即使较为简单的过程,例如肌肉收缩和神经传导的过程,基本上

① 麦克斯韦妖(Maxwellian demon),一种假设的妖灵,能做出违反热力学第二定律的事。——译者

还是一个谜。有人说能够用物理-化学的术语来对这些过程进行令人满意的描述，但是，我们发现这种可能性也很值得怀疑（请参照本书边码第100页）。

对于生机论的这种论点，可以从两方面进行回应。首先，我们应该注意到，物理-化学分析的这种失败，通常是由于条件的极端复杂性所致。但是，这种复杂性并没有
453 提出任何根本性的新问题，只不过使分析变得更加困难，并在一段时间内使分析无法进行。假定形成一种复杂过程的那些更为简单的过程在性质和条件上表现出*恒定性*这一特征，只要有了这个前提，整个过程都可能存在任何程度的复杂性。一些机械物体的或者其他复杂人工系统的普通实验，已经证实了这个论点。我们发现，除了因为实际的权宜之计所设定的限制之外，一个系统的复杂性是没有任何限度的；而且，系统的组成部分以一种恒定的方式运行并相互作用。在所有这样的情形下，更小和更简单的部分被视为构建更高一级复合单元的基础，因此构建更加复杂的系统时，同样要使用这些次级的单元。然后，这些又可能被进一步组合，以此类推。在这个过程中，有一个条件不可或缺，那就是系统的组成部分在运行和相互作用时，必须保持基本的恒定性。这种恒定性同样也出现在生命的现象之中：用物理-化学分析方法来分析生命现象是恰当的，有机体及有机过程的复杂性远远不会使我们对这种恰当性感到绝望；相反，在这位评论家看来，事实上，这种复杂性恰恰最可靠地见证了这种恰当性。这是因为，在正常表现的时候，这些生命过程——无论其如何复杂、如何神秘——绝对是*恒定的*。只要想一想一个健康的人其身体持续发生的情况，就能明白这一点。业已说明的条件的稳定性与更简单的非生命过程的稳定性和恒定性，肯定都具有相同的基础。我们随处可见的这些更简单的非生命过程，正是生命过程的组成部分。这种稳定性的基础与在相同条件下重复自身的自然过程完全一样。[①] 若非如此，那种极其复杂的物理-化学系统（例如人这一有机体）又何以表现其稳定的存在或者恒定的作用呢？毋庸置疑，复杂的生理过程运行时所表现的恒定性，取决于更加
454 简单的各个组织过程的恒定性——这些组织过程形成了物理-化学科学的内容。显然，组织物质和组织过程在基本特性、作用方式及相互联系等方面的恒定性，对于它们合成之后所形成的产物——生机勃勃的有机体——的恒定性或者稳定性是不可或缺的。实际上，我们发现，在适当的条件下，神秘而又令人费解的生理过程——比如蝾螈眼睛水晶体的再生——会重复出现；而且，重复出现的恒定性与最简单最容易理

① 为什么会出现这种重复？单是这个问题就属于哲学问题，不属于科学问题。但是，从根本上说，认为这种重复表现了自然存在、空间、时间的条件的同一性，这似乎也是可能的。

解的现象——比如通过同一个水晶体形成一个视网膜的图像——的恒定性是相同的。显然,如果我们承认物理-化学方法在此种情形下适用,那么,也必须承认这些方法在彼种情形也是同样适用的。

第二,值得注意的是,有机过程通过自身的局限性证明,从特性上看,其最根本的机制完全是物理-化学的。因此,生机论者呼吁,要特别关注迄今为止使一切物理-化学分析的尝试遭受挫折的那些发展和调整事例。"这意味着",约翰斯通问道:"我们在生物学中所观察到的诸因素的作用并不是物理-化学的作用,难道不是这样的吗?"生机论者很少引用这种调节力量的局限性,但是可以肯定,这种证据同样具有说服力。如果生命原理能够让蝾螈的断臂复原的话,那么,同样的奇迹为何不能出现在人的身上呢?事实是,引用这样的例证根本不能证明什么。不过,总的看来,这些例证似乎明确地表示,有机体的属性始终就是物理-化学系统的属性,只是在复杂性方面区别于无机系统。这位评论家知道,如果不带偏见地去看问题的话,相反的观点完全缺乏事实依据,也知道甚至同样也没有任何事实支持相反的观点。这些生机论者认为,没有生命原理的帮助,物质系统就不能形成生命的特征;而且甚至认为,有机体规避了诸如能量学第二定律这样的基本物理定律,为此,他们必须用不大令人生疑的证据来支持自己的理论。在这位评论家看来,有机体显示的这些特性似乎恰恰引出了相反的结论;同时还表明,不断发挥作用的、稳定的物理-化学系统可能在一定程度上表现出结构和行为的复杂性,这种复杂性实际上无法排除。

深受生机论者欢迎的,还有一种推论模式;但由于这种推论的出发点是物理-化 455
学的,因此同样是错误的。按照这种推论模式,在不做功的情况下,生命原理能够发挥引导或者协调作用,以朝着确定的终极过程发展,但这些过程本身却需要做功才能发生。这种观点意味着有机体分子运动受生命原理意志的引导,时而缓慢,时而加速。然而,牛顿第一运动定律说得很清楚,在粒子运动中,任何偏离直线的运动,或者减速或者加速,必然要依靠功的作用,而且所用的功与开始运动所用的功完全一样。很明显,在任何物质系统中,要引导或者调节事件的顺序,就必然涉及这些过程中的功用。换言之,在物质系统中,任何力量要想在不改变系统能量转换的情况下改变过程,这从自然法则上说是不可能的。要做到这一点,只有引入某种补偿或者强化因素,比如改变系统的能量内容(energy content),这就相当于做功。我们不得不这样说,所有这些解决生物学问题的努力都是以误解为基础的。科学事实的评论必须力戒教条主义,不过,在这位评论家看来,下面的这些一般性论述无可争辩,而且与德里施和约翰斯通为代表的那种生机论背道而驰。第一,有机体是一个系统,它的发展以及持续存在依赖于运动中物理-化学形式的基本恒定性。如果要问自然界中哪里需要的话，那么对于有机体而言，这种内在的或者生命条件的稳定性是不可或缺的。否则，便无法想象复杂的有机体系统能够持续存在，能够维持其自身的典型活动，并不断地对自身进行精细的调整从而适应环境。显然，为数众多和丰富多彩的过程合力形成了生命，但这些过程一旦严重偏离明确的标准，就会引起整个机械论的根本混乱。第二，这种恒常性的基础就是一般物理-化学过程的恒常性。越是用科学来仔细
456 考察这些过程，这些过程的特性便越显得确定。与许多哲学批评家在批评科学方法时的看法一样，这个结论并不是一种源于知识运算的固有的分类性幻想，而仅仅是通过观察和实验来验证的问题。重复一种现象的产生条件，这种现象就会再次产生。我们发现，这个原理同样适用于有机体和无机系统，而且也适用于精神现象以及物质现象。但是，在用于有机体时所遇到的困难是：重复条件时，我们如何保证准确性，因为就性质而言，有机体自身很复杂，而复杂性意味着众多因素可能发生变化。实际上，恒常性可以说是生命过程的真正本质。保持这种恒常性的种种特殊手段(例如体温的恒定性和渗透压的恒定性，以及组织媒质反应的恒定性等)，都是有机体的典型特征。看来，一旦生命原理打乱了这种恒常性——无论打乱的方式多么巧妙，那么，生命原理就不仅是多余的，而且是有害的。此外，我们还必须时刻牢记：目前还没有确凿证据证明这种力量确实存在。

只有在一定条件下，蕴含生命的种种过程才能出现。就这些条件而言，似乎没有任何恰当的理由让我们相信，有机体和无机系统之间存在着根本的差异。无论存在本身是什么，自然的存在和发生所依赖的条件似乎随处可见完全相同。对于客观地观察自然过程的学者来说，这好像是个必然的结论。这种重复性是自然的特征，重复性显然表达了这个根本事实。柏格森和赫拉克利特学派(Heracliteans)坚持认为，自然存在具有流变性；不过，他们只是在有所保留的意义上才承认这种流变性。重复性、间断性以及突变性同样是其典型特征；所有自然科学的证据都表明，重复结构和原子结构乃是万物存在的基础。这与任意把图表式的不变性和重复性强加给自然的那种思想格格不入。这是因为，自然实际上处于向前的流变状态，永远不会自我重复。在研究自然科学的学者看来，显然，推论过程的概念化特征表现了自然事件的基
457 础形态。换言之，这实际上是用另一种方式表现了自然界处处可见的一种特性。如果上述观点能够成立，那么，这个理论将驳倒以下论点，即本身具有知识特性的科学方法势必将会陷入错误；同样，根据生命高于心智的结论，它还会驳倒那种怀疑生理学分析之正确性的企图。所以，这一理论有可能被非科学方法所验证。

在这位评论者看来，随着物理-化学和生理科学的进一步发展，要想在有机体中找到证据，以证明有机世界存在着一些无机世界并不存在的特殊力量，这种成功的希望似乎越来越渺茫。因此，作者企图通过手中的证据，把能量学第二定律的适用性限定到无机界中去，但这是毫无道理的。绿色植物是一种高势能的化合物，它通过拦截和积累的方式去获取部分辐射能(radiant energy)，但这绝对没有违反第二定律。同样，人们认为辐射能部分转换为势能——比如冰川的堆积——就是一个例证。实际上，低势能向高势能部分转换是司空见惯的。因此，电弧的温度才会远远高于产生电流的熔炉的温度。同样，动物有机体利用从碳水化合物和蛋白质的氧化后所产生的能量，去构建高势能化合物——比如脂肪。如果有机体——系统，其基本特性就在于把化学能量作为自身活动的主要源泉——表现了这种趋势，那么，这个事实与自然科学的观点并不矛盾。根据这种证据，便得出结论："生命表现为一种趋势，而这种趋势与我们所看到的无机过程特有的趋势正好相反。"(第 314 页)无论用什么理论来加以解释，这一主张都是站不住脚的。

这个评论并非就是要全面进攻生机论，它仅仅是对近来某些形式的生机论发起了进攻。不可否认，生命的确具有一些特殊性，但是，根据自然科学目前的发展水平，说生命过程表现了一种力量，而这种力量在无机物质系统中是并不存在的，这似乎是 458
徒劳无益的。无论从现在还是从历史来观察，生命都是从非生命物质发展而来的，只是我们还不了解这个发展过程的许多阶段。但是，随着科学的进步，我们越来越清楚地看到，这种发展的本质就是持续不断。因此，假如我们要解释生命，就必须同时解释非生命的自然界。既然自然表现为一种一以贯之的连贯性，那么，我们的结论肯定是：自然在形成的初期(inception)[①]，本身便隐含或者潜藏着生命的可能性。这完全不是一个毫无根据的推测。甚至化学元素的特性也预示着它会出现，亨德森[②]在近来所写的一本妙趣横生的书中就提到了这一点。[③] 这位评论家最近有一个评论，其中有些方面涉及目前这个问题。[④] 他在评论中提请大家去关注这种关于自然和宇宙过程的科学观点的含义。如果我们假设所有基本的自然过程都具有恒定性，而且这

---

① 我并不一定是在历史意义上使用这个术语，而是在任何一种终极起源的意义上使用这个术语的——因此，完全可以把它看作是一种超时间的概念。

② 乔治·休·亨德森(George Hugh Henderson，1892—1949)，美国物理学家，以研究阿尔法粒子及其效应而著称。——译者

③ 《环境的合理性》(*The Fitness of the Environment*)，麦克米兰出版公司，1913 年。

④ 《科学》新丛刊，1913 年，第 337 页。

些过程之间的联系模式也具有恒定性——恰如准确的观察迫使我们如此假设，那么，我们必然会得出这样的结论：假定宇宙诞生之初并不存在差异，只可能存在一种进化历程。拉普拉斯早就发现了机械论自然观的这个结果，但对于他这个结论的必然性，科学家们却从未展开过严肃的争论。不过，这是一个非常奇怪的结果，而且在很多人看来，它似乎是对适用于整个自然界的科学观的一种*归谬法*。严格说起来，终极起源的问题根本就不是一个科学问题。只有当我们认识到这一点，才能避免这个进退维谷的困境；这样说，并不是要贬低科学方法。我们必须把自然作为科学研究的对象来接受，而且要按照我们所观察到的样子来接受；大自然为什么展现了某些明显的天生潜能和行为模式，而这些天生潜能和行为模式又使大自然按照某种方式去演化？这
459 个问题实际上超出了自然科学的范畴。如果说这些思考不能完全消除生机论的这一困境，那也可以把科学问题与形而上学问题明确地区分开来。科学的问题是有机体呈现出来的，而生命现象——而不是别的现象——则会上升为形而上学问题。如果我们把有机体简单地视为一个系统，这个系统是外部自然界的一部分，那么，我们便不能证明有机体的一些特征，也无法用物理-化学科学的方法来对它作出令人满意的分析。但我们也承认，在进化过程中导致自然界生物出现终极构成的那些特性确实存在；所以，我们不能否认，把一种生机论的思想或者生物中心论的思想应用到作为一个整体的宇宙过程是可能的，或者甚至是合法的。

尽管这位评论家并不赞同该书作者的主要论点，但他承认该书的价值。他认为，它对所研究的题目作出了有趣的、热情的、独创性的贡献，丰富了科学文献。我们在其中发现了一些涉及生物学细节的错误，但其错误不足于影响到主要的论证。书中对某些生理学过程的简述看来有些过时；关于神经脉冲的描述也不能令人满意。现在，肯定很少有生理学家还认为肌肉是恩格尔曼[1]意义上的一种热力机器。书中有证据表明作者对生物化学不熟悉；术语“氨基酸”(amino-acid)写成了“有灵酸”(animo-acid)，而且出现了好几次。如果是一本现代的呼吁泛灵论的书，这个拼写错误也许倒很适合。

① 乔治·恩格尔曼(George Engelmann，1809—1884)，德裔美国植物学家、医生、气象学家。他主要以植物性方面的著作闻名，著有《北美菟丝子专论》、《花部退化变态绪论》等。——译者

2.

职业教育①

戴维·斯内登(David Snedden)

在讨论社会组织和教育的基本原则时，杜威提出了深刻的意见。对此，我们的一 460
些学者深表敬意。但是，在看到杜威最近在《新共和》上发表的文章后，这些学者却略感困惑。我们有些人一直致力于在学校促进职业教育的健康发展，因此，对于学界同行的反对意见习以为常。这些学界同行的意见反映了受过教育的人们对普通职业、“粗活”和“脏活”缺乏同情，甚至还很反感。这种态度是非常古老的，也是非常顽固的。对于许多反对派和既得教育利益及传统教育的受益者做出的无限歪曲，我们也就听之任之了。然而，我们看到，杜威博士似乎是在声援和安慰那些反对更加广泛、更加丰富、更加有效的教育改革的人，而且显然误解了那些倡导在学校扩大职业教育的人的动机。对此，我们感到灰心丧气。

在我们当中的很多人看来，所谓的双重控制或者单一控制的问题，绝对不是问题的根本所在。根本的问题是：第一，有些教育理论或许适合学校职业教育的目的和方法，那么，这些正确的教育理论有哪些内容呢？第二，如何才能最有效地组织和实施这些方法并实现这些目的呢？只要对职业教育加以严格的解释和界定，无论由学校还是由其他机构来提供职业教育，职业教育中的不可知和不确定的因素比所谓普通
教育或者通识教育领域中的要少。职业教育(这里当然不是指由学校提供的那种)是 461
最古老同时也是分布最为广泛的教育形式。所有成年男女都接受过某种带有目的性的职业教育，培训的场所包括家里、田野、工厂、商业的场地或者船上。职业教育是一种旨在从事职业的教育，因此不可或缺，也不必把它弄得很神秘。在社会发展的所有

① 首次发表于《新共和》，第3期(1915年)，第40—42页。杜威的回应，参见本卷本书第411—413页。

阶段里，人类或多或少地通过有意识的手段来有效地培训下一代，以便让他们学会一种本领，比如狩猎、打仗、捕鱼、耕种、金属加工、纺织、烘焙、经商、运输、教书、治病、主持礼拜仪式、管理等等。职业教育并不是教育的全部，关于这个事实，人们的认识从未像今天这样清楚；但是，最重要的是要在恰当的时间提供恰当种类的职业教育。不过，近来我们恐怕没有看到这个事实。因此，正确的职业教育的内容是什么？职业教育应该何时提供？由谁来提供？职业教育如何才能与其他教育形式有效地结合起来？这些是当下最为重要的问题。

长期以来，人们已经意识到，在许多重要的行业中，依靠师傅带徒弟的传统方法不能成功地开展职业教育。因此，接二连三地出现了不同类型的职业学校，培养律师、神职人员、军官、医生、药剂师、牙医、教师、工程师、航海员、会计师、建筑师、电报员、速记员，以及别的专业人员。许多年前，慈善家就为少年犯和无家可归的孩子建立了职业学校。近来，州政府也进入了这个领域。在很多城市里，具有远见卓识的人们积极创建职业贸易学校，把它们当作是扩大教育机会的一个手段。

目前，我们虽然心犹未甘，但却不得不得出这样的结论：如果我们要给普通人家的年轻一代和条件优越的阶层提供职业教育，必须首先建立特殊的职业学校。这是
462 因为，在大多数情况下，师傅带徒弟的传统方式不是一种有益于发展的职业教育，因此效率变得很低。实际上，还有少数行业仍然用这种方式来训练，也能够提供良好的职业教育。也可能出现这样的情况：由于各种改革风起云涌，使得其他的一些行业重新调整自己，以确保工人的能力能够得到进一步的提升。

但是，一般来说，在提供必要的职业培训方面，现代经济的发展状况会削弱而非提升雇主的能力。在西方国家，劳动力的流动性大大增强，且以美国为盛。同一行业中不同企业之间的竞争日益激烈，鲜有例外。雇主能否取得成功，常常取决于他能否吸引住外来移民，或者能否诱使技术工人离开其竞争对手。长期以来，美国的制造商们习惯于从欧洲移民中挑选工头和能干的工人。通过支付高薪，西部铁路公司从东部铁路公司挖走了司炉工、工程师和机修工。城市雇主则挖走了农村培养出来的好手。

一些迹象表明，雇主之间的明智合作目前在某些领域已初露端倪，这将很快改变相互挖人的状况。美国的印刷业已携手创建职业学校来培养学徒。铁路公司私下仍然在相互挖人，但有些公司已开始系统培养自己的工人。有几个大的制造商，为员工建立起成功培养机械师的学校。不过，由于竞争状况还继续存在，譬如建筑业、纺织业、食品包装业，以及为数众多的小型制造业这样的领域，此类变化能够进行到什么

程度，尚不得而知。不可能指望政府会有效地迫使所有雇主采取合作的态度，从而发挥其培训员工的重要作用。

州政府在职业教育和其他教育方面的职能是很明晰的。州政府应该考虑个人的利益和社会的需要，凡是私营机构不能实现预期目标的地方，都应该由政府的集体力量来实现。出于这个根本原因，美国各州目前都对特殊形式的职业教育给予不同程 463
度的资助，包括工程和农业，甚至法律和医学。在州政府资助高等学校方面，马萨诸塞州通常很保守，但却保留了一所公费的农业学院，还把巨额资金投向了工程教育，并支持三所专门培养纺织业管理人员的学校。

就最近的发展而言，还不能认为州政府没有能力建立并维持各种行业的职业学校，如农业学校、家政学校、各种商务学校。教育所面临的问题很多，难度也很大，而且一些职业学校的负责人还带有学术偏见，结果扩大了问题的范围，增加了难度。我们还不清楚经济上依靠州政府扶持的职业教育是如何进行的，也根本无法证实，由州政府或者联邦政府来资助这类学校是不是一种权宜之计，或者是一种社会政策。即便人们对这种培训的可行性提出疑问，培训也已成为一种趋势。

年轻人应该何时以及在何种情况下就读职业学校，这仍然是有争议的。马萨诸塞州的法律慎重地规定，年轻人只有在有资格离开普通公立学校且同时又有资格当工人或者农场工时，才有资格进入职业学校。一种左右马萨诸塞州职业学校的管理理论认为，那些原本准备上班挣钱的年轻人，如果转而在职业学校逗留一段时间，就应该集中精力学习其选定的职业。在这期间，不要把所谓的通识教育与职业教育结合起来，因为如果他愿意的话，他完全可能继续留在普通的小学或者中学学习。

有时候，也有人认为，由州政府资助的学校所提供的职业教育主要是对雇主有 464
利。有些人很熟悉我们这个时代的经济状况，熟悉雇主之间为争夺劳动力而展开的竞争，熟悉劳动力流动的状况，可他们居然也持这种观点，这倒是令人难以置信的。为了获得熟练工人，社会上的每一个行业都存在着不断的竞争，不同的工资等级通常即反映了这一点。唯一正确的观点认为，职业教育主要是对青年男女具有重要的意义，并最终对整个社会具有重要的意义。如果职业教育不能产生巨大的生产力，如果巨大的生产力不能为劳动者带来更大的利益，那么，这个时代就真的非常混乱了。

所谓双重管理与单一管理的问题，只不过是争取最大效率的问题。如果我们愿意用“双重管理”这个称呼的话，大部分州对各种少年犯提供工业和农业培训的特殊职业学校实施了双重管理。事实上，对任何上述类型的学校最终实施双重管理，这是根本不可能的。这是因为，管理机构的建立必须依赖于某个单一的州立机构，例如立法机构、由立法机构授权的州长、经立法生效后创立的地方管理机构。人们在威斯康星州发现的那种所谓的双重管理，或者是 1906 年至 1910 年间马萨诸塞州出现的那种所谓的双重管理，只不过是体现了一种尝试，即让一个群体去直接管理一种特殊形式的教育，因为这个群体对成功推进这种形式的教育特别感兴趣，而且还可能使之影响本领域中实干者的观点。一般而言，商人对从事职业教育的所谓学者心存疑虑。他们既不相信学校校长的友谊，也不相信这些校长有能力推进正确的职业教育。因此，他们赞成某种形式的部分分开的管理，至少在一项新试验的初期实行部分分开的管理。

如果想在顽固坚守文化课传统的州成功地建立职业教育，那么，为了取得最佳结
465 果，至少应该暂时实行某种形式的分开管理，这可能是绝对必要的。然而，学者们无论出于怎样的好意，往往不太务实，也不能对实际情况作出正确的评价。

关于本文所讨论的这种职业教育，马萨诸塞州已经开了个好头。1906 年至 1910 年期间，劳动教育委员会开展了一些活动。倘若没有这些活动，职业教育的发展便不可能达到现在这个阶段。一旦这个机构与教育委员会最终合并，这就可能表明，在某种特定形式的发展达到某种成熟的地步之后，每个州应该出现什么样的情况。

3.

社论①

威廉・C・巴格利(William C. Bagley)

在现代条件下,主导公立学校的学说变成了主导国民的学说。当下尤为重要的 466
是:要研究何种教育理论正在左右着我们学校体制的发展,并确定这种理论与实现民主理想之间的关系。

美国的当代教育理论由美国杰出的哲学家约翰・杜威所主导。杜威不仅仅是杰出的哲学家,而且我们相信,他对教育理论的贡献也是自裴斯泰洛齐、福禄培尔、赫尔巴特②那一代教育家以来最为重要的。他的近著《明天的学校》描述了一类具有代表性意义的学校。由他所提出的理论,在这些学校得以实施。不过,杜威为人谦虚,对此事实避而不谈。他的书中还增加了某些章节,捎带也讨论了其中所涉及的教育学说。

我们对杜威学说的影响提出质疑,但这并非是为了贬抑他对教育理论的实在而久远的贡献,而是因为他所提出的根本原则容易助长某种个人主义,而这种个人主义显然会极大地损害真正的民主。

杜威认为,教育的作用仅仅限于生长或者发展方面。他的这本书(就他对教育理论的阐述而言)对自由、兴趣和作为达到目的的手段的活动进行了发人深省的论述。
自由、兴趣和活动乃是教育和民主的重要因素,但不是仅有的因素。由于杜威只谈到 467
了这些因素,因此,他对民主和自由的论述是不全面的。正如民主本身也包含着有害

---

① 首次发表于《学校与家庭教育》,第 35 期(1915 年),第 4—5 页。文中最后三段系由乔治・布朗所作。杜威的回应,参见本卷第 414—415 页。

② 约翰・F・赫尔巴特(Johann F. Herbart, 1776—1841),德国教育学家、哲学家、心理学家,教育学的创立者,有"教育学之父"之称。他对于教育学体系的建立,具有承先启后的重大贡献,著有《普通教育学》、《教育学讲授纲要》等。——译者

的个人主义的危险一样，把自由、兴趣和活动视为民主的基础和仅有要素的教育理论，必然会朝着相同的方向发展，因为这些因素无论在民主还是在教育中都是**个人主义者的因素**。这里过分强调的几个因素，意味着必然会忽视平衡的因素，而单靠平衡因素就能够防止民主走向自我毁灭。

杜威对待传统教材——书本知识——的态度，极为明显地反映了其学说的这种倾向。他绝不与传统的教材发生联系。杜威对要求孩子吸收他人经验这一观点很反感。尽管杜威自己的理论十之八九来自卢梭，尽管他的许多追随者将他的理论"囫囵吞枣"，而且他如此详尽地描述了那些努力把其理论运用于实践的追随者，但是他却拒绝传统的教材。不过，这也丝毫不能有损于杜威。他所贡献的十分之一，就足以使他坐上这一代教育思想家的头把交椅。然而，他的这种前后不一却令人感到震惊。

这种片面观点的危险在于，它使人看不到民主一个毋庸置疑的条件，即保证向民主共同体的所有成员提供共同的知识。在前面的讨论中，我们提到杜威忽视了这个因素，这在当代的改革（这些改革主要受到杜威思想的鼓舞）中已经有所体现。一种教育理论如果只给人类记录下来的经验留下如此狭小的空间，而且还坚信自由和兴趣应该支配教育的过程，那么，它将很难依照国民文化中普遍存在的基本需要来调整自身的原则。

嘲笑书本知识的必然结果是对来自书本的学问发起攻击，而这又包含着极其重
468 要的意义。杜威承认，"依靠教科书的教育方式很适合一部分儿童。由于环境的原因，这一部分儿童不必从事实际的工作，同时他们对抽象的概念又很感兴趣。"但他暗示，那些碰巧对抽象概念不感兴趣的孩子们并不需要接受抽象的知识。这相当于在概念层次上否定大众思维或者集体思维的可能性——有效民主的一种基本条件。如果问其含义，那么，它意味着只有那些天生"喜欢"这种思维的人才有抽象思维的特权；如果问其含义，那么，它意味着，建设性的、影响深远的思维并不属于大众，因为这种思维必然涉及抽象的概念，而要想进行这种思维，必然涉及抽象思维训练。凡是企图把民主的教育基础完全建立在个人自由和个人兴趣的信条之上，注定要在这里遭遇失败。

杜威提出一种观念，他认为，从根本上说，童年形成的自律和服从与成年的首创精神和独创性是相矛盾的；而且，他要使这种观念成为一种绝对的真理，这是很自然的事情。从他的基本假设中，我们便轻易地得出了这个论断。如果把教育仅仅看作是内部的生长，我们便不能约束来自外部的压力或者指令。首创精神和独创性意味着自由，但是，有价值的首创精神必须以过去的成就为基础，有价值的自由只能通过

自律和牺牲才能得到。盲从、谬误以及愚蠢的纪律都会带来灾难，正如不加限制的自由和没有节制的首创精神也会招来灾难一样。如果有人断言或者暗示美国的儿童掉进了盲从这个危险的深渊，结果危及自己的独创性，那么，他这是在反驳一个假想的论点。

杜威一直坚持，授课必须永远以儿童的"实际需要"为基础。从杜威的理论应用于实践的观点来看，其意义是非常重要的。如果应用得当，这是一个极有价值的教育原则。我们认为，这个原则再加上学习活动的重要意义，就是杜威对教育理论永恒的贡献。他的理论暗示了这种推论。危险恰恰就在这种貌似有理却漏洞百出的推论之 469
中。他的理论应该用于教育方法之上，可一旦超出了其恰当的应用范围，就会立刻融化为机会主义的精神，即受到眼前的和即将发生的情况的支配。我们曾经指出，这种支配会严重地阻碍有效的民主。

杜威在书中提出了许多如何提高教学方法的建议，美国教育从中获益良多。不过，正是他的一些基本假设包含着严重的危机。一种严厉而清教主义的国家哲学必然会产生占主导地位的教育学说。如果说杜威是要抨击这种教育学说，那么，他的基本原则就会产生健康而有益的影响。然而，杜威并没有逆大众需求的潮流而动。相反，他本人就是公认的**时代精神**(*Zeitgeist*)的先知。然而，与他的意愿相违背的是，无疑，有人用他的学说来支持时下有害的个人主义倾向。不可避免的是，他的大多数读者在他的学说中找到了支持极端个人主义的权威证据，因此强烈地反对刻苦、纪律和牺牲，而杜威或许就是头一个去指责刻苦、纪律和牺牲的人。

乔治·A·布朗

一个得到神灵庇佑的逻辑学家也有其致命的弱点，这个弱点就在他的论证前提之中。巴格利(Bagley)博士在上述讨论中瞄准的就是这个靶子。

关于公众事务的种种讨论，需要从事实出发来进行论证，而这些事实与民众有着直接的利害关系。民众开始认识到，杜威博士和那些学校教育的批评者都对美国教育的目标提出了质疑，这些目标似乎是让民众达到永久福祉的根本。民众认为，教师的任务就是去实现这些目标。这个任务是不可能完成的吗？我们不是在某种程度上承担着这个任务吗？我们怀着理智的自信，正在改善我们的方法和结果，难道不是这样吗？杜威及其追随者用来取代的目标又会产生什么样的结果呢？这些问题需要用事实来回答。在掌握这些事实之前，我们需要分析许许多多的社会条件和教育条件。 470
不过，我们首先需要弄清这些美国生活的批评者的立场。

杜威博士的批评并非止于学校课堂采用的教学方法和既定目标。他甚至对美国民众是否确定了公民生活和社会生活的根本目标表示怀疑，而这个目标决定了全民通识教育的一般内容。正如他所看到的，美国人总是在“构建行动目标和试验各种方法”。如果凡是行动都构建一个目的，在美国的条件下，我们的生活便寸步难行；我们只能永不停息地进行试验，永远无法确定自己到底希望实现什么。事实上，杜威博士在其近著《德国的哲学与政治》中，把德国的“国家主义”及其目标与“美国主义”的观念进行了对比。如果我们理解了他的话，他是说美国就要成为实现世界公民目标的试验场，其他国家可以选择似乎更有价值的目标，然后努力去全面实现。

4.

教会学校教育[①]

查尔斯·P·梅根(Charles P. Megan)

先生:贵刊4月17日那一期刊登了哥伦比亚大学约翰·杜威的一篇关于职业教 471
育的文章。杜威教授在文中抨击了一个与该题目有关的议案。在芝加哥商会的支持之下,该议案在伊利诺伊州议会的上一次会议(1913年)上提出,现在又被(1915年)重新提出来。关于这个议案,杜威教授写道:

> 有人公开声明说,在上一次的立法会议上,持天主教信仰的每一个州议员都收到了来自天主教会上层显贵的信件,敦促他们支持该议案,这一点无人否认。

杜威教授问道:"为什么不支持呢?"这就是说,每一个德行端正的公民都应该反对这个措施;只有天主教徒支持这个措施,而支持的理由也不难理解。

在这件事情上,杜威教授受到了严重的蒙骗。对1913年和1915年参加伊利诺伊州议会的天主教成员进行的调查表明,根本就没有任何人寄出或者收到过这样一封信。至于句子开头所言"公开声明,无人否认"云云,大家应该清楚,如果需要求助宗教盲从,是不用闹得尽人皆知的;如果要否认,也毋需闹得满城风雨,只在暗中进行。迄今为止,没有人否认这个不光彩的谎言,这是因为在杜威教授一语道破之前,那些反对的人并不知道谎言已经流传开来。

尽管事实如此,有人在20世纪还要为这种指控进行辩解而表示歉意,但我还是
要补充一句:芝加哥商会的教育顾问库利先生是一个低级的共济会会员,但对芝加哥 472

① 首次发表于《新共和》,第3期(1915年),第72页。梅根文中所说的杜威的文章是指"分隔学校体系",参见本卷第123—127页。杜威对梅根信函的回应,参见本卷第416—417页。

商会的议案提出反对意见的，主要是芝加哥教师联盟，而该联盟的成员大概75%都是天主教徒。

杜威教授或许可能会想到，在这场关于职业教育的论战中，伊利诺伊州的记者也在别的问题上误导了他。别人可能恭恭敬敬地向他提出过建议，让他调查一下从该州收到的更多信息的准确性。我在此并不是要关注这些问题，而是只关注前面引用的那一句话。此话暗示，该州的天主教公民通过正式或者非正式的方式，利用了公众对职业教育日益高涨的兴趣，以此来达到自己的目的。对此，他们深感不公。我们中的大多数人衷心希望公立学校繁荣昌盛；我们没有理由怀疑，一个人可以是一个好公民，同时也是一个好天主教徒。

我们坚信，应该建立一个单独的却是公共的委员会来负责这些公立的职业学校。这就与州立大学的情形一样，因为问题特殊，由单独的却是公共的管理委员会来负责州立大学。这种信念不怕任何宗教的质疑。我们的信念部分源于对一些国家的经验研究，这些国家试图控制学术，结果令人悲伤；还有部分源于威斯康星州的教育实践。威斯康星州提出了一种"二元"计划，相当于芝加哥商会提出的双重管理计划，而且运作了3年，取得了成功。我们的信念还有部分源于杜威教授自己的学说，即对每个人的教育都不能脱离生活，都必须来源于个体的经验，然后再把教育转变成经验。这样，一个男孩在某些行业开始其一生的工作之后而不是在此之前，他的继续教育便来源于这个行业，服务于这个行业。芝加哥商会的职业教育议案所遵循的就是这个原则。

5.

德国的政治哲学[①]

威廉・欧内斯特・霍金(William Ernest Hocking)

发动目前这场战争的那个政府在哲学上出了什么问题,杜威教授在其著作《德国 473
的哲学与政治》里提出了独创性的观点。人们感到,就德国而言,这场战争的背后站着一个哲学,而且是一种有害的哲学。我们很多人一直认为,这种哲学与19世纪产生于德国的唯心主义形成了鲜明的对照。在德国政府形成当今政策的那段时间,人们普遍的思想状态是公开反对唯心主义的学说。当时的德国人对领袖们言听计从,因为这些领袖们更为直接地学习科学经验,从痛苦的范例中学习成功的治国方略,尤其是学习英国的经验。那时我们以为,德国人对于这些东西学得太好了,结果加上德国民族一丝不苟的精神,把这些经验推向了极端。原本我们也在实践这些经验,后来却被迫对之表示厌恶了。与早期的唯心主义不同,这种哲学用权宜之计来对抗原则,而且还理直气壮,结果医治了德国精神中同情心和人性的弱点,让德国人摆脱了对于条约或者其他国家的绝对义务观,使之变成了一个讲求效果的达尔文主义者和实用主义者。

在杜威教授看来,我们一直在犯一个错误,而且这个错误十分严重。他发现,德国的问题不在于排斥德国的那些唯心主义者,而在于德国依然抱守唯心主义者的学说的残渣余孽。最误德国者当推康德,因为他为这个民族血液中的某种天生的虚伪提供了一种哲学支持,使得德国人一方面在精神世界里醉心于唯心主义情感的阿谀
奉承,另一方面在冷酷事实的外部世界里为所欲为。这是康德不曾预料到的,也不是 474
他的本意。然而,他已经建立了一个绝对义务原则,这个原则如此注重形式,又如此捉摸不透,因此不能说它具体能够指导什么,但却排斥来自经验的命令。这样的绝对

① 首次发表于《新共和》,第4期(1915年),第234—236页。杜威的回应,参见本卷第418—420页。

法则，就像《圣经》里打扫干净的空房子一样，只能让心怀叵测的恶魔来占领。结果，沙恩霍斯特、黑格尔、伯恩哈迪之流鱼贯而入，在这个空荡荡的避难所里竖起了作为最高奉献的具体目标的“国家利益”。于是，这个民族便开始借助康德这位唯心主义者的绝对义务之名及精神上的热忱，来支持马基雅弗利[1]、腓特烈大帝、俾斯麦的原则。对于德国人来说，这个结果是颇具说服力的，主要是因为德国人的思想倾向于绝对。如果放弃了“绝对的东西”，德国国家的最高利益就无法将信念当作终极目标来施行。像其他事物一样，这个终极目标将接受经验的检验；但在更高的利益面前，在“进一步促进人类交往的深度和广度”的目标面前，这个目标必须被消除。按照我的理解，这就是杜威教授对德国人的疾病作出的诊断。

因此，杜威建议美国在政策上实行一种更为激进的实验主义；抛弃诸如“国籍”或者“神圣权利”这样的绝对原则或者永恒原则；让一切都接受检验、讨论、测量、妥协、调整、修改。当然，对一个理论进行试验的时候，我们要对这个理论抱着十足的信心，仿佛它会变成“可以接受的”理论，因为这就是试验的含义。德国政府目前是否会不折不扣地遵循试验要求——验证自己的理论，观察理论的效果，我们对这个问题非问不可。德国政府坚信，自己的方法是成功的方法。德国政府之所以这么坚信，并不是因为康德教导了什么，而是因为该政府最近在诠释历史时所采用的方法是一系列经济史学家的方法，其中领头的是马克思（他完全颠覆了黑格尔的历史观）、兰普雷希特[2]和施穆勒[3]。也许德国官方仍然期望找到这些原则，只不过要通
475 过成功地发动战争来验证罢了。如果情况果真如此，既然原则适合于德国人，杜威教授还能从实验哲学的兵工厂中找到驳斥这些原则的论据吗？杜威教授可能会强调，在这种情况下，对胜利者有效的东西，对受害者却是无效的。一个原则除非处处有效，否则就不能说是有效的原则。不过，这正是康德的检验标准。事实上，这就是康德的“绝对法则”。他说过，任何基本原则，只要放之四海而皆准就是有益的原则；反之，其他的原则都是有害的原则。这个法则并没有规定行为的具体方针，

---

① 尼科洛·马基雅弗利（Niccolò Machiavelli，1469—1527），意大利政治思想家和历史学家，著有《君主论》、《佛罗伦萨史》等。——译者

② 卡尔·兰普雷希特（Karl Lamprecht，1856—1915），德国历史学家，最早提出历史心理因素系统理论的学者之一，著有《中世纪的德意志经济》、《德意志史》等。——译者

③ 古斯塔夫·冯·施穆勒（Gustav von Schmoller，1838—1917），德国历史学家、新历史学派的创始人，著有《论法律和国民经济的基本问题》、《17—18世纪普鲁士国家的宪法史、行政史和经济史研究》等。——译者

但是正如当前战争所表明的，如果我们据此推论说，这个法则无法指导具体行动，或者无法分清行动方向的好坏，那就大错特错了。可以把德国的行动方向界定为缺乏康德式的矫正方法的实验主义了。

然而，仔细考察一下杜威教授的论点就可以发现，其批评的实质似乎并不在于说德国拥有一个绝对，而在于说德国拥有一个错误的绝对。杜威本人是否不只是把绝对道德目标这个推定的皇冠从“德国国家利益”的头上转而戴到“促进人类交往”的头上？倘若当今德国果真信奉一种绝对义务的话，那么，按照杜威教授的论证，难题就仅在于用绝对义务等同于绝对，这个绝对的定义太狭窄了。然而，这种错误在康德哲学里，肯定是得不到支持的。事实上，康德用一种基本原则去充实形式上空空如也的那所房子，这个基本原则实际上与杜威提出的原则是一致的，即“把人当作目的本身来看待，而绝对不要把人仅仅看作是一个手段”。任何有点历史正义感的人，都会相信当今德国政府奉行的就是**这种**康德的原则吗？如果德国政府把康德的原则看作一种不可改变的绝对原则，那还会发生战争吗？杜威教授还有批评的对象吗？

事实的真相似乎是，德国的执政党从内心就不承认任何绝对义务。它完全就是实验主义的或者实用主义的，从根本上说，就是**现实政治**（*Realpolitik*）所指明的那种东西。事实上，这个党打算做什么，总是采取不顾一切的行动，其方式要么是残酷的教条主义，要么是随便调用上帝的名义。这个党使一种绝对变得繁荣起来，不过这种绝对甚至在字眼上与康德也扯不上关系，因为这种绝对原本根植于德意 476
志古老的虔诚，后来变成了一种关于君王及国家神性的学说，但这种学说并不属于德意志的历史传统。不过，如果我们暂时设想这种借助绝对权利的做法隐约与康德和黑格尔有关，那么，德国以外的人会相信德国政府真的把自己的话当真吗？或者说，德国之外的人会相信德国政府是受唯心主义信念驱动的吗？反过来说，我们中大多数人的感觉似乎是：它口头上表达的信念与实际行动表现出来的信念并不一致，这种不一致的根源既不在康德哲学之中，也不在德国国民的正常性格之中。对于任何一种只有辞藻而没有任何实质内容的哲学来说，我们当然无法作出什么公正的判断。

杜威教授提出的这个问题，并不是一个微不足道的问题。它不仅涉及德国唯心主义的名声——它的高高在上和抽象性是值得捍卫的，因为我们必须承认德国人所拥有的精神财富——而且涉及我们美国人自己的政治思想。美国人越来越认识到自己需要一种个性鲜明的政治哲学，主要是经历了这场战争，我们坚信美国人具有一种独特的性格，即一种代表性的东西。威尔斯①先生到美国来旅行一番之后，将其旅行见闻写成《美国的未来》(*The Future of America*)一书。不过，他没有看到美国人的这种信心，他说我们“没有国家观念”。这种状况其实已不复存在了。我们已经有了一种政治性格，而且也意识到了这一点。实验主义哲学是否体现了这种性格？我们举国抗议潜艇的暴行，始终就是以国民公认的基本权利作为基础的。正是在这一点上，实验主义使我们丧失了国家的态度。我们不需要也不会去用这些文献来说明，我们知道什么是对的和什么是好的。但是，我们一定相信有原则和正确这样的东西，而且在现实情况下，能够体现这种东西的规则也肯定存在，我们一定要以坚定的意志去
477 支持这些规则。过去的全部历史已经实验过这些规则，所以实验已经足够了。我们不会提出要进一步试验奴隶制，也不会提出要进一步试验我们关于“人权”的主要观点，尽管我们在界定这些权利方面还有许多工作要做。我们围绕政体进行了实验，在制定国家宪法的过程中，我们过分吸收了来自英国和法国(肯定不是德国)的那种绝对的**先验的**理论，结果无疑是吃了苦头。正如杜威教授所指出的，要慢慢地才能清除这种阴影，才能确定什么才是我们所要的东西。这时，实验主义的倾向对我们就是有益的。人总是容易走向过分的绝对，因此对绝对论者的批评总是需要的。不过，这与拒绝一切绝对——即一切永恒的原则——是大相径庭的。我宁愿接受杜威教授的信念的另一面，把“促进人类交往”看作是确定一个绝对目标的良好开端。

① 赫伯特·G·威尔斯(Herbert G. Wells, 1866—1946)，英国小说家，开创新的科幻小说领域，著有《星际战争》、《时间机器》、《世界史纲》等。——译者

文本研究资料

文本说明

对于约翰·杜威而言，1915 年的始末都与美国大学教授联合会的诸多事件有关：1915 年 1 月 1 日，许多人为筹建该组织济济一堂，他向与会者作了“开场白演讲”；同年 12 月 31 日，他首次以主席的身份发表演讲。这两个演讲，加上杜威作为教授联合会主席所写的两封公开信，构成了本卷 15 篇文章中的 4 篇。在 1915 年之前的两年里，杜威积极参与筹建纽约中小学教师联盟，但组建大学教授联合会这一全国性组织是他更重要的创举。在这一年中的大部分时间里，他奉献了许多时间，与同行讨论各种可能性，还给学术界的头面人物写信。 481

不过，在 1914 年底和 1915 年，杜威还是抽暇写了 15 篇论文及杂文，都放到了本卷里面。此外，他出版了两部新书：《德国的哲学与政治》（纽约：亨利·霍尔特出版公司）及与女儿伊夫琳合著的《明天的学校》（纽约：E·P·达顿公司）；然后就是修订扩增版《学校与社会》（芝加哥：芝加哥大学出版社）。[①]

在 1915 年发表的文章中，仅有 4 篇付印过一次以上。其余文章没有再版过，今版即以此作为范本。 482

在付印过两次的文章中，有两篇不存在范本的问题。杜威致 1915 年 10 月 22 日《纽约时报》的信《教授的自由》一文，翌月在《学校与社会》（第 2 期，1915 年，第 673 页）以“大学的管理”为题重刊过。此次重刊的文本直接从《纽约时报》获得，杜威未曾

---

① 尽管杜威按照出版商的宣传，1915 年修订了 1899 年版的《学校与社会》，对文章进行了重写和润色，但所谓“扩增”并未吸纳新材料。1915 年版拿掉了 1899 年版的最后一章“大学附小的三年”；此外，原来于 1901 年发表在《小学纪要》（*Elementary School Record*）上的几篇文章变为 5 个章节，增补进来。全书——包括原来的最后一章——辑入乔·安·博伊兹顿编辑的《杜威中期著作》，第 1 卷（卡本代尔：南伊利诺伊大学出版社，1976 年）。

修改过。另外一封信，即杜威作为美国大学教授联合会主席起草，并由秘书长阿瑟·昂肯·洛夫乔伊(Arthur Oncken Lovejoy)及调查委员会主席塞利格曼(E. R. A. Seligman)签名的那一封信，于1915年5月6日以"犹他大学的形势"为题，刊登在《民族》上面，又于5月7日以"犹他大学的境遇"为题刊登在《科学》上面。这两个文本无疑均依据同一文件的打字复写本，因此具有同样的权威。《民族》的印本更为完整，为今版提供了基本文本；而《科学》的版本省略了引自洛夫乔伊更早的一封信中的一部分内容，并声明前一期《科学》全文刊载了洛夫乔伊的信。

本卷中发表过不止一次的剩余两篇论文，是《作为一个逻辑问题的世界存在》和《实践判断的逻辑》。1916年，杜威对这两篇论文进行了大幅度修订，并收入其题为《实验逻辑论文集》的合订卷(芝加哥：芝加哥大学出版社，1916年)。这两篇论文以及杜威的新书《德国的哲学与政治》和《明天的学校》将在后面讨论。[①]

《实践判断的逻辑》

本文最早以三个部分分两期发表于《哲学、心理学与科学方法杂志》。这三个部
483 分是：1."实践判断的性质"；2."价值判断"(《哲学杂志》(第12卷，1915年，第505—523页)；3."作为认识的感觉"(同上，第533—543页)。本卷即以此版本为范本。

为辑入《实验逻辑论文集》，杜威修订了本文，修改了大量的词语，以突出并澄清他的意思，而且作了大幅度的增补。仔细对照这种材料，我们发现一些重大修订或者修改的地方，因此，今版接受版本的一些次要改动，但其中最大的一类改动均在上述修订或者修改的范围之内，或者由此而产生。通过增减斜体或者增加引号的方式来频繁变动强调之处，以引起读者对某个术语的重视，这也被判断是作者所为。此外，下列次要修订也被认为是出自杜威之手，本卷予以采用：15.15"doctrine"大写；30.39"One"小写；15.17分号改为逗号；23.19、39.10、46.10、52.8、54.5逗号删除；15.34、20.8、38.3、38.10、46.8、52n.2、58.34、64.6(2)加逗号；31.26逗号改为冒号；46.27"value standards"加连字符；20n.3、20.26、37.22、50.31"can not"连起来；31.37、52.6、8n.3"esthetic"改为"aesthetic"。

《作为一个逻辑问题的世界存在》

这篇论文原本是杜威向纽约哲学俱乐部宣读的文章。发言用的打字稿副本共

---

① 弗雷森·鲍尔斯在《杜威中期著作》第1卷第347—360页全面讨论了在编辑《杜威中期著作》各卷时所采用的校勘原则及程序。

20 页，但并不是杜威本人打的，现收入哥伦比亚大学哲学俱乐部论文特辑；各种注释以及更正，包括文章末尾处的“约翰·杜威”字样，并非出自杜威之手。

可以假设，杜威用该打字稿的打字带副本（简称打字稿）作为此文的印刷本，首次发表在《哲学评论》（第 24 卷，1915 年，第 357—370 页）上。事实上，他在向该哲学俱乐部宣读这篇文章之前，也许便着手更正并标注他自己的版本；他的一个听众，也就是后来收藏副本的那个人，在第 87 页 18 行讲演中加了这几个字：“of the event with the momentariness”，但这几个字复写带上原本没有。这个事实给我们的假设提供了一个 484
重要的支持：如果杜威在会上是这么宣读的，这个听众才可能用这个确切的短语。

此外，杜威随后对论文进行了修订，在重要的和次要的地方都作了大幅度的改动。尽管打字稿与《哲学评论》稿在次要改动方面的差别只是形式上的，比如变动标点符号的相对位置、规范破折号的长短、用阿拉伯数字来替换脚注中的星号等等，但是，明显出自作者之手的次要改动也足以支持这样一个结论：杜威从头至尾仔细地修订了打字稿，是为了准备《哲学评论》稿。应该归功于杜威这几处次要改动的是：87.29、96.26 重新分段；87.39“*re*defining”一词撤销部分斜体；85.35、87.36、88.10 撤销斜体；83.27、86.13、87.5、91.3、92.3、93.34、96.40 加斜体。因此，本卷即以《哲学评论》文本的第一版作为范本。除特别注明之外，打字稿与印本的全部不同之处在该文的历史校勘中均有罗列。

杜威为让这篇文章在《实验逻辑论文集》里亮相，对文章进行了修订，其修订的方式与他修订《实践判断的逻辑》一样；次要改动的内容也一样。仔细对照重写段落，我们发现一些重大修订或者修改的地方，因此，今版接受版本的一些次要改动，但均在上述修订或者修改的范围之内。其他一些认定系作者所作的改动包括：通过增删斜体、对术语或者短语增加引号等方式来频繁改变强调之处。下面额外的次要改动被认为出自杜威之手，本卷作为修订予以采用：95.8、9 逗号变括号；86n.10 增加逗号；85.4、89.30 删除逗号；84.32 问号变句号；86.4 小写变大写；90.8、94.33 加连字符；85.3、87.11、93.23、95.32、96.38 的“common sense”加连字符。①

① 第 84 页第 29—30 行的“common-sense”引自卢梭；在打字稿和《哲学评论》稿中，连字符被无意间删掉。第 95 页第 32 行的例子，在一个作了重大改动的句子中也出现。不过，所有在“common-sense”中接受连字符的情况都列在此处，好让大家注意这种一般修订，这种修订是根据杜威通常的权威方式而进行的。杜威通常会区分作为形容词的“common-sense”与作为名词的“common sense”。《实验逻辑论文集》尚在编辑时，1914 年芝加哥使用的《风格手册》偏爱一直用连字符，所以书中全盘用之。今版予以接受，并列于文本说明中，但允许第 96 页第 23 行、第 96 页第 39 行、第 97 页第 8 行的名词“common sense”保持不变。

485 当有人第一次向杜威建议出版《实验逻辑论文集》时，芝加哥大学以为是用常规的重印方式在《逻辑理论研究》(芝加哥：芝加哥大学出版社，1903 年)里加入杜威的论文，并“作出更正和一些小的增补”。[①] 出版社显然想对前一版《逻辑理论研究》的几个段落甚或几页作一些“小的增补”；不过，针对出版社不断要求进行这种增补的要求，杜威作出了回应，把原先散见于各种杂志的 9 篇论文放入了这个论文集，结果文集的容量比预期增加了一倍。增补的 9 篇论文中，包括《作为一个逻辑问题的世界存在》和《实践判断的逻辑》。

《实验逻辑论文集》在 1916 年、1918 年、1920 年三次印刷用的都是同一组印版；该书于 1925 年 12 月脱印。我们对照该书版权保存本(A433372)，用机器对该书三次印刷的版本[②]进行了校勘，从中发现：1920 年版对《作为一个逻辑问题的世界存在》进行了两处改动，以删除行与行之间的连接符，并更正了《实践判断的逻辑》一文中四处排版错误：15. 1 的“assuerdly”；42. 39 的“suppresssing”；80. 19 的“mathmatical”；81. 12的“thiniking”。

《德国的哲学与政治》

本文(纽约：亨利·霍尔特出版公司，1915 年)的基础是杜威得到约翰·卡尔
486 文·麦克奈尔基金会的支持，于 1915 年 2 月在北卡罗来纳大学开设的三个系列讲座。尽管在后来的岁月里，一般认为该书是杜威思想中价值最低的著作，但出版时却受到评论家的赞扬。[③] 例如《美国评论之评论》(*American Review of Reviews*)说：“文章对于全面推动德意志民族发展的哲学原则进行了梳理，观点清晰，分析严谨。”

---

① 关于《实验逻辑论文集》一书的缘起与历史，《杜威中期著作》第 2 卷的文本说明中已有讨论。本卷之叙事乃是该讨论的总结。

② 第一次印刷，杜威中心；第二次印刷，明尼苏达大学，1329092；第三次印刷，芝加哥大学出版社典藏版本校勘。

③ 对《德国的哲学与政治》一书的评论有：《美国图书馆协会书单》(*A. L. A. Booklist*)，第 12 期，1915 年，第 6 页；《美国评论之评论》，第 52 期，1915 年，第 248 页；《独立》(*Independent*)，第 83 期，1915 年，第 24—25 页；《纽约时报书评》(*New York Times Book Review*)，1915 年 7 月 18 日，第 257 页；《斯普林菲尔德共和日报》(*Springfield Daily Republican*)，1915 年 6 月 10 日；弗朗西斯·哈克特：《新共和》，1915 年 7 月 17 日，第 282—284 页，并由沃尔特·李普曼加脚注，第 284—285 页；威廉·欧内斯特·霍金：《德国的政治哲学》，《新共和》，1915 年 10 月 2 日，第 234—236 页；杜威的回应，同上，第 236 页(本卷均已辑入)；弗兰克·蒂利：《哲学评论》，第 24 卷，1915 年，第 540—545 页；詹姆斯·H·塔夫茨：《国际伦理学杂志》，第 26 期，1915 年，第 131—133 页；乔治·桑塔亚那：《哲学、心理学与科学方法杂志》，第 12 卷，1915 年，第 645—649 页；F·C·S·席勒：《心灵》新丛刊，第 25 期，1916 年，第 250—255 页；《民族》，1915 年 7 月 29 日，第 125 页。

(第 248 页)《民族》的评论员补充道:“论证客观,事实翔实,不失为一则有力的讽刺。”(第 152 页)杜威同时代的哲学同行对该书也有评论:詹姆斯·H·塔夫茨(James H. Tuffs)在《国际伦理学杂志》(*International Journal of Ethics*)上写道:“该书引人注目,颇具启发,字数不多,却十分重要”(第 133 页);乔治·桑塔亚那在《哲学、心理学与科学方法杂志》上说:“该书公正、直率、丰富地呈现了康德、费希特、黑格尔的政治哲学,且态度独立;从判断上看,该书基本持不赞成态度”(第 645 页);席勒在《精神》(*Mind*)上说,所有这些“异常清醒、振聋发聩的演讲”(第 253 页)都是一个“构思严密、教益非凡的论证”(第 251 页)。

《德国的哲学与政治》于 1915 年 5 月 28 日出版,随后登记了版权(A401196)。今版即以该版权保存本为范本。

考查各卷,我们能够区分至少该书的两次印刷,尽管霍尔特出版公司(普林
斯顿大学)只有销售数字,没有关于印数或者印刷规模的信息。有四本的扉页上 487
印有 1915 年的字样,两本除了版权页(1915 年),没有日期。用西门校勘机对这四本进行了比较,结果发现没有变化。不过,扉页无日期的样书显得破旧。销售数字表明,印数大概较小;1916 年、1920 年、1921 年共卖了约 200 本,到 1922 年和 1923 年销售数降至约 100 本。上述这些年的销售情况看来一直都有记录,所以无法解释为什么 1917、1918、1919 这三年的销售没有记录。1936 年因为销售情况很糟,霍尔特出版公司请求杜威允许降价销售。杜威回复同意,剩余的 375 本遂削价卖掉。

1942 年 5 月,G·P·普特南公司的厄尔·巴尔奇(Earle Balch)询问霍尔特出版公司:是否可以由他们为杜威保存《德国的哲学与政治》的印版。霍尔特出版公司答复说印版此前已经熔化,只有版权可以转给杜威。杜威就把版权转给了普特南公司,而后者完全重新排版,于是该书“得以重印,且除了几处小的语言更正之外,未予改动”,同时增加了一万字的新“导言”,题目叫“希特勒国家社会主义的世界大同”。《德国的哲学与政治》的新“导言”(本卷边码第 421—446 页)将按相应的年代顺序安排辑入《杜威后期著作》;但是,不会重印全文。因此,杜威 1942 年所作的重要及次要改动“1942 年版异文表”予以列出。

《明天的学校》

E·P·达顿公司出版了杜威的两种书,其中一种即是《明天的学校》(1915 年)。关于该书的缘起,时任该公司教育部经理的伯吉斯·约翰逊(Burges Johnson)已有详

488 尽描述[①]。约翰逊说，手稿排出来送给他时，他发现第一章“相当令人生畏”，但第二章似乎“表达简洁”，十分清楚。约翰逊请杜威调整这两章的顺序时，“他静静地听着我说话，然后声音柔和地说道：‘你的话让我非常感兴趣。我写了第一章，我女儿伊夫琳写了第二章。’”尽管约翰逊提出了调整的建议，但章节的顺序未曾有任何变动。

1915 年和 1916 年出现了 14 篇关于《明天的学校》的评论。[②] 虽然杜威在“序”里特别声明伊夫琳·杜威“负责撰写本书描述性的章节部分”，评论者们却无一例外把全书都记在了杜威的账上。在他们的一致——有时甚至是令人厌恶的——赞同之下，压根儿就不提伊夫琳·杜威的名字。例如，《现代学校》(*Modern School*)的评论者写道：“约翰·杜威教授终于成就了一部深受欢迎的书”(第 90 页)；《新共和》刊物说：“杜威教授用他大师的方式展现了美国学校完整的历史场景”(第 211 页)；T·P·拜尔(Beyer)在《日晷》杂志上写道：

> 有些哲学家对教学的艺术知之甚少。因此，当一位深刻的思想家主动承担起实事求是地阐述最实际的(当然也是最重要的)生活艺术——教育的艺术之任务时，表示欢迎的欢呼之声应该响彻云霄……作者用明白易懂、一以贯之的理论来表现并汇集具体事物，学问成熟，逻辑严密，颇为合理，技艺高超，使《明天的学校》成为一个极其重要的贡献(第 109 页)。

许多评论者与拜尔一样，对该书简单易懂、可读性强的风格给予肯定，然而又都
489 把这一点归功于杜威，正如《新共和》周刊所说：“该书风格上通俗易懂，绝无矫揉之感，也许是他平生所著之最有用的书。读者不可能从别人那里获得如此强烈的感觉：

---

① 伯吉斯·约翰逊：《敢想敢干：个人回忆录》(*As Much as I Dare: A Personal Recollection*)(纽约：艾夫斯·沃什伯恩公司，1944 年)，第 186—187 页。

② 9 篇未署名的评论是：《美国图书馆协会书单》，第 12 期，1915 年，第 9 页；《美国评论之评论》，第 52 期，1915 年，第 248—249 页；《独立》，第 83 期，1915 年，第 198 页；《文学摘要》，第 51 期，1915 年，第 537 页；《民族》，1915 年 9 月 9 日，第 326—327 页；《新共和》，1915 年 6 月 26 日，第 210—211 页；《纽约时报书评》，1915 年 8 月 15 日，第 291 页；《展望》(*Outbook*)，第 110 期，1915 年，第 875 页；《威斯康星图书馆期刊》(*Wisconxin Library Bulletin*)，第 11 期，1915 年，第 367 页。5 篇署名的评论是：弗洛伦斯·芬奇·凯利：《书商》(*Bookman*)，第 42 期，1915 年，第 88—89 页；托马斯·珀西瓦尔·拜尔：《日晷》(*Dial*)，第 59 期，1915 年，第 109—111 页；艾多奈拉姆·J·拉德：《北达科他大学学报季刊》(*Quarterly Journal of the University of North Dakota*)，第 6 期，1916 年，第 272—275 页；欧内斯特·卡罗尔·穆尔：《考察》(*Survey*)，第 35 期，1916 年，第 438 页；卡尔·齐格罗瑟：《现代学校》，第 2 期，1915 年，第 90—91 页。

洞若观火，把握形势，内容广泛，阐释切题，一以贯之，而这些恰恰正是他的禀赋。"（第211页）

不少评论者用形容词的最高级来描述《明天的学校》："可能是本年度最重要的社会论著"（《独立》，第198页）；"异乎寻常的重要"（《展望》，第875页）；欧内斯特·C·穆尔在《考察》季刊上写道："我把该书的问世看成是今年意义最重大的教育事件"（第438页）；《威斯康星图书馆期刊》重复了穆尔的话，它说："毫无疑问，这是当今意义最重大的教育记事，它可能将对各地的学校课程产生明显的影响。"（第367页）

很难衡量该书对"各地的学校课程"所产生的预期的直接影响。不过，可以确定无疑的是：《明天的学校》是一本很受欢迎的书，销量显著。一则写在1930年公司的一封信上的注释表明，第一次印数是1500本，而且从1915—1928年一共卖了24000本。[①] E·P·达顿公司总裁约翰·麦克雷1917年4月20日致函杜威：

> 您将[从版税支票的数额]注意到，而且我想，您将坦率地承认，本书的销售非常令人满意；这本关于教育主题的非凡的好书持续畅销，我谨向您表示祝贺，同时也向我们自己道喜。

3天后，杜威回信道：

> 对于此书持续畅销，我当然非常高兴，并要对您在出版此书时所付出的努力表示感谢。销量持续高居不下，实在令人满意。

达顿公司的档案记录表明，迟至1923年，《明天的学校》在英国的分销商J·M· 490
登特还订了300本。

然而，到1927年3月19日，杜威认为该书的销售锐减，于是写信给麦克雷：

> 《明天的学校》的销量未能更好保持，对此，我有些失望。是否有可能向师范和进修学校推销？我的《学校与社会》尽管差不多是30年前出版的，但仍保持每

---

① 麦克雷致杜威，1930年4月14日，达顿出版公司档案，纽约锡拉丘兹，锡拉丘兹大学。公司总裁埃利奥特·格雷厄姆先生慷慨安排，提供了与杜威、伊夫琳·杜威及玛丽·哈维·特纳的著作出版事宜有关的信函及其他文件。此处引用的信函即在此列。

年1000本的销量，原因就是把它用作学校的教材或者辅助读物。我的经验是：只要用作教材，销量就能年年持平。

麦克雷在1927年3月21日回信道：

为提高《明天的学校》的销量，我们一直在加倍努力……（有人）说《明天的学校》是很久以前写的；自其问世以来，教育的灵感和机制已发生了巨大变化……增加一章，用作“序”，使此书跟上时代，这是否能给此书增加这个时代所需要的推动力？

《明天的学校》是否因为有些过时而滞销，这并不是真正的问题。问题是人们在说这本书老了，落在时代的后面了。

如果您对此抱怨，我想有一个更妥当的做法是：您是否写一个“序”给我，长短由您来定，那么，我们就完全可以按照您在3月19日函中建议的那样去做，重申过去此书就是教材。

对于麦克雷请他写一个新“序”的建议，杜威没有答复。1930年4月14日，麦克雷的建议更加广泛：

《明天的学校》……对其问世的那个时代的教育者产生了深刻的影响；在其有生之年，它对英语世界的教育产生了非常重要和深远的影响。在我看来，此书可以全面修订。您可能认为此书不必修订，而是另写一部新书，从今天的角度讨论明天的学校。

491 尽管杜威立即回信：“我将与伊夫琳商讨用新材料来修订《明天的学校》的可能性”，但这种修订始终没有进行。

从达顿公司标注为第六次的印刷开始，1916年7月，《明天的学校》的版权页上出现了历次印数及印刷日期的清单。该清单显示，第二次印刷是在1915年8月；1916年印了四次——两次在3月，两次在7月；1917年1月又印了两次，两次分开的印刷是否实际上在同一个月进行并把之变为三次，这不得而知；出版商把两次分开的装订（因此版本不同）标注为两次分开印刷，这可以解释这种有些不同寻常的程序。在出版本版时，我们对最后一次印刷的情况进行了核查，发现印刷是在1929年2月，且达顿公司标注的是第十六次印刷。

我们用机器把《明天的学校》的版权保存本(A406047)与最后一次印刷的版本进行比较,发现两者没有不同之处。今版以版权保存本为范本。在未标注出版日期(1—6?)的 24 本中有三个错误,斯卡德·克莱斯(Scudder Klyce)在 1915 年 6 月 4 日曾提请杜威注意,①但无论是早期印刷的版本,还是后来标注了印刷日期的版本,均未予以更正。这三个错误是:261.11 的"plan"写成了"plane";306.10 的"decimeters"写成了"meters";404.23 的"turn out"写成了"turn"。

① 克莱斯致杜威,1915 年 7 月 14 日,斯卡德·克莱斯文集,国会图书馆手稿部。

符号表

492 左侧的页-行数字系本版增加;所有印刷行数(页首标题除外)均计算在内。

括号之前的文本(reading)出自本版。

方括号表示本版的文本结束,后跟表示文本第一次出现的符号。

W 表示作品(Works),即本版,用来指这里首次所做的校勘。

缩略词[*om.*]表示括号前的文本在以前经缩略所发现的各版及印刷中被省略掉;[*not present*]表示括号前的文本是对早先的材料补充。

缩略词[*rom.*]表示罗马字体,用来表示斜体字的省略。

Stet 表示一段获自某个权威版本或后来修订的版本的正文文本;分号后系被排斥的改动。

星号表示在校勘表后有对该修订所作的标注。

关于标点符号校勘,波浪线"～"表示与括号前的词相同,脱字符号"‸"表示缺标点符号。

校勘表

范本中对正文及附录所做的所有校勘均列入下表，但并不包括本校勘表中列出 493
并描述的某些规范用语。方括号左侧的文本出自本版。括号之后是表示校勘首次出现的来源的缩略词，以及表示文本相同的以后校勘之各版本及印本。来源缩略词之后是分号，分号之后是范本的校勘内容。此处也收录了各校勘文本的正文变异之处；故下表既是一个校勘记录，也是一个历史校勘。

每一条目的范本可在校勘表相关条目的起始处找到；对于以前只有一个版本的那些条目，表中没有列出范本缩略词。

以下形式的更改遍及全书：

1. 书名及杂志名采用斜体；文章名及书中的小标题加了引号。必要时书名被补充或扩展。
2. 每一条目中右上角的上标数字始终指的是杜威的脚注；星号仅用来指编者注。
3. 在没有出现文内引文时，单引号改为双引号；在必要之处，补充了前引号或后引号，并做了记录。

编辑对括号前已知的杜威用法的下列拼写进行了规范：

aerial] aërial 176.40

bookkeeping] book-keeping 371.16 - 17

cannot] can not 298.8, 300.14, 303.4, 311.17, 314.14, 317.6, 317.31, 319.12, 494
323.17, 330.3, 340.19, 366.30 - 31, 368.38, 375.19, 380.27, 383.20, 384.12, 396.13, 397.33

centre (all forms)] center 81.31, 107.29, 119.24, 120.14, 120.36, 125.33, 131.39(2), 184.19, 248.6, 249.21, 280.25, 303.11, 305.5, 344.32, 349.10(2),

350.11,350.23,351.40,352.14,358.32,359.22,360.12
clue] clew 147.21,254.35,303.20,398.12
coadaptation] co-adaptation 423.34
cooperate (all forms)] coöperate 105.9,106.2-3,203.38,204.11,271.9,289.36, 312.10,312.18,326.7-8,326.33,326.37,327.17,328.4,333.20,349.20,374.15, 383.27,383.35,384.23,385.8
cooperation] co-operation 111.13,116.21,116.27
coordinate (all forms)] coördinate 232.14,234.24,306.3,366.3-4,369.30
coordinating] co-ordinating 61.5
detour] détour 196.5
every-day (adj.)] every day 278.32,363.31
fantasy] phantasy 71.27
far-reaching] far reaching 207.18
fibre] fiber 396.20,396.22
first-rate] first rate 426.39
foodstuffs] food stuffs 394.1
guarantee] guaranty 82.39
handwork] hand work 227.33,230.2,342.10-11,377.19-20
handwork] hand-work 368.5-6,368.14,370.22
high-school (adj.)] high school 235.17,235.18,247.17,366.9,366.32,373.26, 380.30
meagre] meager 219.37,340.18
molding] moulding 210.5
object-lesson (adj.)] object lesson 282.34
part-time] part time 118.11,118.38
playground] play ground 282.40
preestablished] pre-established 422.1
present-day (adj.)] present day 395.31,404.22,435.26
prima-facie] prima facie 16.6,69.29,73.13
public-school (adj.)] public school 123.11,123.26,225.18,247.5,263.8,320.16-17,369.22,403.38,404.28-29,414.21
reenforce (all forms)] reënforce 215.32,287.36,305.10,394.5,398.36
régime] regime 130.26,412.31,412.32,436.38
role] rôle 25.40,145.19,208.15,232.35,284.17,298.36,306.34,307.21,318.36, 320.2,320.3
Schoolhouses] School-Houses 209.13
school-teacher] schoolteacher 388.14-15,391.27
self-enclosed] self-inclosed 28.8
shop work] shop-work 368.27
495 short-cut] short cut 219.13,373.14,381.5,412.39
storekeeping] store keeping 371.10
subject-matter] subject matter 233.10,254.11,412.5
taxpayers] tax-payers 323.10
text-book] text book 207.4-5,209.2,263.31

well-developed] well developed 267.15
well-known] well known 424.4
well-planned] well planned 131.9
zoology] zoölogy 374.8

《形而上学探究的主题》

范本系该文过去唯一发表之版本，见《哲学、心理学与科学方法杂志》，第 12 卷，1915 年，第 337—345 页。

3n.3　　Biology:] W; ～-
8.4　　his] W; this
11.37　　found ‸] W; ～,
12.10　　peculiar] W; pecular

《实践判断的逻辑》

范本首次发表于《哲学、心理学与科学方法杂志》第 12 卷，1915 年，第 505—523、533—543 页。《实验逻辑论文集》（芝加哥大学出版社，1916 年）（EE）的版权基藏本（copyright deposit copy）充当了 64.30 至 82.40 的范本。EE 版本中的修订、扩充得到采纳。右上角的上标数字是为了区别发生变异的《实验逻辑论文集》的三次印刷（EE16，EE18，EE20）

14.1　　PRACTICE] EE; PRACTISE
14.2　　*I. Their Nature*] W; THEIR NATURE EE; I. THEIRNATURE
14.6　　"practical judgment"] EE; ‸～‸
14.12　　a type] EE; an alleged type
14.15　　Propositions exist] EE; There are propositions
14.16　　situation] EE; situation as
14.24　　*SP*] EE; *S* is *P*
14.25 - 26　　meanwhile the] EE; meanwhile there is a
14.26　　is] EE; which is　　*496*
14.28　　is] EE; is involved
15.1　　form *SP* or *mRn*] EE; form of *S P* and mathematical propositions
15.1　　as gratuitous] EE; quite as gratuitous
15.2 - 4　　It ... time.] EE; [*not present*]
15.4　　exhibits, if not a] EE; exhibits not, indeed, a
15.5　　at least] EE; but
15.5 - 6　　this type] EE; the type mentioned above
15.8　　propositions.[1] It] EE; propositions,[1] and it
15.9　　this kind] EE; any of the above sort

15.10 this omission] EE; omission of this type

15.10 discussion] EE; success and efficacy

15.11 other kinds] EE; the exposition of other types

15.15 Doctrine] EE; doctrine

15.17 wrong,] EE; ～;

15.17 etc.] EE; etc., etc.

15.17 is] EE; seems

15.18 importance] EE; importance in our lives

15.20 arouses] EE; arouses curiosity and even

15.20 the grounds of] EE; [*not present*]

15.20 neglect] EE; relative neglect

15.20–21 discussion] EE; the discussion

15.21 of] EE; of the theory of

15.21 in general] EE; [*not present*]

15.30–31 by opponents] EE; opponents

15.34 unfinished,] EE; ～∧

15.35–16.26 Moreover ... discussion.] EE; [*not present*]

15n.1 p.] EE; page

16.28 carrying] EE; in carrying

16.31 subject-matter] EE; content

16.33 the way] EE; the way of treating

16.36 *in*] EE; [*rom.*]

16.37 in] EE; as

16.38 force] EE; import or force

16.38 *prima-facie*∧] W; prima∧facie∧EE; *prima*∧*facie,*

16.40 *SP*] EE; *S-P*

17.5 which has] EE; having

17.5 He] EE; he

17.5 house";] EE; ～;"

17.6 The] EE; the

17.6 burning";] EE; ～;"

17.6 It] EE; it

17.7 implied] EE; stated

17.8 proposition] EE; statement

17.15 *descriptive*] EE; [*rom.*]

17.15 a] EE; or any

17.17 it] EE; hence it

497 17.17 help] EE; either help

17.17–18 its development ... development] EE; [*not present*]

17.24 it∧] EE; is,

17.25 It] EE; This is to say that it

17.27 means] EE; means — of the given situation and the proposed act as conditions of the outcome

17.27 disconnect] EE; take

17.27 discussion] EE; matter
17.28 from] EE; out of connection from
17.29 thereby] EE; also
17n.1 analytic realists] EE; neo-realists
17n.6 but] EE; simply
17n.6 logical reference,] EE; acts of thought having a reference?
17n.6-9 leaving ... future?] EE; [*not present*]
18.3 concerns] EE; is of
18.5 elements] EE; the elements
18.11 pursuits] EE; pursuit
18.19 given] EE; statement of the given
18.19 exhaustively] EE; and exhausts
18.20 practical] EE; the practical
18.21 it."] EE; it" so far as intelligence is concerned.
18.23 *of*] EE; [*rom.*]
18.33 and] EE; and of
18.34 course] EE; mode of action
18.37 death] EE; its continuance or death
18.38-39 render ... cases] EE; render similar cases in the future
19.1 is] EE; is of course
19.2,5;20n.3;20.26;22.5; cannot] EE; can not
36.26;37.22;47.12;50.31
19.4 propositions about] EE; the judgment of
19.7 it,] EE; ~.
19.8 much ... propositions.] EE; [*not present*]
19.9 method] EE; assertion is
19.9 begs] EE; to beg
19.9 question] EE; question at issue
19.10-11 preconception,] W; ~‸
19.13 doctrine of a] EE; [*not present*]
19.17 the] EE; which is the
19.19 slight] EE; extremely slight
19.24 the] EE; what is
19.24 *as*] EE; [*rom.*]
19.26 development of] EE; [*not present*]
19.26-27 situation] EE; movement
19.30 recognition] EE; the recognition
19.31 redirection] EE; intelligent control
19.31 events] EE; events which are
19.34 utilizing] EE; the utilization of *498*
19.35 means] EE; as a method of knowledge is
19.36 It] EE; That is, it
19.36 import,] W; ~‸
20.4 is] EE; would be

20.8	done),] EE; ~)∧
20.14	taken] EE; taken both
20.15	of] EE; as furnishing
20.15	Such a] EE; This
20.17	For] EE; But it is important to note that
20.20	respects] EE; respects decision as to
20n.1	[3]Supposing] EE; [3]I may refer in passing to the bearing of this upon a point in my recent paper (this JOURNAL, Vol. XII., page 337). Supposing
20n.8	mechanical condition] EE; mechanism
20n.11	is] EE; is quite as much
20n.12	statement] EE; complete statement
20n.12	history] EE; history as is its molten, non-living state at a given date
20n.15 - 18	That ... future.] EE; [*not present*]
21.1	qualifications] EE; terms
21.3	terms of the proposition] EE; statement
21.7	yet] EE; yet they
21.7	*of*] EE; [*rom.*]
21.10	or in] EE; or with
21.12	making] EE; in being
21.18	his propositions] EE; propositions
21.18 - 19	breeding ... domestication.] EE; breeding.
21.22	Logically] EE; Logically speaking
21.22	any] EE; the
21.23	when ... inference] EE; in that connection
21.27	(constituting] EE; ∧ which constitutes
21.28	terms and relations] EE; content
21.28	proposition)] EE; ~∧
21.35	the] EE; my
21.36	other matters] EE; value-judgments
21.39	all propositions of] EE; given
22.4	is] EE; is altogether
22.4	in] EE; as
22.4 - 5	incidental way] EE; appendage
22.6	worth] EE; worthy of
22.7	frame at least] EE; at least frame
22.9	and to] EE; and
22.9	realization] EE; attempted realization
22.12	would] EE; would then
22.19	would] EE; might
22.21	its result] EE; the results
22.24	truths] EE; truth

22.26 this] EE; this statement 499

22.26 origin] EE; context of the origin

22.29 such] EE; these

22.33 as are used] EE; used

22n.1 pp.] EE; pages

22n.1 104,] EE; 104 and

23.1 *If*] EE; *If* then

23.2 are then] EE; are

23.3 done,] EE; done (if only as to some inference to be made)

23.3 are themselves] EE; themselves are

23.6 would be] EE; is

23.7 but] EE; but one

23.7 expounded] EE; conceived

23.8-9 For ... verifiability.] EE; [*not present*]

23.10 *II. Judgments of Value*] W; JUDGMENTS OF VALUE EE; II judgments of Value

23.14 First,] EE; First, however,

23.15 misunderstanding.] EE; misunderstanding. I am not concerned with the *nature* of value as that has recently been the object of controversy. For my purposes it makes no difference whether value is comprised within consciousness, independent of consciousness, or a relation between an object and some form of consciousness. I am going to deal with valuation, not with value.

23.17 value] EE; value so

23.19 amount∧] EE; ~,

23.21 mediaeval] EE; medieval

23.31 were then] W; were them EE; could then be

23.34 it was] EE; he makes it

24.1 conclusion] EE; inference

24.4 are] EE; are quite

24.20 ∧When] EE; "~

24n.1 p.] EE; page

24n.4 that] EE; that the

24n.5 used] EE; [*ital.*]

24n.5 *evidences*] EE; [*rom.*]

24n.9-10 pretension] EE; pretensions

24n.10 acquire] EE; have

24n.10 status] EE; only

24n.14-17 qualities ... qualities.] EE; qualities as such.

25.1 further] EE; farther

25.2 currency] EE; uncriticized currency

25.5 in having] EE; [*not present*]

25.26 "acquaintance"] EE; ∧~∧

25.26　“familiarity”] EE; ∧~∧

25.26 - 27　“recognition”] EE; ∧~∧

500　25.27 - 28　ambiguity.] EE; ambiguity. [¶] By a value judgment, then, I mean simply a judgment having goods and bads for its subject-matter. Such being the case, it may well be asked: Why give it any special consideration? Why should logic, in addition to a theory of judgment, bother with value-judgments as a special class any more than with dog-judgments or granite-judgments? And my answer is there is no reason, save that valuejudgments are a species of practical judgments (which present specific problems for consideration); and that the failure to observe this fact has resulted — so it seems to me — in much confusion, especially in moral theories about the judgment of good, right, and standards. And, I have no doubt, the same confusion has affected for evil the economic theory of valuation of commodities and services.

25.29 - 30.34　In ... examination.] EE; [*not present*]

26.10　thinking∧] W; ~,

27.37　physician] EE[20]; physican EE[16,18]

30.39　one] EE; One

31.3　previously] EE; as yet

31.4　to∧be∧given] EE; ~-~-~

31.5 - 18　This ... on. [¶] Practical] EE; Practical

31.19　not therefore] EE; not

31.20　value] EE; question of the value

31.20　*objects;*] EE; ~.

31.20　but with] EE; They deal primarily with fixing upon

31.26　clothes:] EE; ~,

31.32　in] EE; as

31.37;52.6,8,n.3　aesthetic] EE; esthetic

32.3　for knowledge] EE; in judgment

32.5 - 6　provided] EE; provides

32.20　*not*] EE; [*rom.*]

32.21　valuation;] EE; ~,

32.21　they are] EE; but

32.21　a valuation] EE; valuation

32.23 - 24　a subsequent] EE; a

32.25　they would not] EE; the traits would not

32.30　action,] EE; ~∧

32.33　*the ... judgment*] EE; [*rom.*]

32.36　an existence merely] EE; merely an existence

32.37　claim] EE; certain claim

32.37　judgment] EE; the judgment to be formed

33.3 - 35.29　fanciful. I ... efficiencies.] EE; fanciful. It is existential, but

it exists *as* something whose good or value resides (first) in something to be attained in action and (secondly) whose value both as an idea and as existence depends upon judgment of what to do. Value is "objective," but it is such in an active or 501
practical situation, not apart from it. To deny the possibility of such a view, is to reduce the objectivity of every tool and machine to the physical ingredients that compose it, and to treat a distinctive "plow" character as merely subjective. *Value-in-judgment* always has to do with something *as* tool or means, and instrumentality is an added (and selective) specification.

35.30 whatever risk of] EE; the risk of whatever

36.16 There] EE; These

36.16 are] EE; are undoubted

36.21 practical judgment] EE; practical judgment of what is to be done

36.23 judgment.] EE; judgment. It is precisely this character which constitutes the necessity of the reference of the subject-matter of judgment beyond judgment: which makes it impossible for a practical judgment as judgment to have a self-contained meaning and truth.

36.26 now go] EE; go

36.27 III] EE; II

36.29-30 decisive ... what] EE; determination of what

36.36 a prior] EE; a

36.37 comparing] EE; equating

36.37 the supreme] EE; a supreme

36.38 value] EE; unquestioned value

37.1 the] EE; the practical

37.1 judgment ... do] EE; judgment

37.2 ready-made] EE; ready-made outside the valuation

37.12 recognition] EE; judgment

37.16 "end."] EE; ‸~.‸

37.19 a] EE; the

37.20 things] EE; of things

37.23 "end"] EE; ‸~‸

37.29 sense,] EE; ~‸

37.30 a] EE; the

37.30 kind] EE; kind of judgment

37.31 discussing or that] EE; discussing, so that as value

37.32 given by which] EE; employed

38.1 possessive, sense‸] EE; ~‸~,

38.2 an end not] EE; not an end

38.3 begins,] EE; ~‸

38.10 that,] EE; ~‸

38.19 *aims*] EE; [*rom.*]
38.26 suit] EE; given suit
38.28 by] EE; by means of
38.28 various] EE; the various
38.29 comparing . . . respect] EE; weighing the claims
39.29–30 cheapness] EE; the cheapness
502 38.30 adaptability] EE; adaptability of various suits
38.30 *with*] EE; against
38.30 *one another*] EE; [*rom.*]
38.37 but] EE; but simply
38.37–38 act . . . action.] EE; act.
39.10 it∧] EE; ～,
39.12–44.31 IV . . . skepticism.] EE; [*not present*]
41n.15 supplies] W; supply
42.8 pangs∧] W; ～,
42.16 which,] W; ～∧
42.39 suppressing] EE[20]; suppresssing EE[16, 18]; [*not present*]
43.31 notion] W; motion
44.19–20 they analyzed] W; analyzed
44.30 them∧] W; ～,
44.32 may be contended, however,] EE; may, however, be contended
44.32 all this] EE; this
44.33 earlier statement] EE; statement made to the effect
45.14 about] EE; about the worth of
45.17 the specific] EE; the
45.18 it] EE; it still
45.20 life] EE; life as such
45.20 by definition it] EE; it by definition
45.22 by suggesting or] EE; by
45.23 make] EE; made
45.23 living;] EE; ～,
45.24 *direct*] EE; [*rom.*]
45.27 and] EE; or
45.29 Every] EE; But nevertheless every
45.30 the] EE; on the contrary, the
45.30 is] EE; is always
45.31 the situation] EE; this situation
45.40–46.1 whatever in . . . be] EE; whatever is not and can not be in the situation at hand
46.2 and which] EE; and
46.3–5 judgment . . . limit.] EE; judgment. Unfortunately for discussions, "to value" means two radically different things: to prize and appraise; to esteem and to estimate. I call them radically different because to prize names a practical, non-

intellectual attitude, and to appraise names a judgment. That men love and hold things dear, that they cherish and care for some things, and neglect and contemn other things, is an undoubted fact. To call these things values is just to repeat that they are loved and cherished; it is not to give a reason for their being loved and cherished. To call them values and then import into them the traits of objects of valuation, or to import into values, meaning valuated objects, the traits which things
possess as held dear is to confuse the theory of judgments of 503
value past all remedy.

46.6 V] EE; III
46.8 is,] EE; ~‸
46.10 action)‸] EE; ~),
46.15 previously chosen] EE; chosen previously
46.16 valuation] EE; value
46.17-18 Situations] EE; In *that* situation one thing *is* better than another. Moreover, situations
46.23 or valuables thus] EE; thus
46.24-25 Moreover, ... operation, the] EE; Moreover, the
46.26 standardized values.] EE; standard values, by the same kind of operation.
46.27 value-standards] EE; ~‸~
46.29 a] EE; the
46.30 rapidly] EE; a rapidly
46.31 of identical] EE; of
46.32 one's self] EE; oneself
46.33 valuables] EE; values
46.38 *they*] EE; [*rom.*]
46.38 critically made;] EE; made critically, and
47.3-4 the ... verification] EE; the verification the prior estimate of it has received
47.5 place] EE; place at all
47.6 reminiscence] EE; thought
47.7 to present] EE; to
47.10 he had] EE; he
47.14 arouses] EE; will arouse
47.15 appears] EE; will appear
47.16 epistemology ... three] EE; epistemology. But I am talking about practical judgments — judgments where the object of judgment is something to be done. I see but three
47.17 practical] EE; such
47.19 past‸ or] EE; past,
47.20 realm (] EE; ~,
47.21 logically),] EE; ~‸;

47.23 the change] EE; which change
47.23 depending] EE; depends
47.23 – 24 judgment] EE; judgment itself
47.24 constituting its] EE; constitutes the
47.24 subject-matter] EE; subject-matter of judgment
47.26 – 27 not merely that] EE; that not merely do
47.27 – 28 make . . . after-effect] EE; as after effect make a difference in things
47.28 admit] EE; accept about many propositions
47.29 validity] EE; the validity
47.29 judgments] EE; the judgments
504 48.2 claim] EE; hold
48.5 things,] EE; ～∧
48.6 in . . . made] EE; actually made in consequences which issue
48.6 – 21 And . . . appear.] EE; [*not present*]
48.23 difference in things. In] EE; difference. The point is purely logical, and is twofold. In
48.25 and,] EE; ～∧
48.25 place,] EE; ～∧
49.17 *III. Sense∧Perception as Knowledge*] W; SENSE∧PERCEPTION AS KNOWLEDGE EE; III. SENSE-PERCEPTION AS KNOWLEDGE
49.18 I] EE; I have
49.18 incidentally∧] EE; ～,
49.18 the first section] EE; my former article,
49.19 failure] EE; the failure
49.19 to] EE; to the logical form of
49. 21 types.∧] EE; forms.[1]. . . [1]See this JOURNAL, Vol. XII., page 506.
49.22, 28; 50.22; 54.1 – 2; 58.15 sense∧perception] EE; ～-～
49.25 I] EE; I shall
49.32 image] EE; optical image
49n.1 – 4 See . . . pp.103 – 22].] W; See IX and X, *ante*. EE; See this JOURNAL, Vol. VIII., page 393 in an article entitled "Brief Study in Realism."
49n.5 "image"] EE; ∧～∧
50.1 conditions] EE; the conditions
50.1 of logic, of truth] EE; of truth
50.7 or else] EE; or
50.13 ∧appearance∧] EE; "～"
50.14 or] EE; [*ital.*]
50.14 water-bubble] EE; water-bubbles
50.16 This] EE; The
50.16 thus] EE; which I have
50.16 needs to be] EE; was not, however,

50.20 a sense] EE; sense

50.22 is not] EE; was also taken to imply what I did not mean —

50.22 – 23 thereby exhausted] EE; exhausted in this mode of treatment

50.25 mean] EE; meant

50.25 holding] EE; showing

50.26 is] EE; was

50.36 more than five] EE; five

50.37 This] EE; That this

50.39 falsity.] EE; falsity, was assumed by me, but undoubtedly the assumption was not made sufficiently clear.

51.4 judgment] EE; judgments *505*

51.5 as] EE; as these have been defined —

51.5 of] EE; as to

51.6 a street] EE; the street

51.17 an] EE; any

51.19 – 20 conception . . . do] EE; class

51.21 to . . . it] EE; to do so

51.32 for] EE; for the

52.8 non-cognitive‸] EE; ~,

52.9 place,] EE; place, some

52.9 operation] EE; existence

52.10 signifying] EE; sign

52.10 – 11 surplusage] EE; it

52.13 *alternatives*] EE; [*rom.*]

52.19 grounds] EE; ground

52.19 them. ‸] EE; them.[5] . . . [5]See my article on "Perception and Organic Action," this Journal, Vol. IX., page 645.

52.20 hard-and-fast] EE; ~‸~‸~

52.21 postulated] EE; supposed

52.23 in order to] EE; to

52.25 does not] EE; it does not

52.26 Sense] EE; We may fairly conclude that sense

52n.2 function,] EE; ~‸

52n.6 be] EE; have been

52n.6 – 7 perception . . . should] EE; perception should

52n.10 *Alternative*] EE; They are *alternative*

52n.11 change] EE; which change

52n.12 – 14 possibilities . . . datum.] EE; possibilities.

53.6 for an inference] EE; of how to act

53.8 were it] EE; if it were

53.9 inferences] EE; inferences made on the basis of data which were not as perceived *definite* shapes

53.12 function] EE; outcome

53.13 – 14 the . . . organic] EE; the organic result of a

53.14 which has occurred] EE; occurring
53.19 having . . . of] EE; having the character, as perceived, of
53.32 *brain*] EE; [*rom.*]
53.35 organic conditions] EE; conditions
53.35 - 36 the occurrence] EE; occurrence
53.36 an act of perception] EE; something
53.37 results] EE; results thus far reached
53.40 which produces] EE; in giving
54.3 - 4 Such . . . them.] EE; [*not present*]
54.5 unrefracted‸] EE; ~,
54.10 to perform] EE; of the performance of
54.11 stimuli] EE; the stimuli
506 54.11 *occur*] EE; have occurred
54.13 indexes] EE; indices
54.13 set up has] EE; have
54.15 inference] EE; inferred action
54.31 - 33 *There . . . it.*] EE; [*not present*]
54.37 practical] EE; usual
54n.1 - 2 *Journal of Philosophy, Psychology and Scientific Methods*] W; *Journal of Philosophy and Psychology* EE; this JOURNAL
55.1 causes] EE; chief causes
55.6 because] EE; just because
55.8 themselves become] EE; become themselves
55.10 Inference] EE; The inference
55.10 will usually] EE; will
55.16 inference] EE; the inference
55.16 data, the] EE; data — but the
55.16 being] EE; are
55.17 determined, however,] EE; determined
55.24 sense] EE; given sense
55.25 must] EE; [*ital.*]
55.26 for . . . appear] EE; appear for the most part
55.29 - 30 indicates] EE; leads to
55.31 are] EE; [*ital.*]
55.33 where . . . appear] EE; [*not present*]
55.35 - 36 practical judgments,] EE; these
55.36 as open] EE; open
55.36 - 37 above board . . . it] W; aboveboard as it is the sensory quality: it EE; above board — it
55.40 she . . . in] EE; there is
55.40 error,] EE; ~‸
56.1 sound] EE; the sound
56.2 and] EE; while
56.2 fact] EE; fact it

56.6 this practical] EE; this
56.7 them] EE; inferences of the practical type
56.10 knowledge-object] EE; "object"
56.15 had] EE; had so
56.16 would] EE; might only
56.19 lie] EE; [*ital.*]
56.22 inference] EE; it
56.29 conditions] EE; its conditions
56.35 will] EE; are of a character to
56.35 which] EE; to
56.39 necessary, for I] W; necesary, for I EE; necessary. I
57.1 or] *stet* JP; nor EE
57.5 depends] EE; depends, however,
57.9 was] EE; was for
57.10 derived] EE; of construction
57.15 treated] EE; presented *507*
57.16 inference] EE; the control of inference
57.16 were a] EE; were
57.17–18 beliefs. [¶] The] EE; beliefs. The
57.19 unrecognized] EE; unperceived
57.19 of] EE; of the
57.19 Perception] EE; That is, perception
57.20 experimentally] EE; itself critically
57.20 present] EE; present a
57.20 wide] EE; wide scope of
57.25–26 production . . . present] EE; production
57.28 to] EE; to its
57.35 so] EE; as
57.38 unjustifiable] EE; undue
57.38–39 over-simplification] EE; simplification
58.2 all] EE; the
58.3 The remedy] EE; with reference to ambiguity of verbal symbols. The remedy
58.5 "elements."] EE; "elements," that is, into more ultimate simples.
58.10 spectrum] EE; spectrum as that is
58.14 Locke . . . Russell] EE; Locke
58.14 They] EE; They are not prior to sense-perception, but
58.15–16 discriminated . . . inferences] EE; elaborately discriminated
58.17 original,] EE; ~‸
58.19 irreducible] EE; irreducibles
58.23 customary] EE; historical-psychological
58.25 through] EE; by
58.26 wide] EE; a wide region of

58.28 i.e.] EE; *i.e.*
58.34 initial,] EE; ～‸
58.35 perceived to be given] EE; perceived
58.38 established,] EE; ～‸
58.38－39 detection ... exacts] EE; whose determination involves
58.40 propositions] EE; propositions deductively brought to bear
59.2 current] EE; the current empirical
59.3 mistaking] EE; taking
59.4 for] EE; as if they were
59.13 logical] EE; wholly logical
59.14 in] EE; to
59.20 knowledge was] EE; knowledge is
59.23 "work of nature"] EE; "work" of nature
59.29 such deistic] EE; such
59.34 and to] EE; and
59.37 of] EE; of the
508 59.38 their compoundings] EE; connections by which they are reached
60.1－2 inference ... knowing] EE; inference
60.3 make him] *stet* JP; make EE
60.10－12 observation ... primitives] EE; observation
60.13 or simple] EE; which is directly given in simple
60.14－15 inference.] EE; inference. The forcing of problems of epistemology into logic is an inevitable consequence. If what is given in sense is taken as a kind of knowledge, one has to raise the problem of the place and office of the organism in its being given or presented: the mindbody problem henceforth haunts the foundations of logic.[8]... [8]See, for example, Kemp Smith, this Journal, Vol. IX., page 113. Moreover, since the propositions of physics can not be found among these simple data and these scientific propositions give us the constitution of nature, we have on our hands the problem of the reconciliation of the "world" of sense-perception and the "world" of science. Shall we take the former as an appearance of the latter? If so, how can we argue from appearance — that is, sense perceptions — to reality? How can we transcend the given which is appearance and infer a reality behind, much less make any verifiable judgments about what it is? Relativism or a psychic idealism are fruits. Or at all events the question of the possible validity of scientific propositions becomes a problem.[9]... [9]Compare Mr. Russell's discussion of "Our Knowledge of the External World." Moreover, the given in sense varies with the position and structure of the "percipient." Consequently we have the epistemologic problem of the relation of a number of private worlds of knowledge to the one public and impersonal

world of science. And so it goes.

60.15 – 63.23 Note . . . believed in.] EE; [*not present*]

60.17 were,] W; ～∧

60.18 it,] W; its∧

62.10 data∧] W; ～,

63.26 show that] EE; show

63.27 datum] EE; datum which is

63.28 to] EE; to inference and for the

63.28 inference∧] EE; ～,

63.28 with] EE; as

63.28 – 29 self-sufficient knowledge-object] EE; knowledge-mode

63.32 existent, perceived] EE; existent it contains already in its
giveness functions of inference. Psychologically or historically
these are primarily inferences as to what to do in given
situations, where the perceived objects supply the signs
(indications or evidence), instead of operating, as do 509
unperceived objects, simply as direct stimuli to reactions.
The perceived

63.33 whole scope of the] EE; whole

63.34 extent] EE; empirical extent

63.34 – 35 necessary] EE; necessary, however,

63.35 this complex] EE; the

63.36 is irrelevant] EE; isn't

63.37 resolution] EE; resolution of what seem to be wholes

63.38 – 39 microscopic, telescopic,] EE; microscopic and telescopic∧

64.3 a] EE; institute discriminations of

64.6 regarding, say,] EE; ～∧～∧

64.8 a false] EE; false

64.8 it,] EE; ～∧

64.9 as merely] EE; as

64.10 Instead] EE; That is, instead

64.11 this] EE; all this

64.11 as a] EE; a

64.13 order] EE; order in the end

64.28 – 29 discovery and fixation] EE; determination

64.29 – 64n.2 data![20]. . . [20]See . . . pp. 83 – 97.] W; data![1]. . . [1]See the essay on *The Existence of the World as a Logical Problem.* EE; data!∧/John Dewey. / Columbia University.

64.30 *IV.*] W; [*not present*]

64.30 – 82.40 *Science* . . . theorist.] EE; [*not present*]

64.31 angle,] W; ～∧

69.16 To say that] W; That

69.25 referred] W; re-/referred

71.2 liabilities,] W; liabilites∧

71.6　“falsity,”] W; “～”,

71.15　“true.”] W; “～”.

71.26　fantasy,] W; phantasy;

78.30　*V. Theory*] W; THEORY

80.19　mathematical] EE[20]; mathmatical EE[16,18]

81.12　thinking] EE[20]; thinikng EE[16,18]

81.12　point out] W; point

《作为一个逻辑问题的世界存在》

范本系“作为一个逻辑问题的世界存在”的首次印本，见《哲学评论》，第 24 卷，1915 年，第 357—370 页。根据《实验逻辑论文集》(芝加哥大学出版社，1916 年)的修
510 订版进行了修改；打字稿也被标注为首次出现的一处变化。这种变化本该由编辑作出，同时还被标注为首次出现于《实验逻辑论文集》就已经接受的九处变化。

83.1-2　THE EXISTENCE ... PROBLEM] W; XI / THE EXISTENCE OF THE WORLD AS A LOGICAL PROBLEM EE; THE EXISTENCE OF THE WORLD AS A PROBLEM. PR; THE EXISTENCE OF THE WORLD AS A PROBLEM OF KNOWLEDGE.

83.3　is a] EE; is the significant one. As a

83.4　analysis. It] EE; analysis, it

83.6　point] EE; sole point

83.7-8　stated so] TS, EE; so stated

83.16　first] EE; first contention

84.11　p.75).] W; *op. cit.*, p.75). EE, PR

84.15　I shall] EE; As already indicated, I shall

84.15,85.25　that] EE; that the

84.16　as ... generate] EE; for the purposes of generating

84.17　involves] EE; already involves

84.18　question] EE; [*ital.*]

84.31　83] W; 85

84.32　sense.”] EE; ～”?

84.36　objection] EE; objections

85.1　ask, Whence] EE; ask ∧ whence

85.3;87.11;93.23;95.32;96.38　common-sense] EE; ～∧～

85.4　left] EE; supposedly left

85.4　visual∧] TS, EE; ～,

85.6-7　Visible ... term.] EE; [*not present*]

85.9　fact] EE; the bare statement

85.10　presupposes] EE; presupposes as a condition of the question

85.12　another] EE; a like

85.18　supposititious] EE; suppositious

85.18 matter] EE; whole matter
85.21 definite] EE; certain
85.22 assigned to] EE; of
85.23 taking] EE; directly taking
85.29,31,32 color] EE; the color
85.39 Without] EE; It may be questioned whether without
85.39 "immediate"] EE; ∧～∧
85.39-40 could not] EE; could
85.40 *object*] EE; [*rom.*]
86.1-2 If . . . itself.] EE; [*not present*]
86.4 It] EE; it
86.12 belief∧] EE; ～,
86.12 means here:] EE; mean here;
86.15 what] EE; what is
86.16 is a] EE; a
86.17 in getting] EE; in order to get
86.24 neglected] EE; logically neglected
86.25 question∧-] EE; ～;- *511*
86.26 give it] EE; give
86n.1 Contrast] EE; Compare
86n.7 offers] EE; offers to belief
86n.8-9 between the] EE; between
86n.9 the believed in] EE; believed
86n.10 is,] EE; ～∧
86n.13 Meanings] EE; Meaning
86n.14 dubious] EE; very dubious
87.6 (*a*)∧] TS, EE; (～),
87.6 time∧] TS, EE; ～,
87.6 (*b*)∧] TS, EE; (～),
87.7 time∧] TS, EE; ～,
87.7 fact] EE; bare fact
87.7-8 of existence of color] EE; of color
87.19 grounds] EE; other ground
87.20 and] EE; or
87.21-23 seeing . . . [¶] How] EE; seeing. How
87.25 discovering] EE; assuming
87.27 are] EE; appear to be
87.29 be only] EE; not be
87.35-36 object . . . and] EE; object perceived and
88.4 qualities] EE; quality
88.6 ∧*a*)] EE; (～)
88.13 the discovery of which] EE; whose discovery
88.17 them] TS, EE; these
88.20 its perception] EE; the perception

88.22 ∧*b*)] EE; (～)
88.28 ceases] EE; ceases to exist
88.29 way then] EE; way
88.30-31 innocently. It is taken] EE; innocently, but
88.33 *mental*] EE; [*rom.*]
88.38 of one] TS, EE; one of
89.2 *inference*] EE; [*rom.*]
89.3 have already] EE; have
89.3 describe,] EE; describe or
89.3 define, and delimit] EE; define
89.10 *thing*] EE; [*rom.*]
89.12-14 Or ... cessation.] EE; [*not present*]
89.21-89n.1-3 known[4] ... [4]"Really ... beyond.] EE; known
89.25 visual,] EE; ～∧
89.27 which also] EE; which
89.30 involve∧-] EE; ～,-
89.32 statement,] EE; ～∧
90.8 point-to-point] EE; ～∧～∧～
90.12-13 on account of] EE; to account for
90.15-16 upon the basis of necessity for] EE; upon the necessity of
512 90.16 correlations] EE; assumptions of correlation
90.17 sensationalist] EE; sensationalistic
90.18 qualities] EE; relations
91.4 continuum] EE; temporal continuum
91.9 the determination] EE; it
91.12 already belongs to] EE; *is* part of
91.17 definition of an object] EE; definition
91n.1 all-at-once∧] EE; ～∧～∧～,
91n.2 writers∧] EE; ～,
91n.7 limitations is] EE; limitations are
91n.10 "self-evident"] EE; ∧～∧
91n.12 inference in process of] EE; inference
91n.19 existence of] EE; existence, and conditions of
91n.20 "muscular sensations"] EE; quales of bodily movement
91n.21-23 Anatomical ... question.] EE; [*not present*]
91n.23-24 such questions] EE; question
92.22 worlds] EE; world
92.36 from] EE; between
92.36 *within*] EE; [*rom.*]
92.36 a] EE; some one
92.36 *between*] EE; [*rom.*]
93.2 and which] EE; which
93.4-8 Having ... them.] EE; [*not present*]
93.13 usual crude] EE; crude usual

93.17 objects] EE; data
93.25 but is] EE; but
94.2 reason∧] EE; ~,
94.3 facts∧] EE; real facts,
94.8 that] EE; those
94.19-20 controlled] EE; accurate
94.20 observation∧] TS, EE; ~,
94.33 matter-of-fact] EE; ~∧~∧~
95.4 but] EE; and
95.5 the mind] EE; it
95.8 improbability (] EE; ~,
95.9 system)] EE; ~,
95.12 sense-organ] TS; ~∧~ EE
95.13 conscious experience] EE; experience
95.14 itself] EE; it
95.14 will be] EE; is
95.19 event] EE; datum
95.21 exists∧] EE; ~,
95.21 kind∧] EE; ~,
95.22 a trivial] EE; an insignificant
95.22-23 that psychological] EE; that the type of psychological
95.23 perception] EE; perception with which we have been dealing *513*
95.24 that] EE; the introduction of the
95.26 discovery of any] EE; any discovery of a
95.27-28 different] EE; a different
95.28 data] EE; sort of data
95.29 objects] EE; data
95.32 objects] EE; objects as data for inference
95.33 minute,] EE; ~∧
95.37 diversity;] EE; diversity, and
95.37 that] EE; the fact that
95.38 influence] EE; their influence
95.38 habits),] EE; ~)∧
95.40 objects] EE; knowledge
95.40 It was] EE; It
96.1 chance, habit, and] EE; chance and
96.2-3 influences . . . world] EE; influences in determining what men currently believed about the world than was intellectual inquiry
96.3 What] EE; What the
96.6 which] EE; as that
96.10 movement] EE; same movement
96.13 dialectical] EE; dialectic
96.14 the fact that] EE; that
96.16 is now] EE; I have now

96.17 marks] EE; effects

96.18 the resources of] EE; our resources in

96.18 - 19 improving] EE; improvement of

96.21 they leave] EE; leave

96.27 connected with] EE; related to

96.27 things] EE; elements

96.28 gets] EE; enables us to get

96.29 relations.] EE; relations than present themselves in their crude form.

96.31 objects discriminated] EE; discriminated objects

96.32 improving, reorganizing,] EE; improvement, reorganization ∧

96.32 testing] EE; testing of

96.34 which] EE; of which

96.35 noted∧] EE; treated,

96.37 customary yet] EE; customary

96.39 as] EE; [*ital.*]

96.40 never] EE; we never

97.1 inquiry do we] EE; inquiry

97.3 We doubt] EE; What we do is to doubt

97.6 determining unambiguous] EE; detection of elementary

97.6 and eliminating] EE; and of

514 97.7 influences . . . habit] EE; influences

97.7 control] EE; determine

97.8 aid in] EE; aid to

《学院在大学管理中的作用》

范本系该文过去唯一发表之版本，见(美国大学联合会)《第十七届年会论文及发言集》，1915年，第27—32页。

113.32 trustees] W; trustee

113.38 do] W; does

115.27 colleagues] W; colleague

《职业教育——一种错误的类型》

范本系该文过去唯一发表之版本，见《新共和》，第2期，1915年，第71—73页。

118.14 complementary] W; complimentary

《德国的哲学与政治》

该著作的范本是版权基藏本(纽约：亨利·霍尔特出版公司，1915年)。第二版，

G42:引用了G·P·普特南出版公司1942年版《德国的哲学与政治》首次出现的许多修订。否则,本版亦必须作出同样的修订。

144.22 world-] W; ～,
160.11 set] W; [*not present*]
162.28 fall] W; falls
162.29 instinct or] W; instinct
163.32 each] G42; which
164.9 get] G42; gets
165.17 adapts itself] W; adopts herself
166.14 or] G42; and
166.19 Trafficking in] W; Trafficking
167.21 that is‸] W; ～,
167.39 gives] W; give 515
167.40 show] W; show in
168.32 other hand] W; other
169.20 Weltanschauung] G42; Welt-Anschauung
175.9 labor,] G42; ～‸
176.1 Lassalle] W; Lasalle
176.3 *The Working Man's Programme,*] W; "Programme of Workingmen,"
178.21 science] G42; philosophy
184.11 bequeaths] W; bequeathes
188n.17 have] W; has
191.6 their] G42; his
191.27-28 *The German Enigma*] W; the "German Enigma"
191.35 "That which *is*,"] W; ‸～,‸
191.35 "is reason realised."] W; ‸～.‸
192.21 *Philosophy of Right*] W; "Philosophy of Law"
192.35 "the] W; ‸～
193.21-22 *Philosophy of History*] W; History
194.11-12 *Outlines of a Philosophy of the History of Man*] W; "Ideas for a Philosophy of the History of Humanity"

《明天的学校》

该著作由约翰·杜威和伊夫琳·杜威合著,其范本是版权基藏本(纽约:E·P·达顿公司,1915年)。

217.9-10 are intended] W; intended
250.19 illustrated‸ again,] W; ～,～‸
261.11 plan] W; plane
262.8 provide] W; provides
290.39 God Is Also"] W; Is God"

300.28　life;] W; ~,
306.10　decimeters] W; meters
307.11　other] W; others
327.20　per cent‸] W; percent.
332.15,28; 341.25;372.27　per cent‸] W; ~.
334.32　distribute] W; distributing
346.25　for.] W; ~‸
350.6　Girls] W; girls
381.18　pupil] W; pupils
389.3-4　representative] W; representive
404.23　turn out] W; turn

《给威廉·巴格利及〈学校与家庭教育〉全体编辑的信》

516 范本系首次出现在《学校与家庭教育》(第35期,1915年)之同名文章,第35—36页。

414.12-13　‸*Schools of To-Morrow,* ‸] W; "Schools of Tomorrow,"
414.22　Meriam's] W; Merriam's
414.27　Leete, etc.] W; Leete‸&c.

《对查尔斯·P·梅根的"教会学校教育"的答复》

范本系该文过去唯一发表之版本,见《新共和》,第3期,1915年,第72页。

416.28　schools'] W; ~‸

《希特勒国家社会主义的世界大同》

范本系该导言过去唯一出现的版本,见《德国的哲学与政治》第二版(纽约:G·P·普特南出版公司,1942年),第13—49页。

425.36　Party] W; party
438.24　now;] W; ~,
440.22　constitutes] W; constitute
440.34　at the] W; the
441.11　*Philosophy of History*] W; philosophy of history

《德国的哲学与政治》1942 年版异文表

1942 年,G·P·普特南出版公司对《德国的哲学与政治》(纽约:亨利·霍尔特公 517
司,1915 年)重新排版,使其“得以重印,且除了几处小的语言更正之外,未予改动”,同时增加了一万字的新“导言”,题目叫“希特勒国家社会主义的世界大同”(本卷边码第 421—446 页)。1915 年版与 1942 年版之间的异文列表如下;括号之前的是复制文本,但今版已经修改,复制文本便与今版文本不一致。后一文本在括号右侧。今版在编辑时本应更正的有 8 处(163.32、164.9、166.14、169.20、175.9、178.21、179.36、191.6),1942 年版文本与修改的文本一致。

140.32	we are dealing with] with which we are dealing
141.16,17,36	esthetic] æsthetic
142.38	reality, or] reality‸ and
143.28	which] whiich
145.19	rôle] role
147.26	reason by which are marked] reason which marks
147.27	that of science and] one of science, the others
149.3	philosophy not only frees] philosophy seemed to his followers not only to free
149.5	gives] to give
152.35	technically] rigidly and narrowly
154.13	esthetic] æsthetic
157.11-12	the enlightenment] enlightenment
158.26	moral] normal
158.28	deduced] deducted
158.32	a resource] resource
163.32	which] each
163.34	to] of
164.9	gets] get

166.14 and] or
167.17 conquest] the conquest
169.20 Welt-/Anschauung] Weltanschauung
170.14 ∧Society∧] "~"
518 172.4 quality] quantity
173.2 may] must
175.9 labor∧] ~,
178.2-3 the mighty Napoleon] Napoleon
178.21 philosophy] science
178.36 State] state
179.36 ourselves] themselves
180.8 demoniac] domestic
180.11 my] any
180.13 come.] ~,
184.28-29 protested because] protested against the abstract character of the French doctrine of rights founded in natural reason because
184.29 interference] its interference
184.29 established] or historically established
184.30 the Germans,] while the Germans∧ protested
185.7 freedom] abstract formal freedom
191.6 his] their
195.35 object] subject
196.5 back] by Hegel
198.37 this] his
202.26 philosophy] [*ital.*]

历史校勘

《作为一个逻辑问题的世界存在》

这篇论文最初以“作为一个问题的世界存在”发表于《哲学评论》，第 24 卷， 519
1915 年，第 357—370 页。此外，哥伦比亚大学巴特勒图书馆藏有杜威的论文《作为一个知识问题的世界存在》(The Existence of the World as a Problem of Knowledge)的打字稿复写本，此文收入纽约哲学俱乐部的论文集。下表列出了此文初版复制本与打字稿复写本之间的全部重要及次要异文。表中省略了空格错误（主要是挤到一块）、为突出脚注用阿拉伯数字代替星号、打字稿以空格连字符代替破折号等错误之处。括号左侧的文本系哲学评论本，但如今版已经修改，哲印本便与今版文本不一致；在任何情况下，括号后的文本都是打字稿文本。

83.1 - 2	THE EXISTENCE OF THE WORLD AS A PROBLEM.] THE EXISTENCE OF THE WORLD AS A PROBLEM OF KNOWLEDGE.
83.7	self-contradiction:] ～;
83.7 - 8	so stated] stated so
83.12 - 13	concerned,] ～∧
83.16	contention] contentions
83.20	examinations] examination
83.21	∧ *Our*] “Our
83.21 - 22	*Knowledge . . . in*] [*rom.*]
83.22	*Philosophy* ∧.] Philosophy”.
83.24	importance,] ～∧
83.27	*a fortiori*] [*rom.*]

84.1 somewhere.] ~,
84.5 reader ∧] ~,
84.10 formulation] statement of it
84.10 sense ∧ . . .] ~. . . .
84.11 p.75).] ~)∧
520 84.13 own[1]] ~∧
84.14 (pp.73 and 83).] (p.73 and p.83.)
84.15 I shall] I. As already indicated, I shall
84.25 eyes" ∧] ~".
84.30 doubt ∧] ~.
84.35 would be] are
84.36 But if] If
84n.4 established] estahlished
85.2 visual,] ~∧
85.11 a 'sensory'] 'sensory'
85.13 involving,] ~∧
85.13 existence] of existence
85.25 'being seen'] ∧~∧
85.31 fulfills] fulfils
85.35 color] object
85.35 noting] [*ital.*]
86.4 'known.'] "~".
86.4 example:] ~,
86.6 [believed] (~
86.7 evidence]] ~)
86.9 self-evident" ∧] ~".
86.11 logic ∧] ~.
86.13 *fact*] [*rom.*]
86.14 application] applications
86.16 Again,] ~∧
86.18 into] in
86.18–19 not made] not
86.20 relation,] ~∧
86.21 three-term] ~∧~
86.22 inexplicable ∧] ~.
86.23 We] But we
86.24 'visual,' 'sensory,'] ∧~,∧ ∧~,∧
86n.1 a fact] fact
86n.2 world.] ~,
86n.4 relation ∧"] ~."
86n.6 that] of
86n.7 offers] offering

86n.13 Meaning] [*ital.*]

86n.14 distinct] distinct ideas

86n.14 dubious.] dubious. The terms of a lie may be self-evident.

87.2 time ‸"] ~?"

87.2 75)?] ~).

87.5 *problem*] [*rom.*]

87.6 (*a*),] (a)‸

87.6,7 time,] ~‸

87.6 (*b*),] (b)‸

87.9 "a] ‸~

87.9 seen" ‸] ~". 521

87.12 that] the

87.17 context,] ~‸

87.24 'momentary'?] '~?'

87.24 no] no other

87.25 by assuming] to assume

87.29 matter that] matter. [¶] (a). If anything is an eternal essence it is surely such a thing as matter that

87.34 as matter of fact] [*not present*]

87.34 - 35 'the patch of color']‸~‸

87.36 vice-versa] *vice* ‸ *versa*

87.37 engaged,]~‸

87.39 *re*defining] *redefining*

87.39 object,] ~‸

88.1 this] the

88.6 (*a*)] (a)

88.8 Russell.] ~‸

88.10 might] [*ital.*]

88.15 4] four

88.17 these] them

88.18 datum] data

88.21 a] any

88.22 (*b*) ‸] (b).

88.22 Suppose] Supposed

88.28 an atom] atom

88.30 'sense'] 'sensory'

88.30 innocently,] ~‸

88.36 which is] [*not present*]

88.38 one of] of one

89.2 no] now

89.2 times."] ~".

89.4 (brief)] ‸~‸

89.15 Mr. Russell] 3. Mr. Russell
89.17 common-sense] ~∧~
89.20 - 21 to be something to be stated] [*not present*]
89.23 sensations" ∧] ~".
89.23 77).] ~)∧
89.24 objects,] ~∧
89.28 that was] [*not present*]
89.29 belief,] ~∧
89.30 involve, —] ~, ∧
89.31 contrary,] ~∧
89.31 - 32 complex,] ~∧
90.1 Note,] ~∧
90.2 three-fold,] ~∧
90.12 sense,] ~;
90.15 upon] upon the basis of
90.16 the rationalists] rationalists
522 90.17 sensationalistic] introspective
90.21 rather ∧ (i) ∧] ~,~,
90.25 historical] historic
90.25 but is] but
90.37 ordered ∧] ~,
90.38 conception] assumption
90.38 perception,] ~∧
90.38 so that] and
90.39 inferring from it] making an inference
91.1 beyond] beyond it
91.3 perceptual] perceptive
91.3 can] can itself
91.3 *determined*] [*rom.*]
91.3 - 4 as . . . structure] [*not present*]
91.4 objects. That is,] perceptions. Or, from the side of the object,
91.5 determined] identified
91.6 just . . . series] [*not present*]
91.6 of specific ∧] a specific,
91.6 - 7 elements, . . . end, only] single series only
91.7 - 8 a temporal . . . things] other objects
91.8 succeeding] following
91.9 Moreover, it] By description the continuous and ordered series constitutes something delimited as a single object. This delimited determination involves location within a larger series.
91.9 - 11 involves . . . word,] [*not present*]
91.12 extends] extends, in logical reference,

91.12 itself;] ∼.

91.12–13 it *is* part of a larger world] The same considerations apply, on the side of a spatial continuum, to the delimited shapes of the visible series.

91.14 (ii) ∧] ∼.

91.14 A sensible] Such an

91.14 which can be] as is

91.14 described as] described in the quoted passage

91.14–15 ∧ a correlation] (∼

91.16 objects ∧ presents] objects) represents

91.17 What] It

91.18 stated is the] a

91.18 an object,] ∼—

91.18–19 of . . . Barring] and, as it seems to me (barring

91.19 ambiguities[1]] ∼∧

91.19 terms] term

91.19 'muscular' ∧] '∼')

91.19–20 and . . . be] [*not present*]

91.20–21 But . . . poor,] [*not present*]

91.21 it states] It is

91.21 datum] perceived object 523

91.21–22 ∧ as . . . definite] — definite

91n.1 exhaustive] complete

91n.2 idealistic writers] writers

91n.3–4 for the sake of] in order to

91n.4 identifying] identify

91n.4 thinkers] writers

91n.5 that the] that while it is true that the

91n.5 empirical data] data

91n.6 inference.] inference, the recognition of specified limitations assumes that the data in question are already described as portions of a

91n.6–9 But . . . to the] [*not present*]

91n.9–12 Hence . . . making] [*not present*]

91n.13–24 [1]The . . . have arisen.] [*not present*]

92.3 *If*] [*rom.*]

92.13 correct,] ∼∧

92.15 tacitly been] been tacitly

92.19 His] The

92.19 "peculiar,"] "peculiar ∧" or

92.21 projectional] profectional

92.38 their] their degree of

92.38　thing] thing is what

93.9-10　'empirical datum'?] '~?'

93.16　analysis ∧] ~,

93.18　changes ∧] ~,

93.19　great . . . over] great — so it seems to me — advance over

93.31　character.] ~,

93.34　*fact*] [*rom.*]

93.37　criticisms] criticisms made

94.2　treatment.] ~,

94.3　to] to what are

94.4　by] in

94.10　sounds] particular sounds

94.10　kinesthetic] esthetic

94.11　etc.,] &c. ∧

94.18　careful,] ~∧

94.19　anatomy,] ~∧

94.20　observation,] ~∧

94.23　data of experience,] data

94.23　infancy,] ~∧

94.26　innocent] onnocent

94.38　represent] present

94.39　discriminations] subsequent discriminations brought to bear by other experienced objects

94.39,40　data,] ~∧

95.6　inferring] inferring such

95.7　psychology] psychogygy

524 95.12　sense ∧ organ] ~-~

95.28　sort] kind

95.29　— or customary —] ∧~∧

96.6　world,] ~∧

96.7　believed in,] believed

96.8　Analysis] The analysis

96.24　are,] ~∧

96.26　They] [¶] They

96.26-27　always —] ~,

96.27　given —] ~,

96.31-32　purposes] purpose

96.34　this] the

96.38　doubtful,] ~∧

96.38　or which is] or

96.40　specific] the specific

96.40　*in*] [*rom.*]

97.2 doubt,] question —
97.3 received piece of] piece of received
97.4 of] in
97.4 then set] set
97.8 aid] contribution

行末连字符号的使用

I. 范本表

525 以下是编辑给出的一些在范本的行末使用了的可能的复合词：

12.10	physico-chemical	231.35 - 36	text-books
17.3	subject-matter	231.39	watersheds
24n.14	non-cognitive	243.35	text-book
26.36-37	subject-matter	255.16	text-book
40.20	common-sense	255.24	text-book
42.5 - 6	extra-organic	255.36	handwork
43.10	subject-matter	259.2	text-book
57.37	standpoint	259.9	classroom
60.18	subject-matter	261.28	playground
67.20	boatmaker	262.14	text-book
73.11	subject-matter	265.20	schoolrooms
80.20 - 21	subject-matter	268.4	backyards
103.36	underestimates	271.19	classroom
120.38	pre-vocational	271.27	playgrounds
133.7	middleman	284.40	mid-morning
142.21	non-reflective	293.22	Gradgrind
159.32	pigeon-hole	300.36	classroom
164.2	thoroughgoing	303.34	subnormal
175.14	workingmen	305.11	Sandpaper
190.22	warlike	317.20	subject-matter
203.8	breakdown	317.38	steamboats
219.11	Text-books	318.25	text-books
226.11	classroom	323.39	classroom
228.1	classroom	324.28	classroom

324.32	playground
335.4	bookkeeping
335.30	text-book
342.28	bookcases
345.5 - 6	woodwork
345.23	cooperation
350.11	housework
351.14	cooperation
356.6	housekeeping
358.14	text-book
359.29	workingmen
369.5	dressmakers
371.11	storerooms
374.3	dressmaking
375.12	newcomer
379.39	housekeeping
402.22 - 23	short-sighted 526
428.12	preoccupations
430.26	thoroughgoing
434.22	quasi-mystical
437.38 - 438.1	quasi-intellectual
439.38 - 39	workingmen
444.7	railway

II. 校勘文本表

在当前版本的副本中，被模棱两可地断开的可能的复合词中的行末连字符均未保留，除了以下这些：

6.21	pseudo-science
6.30	subject-matter
26.36	subject-matter
30.29	so-called
41.12	ultra-empirical
42.5	extra-organic
43.28	ready-made
57.38	over-simplification
80.20	subject-matter
102.27	right-minded
128.26	purse-strings
140.6	hard-headed
207.4	text-book
219.16	sure-footedness
222.28	to-day
231.35	text-books
285.40	mid-morning
290.30	subject-matter
323.13	up-keep
358.4	ready-made
364.19	bread-winning
388.14	school-teacher
402.22	short-sighted
432.7	sub-leaders
440.21	sub-leaders

527 # 引文勘误

杜威再现原材料的方式可谓五花八门，从根据记忆进行解释到逐字逐句抄写，他有时候一字不落地引用原材料，有时候则只提及作者的姓名，还有些时候却完全省略文献引证的规范。

为准备异文校勘文本，引号内的所有材料的出处全部找到。文献引证经过核实，必要时还进行了勘误，但不包括明显强调或重申的材料。《文本的校勘原则和程序》(《杜威中期著作》，第一卷，第358页)对校勘文献引证的常规步骤进行了描述，然而，杜威的引文中出现了与原文严重不一之处，至为重大，需要专列勘误表。

文本按初版的样子保留了引文，但在特殊情况下需要更正时进行了更正，并在勘误表中进行了标注。出现排字或排印错误时，因恢复原文文本而出现的重大更正同样用"W"勘误进行标注。引文的不同形式表明，与他所处的那个时期的许多学者一样，杜威对于形式的问题并不关心。不过，许多引文错误也可能是在印刷的过程中出现的。举例来说，把杜威的引文与原文拿来比较，显示有些杂志给引文材料和杜威的材料加上了杂志社的印刷风格。因此，本版再现了原文的拼写和字母大写的原貌，但不包括杜威对原文的形式进行了改变的概念词。

约翰·杜威和伊夫琳·杜威引自费希特、福禄培尔、海涅、康德、拉萨尔、裴斯泰
528 洛齐、斯宾格勒的原文，在参考书目中已列出，但这里并不包括对引文的更正；这是因为，这两位作者直接从法语和德语的原著翻译引文。

遇到黑格尔和卢梭时，约翰·杜威和伊夫琳·杜威都采取直接引用的方式，并从同一著作翻译引文。参考书目提供了德语和英语两个版本，而之后的列表则提供了似乎不像是译文的引文勘误。关于杜威的翻译方法，有一个更为完整的讨论，参见

《杜威早期著作》,第一卷,第 lxi - lxiv、xc - xcii 页。

杜威对引文最常见的更改,是改变或省略标点符号。如果更改只是此类,此处便不引用杜威的引文及原文。他还经常不使用省略号或不分开引文来表示材料被省略。遇到杜威不使用省略号的情况时,本表列出了被省略的短语;如果省略的是一个句子或更多的内容,括号里的省略号提醒读者注意有省略。如果杜威的引文或其原文之间的重大差异是由于引文所在的语境所引起的,本清单并不记录。

原材料中的斜体一直作为次要的东西来对待。杜威省略这些斜体时,省略之处并未标注;不过,他添加的斜体处已列入表内。如果被更改或省略的次要东西具有重要含义,比如对概念词该大写却没有大写时,我们对这个引文进行了标注。

这个部分所采用的形式系专门设计,旨在帮助读者确定引文时杜威是把原著摆放在面前,还是凭借他的记忆。本节所采用的标记方式遵循下列形式:当前文本的页-行数字,之后是浓缩文本的第一词和最后一个词或类似足够明了的方式,然后是括号。接下来是必要的更正,根据需要可能是一个词或更正的段落。最后,插入作者的姓及杜威参考文献书目的缩减原著书(文章)名,之后是逗号及引文原著的页-行数字。

《形而上学探究的主题》

3.14　even biocentric] biocentric (Lillie, "The Philosophy of Biology," 846.22)　529

3.15　as] considered as (Lillie, "Philosophy of Biology," 846.23)

3.29　ultimate peculiarities] peculiarities of ultimate constitution (Lillie, "Philosophy of Biology," 846.17)

8.1　start] outset (Lillie, "Philosophy of Biology," 845.28)

8.11　start] outset (Lillie, "Philosophy of Biology," 845.28)

《实践判断的逻辑》

23.33　for] merely for (Descartes, *Philosophical Works*, 194.12)

23.33　*signifying*] [*rom.*] (Descartes, *Works*, 194.12)

23.33　what] to my mind what (Descartes, *Works*, 194.12 - 13)

23.34　harmful.] hurtful ‸ (Descartes, *Works*, 194.13)

24.22　feet] foot (Hume, *Human Nature*, 1:248.29)

《作为一个逻辑问题的世界存在》

87.14　of] consisting in (Russell, *Knowledge of the External World*, 76.2)

92.28　others] previous worlds (Russell, *Knowledge,* 88.3)

《德国的哲学与政治》

155.1-3　*all . . . rest:*] [*rom.*] (Bernhardi, *Germany and the Next War,* 73.5-6)
155.3　*mankind*] man (Bernhardi, *Germany,* 73.6)
155.8　capacities] capacity (Bernhardi, *Germany,* 73.11-12)
155.9　the way in which] in what way (Bernhardi, *Germany,* 73.12-13)
155.13　thus to] to (Bernhardi, *Germany,* 73.17)
155.18　leader] leaders (Bernhardi, *Germany,* 73.31)
155.22　leadership] the leadership (Bernhardi, *Germany,* 74.14)
155.23　domain ∧] world, (Bernhardi, *Germany,* 74.15)
155.23-24　*imposes . . . position*] [*rom.*] (Bernhardi, *Germany,* 74.15-16)
530　163.29-30　the critical] critical (Bernhardi, *Germany,* 64.1)
163.35　claims] claim (Bernhardi, *Germany,* 64.7)
165.8　of] for (Eucken, *Meaning and Value of Life*, 104.11)
176.34　development started] development, more regular than that of ancient Hellas, started (Lange, *History of Materialism,* 2:236.10-11)
177.13　wiped] lost and wiped (Von Sybel, *Founding of the German Empire,* 1:36.4)
177.15　everybody] every one (Von Sybel, *Founding,* 1:36.6)
177.30　was] were (Von Sybel, *Founding,* 1:36.24)
184.24　principle] political principle (Burke, *Works*, 3:25.25)
185.15　end] aim (Hegel, *Lectures*, 368.8)
185.19　struggle, its harmony] struggle ∧ and its harmonization (Hegel, *Lectures,* 369.1-2)
191.38　is] was (Bourdon, *German Enigma*, 289.7)
191.38　could] should (Bourdon, *German Enigma*, 289.9)

《明天的学校》

211.3　notions of it] notions (Rousseau, *Émile,* 1.33)
211.3　go in education] advance (Rousseau, *Émile,* 1.34)
211.3　more] further (Rousseau, *Émile,* 1.34)
212.15　indeed know] know (Rousseau, *Émile,* 141.29)
212.16　child. Must] child, but need (Rousseau, *Émile,* 141.29-30)
212.16　can] or can (Rousseau, *Émile,* 141.30)
212.16　he learn] he indeed learn (Rousseau, *Émile,* 141.30)
212.17　teach a] teach the (Rousseau, *Émile,* 141.31)
212.17　to him as] to (Rousseau, *Émile,* 141.31)
212.22　know;] do know, (Rousseau, *Émile,* 141.36)
212.24　adult] [*not present*] (Rousseau, *Émile,* 141.38)
212.24　*him*] a man (Rousseau, *Émile,* 141.38)
212.24　his] its (Rousseau, *Émile,* 141.38)

213.20-21 education ∧ is] education? It is (Rousseau, *Émile*, 57.26)

213.21 it. If] it. [...] If (Rousseau, *Émile*, 57.27-34)

213.23 present education] present type of education (Rousseau, *Émile*, 57.35)

214.4 ill. Give] ill. Leave exceptional cases to show themselves, let their qualities be tested and confirmed, before special methods are adopted. Give (Rousseau, *Émile*, 71.14-16)

214.4-5 upon yourself] over (Rousseau, *Émile*, 71.16)

214.9 excellence] virtue (Rousseau, *Émile*, 71.20)

214.11 jump and run] run and jump (Rousseau, *Émile*, 71.23)

214.19 children be children] them children (Rousseau, *Émile*, 54.27) *531*

214.21 that rots] which will be rotten (Rousseau, *Émile*, 54.29)

217.3 man's] a man's (Rousseau, *Émile*, 89.49)

217.3 upon] with (Rousseau, *Émile*, 89.49)

217.4 find] discover (Rousseau, *Émile*, 90.1)

217.4 the] those sensible (Rousseau, *Émile*, 90.1)

217.7 own] proper (Rousseau, *Émile*, 90.5)

217.8-9 limbs and keen senses] limbs (Rousseau, *Émile*, 90.5)

217.10 act ∧ is] act, while his senses are keen and as yet free from illusions, then is (Rousseau, *Émile*, 90.7-8)

217.10 senses] both limbs (Rousseau, *Émile*, 90.8)

217.10 limbs] senses (Rousseau, *Émile*, 90.8)

217.11 business-the] business. It is the (Rousseau, *Émile*, 90.8-9)

217.11 learn the relation] learn to perceive the physical relations (Rousseau, *Émile*, 90.9)

217.11 themselves] ourselves (Rousseau, *Émile*, 90.10)

217.12 things. Our] things. [...] our (Rousseau, *Émile*, 90.10-13)

217.16 can get] can practise (Rousseau, *Émile*, 90.18)

217.17 your] those (Rousseau, *Émile*, 90.19)

217.18-19 accordingly] therefore (Rousseau, *Émile*, 90.20-21)

217.20 for these] which (Rousseau, *Émile*, 90.21)

217.20 intellect. To] the intellect; and to (Rousseau, *Émile*, 90.22)

217.21 these tools] them (Rousseau, *Émile*, 90.23)

217.21-22 kept strong] strong (Rousseau, *Émile*, 90.23)

217.22 a] quite a (Rousseau, *Émile*, 90.24)

218.35 We] You (Rousseau, *Émile*, 71.37)

218.36 ease] facility (Rousseau, *Émile*, 71.38)

218.37 merely reflects] reflects (Rousseau, *Émile*, 71.39)

218.37 we] you (Rousseau, *Émile*, 71.39)

221.8 between] already between (Rousseau, *Émile*, 134.24)

221.9 pupils] scholars (Rousseau, *Émile*, 134.24)

228.12 way. Too] way. [...] Too (Rousseau, *Émile*, 127.14-20)

228.15 they answer] reply (Rousseau, *Émile*, 127.22)

295.41 the force of conditions] force (Rousseau, *Émile*, 55.28)

303.29 objects representing] *objects* (which I do not here wish to speak of in the technical language of psychology as stimuli) representing (Montessori, *Method*, 169.2-4)

307.6 the teacher] *she* (Montessori, *Method*, 226.10)

532 307.13 associations] association (Montessori, *Method*, 226.17)

307.17 others,] others (such as smooth or rough), (Montessori, *Method*, 226.23)

《犹他大学的形势》

《盐湖城共和先驱报》和《科学》杂志均以全文发表了洛夫乔伊的那封信函，但我们没有找到信函的原件。对这两个版本的校勘显示，在《犹他大学的形势》中发表的那封信里出现了许多处更改。下表列出了被删之处和其他重要的更改之处；这里基本参考《盐湖城共和先驱报》，有一处与《科学》杂志的版本不同，已用S标出，放在括号里。

409.24 periodicals. It] periodicals. In particular, the statements [made] upon the two sides of the controversy appear to have failed specifically to join issue upon certain points of interest. It (*Salt Lake City Herald-Republican,* "Lovejoy Writes Letter," 9 April 1915, 3.1.29-34; Dewey and Lovejoy, "Conditions at the University of Utah," *Science,* n.s. 41, 637.1.25-28)

409.26 Professors to] Professors, Dr. John Dewey, to (*Herald-Republican*, "Lovejoy," 3.1.36-37; Dewey and Lovejoy, "Conditions," 637.1.30-31)

409.27 to secure] to interview yourself and others concerned, with reference to the matters in controversy, and to endeavor to secure (*Herald-Republican,* "Lovejoy," 3.1.38-41; Dewey and Lovejoy, "Conditions," 637.1.32-34)

410.8 charges] changes (*Herald-Republican,* "Lovejoy," 3.2.35)

410.10 conduct or policy] policy or conduct (*Herald-Republican,* "Lovejoy," 3.2.36-37; Dewey and Lovejoy, "Conditions," 637.2.3)

410.11 ascertained] determined (*Herald-Republican,* "Lovejoy," 3.2.40; Dewey and Lovejoy, "Conditions," 637.2.4)

410.12-13 controversies] controversy (*Herald-Republican,* "Lovejoy," 3.2.42; Dewey and Lovejoy, "Conditions," 637.2.6)

410.15 the present] this (*Herald-Republican,* "Lovejoy," 3.2.46; Dewey and Lovejoy, "Conditions," 637.2.9)

杜威的参考书目

杜威参考书目中的名称以及作者的姓名已经得到修改和补充，已完全合乎原著； 533
所有修改的内容，出现在范本的校勘表中。

这里对杜威引用的每一本书提供了完整的出版信息。当杜威在给出参考书目的页码时，他所使用的版本与他的引文出处是完全一致的。在杜威私人的图书收藏中，同样可以证明他所使用的某一个特定版本。至于其他的参考书目，他可能使用各种不同的版本，根据出版地点或时间，或者依据通信和其他材料提供的证据，以及这些材料在这个时期通常的可及性。我们可以说，这里所列的版本是最可能接近原始材料的。

Aristotle. *The Nicomachean Ethics of Aristotle.* Translated by F. H. Peters. 2d ed. London: Kegan Paul, Trench and CO., 1884.

Bernhardi, Friedrich von. *Germany and the Next War.* Translated by Allen H. Powles. New York: Longmans, Green, and Co., 1914.

Bourdon, Georges. *The German Enigma: Being an Inquiry among Germans as to What They Think, What They Want, What They Can Do.* Translated by Beatrice Marshall. London: J. M. Dent and CO., 1914.

Brandes, George. *Main Currents in Nineteenth Century Literature.* VOl. 2. London: William Heinemann, 1902.

Burke, Edmund. *The Works of Edmund Burke.* Vol. 3. Boston: Little, Brown and Co., 1817.

Chamberlain, Houston Stewart. *The Foundations of the Nineteenth Century.* Translated by John Lees. New York: J. Lane CO., 1911.

Descartes, René. *The Philosophical Works of Descartes.* Vol. I. Translated by
Elizabeth S. Haldane and G. R. T. Ross. Cambridge: University Press, 1911. 534

Dewey, John. *German Philosophy and Politics.* New York: Henry Holt and Co.,

1915. [*The Middle Works of John Dewey, 1899 - 1924*, edited by Jo Ann Boydston, 8:135 - 204. Carbondale: Southern Illinois University Press, 1979]

——. "The Existence of the World as a Problem." *Philosophcial Review* 24(1915): 357 - 370. [*Midle Workd* 8:83 - 97.]

——, and Dewey, Evelyn. *School of To - Morrow*. New York: E.P. Dutton and Co., 1915. [*Middle Works* 8:205 - 404.]

Eucken, Rudolf. *The Meaning and Value of Life*. Translated by Lucy Judge Gibson and W.R. Boyce Gibson. London: A. and C. Black, 1910.

Fichte, Johann Gottlieb. *Sämmtliche Werke*. 8 vols. Berlin: Veit and Co., 1845.

Froebel, Friedrich. *Froebels kleiner Schriften zur Pädagogik*. Leipzig: K.F. Koehler, 1914.

Hegel, Georg Wilhelm Friedrich. *Crundlinien der Philosophie des Rechts. Werke*. Vol.8. edited by Eduard Gans. Berlin: Duncker and Humblot, 1833.

——. *Hegel's Philosophy of Right*. Translated by S. W. Dyde. London: George Bell and Sons, 1896.

——. *Lectures on the Philosophy of History*. Translated by J. Sibree. London: George Bell and Sons, 1902.

Heine, Heinrich. *Sämmtliche Werke*. 22 vols. Edited by Adolph Strodtmann. Hamburg: Hoffman and Campe, 1861 - 1865.

Hume, David. *A Treatise of Human Nature: Being an Attempt to Introduce the Experimental Method of Reasoning into Moral Subjects*. Vol. I. London: John Noon, 1739.

Irving, Washington. *The Sketch Book of Geoffrey Crayon, Gent*. New York: C. S. Van Winkle, 1819 - 1820.

Kant, Immanuel. *Idee zu einer allgemeinen Geschichte in weltburgerlicher Absicht*. Wiesbaden: H. Staadt, 1914.

——. *Kritik der praktischen Vernunft. Immanuel Kants sämmtliche Werke*. Vol.5. Edited by Gustav Hartenstein. Berlin: L. Voss, 1867.

——. *Kritik der reinen Vernunft*. Riga: Johann Friedrich Hartknoch, 1781.

Kipling, Rudyard. *Just So Stories*. Garden City, N. Y.: Doubleday and Page Co., 1912.

Lange, Frederich Albert. *History of Materialism and Criticism of Its Present Importance*. Vol.2. Translated by Ernest Chester Thomas. London: Trübner and CO., 1880.

Lassalle, Ferdinand. *Arbeiterprogramm*. Zurich: Meyer and Zeller, 1863.

Lillie, Ralph S. "The Philosophy of Biology: Vitalism *versus* Mechanism." *Science*, n.s. 40(1914):840 - 846.

Montessori, Maria. *The Montessori Method*. Translated by Anne E. George. 4th ed. New York: Frederich A. Stokes Co., 1912.

Moore, Ernest Carroll. *How New York City Administers Its Schools*. School Efficiency Series, edied by Paul H. Hanus. New York: World Book Co., 1913.

535 *New York Times*. "The Philadelphia Martyr." 10 October 1915. p.16.

Nietzsche, Friedrich. *The Will to Power*. Vol. 14. Translated by Anthony M. Ludovici. Edinburgh: T.N. Foulis, 1910.

Pestalozzi, Johann Heinrich. *Pestalozzis sämmtliche Werke.* 12 vols. Edited by L. W. Seyffarth. Liegnitz: C. Seyffarth, 1899 - 1902.

Plato. *The Dialogues of Plato.* Translated by B. Jowett. 4 vols. Boston: Jefferson Press. 1871. [*The Republic* 2:1 - 452]

Rousseau, Jean Jacques. *Émile.* Translated by Barbara Foxley. New York: E. P. Dutton and CO., 1911.

——. *Émile; ou de l'éducation.* Paris: Hector Bossange, 1829.

Russell, Bertrand. *Our Knowledge of the External World as a Field for Scientific Method in Philosophy.* Chicago: Open Court Publishing Co., 1914.

——. *Philosophical Essays.* New York: Longmans, Green, and Co., 1910.

Salt Lake City Herald-Republican. "Lovejoy Writes Letter." 9 April 1915, p. 3.

Spencer, Herbert. *First Principles of a New System of Philosophy.* New York: D. Appleton and Co., 1864.

Spengler, Oswald. *Der Untergang des Abendlandes.* Munich: Beck, 1919 - 1922.

Sybel, Heinrich von. *The Founding of the German Empire by William I.* Vol. I. Translated by Marshall Livingston Perrin. New York: Thomas Y. Crowell Co., 1890.

Tacitus, Publius. *Dialogus, Agricola, Germania.* Translated by William Peterson. Cambridge: Harvard University Press, 1914.

Tolstoy, Leo. *Master and Man and Other Parables and Tales.* New York: E. P. Dutton and CO., 1910.

Woodbridge, Frederick J. E. "The Deception of the Senses." *Journal of Philosophy, Psychology and Scientific Methods* 10(1913):5 - 15.

——. "Evolution." *Philosophical Review* 21(1912):137 - 151.

索 引[①]

① 本索引的每个条目后所附的页码均为英文原版书的页码,即本书边码。——译者

译后记

《明天的学校》出版于1915年，距今已95年，但书中研究的一个学校——芝加哥大学实验学校——至今依然在遵循杜威的主要教育信条。

杜威是一个相当响亮的名字。在美国，他几乎是一个家喻户晓的名字，也是一个毁誉兼具的名字。赞扬他的人，称他为“自杰斐逊以来美国最重要的思想家之一”，说他是“美国最后一个伟大的哲学家”（奥尔森语）；批评他的人认为，他的教育哲学“破坏了美国教育”（文森特语），说他应该对当今美国教育中的许多弊端负责。无论是哪一种评价，都不可能改变这样一个事实：杜威的实用主义哲学和民主教育的思想曾经影响了美国和世界，他的教育思想今天仍然是美国一些学校的办学理念。

系统地认识和理解这样一个重要的思想家，当然是十分必要的；而要全面地认识和理解他，莫过于系统地阅读他的著作。华东师范大学出版社把杜威的全部著作翻译成中文出版，这是一个具有重要意义的学术事件。我能够参与其中一卷的翻译工作，深感荣幸。

本卷辑录了杜威于1915年撰写的21篇文章和两部专著。这21篇文章中，有16篇为杜威所著，其中包括篇幅很大的4篇论文，如《形而上学探索的主题》、《实践判断的逻辑》、《作为一个逻辑问题的世界存在》、《希特勒的国家社会主义的世界大同》；另外5篇为其他作者所写。单就本卷中杜威的著作而言，可以概括为“内容庞杂，形式多样”。从内容上看，从哲学、逻辑学、政治学到教育学，均有专论；从形式上看，有专著、论文、讲演、杂文和信函。

本卷所辑著作的数量，十分明显地告诉我们：杜威是一个非常高产的作家；

而一个高产的作家，在语言风格上要做到十分讲究，便不大可能。实际上，杜威的赞扬者和诋毁者至少在一点上是能够达成一致的，即他们都认为，杜威的语言风格枯燥而晦涩。本卷的“文本说明”中提到，《明天的学校》的出版商认为，杜威写的章节“令人生畏”。还有人认为，有些人之所以诋毁杜威，是因为不理解杜威；之所以不理解，是因为杜威的语言让人望而却步。面对这种语言风格上的晦涩，译者的压力是可想而知的。

多年前，我翻译纽曼的《大学的理念》时，感觉一种痛苦的愉悦。痛苦是因为我面对纽曼恣肆汪洋、宏大而华丽的风格，恨自己的汉语功夫不够好；愉悦是因为阅读和翻译纽曼的语言，实在是一种特别的享受。而在这两年翻译杜威的著作时，我感到的却是一种痛苦的不安。痛苦是因为必须从杜威晦涩的、有时甚至是不符合语法规范的语言中抓住他的思想，而这一点做起来十分不容易；不安是因为总在怀疑自己的理解是否符合杜威的原义。不过，正是怀着这种不安，我在翻译过程中如履薄冰，异常谨慎。凡涉及语言、专业等方面的疑问和难题，均随时查书求证，咨询专家，多方印证，力求尽可能减少错误。我愿借此机会特别感谢在我遇到困难时为我解惑答疑的先生们，他们是：美国南伊利诺伊大学杜威研究中心主任拉里·希克曼(Larry Hichman)教授、美国退休社会学家马克·拉文(Mark Lavine)博士、北京外国语大学德语教授苑建华先生、中国人民大学哲学教授欧阳谦先生。

此外，需要说明的是：刘宽红和韩宁曾各自初步翻译了附录里面的一篇文章，为译者提供了一定的参考。这里还要特别说明：《明天的学校》此前已有中文译本。为了不受影响，本卷的译本未参考任何其他的译本。

何克勇

2011 年 10 月 2 日

于北京莲花斋

图书在版编目(CIP)数据

杜威全集. 中期著作. 第8卷:1915/(美)杜威(Dewey, J.)著;何克勇译. —上海:华东师范大学出版社,2011. 10
ISBN 978-7-5617-8989-6

Ⅰ. ①杜… Ⅱ. ①杜…②何… Ⅲ. ①杜威,J. (1859~1952)—全集 Ⅳ. ①B712. 51-52

中国版本图书馆 CIP 数据核字(2011)第204957号

杜威全集 · 中期著作(1899—1924)
第八卷(1915)

著　　者　[美]约翰 · 杜威
译　　者　何克勇
校　　者　欧阳谦
策划编辑　朱杰人
项目编辑　王　焰　朱华华
审读编辑　曹利群
责任校对　赖芳斌
装帧设计　高　山

出版发行　华东师范大学出版社
社　　址　上海市中山北路3663号　邮编200062
网　　址　www.ecnupress.com.cn
电　　话　021-60821666　行政传真021-62572105
客服电话　021-62865537　门市(邮购)电话021-62869887
地　　址　上海市中山北路3663号华东师范大学校内先锋路口
网　　店　http://hdsdcbs.tmall.com

印 刷 者　常熟华通印刷有限公司
开　　本　787×1092　16开
印　　张　31.5
字　　数　501千字
版　　次　2012年9月第1版
印　　次　2012年9月第1次
印　　数　1—2100
书　　号　ISBN 978-7-5617-8989-6/B · 671
定　　价　98.00元(精)

出 版 人　朱杰人